Edition Theorie und Kritik

Dass die westliche Moderne mit ihrer spezifischen Kombination von demokratischer Politik und kapitalistischer Ökonomie eine grundsätzlich prekäre und strukturell krisenhafte Gesellschaftsform darstellt, konnte sich in den glücklichen Nachkriegsjahrzehnten politischer Stabilität und wirtschaftlicher Prosperität von einer gesellschaftlichen Alltagserfahrung in abstraktes sozialwissenschaftliches Wissen verwandeln. Zuletzt aber ist die Erfahrung der Krise mit einer Macht in die soziale Welt der reichen Demokratien zurückgekehrt, die viele nicht mehr für möglich gehalten hätten. Krise und Kritik, so heißt es, sind einander ständige Begleiter, Geschwister im Geiste der gesellschaftlichen Moderne. Doch herrscht selbst angesichts des erneuerten demokratisch-kapitalistischen Krisenszenarios eine erstaunliche, ja unheimliche Ruhe an der Front der Kritik. Ein – vielleicht entscheidender – Grund für die ebenso merkwürdige wie bemerkenswerte Absenz der Kritik in der Krise ist die diffuse Lage der sozialwissenschaftlichen Theoriebildung. Zum einen gibt es keine Großtheorien mehr – und wenn, dann vermögen sie zu den aktuellen Krisenszenarien nicht viel zu sagen. Zum anderen scheuen viele theoretische Positionen den – und sei es impliziten – Anschluss an die der Marxschen Kapitalismusanalyse zugrundeliegende Trias von Gesellschaftstheorie, Gesellschaftsanalyse und Gesellschaftskritik. Im Zweifel berufen sie sich dabei auf ein falsch verstandenes Postulat wissenschaftlicher Werturteilsfreiheit im Sinne Webers, das so gedeutet wird, als schließe dieses eine Praxis wissenschaftlicher Kritik aus – dabei fordert es umgekehrt eine kritische Gesellschaftsanalyse geradezu heraus. Die „Edition Theorie und Kritik“ schließt an eine Sozialwissenschaft in der Tradition von Marx und Weber an, indem sie Publikationen präsentiert, die die Professionalität der Wissenschaft mit der Intellektualität kritischer Reflexion zu verbinden verstehen. Sie ist offen für unterschiedlichste theoretische Ansätze und sämtliche Spielarten kritischer Perspektivierung, für Systematisches ebenso wie für Essayistisches, für Aktuelles wie Zeitloses – also für alles, was als Gesellschaftsanalyse im Namen von Theorie und Kritik antritt. Auf diese Weise wollen wir dazu beitragen, dass Kritik hierzulande wieder salonfähig wird, wissenschaftlich wie gesellschaftlich. Die Lage ist ernst, aber einfach: Was heute gefragt ist, sind gesellschaftliche Zeitdiagnosen und utopische Gesellschaftsentwürfe in kritischer Absicht. Nur so werden sich die Konturen westlicher Modernität auch im 21. Jahrhundert wissenschaftlich wie gesellschaftlich fortentwickeln lassen.

Isaiah Berlin

Karl Marx: Sein Leben und sein Werk

Herausgegeben von Henry Hardy

Deutsche Ausgabe herausgegeben von Hans-Peter Müller

Isaiah Berlin
Oxford, UK

ISSN 2567-6741 ISSN 2567-675X (electronic)
Edition Theorie und Kritik
ISBN 978-3-658-13585-0 ISBN 978-3-658-13586-7 (eBook)
https://doi.org/10.1007/978-3-658-13586-7

For more information about Isaiah Berlin visit https://isaiah-berlin.wolf.ox.ac.uk/ and https://berlin.wolf.ox.ac.uk/

Englische Ausgabe herausgegeben von Henry Hardy

Deutsche Übersetzung herausgegeben von Hans-Peter Müller

Deutsche Übersetzung: Britta Grell

Die Deutsche Nationalbibliothek verzeichnet diese Publikation in der Deutschen Nationalbibliografie; detaillierte bibliografische Daten sind im Internet über https://portal.dnb.de abrufbar.

Springer VS ist ein Imprint der eingetragenen Gesellschaft Springer Fachmedien Wiesbaden GmbH und ist ein Teil von Springer Nature.
Die Anschrift der Gesellschaft ist: Abraham-Lincoln-Str. 46, 65189 Wiesbaden, Germany

Isaiah Berlin wurde 1909 in Riga, heutige Hauptstadt von Lettland, geboren. Im Alter von sechs Jahren zog er mit seiner Familie nach Russland. Dort erlebte er 1917 in Sankt Petersburg (damals Petrograd) sowohl Februar- als auch die Oktoberrevolution. 1921 kam er mit seinen Eltern nach England, wo er die St. Paul's School in London besuchte und danach am Corpus Christi College in Oxford studierte. Später war er in Oxford Fellow am All Souls und am New College, Professor für soziale und politische Theorie am All Souls College sowie Gründungspräsident am Wolfson College. Außerdem war er Präsident der British Academy.

Neben »Karl Marx« sind seine wichtigsten veröffentlichten Werke: »The Age of Enlightenment«, »Russian Thinkers« (auf Deutsch erschienen: »Russische Denker«), »Concepts and Categories«, »Against the Current« (auf Deutsch erschienen: »Wider das Geläufige«), »Personal Impressions«, »The Crooked Timber of Humanity« (auf Deutsch erschienen: »Das krumme Holz der Humanität«), »The Sense of Reality«, »The Proper Study of Mankind«, »The Roots of Romanticism« (auf Deutsch erschienen: »Die Wurzeln der Romantik«), »The Power of Ideas«, »Three Critics of the Enlightenment«, »Freedom and Its Betrayal«, »Liberty« (eine erweiterte Fassung des Bandes »Four Essays on Liberty«, der unter dem Titel »Freiheit: Vier Versuche« auf Deutsch erschienen ist), »The Soviet Mind« und »Political Ideas in the Romantic Age«.

Als bedeutender Vertreter der Ideengeschichte wurde er mit dem Erasmus-, dem Lippincott- und dem Agnelli-Preis ausgezeichnet, außerdem erhielt er den Jerusalem-Preis für seine lebenslange Verteidigung der bürgerlichen Freiheiten. Er starb im Jahr 1997.

Henry Hardy, ebenfalls ehemals ein Honorary Fellow am Wolfson College in Oxford, ist einer der Nachlassverwalter des literarischen Werks von Isaiah Berlin. Er hat etliche Bücher von Berlin herausgegeben (oder mit herausgegeben), darunter all die oben genannten englischen Titel, sowie eine vierbändige Ausgabe seiner Briefe. Er ist Mitherausgeber von »The One and the Many: Reading Isaiah Berlin« (2007), Herausgeber von »The Book of Isaiah: Personal Impressions of Isaiah Berlin« (2009) und Autor von »In Search of Isaiah Berlin: A Literary Adventure« (2018).

Für weitere Informationen zu Isaiah Berlin siehe:
https://isaiah-berlin.wolf.ox.ac.uk/
https://berlin.wolf.ox.ac.uk/

Weitere Werke von Isaiah Berlin

The Hedgehog and the Fox
The Age of Enlightenment
Russian Thinkers
Concepts and Categories
Against the Current
Personal Impressions
The Crooked Timber of Humanity
The Sense of Reality
The Proper Study of Mankind
The Roots of Romanticism
The Power of Ideas
Three Critics of the Enlightenment
Freedom and Its Betrayal
Liberty
The Soviet Mind
Political Ideas in the Romantic Age

mit Beata Polanowska-Sygulska
Unfinished Dialogue

*

Flourishing: Letters 1928–1946
Enlightening: Letters 1946–1960
Building: Letters 1960–1975
Affrming: Letters 1975–1997

Isaiah Berlin im Jahr 1939 (als dieses Buch erstmals veröffentlicht wurde), von Helen Muspratt

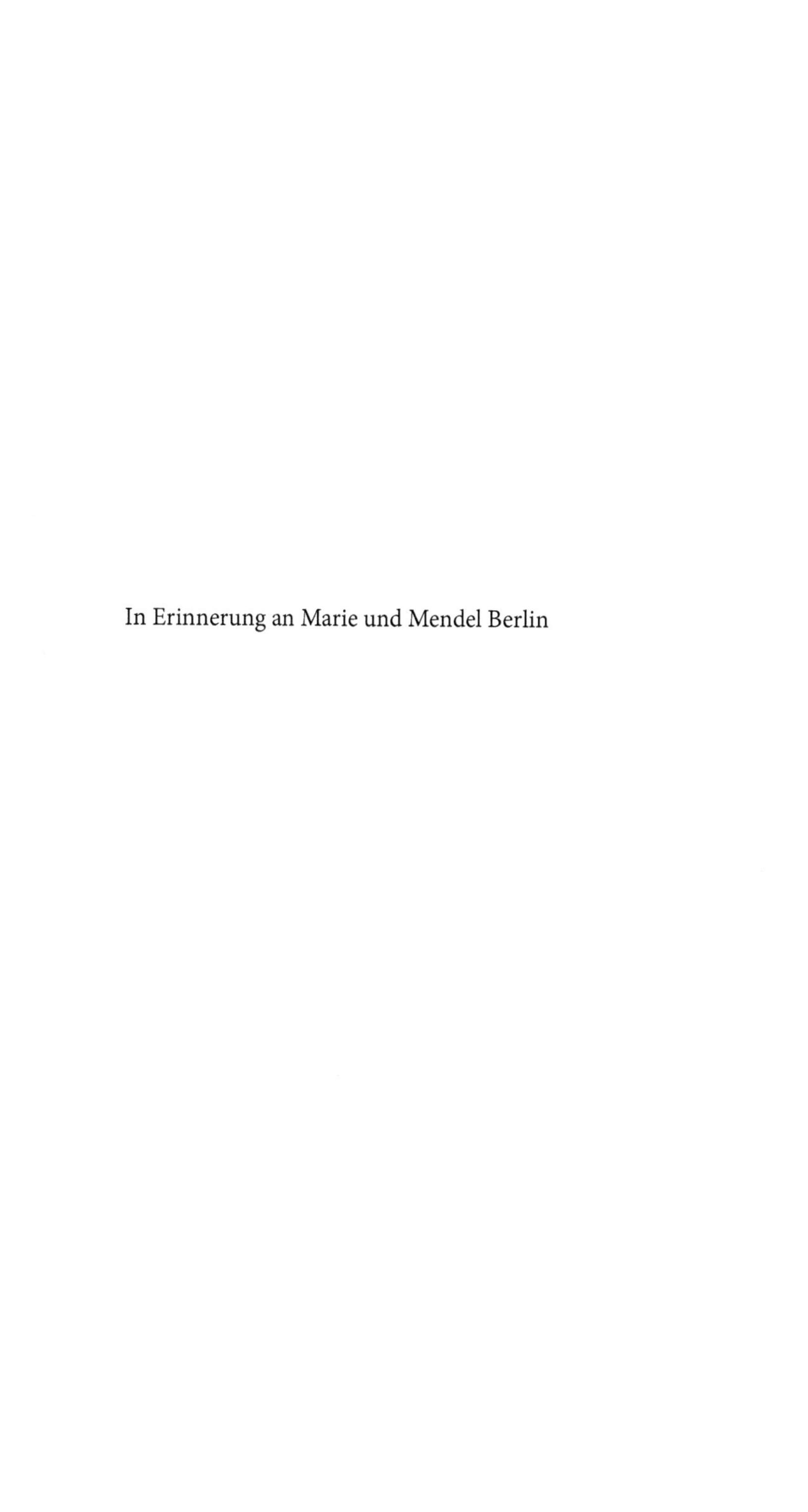

In Erinnerung an Marie und Mendel Berlin

Inhalt

Vorwort des Herausgebers zur fünften englischen Auflage

> Diese bewundernswerte Fähigkeit des Autors, die vielen abstrusen und obskuren Begriffe des Marxismus in eine klare Sprache zu übersetzen, und seine Kunstfertigkeit, Zusammenhänge zwischen Persönlichkeiten, Charakteren, Haltungen auf der einen und theoretischen Fragen und Überzeugungen auf der anderen Seite herzustellen, findet man nirgendwo anders in der Fachliteratur.
> *Leszek Kolakowski*[1]

I

Isaiah Berlins intellektuelle Biographie von Karl Marx, die erstmals 1939 erschien, gilt seit Langem als eine der prägnantesten Darstellungen des Lebens und Denkens eines Mannes, dessen Theorie Berlin in den Schlussworten des Buches als »die wirkmächtigste unter allen intellektuellen Waffen«

1 Leseempfehlung in der 4. Auflage, 1978.

bezeichnet, »die heute fortwährend die Art und Weise verändern, wie Menschen denken und handeln«. Sein begnadetes Einfühlungsvermögen auch denjenigen gegenüber, deren Ansichten er nicht teilt, erlaubt es Berlin, sich in den Geist seines Studienobjekts hineinzudenken und eine Innenperspektive einzunehmen:[1] Es gelingt ihm, Marx' Ideen und ihre Ursprünge in einer verständlichen Sprache und ohne dem Marx eigenen Fachjargon zu erklären, und aufzuzeigen, warum sie einen derartig großen Einfluss hatten.

Rezensenten der ersten Auflage erkannten unverzüglich der Stärken des Buches. Der Historiker und Russlandexperte Richard Charques nannte es »ein Beispiel für objektive Klarheit«.[2] Der britische Historiker A.L. Rowse schrieb: »Berlins Haltung zu seinem Untersuchungsgegenstand ist vorbildlich, es ist wohl die beste vorliegende Einführung zum Thema. [...] Die große Qualität des Buches ist die Unvoreingenommenheit des Autors, sein völlig unparteiischer und objektiver Ansatz. Damit ermöglicht er ein Verständnis von Marx sowohl

1 Diese bauchrednerische Gabe Berlins ließ seine Leser nicht zum ersten Mal im Unklaren darüber, wo genau die Grenze zwischen der Darstellung der Ansichten desjenigen, über den er schreibt, und den eigenen Äußerungen und Ansichten verläuft. Am 29. Oktober 1939, kurz nach Erscheinen des Buches, schrieb Berlins Freundin Mary Fisher an ihre Freundin Flora Russell: »Habe ich dir eigentlich erzählt, dass Corinne und ich letzten Sonntag Vater und Mutter Berlin getroffen haben und Frau B. sich dazu hinreißen ließ, davon zu berichten, wie Herr B. ihr jedes Wochenende aus dem Buch vorliest und wie sie ihn in bestimmten Abständen immer wieder unterbricht, um nachzufragen: ›Ist das von Marx oder von Shaya [geläufige Form von »Isaiah«]?‹ Daraufhin würde dieser sie beruhigen und antworten: ›Nein, nein – das ist nur Marx: Das ist nicht von Shaya‹?«

2 R.D. Charques: »In the name of Marx«, in: The Times Literary Supplement, 7.10.1939, S. 570. Zudem schrieb er: »Man wünschte sich, Herr Berlin hätte keine so große Vorliebe für lange Sätze, aber andererseits, so muss man zugeben, ist sein ausgefeilter Stil, seine fast neo-augustinische Präzision nicht ohne Charme.«

als Person als auch als Denker; und das ohne jede unangemessene Verklärung.«[1]

40 Jahre später fällt das Urteil ähnlich positiv aus, worauf das einleitende Zitat von Leszek Kolakowski – einem der führenden Marx- und Marxismus-Experten des 20. Jahrhunderts – verweist. Auch Alan Ryan und Terrell Carver loben in ihren Beiträgen in der vorliegenden überarbeiteten Ausgabe (der ersten seit 35 Jahren) Berlins Darstellung. Sie sei auch heute noch frisch und überzeugend, auf bemerkenswerte Weise distanziert und unberührt, wie Rowse positiv hervorhebt, von der Flut an wissenschaftlichen Arbeiten über Marx, die seit der Erstveröffentlichung von Berlins Buch erschienen sind.

II

Es handelt sich also immer noch um ein sehr lebendiges Werk und es gibt keine Anzeichen dafür, dass in seiner Eigenschaft als eine der erfolgreichsten Einführungen in ein äußerst wichtiges, aber bekanntermaßen schwieriges Sujet durch andere Darstellungen bald abgelöst werden könnte. Obwohl der Erstveröffentlichung vier weitere Ausgaben folgten, die der Autor in einem Zeitraum von mehr als 40 Jahren bearbeitet hat, enthielt der Text einige nicht unerhebliche Probleme, die gelöst werden mussten. Um zu erklären, was ich damit meine, muss ich kurz autobiografisch werden.

Die 4. Auflage des Buches erschien 1978. Damals war ich bei Oxford University Press zuständig für dessen Herausgabe. Zeitgleich war ich aber vollauf damit beschäftigt, die Neuveröffentlichung von vier Aufsatzsammlungen von Berlin vorzubereiten (wobei ich hier nicht meinen Oxford-University-Press-Hut aufhatte) – alles Beiträge, die ursprünglich unter

1 Political Quarterly 11, Nr. 1, Januar 1940, S. 127–130, hier 128.

dem Titel »Ausgewählte Schriften« erschienen waren. Damit begann meine noch immer andauernde Arbeit an seinen Texten. Es gehörte damals nicht zu meinen Aufgaben, der Marx-Biografie die Aufmerksamkeit zu schenken, die sein gesamtes Werk erfordert, um – bei einer typischen und skurril anmutenden selbstherabwürdigenden Formulierung von Berlin zu bleiben – das, »was bloße Belletristik war, in Wissenschaft zu verwandeln«.[1]

Aber ich wusste aus Erfahrungen mit seinen anderen Schriften, dass diese Notwendigkeit bestand. Von daher nahm ich mir bereits zu diesem Zeitpunkt vor, auch dieses Buch eines Tages in diesem Sinne zu überarbeiten. Die Zitate waren nicht belegt, manche falsch zugeordnet, oft waren sie nur annähernd richtig wiedergegeben oder gar Schlimmeres. So enthält das dem Text vorangestellte Zitat von Joseph Butler, das aus 23 Wörtern besteht, mindestens drei »Treuelosigkeiten«. Die Zeichensetzung war oft fehlerhaft und es gab zahlreiche andere kleinere formale und inhaltliche Mängel, die von den früheren Herausgebern hätten erkannt werden müssen und die darauf drangen, beseitigt zu werden.

Ich möchte nichts übertreiben: Das ist im Großen und Ganzen immer noch dasselbe Buch. Damit die von mir angesprochenen Schwachstellen und Fehler aber nicht als trivial abgetan werden, möchte ich ein (zugegeben extremes) Beispiel anführen, das zeigt, wie lässig Berlin beim wissenschaftlichen Arbeiten war. Selbst wenn diese »Lässigkeit« nur selten zu wirklich irreführenden Behauptungen führte und in einigen Fällen seine Fehler als verzeihlich angesehen werden können – bedenkt man die vergleichsweise dürftigen bibliografischen und technologischen Voraussetzungen, unter denen Berlin arbeitete (ganz zu schweigen von den etwas lockeren

1 Zit. nach einem Brief vom 12. Dezember 1997 von Pat Utechin, Berlins Sekretär, an Henry Hardy.

wissenschaftlichen Standards der 1930er Jahre)[1] –, ist nicht zu leugnen, dass er (wie auch zuvor Marx und Engels) häufig keine Sorgfalt walten ließ, dass seine Zitate und seine Quellenangaben (sofern er sie überhaupt beisteuerte) korrekt waren.

In früheren Ausgaben des Buches lautete der Absatz auf Seite 341, der mit »Dieser englische Exzeptionalismus« beginnt, folgendermaßen:

> »In England«, so schrieb er, »hat der anhaltende Wohlstand die Arbeiter demoralisiert […] Das Endziel dieses bürgerlichsten aller Länder scheint die Erschaffung einer bürgerlichen Aristokratie und eines bürgerlichen Proletariats Seite an Seite mit der Bourgeoisie zu sein […] Die revolutionäre Energie der britischen Arbeiter ist verdampft […] Es wird lange dauern, bis sie die bürgerliche Infektion werden abschütteln können […] Ihnen fehlt vollends der Mut der alten Chartisten.«[2]

Er tut an dieser Stelle so, als stammten die zitierten Sätze alle aus ein und demselben Text bzw. Brief (ohne dessen Identität, den Empfänger oder das Datum zu nennen). Tatsächlich stammt, wie auf Seite 341 zu sehen ist, jeder der fünf durch Auslassungszeichen voneinander getrennten Sätze/Passagen aus einem anderen Brief (er zitiert aus drei Briefen von Engels an Marx und aus zwei Briefen von Marx an Engels), die in einem Zeitraum von elf Jahren geschrieben wurden. Es ist Berlin einerseits hoch anzurechnen, dass er diese Briefpassagen, weil er Gemeinsamkeiten bei der Einschätzung erkannt hatte, aus verschiedenen Quellen zusammengetragen hat. Andererseits: Tadel, wem Tadel gebührt. Vermutlich ist

1 Vgl. hierzu *(mutatis mutandis)* meine Anmerkung zu Quellen aus dem 18. Jahrhundert in der von mir herausgegebenen Ausgabe von Berlins Buch »The Roots of Romanticism«, 2. Aufl., Princeton 2013, S. xxv, Anm. 2.

2 Karl Marx: His Life and Environment, 1. Aufl., London 1939, S. 241–242.

mit diesem Fall von grober wissenschaftlicher Schlamperei kein größerer Schaden angerichtet worden, aber diese Art von Fehlern verdienen es, behoben zu werden, und sei es nur aus Prinzip.

III

Die Neuauflage des Buches durch Princeton University Press bot Gelegenheit und Anreiz, endlich die notwendigen Korrekturen und Quellenergänzungen in Angriff zu nehmen. Dass etliche der von Berlin zitierten Werke inzwischen in überarbeiteter und verbesserter Form erschienen sind, erlaubte (zusammen mit den neuen Möglichkeiten des Internets für die Wissenschaft) eine größere Treue zu den Originaltexten. Zwar sind einige dieser Texte ursprünglich auf Englisch verfasst worden, Berlin hat aber viele davon mithilfe von anderssprachigen Ausgaben rückübersetzen müssen, weil nur diese ihm beim Schreiben der Biographie zur Verfügung standen. Darüber hinaus ist inzwischen mit der Fertigstellung der englischsprachigen Ausgabe der Gesammelten Werke von Marx und Engels (Karl Marx/Friedrich Engels: Collected Works, London, 1975–2005), die sowohl in gedruckter Form vorliegt als auch online verfügbar ist, eine einheitliche Quellenangabe von Zitaten dieser beiden Autoren (mit Bandangaben und Seitenzahlen) möglich geworden (z. B.: Collected Works 20: 45).[1]

Berlin neigt zu kreativen Übersetzungen. In den Fällen, in denen seine Version nicht unakzeptabel ungenau ist, haben wir darauf verzichtet, sie der Version in den Gesammelten Werken anzupassen. In den Fällen, in denen sie nachweislich

1 Die »Collected Works« sind anders, als der Titel suggeriert, unvollständig, aber die Schriften von Marx und Engels, auf die sich Berlin bezieht, sind alle dort enthalten. [In dieser deutschen Ausgabe wird stattdessen auf Karl Marx, Friedrich Engels, Werke, Berlin 1956–1983 (MEW), verwiesen.]

fehlerhaft ist oder in denen eine andere Übersetzung ikonisch geworden ist, haben wir sie in der Regel durch dies Version aus den Gesammelten Werken ersetzt.

Ohne Terrell Carvers Fachwissen, der die meisten der von Berlin zitierten Texte gut kennt, hätte der Prozess der Identifizierung, Referenzierung, Überprüfung und Korrektur wesentlich länger gedauert. Von daher stehe ich tief in seiner Schuld und bedanke mich für seine stets freundliche und effiziente Unterstützung sowie für die Aktualisierung der Liste weiterführender Literatur zum Thema und für die Erlaubnis, als Nachwort eine leicht überarbeitete Fassung seines Aufsatzes zu nutzen, der zuerst unter dem Titel »Berlin's Karl Marx« in dem Buch »The One and the Many: Reading Isaiah Berlin« (New York 2007, hrsg. von George Crowder und Henry Hardy) erschienen ist. Mein Dank gilt auch anderen Kollegen und Wissenschaftlern, die mich bei verschiedenen Punkten und Aufgaben unterstützt haben: darunter Shlomo Avineri, Al Bertrand, John Callow, Joshua L. Cherniss, Georgina Edwards, Steffen Groß, Nick Hall, Jürgen Herres, Helen O'Neill, Ulrich Pagel, Tatiana Pozdnyakova, Jürgen Rojahn, Norman Solomon, Simon Toubeau und Josephine von Zitzewitz.

Die Fußnoten in dieser Ausgabe sind redaktioneller Natur, außer in den Fällen, in denen der Autor einen Kommentar in eine Anmerkung umgewandelt hat. Um Zweifel auszuschließen, sind redaktionelle Anmerkungen, die über bibliografische Hinweise hinausgehen, in eckige Klammern gesetzt. Querverweise auf Seiten sind lediglich mit Seitenzahlen angegeben, Querverweise auf Anmerkungen folgendermaßen: S. 123, Anm. 4.

Es sind mehrere Entwürfe der ersten Ausgabe des Buches sowie Recherchenotizen erhalten geblieben, die zeigen, wie sich der Text im Laufe des Schreibens und der Revision entwickelt hat. Maßgeblichen Einfluss auf die endgültige Form hatte die vom Verlag Home University Library und dessen

Herausgebern vorgegebene Seitenbegrenzung, die erhebliche Kürzungen an Berlins ursprünglichem Manuskript erforderlich machte.[1]

Gegen Ende der Überarbeitungen schrieb Berlin an seine Freundin Cressida Bonham Carter: »Ich muss K. Marx fertigstellen, wobei nur noch 7 000 Wörter zu kürzen sind. Ich hasse diese Art von Arbeit, jeden Abend zähle ich kleine Blutstropfen & bemesse den Verlust: All die violetten Passagen sind bereits gestrichen, jetzt sind die Wendungen der Tatsachen an der Reihe, wobei ich nicht nachtragend sein will & sie fröhlich eliminiere.«[2]

Zu Lebzeiten Berlins erschienen drei weitere Ausgaben. Der Nachdruck von 1960 (der ursprünglich für eine deutsche Übersetzung von 1959 vorgesehen war) enthielt derart viele Überarbeitungen, dass ich es für angemessener hielte, diesen anstatt der nur leicht geänderten Fassung von 1948 als Neuausgabe zu bezeichnen. Mit dem Übergang der Rechte vom Verlag Thornton Butterworth zu Oxford University Press im vergangenen Jahr war klar, dass eine umfassend überarbeitete Version erscheinen würde. Leser, die sich für die Geschichte des Textes vor und nach seiner Erstveröffentlichung interessieren, können die Isaiah Berlin Virtual Library besuchen, wo Informationen hierzu zusammengestellt sind, darunter auch ein vollständiger Text der Erstausgabe, in der viele der erfolgten Kürzungen wieder rückgängig gemacht wurden.[3]

1 Ursprünglich waren vertraglich 50 000 Wörter festgelegt worden, nach Bitten Berlins erhöhte der Verlag 1938 auf 65 000 Wörter. Berlin lieferte einen wesentlich längeren Text ab (über 100 000 Wörter), den er dann für die Erstveröffentlichung auf 75 000 Wörter kürzen musste. Fisher hatte ihm gesagt, dass wenn man »das Ganze – das ursprüngliche Buchprojekt, für das ich 1936 plädiert hatte – in das Format von Home University quetschen würde, ›dies dem Buch zum Erfolg verhelfen würde‹« (IB, Brief an Noel Annan, 31. August 1973).

2 Brief vom 28. August 1938, in: Berlin, Isaiah: Flourishing: Letters 1928–1946, hrsg. von Henry Hardy, London 2004, S. 280.

3 Siehe http://berlin.wolf.ox.ac.uk/published_works.

Berlin widmete das Buch »Karl Marx: His Life and Environment«, wie es ursprünglich hieß,[1] seinen Eltern Marie und Mendel Berlin, die ihm sein eigenes Leben schenkten und ihm ein Umfeld boten, das ihn stark prägen sollte. Mit dieser Ausgabe soll an sie erinnert werden.

1 In der vorliegenden Ausgabe habe ich den Untertitel weggelassen. Er passt nicht gut zu einem Buch, das sich so ausführlich mit den Ideen seines Gegenstandes befasst, auch wenn man »Environment« als intellektuelles Umfeld verstehen kann. Vielleicht »Life and Opinions«.

Vorwort zur vierten Auflage

Es sind fast 40 Jahre vergangen, seitdem ich dieses Buch schrieb. Die Originalfassung war doppelt so lang wie der hier vorliegende Text. Die Kürzungen sind den strikten Vorgaben der Herausgeber der Home University Library geschuldet, die mich davon überzeugten, den Großteil meiner Erörterungen zu philosophischen, ökonomischen und soziologischen Themen wegzulassen und mich auf eine geistesgeschichtliche Biographie zu konzentrieren.

In der Zeit seit der Erstveröffentlichung dieses Buches, die geprägt war von einer enormen gesellschaftlichen Dynamik nach dem Ende des Zweiten Weltkriegs, sind eine Vielzahl marxistischer Studien erschienen. Etliche bis dahin unveröffentlichte Schriften von Marx haben überdies seither das Licht der Welt erblickt. Besonders zu erwähnen ist die Publikation der »Grundrisse« – der Rohfassung von »Das Kapital« –, was entscheidenden Einfluss auf die Interpretation von Marx' Denken hatte. Darüber hinaus haben bestimmte Ereignisse die Sichtweise auf sein Werk zwangsläufig verändert. Selbst Marx' unerbittlichste Kritiker können inzwischen nicht umhin, seine große Relevanz für die Theorie und Praxis unserer Zeit anzuerkennen. Hinzu kommen Fragestellungen wie das Verhältnis seiner Ideen zu denen von großen Denkern, die ihm vorausgegangen sind, insbesondere Hegel (und das im Lichte neuer Deutungen von Hegels Begriffen und Theorien, die sich gerade überschlagen); die Hervorhebung des Wertes und der Bedeutung seiner frühen »humanistischen« Schriften, zum Teil motiviert von dem Wunsch, Marx vor stalinistischen Auslegungen oder »Verfälschungen« in Schutz zu nehmen (oder in bestimmten Kreisen auch vor Plechanows, Kautskys, Lenins und gar Engels' Interpretationen); die wachsende Differenz, und das hauptsächlich in Paris, zwischen den »revisionistischen« und »orthodoxen« Lesarten der zentralen Thesen des »Kapitals«; Auseinandersetzungen vor allem unter Neo-Freudianern zu Themen wie Entfremdung, ihren Ursachen und den Möglichkeiten, diese zu überwinden, oder unter Neo-Marxisten jeglicher Glaubensrichtung über die These von der Einheit von Theorie und Praxis (sowie die scharfen Reaktionen auf die ideologischen Abweichungen sowjetischer Autoren und ihrer Verbündeten). All dies hat eine hermeneutische und kritische Marx-Literatur hervorgebracht, die mit ihrem schieren Umfang und dem erstaunlichen Tempo, mit dem sie stetig zunimmt, alle früheren Diskussionen weit in den Schatten stellt. Obwohl einige dieser Streitigkeiten den Kontroversen zwischen den frühen Junghegelianern und ihren Anhängern zu ähneln scheinen, die Marx der Leichenfledderei von Hegels Werk beschuldigt hatte, haben wir dieser ideologischen Debatte nicht nur eine bessere Kenntnis und ein besseres Verständnis von Marx' Ideen zu verdanken, sondern sie hilft uns auch dabei, zu begreifen, welche Rolle diese Ideen für die Geschichte unserer Zeit spielen.

Wohl niemand, der sich ernsthaft mit dem Studium des Marxismus befasst hat, ist von den heftigen Kontroversen, vor allem denen der letzten 20 Jahre, über die Bedeutung und Gültigkeit der zentralen Lehren von Marx unberührt geblieben. Folglich würde auch ich, stünde ich heute erneut vor der Aufgabe, über das Leben und die Ideen von Marx zu schreiben, ein anderes Buch vorlegen, nicht zuletzt auch deswegen, weil sich mein Verständnis von maßgeblichen Marx'schen Konzepten seitdem teilweise verändert hat. Dazu gehören sein Begriff von Gesellschaftswissenschaft, seine Überlegungen zum Verhältnis zwischen Ideen und Institutionen, zur Bedeutung der Produktivkräfte sowie zur richtigen Strategie der Anführer des Proletariats auf den jeweiligen Stufen seiner Entwicklung. Hier hat sich mein Blick gewandelt, wobei ich zugeben muss, dass ich nicht mit der gesamten marxistischen Forschung und Literatur vertraut bin. Als ich Anfang der 1930er Jahre begann, dieses Buch vorzubereiten, stand ich vermutlich zu stark unter dem Einfluss klassischer Marx-Interpreten wie Engels, Plechanow und Mehring, die als Begründer der marxistischen Bewegung gelten können. Zudem hatte mich die kritische Marx-Biographie von E. H. Carr,[1] die leider vergriffen ist und nicht wieder aufgelegt wurde, sehr beeindruckt. Als ich mit der Überarbeitung meines eigenen Textes begann, wurde mir auf einmal klar, dass ich gern ein neues, ein umfassenderes und ehrgeizigeres Buch zu Marx schreiben würde, was jedoch nicht mehr in den Rahmen dieser Publikationsreihe gepasst hätte. Es erschien mir daher am klügsten, mich damals und bei zukünftigen Revisionen auf die Korrektur von offensichtlichen Fehlern und Unausgewogenheiten zu konzentrieren. Das heißt, übertriebene Verallgemeinerungen zurückzunehmen, einige ganz wenige zu oberflächlich behandelte Punkte zu vertiefen und nur relativ geringfügige Veränderungen bei der Deutung von Marx' Leben und Werk vorzunehmen.

Marx gehört nicht gerade zu den Autoren, dessen Schriften und Sprache sich durch eine besondere Klarheit auszeichnen. Er hatte auch nicht die Absicht, ein einziges, allumfassendes Gedankengebäude zu errichten, wie wir es von Philosophen

1 Carr, Edward Hallett: Karl Marx: A Study in Fanaticism, London 1934 (neu aufgelegt 1938; danach nicht mehr).

wie Spinoza, Hegel oder Comte kennen. Diejenigen, die wie Lukács unbeirrt behaupten, Marx sei es vor allem darauf angekommen, die Art und Weise des Denkens radikal zu verändern, um die Wahrheit zu erkennen, anstatt eine Lehre einfach nur durch eine neue Lehre zu ersetzen (und die zudem davon überzeugt sind, dass ihm dies auch gelungen sei), werden hierfür genügend Hinweise in Marx' eigenen Worten finden. Und da Marx sein Leben lang darauf bestand, sowohl die Bedeutung als auch die Realität von philosophischen Überzeugungen zeige sich in der Praxis, in der sie zum Ausdruck kommen, mag es auch kaum verwundern, wie wenig systematisch er seine Positionen, darunter einige seiner originellsten und einflussreichsten, zu wesentlichen Themen hergeleitet hat. Vielmehr muss man sich hierzu maßgebliche Ausführungen aus vielen verschiedenen Passagen seiner Schriften zusammensuchen und daraus entsprechende Schlussfolgerungen ableiten, zuvorderst aber aus den politischen Aktivitäten und Handlungen, zu denen er aufrief oder die er selbst initiierte.

Es versteht sich fast von selbst, dass ein derart radikales Denken, das so unmittelbar mit revolutionärer Praxis verknüpft oder gar damit identisch war, eine Vielzahl von Deutungen und Strategien hervorbringen würde. Dieser Prozess setzte bereits zu Marx' Lebzeiten ein und motivierte ihn zu seiner berühmt gewordenen und für ihn typischen Bemerkung, nach allem, was er wisse, sei er kein Marxist.[1] Die Publikation früherer Aufsätze von ihm, die sich hinsichtlich des Stils, der Schwerpunktsetzung und in gewissem Maße auch

1 Engels gibt in zwei Briefen zwei Versionen einer Bemerkung wieder, die Marx gegenüber seinem Schwiegersohn Paul Lafargue auf Französisch gemacht haben soll: Brief an Eduard Bernstein vom 2./3. November 1882: »ce qu'il y a de certain c'est que moi, je ne suis pas Marxiste« (MEW 35, S. 388); Brief an Conrad Schmidt vom 5. August 1890: »Tout ce que je sais, c'est que je ne suis pas Marxiste« (MEW 37, S. 436).

hinsichtlich der Thematik (und manche würden sagen, auch hinsichtlich zentraler Grundsätze und Thesen) von seinem Spätwerk unterschieden, vergrößerte noch den Umfang der Meinungsverschiedenheiten zwischen nachfolgenden Theoretikern des Marxismus. Und nicht nur zwischen den Theoretikern. Sie führte auch zu erbitterten Kontroversen in und zwischen sozialistischen und kommunistischen Parteien und zu gegebener Zeit auch zwischen verschiedenen Staaten und deren Regierungen. Diese wiederum bewirkten eine Neuausrichtung der Machtverhältnisse und damit einen Wandel der Menschheitsgeschichte und werden vermutlich weiterhin darauf Einfluss nehmen. Dieser enorme Streit sowie die ideologischen Positionen, Theorien und Überzeugungen, die diesen Kämpfen und Auseinandersetzungen zugrunde liegen, sind nicht Gegenstand dieses Buches. Die Geschichte, die ich mit diesem erzählen will, ist einzig und allein die des Lebens des Denkers und der streitbaren Persönlichkeit, in deren Namen in so vielen Ländern marxistische Parteien überhaupt erst gegründet wurden. Und die Ideen, auf die ich mich hier konzentriert habe, sind diejenigen, die im Laufe der Geschichte im Zentrum des Marxismus als Theorie und als Praxis standen. Die Veränderungen und Wechselfälle der marxistischen Bewegung und der von Marx stammenden Begriffe nachzuverfolgen und darzulegen, darunter die vielen Spaltungen und Häresien sowie die Perspektivwechsel, mit denen aus zu Marx' Zeiten gewagten und zum Teil widersprüchlichen Ansichten anerkannte Wahrheiten wurden, während einige seiner vorkommunistischen Positionen und *obiter dicta* an Bedeutung gewannen und zeitgenössische Debatten anregten, hätte den vorgegebenen Rahmen dieses Buches gesprengt. Allerdings bietet das Literaturverzeichnis eine Orientierungshilfe für diejenigen Leser, die sich eingehender mit der Geschichte dieser Bewegung beschäftigen wollen, die wie keine andere unserer Zeit politische Umwälzungen vorangetrieben hat.

Die (unweigerlich selektive) Liste mit Leseempfehlungen

zu Publikationen zu Marx und zum Marxismus, die auf Englisch vorliegen, ist von Terrell Carver aktualisiert worden. Ihm gebührt mein Dank zum einen für die Streichung von eindeutig überholten Titeln und zum anderen für die vielen Ergänzungen, die er vorgenommen hat und die auf die Mannigfaltigkeit der Marx-Literatur und damit auf die enorme Bandbreite sowohl des Wissens als auch der Ideen und neuartigen Ansätze auf dem Feld der marxistischen Forschung verweisen.

Ich möchte mich an dieser Stelle auch bei zwei Freunden bedanken: bei Professor Leszek Kolakowski für die Lektüre des Textes und für seine vielen hilfreichen Anregungen, von denen ich sehr profitiert habe; und bei G.A. Cohen für seine kritischen und scharfsinnigen Anmerkungen sowie seinen Zuspruch, was ich beides dringend benötigte. Ich bedanke mich darüber hinaus bei meinem Freund Francis Graham-Harrison für die Überarbeitung des Registers und bei den Mitarbeitern von Oxford University Press für ihr Entgegenkommen und ihre vorbildliche Geduld.

Isaiah Berlin, Oxford 1977

Anmerkung zur dritten Auflage

Ich habe die Gelegenheit einer Neuauflage genutzt, um faktische Fehler und Mängel bei der Einschätzung zu beheben und um Auslassungen bei der Darstellung von Marx' Positionen zu korrigieren, sowohl gesellschaftlicher als auch philosophischer Natur, insbesondere von Ideen, die von der ersten Generation seiner Anhänger und Kritiker vernachlässigt wurden und erst nach der Russischen Revolution in den Vordergrund traten. Die wichtigste davon ist Marx' Konzeption des Verhältnisses zwischen Entfremdung und Freiheit der Menschen. Ich habe auch mein Bestes getan, um das Literaturverzeichnis zu aktualisieren (obwohl ich mich dabei auf englischsprachige Sekundärliteratur beschränken musste). In diesem Zusammenhang möchte ich mich bei C. Abramsky und T. B. Bottomore für ihre besondere Unterstützung und ihren Rat bedanken. Ich möchte mich auch bei Professor S. N. Hampshire für die erneute Lektüre der ersten Hälfte des Buches bedanken und für die vielen von ihm vorgeschlagenen Verbesserungen.

Isaiah Berlin, Oxford 1963

Anmerkung zur ersten Auflage

Mein Dank geht an die Freunde und Kollegen, die die Güte hatten, das Manuskript für dieses Buch zu lesen, und die viele wertvolle Hinweise beisteuerten, von denen ich sehr profitiert habe. Ich danke insbesondere A. J. Ayer, Ian Bowen, G. E. F. Chilver, S. N. Hampshire und S. Rachmilevich. Ich bin zudem Francis Graham-Harrison zu großem Dank für die Erstellung des Registers verpflichtet, H. A. L. Fisher und David Stephens für die Fahnenkorrektur und Messrs. Methuen für die Erlaubnis, das Zitat auf den Seiten 244–245 zu verwenden. Vor allen anderen bedanke ich mich allerdings bei den Direktoren und Kollegen vom All Souls College, die es mir ermöglicht haben, einen Teil meiner Zeit als Fellow am College einem Thema zu widmen, das außerhalb meiner eigentlichen Studiengebiete liegt.

Isaiah Berlin, Oxford, Mai 1939

Editors of

THE HOME UNIVERSITY LIBRARY

OF MODERN KNOWLEDGE

RT. HON. H. A. L. FISHER, O.M., F.R.S., LL.D., D.LITT.

PROF. GILBERT MURRAY, F.B.A., LL.D., D.LITT.

DR. JULIAN S. HUXLEY, F.R.S., M.A., D.Sc

For list of volumes in the Library
see end of book.

Die Rückseite des Halbtitels und die Titelseite der ersten Ausgabe. (Warum auf der Titelseite eine Silhouette der King's College Chapel, Cambridge, zu sehen ist, ist ein Rätsel).

KARL MARX

HIS LIFE AND ENVIRONMENT

By

I. BERLIN

FELLOW OF NEW COLLEGE, OXFORD

LONDON

Thornton Butterworth Ltd.

1 Einleitung

Dinge und Taten sind das, was sie sind,
und ihre Folgen werden das sein,
was sie sein werden:
Warum sollten wir danach streben,
getäuscht zu werden?
Joseph Butler[1]

Kein anderer Denker im 19. Jahrhundert hat so unmittelbar, vorsätzlich und durchschlagend auf die Menschheit gewirkt wie Karl Marx. Schon zu Lebzeiten und noch über seinen Tod hinaus übte er einen selbst für das goldene Zeitalter des demokratischen Nationalismus einzigartigen geistigen und moralischen Einfluss auf seine Anhänger aus, wiewohl diese Ära viele Volkshelden und Märtyrer die Bühne betraten sah, darunter romantische, nahezu legendäre Gestalten, deren Leben und Worte die Fantasie der Massen beflügelten und eine neue revolutionäre Tradition in Europa begründeten. Dennoch wäre es nicht angemessen gewesen, Marx zu irgendeinem Zeitpunkt als eine populäre Person im herkömmlichen Sinne

1 Butler, Joseph: Fifteen Sermons Preached at the Rolls Chapel, London 1726, Predigt 7, S. 136, § 16.

I. Berlin, *Karl Marx: Sein Leben und sein Werk*, Edition Theorie und Kritik,
https://doi.org/10.1007/978-3-658-13586-7_1

zu bezeichnen. Ganz gewiss war er ein kein berühmter Autor oder Redner. Zwar schrieb er sehr viel, doch seine Werke wurden zu seinen Lebzeiten nur von wenigen gelesen. Als einige davon dann Ende der 1870er Jahre zum ersten Mal die immense Aufmerksamkeit auf sich zu ziehen begannen, die ihnen später zukommen sollte, verdankte sich ihre Reputation wohl weniger ihrer intellektuelle Autorität als vielmehr dem zunehmenden Bekanntheitsgrad und der traurigen Berühmtheit der Bewegung, mit der man Marx identifizierte.

Marx fehlten sämtliche Eigenschaften eines großen Anführers oder Agitators der Massen. Er war weder ein begnadeter Publizist wie der russische Demokrat Alexander Herzen noch verfügte er über die fesselnde Eloquenz eines Michail Bakunin. Den größten Teil seiner Schaffenszeit verbrachte er in relativer Abgeschiedenheit in London an seinem Schreibtisch im Lesesaal des British Museum. Außerhalb bestimmter Kreise wusste kaum jemand, wer Marx war. Wiewohl er zum Ende seines Lebens hin zum anerkannten und bewunderten Vordenker einer machtvollen internationalen Bewegung werden sollte, rief nichts an seinem Leben oder an seinem Charakter eine solch intensive Faszination oder fast religiöse Verehrung hervor, wie sie Männern wie Kossuth, Mazzini und selbst Lassalle in seinen letzten Jahren vonseiten ihrer Anhänger zuteil wurde.

Seine öffentlichen Auftritte waren eher rar und hinterließen keinen nennenswerten Eindruck. Bei den seltenen Gelegenheiten, wenn er auf Banketten oder Versammlungen sprach, wirkten seine Reden inhaltlich überladen. Die Kombination aus Monotonie und Schroffheit, mit der er sie vorzutragen pflegte, nötigte seinen Zuhörern zwar Respekt ab, stieß aber selten auf Begeisterung. Von seinem Wesen her ein Theoretiker und Intellektueller, scheute Marx fast instinktiv den direkten Kontakt zu den Massen, wiewohl sein gesamtes Leben deren Interessen gewidmet war. Vielen seiner Anhängern gegenüber erschien er als ein dogmatischer und salbungsvoller deutscher Schulmeister, der jederzeit bereit war, seine Thesen mit zunehmender Schärfe unablässig zu wiederholen, bis sich ihre Essenz unauslöschlich in den Köpfen seiner Jünger eingebrannt hatte. Den größten Teil seiner ökonomischen Theorie präsentierte Marx zum ersten Mal in Vorträgen, die er vor Arbeitern hielt. Hier waren seine Ausführungen in jeder Hinsicht ein Vorbild an Klarheit und Prägnanz. Der Prozess des Schreibens allerdings gestaltete sich für ihn eher quälend und ging nur schleppend voran, wie es bisweilen typisch ist für besonders helle Köpfe, die kaum mit der Geschwindigkeit ihrer eigenen Gedanken Schritt halten können und mit Ungeduld darauf brennen, ihre neuen Lehren in die Welt zu bringen, und zugleich jeglichen denkbaren Einwand vorwegzunehmen versuchen.[1] Seine Veröffentlichungen zu abstrakten Themen tendieren hin und wieder zu Unausgewogenheit und Unklarheit im Detail, während er bei seiner zentralen Lehre niemals ins Wanken kam. Marx, der sich dessen voll und ganz bewusst war, hat sich einmal mit dem Helden aus Balzacs Erzählung »Das unbekannte Meisterwerk« verglichen.[2] Dieser Held rückt bei dem Versuch, das in seinem Kopf vorhandene Bild auf die Leinwand zu bringen, diesem immer und immer wieder zu Leibe und nimmt so lange Überarbeitungen vor, bis am Ende ein formloser Farbklecks herauskommt, der aber in seinen Augen die Vorstellung in seinem Kopf am besten zum Ausdruck bringt.

Marx gehörte einer Generation an, die sich intensiver und bewusster als ihre Vorgänger mit Gefühlen und Vorstellungen auseinandersetzten. Er wuchs unter Männern auf, für die Ideen oftmals realer waren als Fakten, für die persönliche Be-

1 Alle, die sich für Marx' Methode der Darstellung interessieren, sei die Lektüre der »Grundrisse« (1857–1858) empfohlen, die bis zum Jahr 1939 nur als Manuskript vorlagen und die die zentralen Thesen des »Kapitals« und früherer Betrachtungen zur Entfremdung enthalten. [Erstmals veröffentlicht als Karl Marx, Grundrisse der Kritik der politischen Ökonomie, Moscow, 1939. Siehe MEW 13.]

2 Siehe S. 16, Anm. 1.

ziehungen mehr zählten als die Ereignisse, die in der äußeren Welt stattfanden, und die das öffentliche Leben gar zuweilen nur aus ihrer reichhaltigen und komplexen persönlichen Erfahrungswelt heraus verstanden und deuteten. Marx neigte von Natur aus keineswegs zur Introspektion und zeigte auch wenig Interesse an Personen wie an Geistes- oder Seelenzuständen. Was ihn jedoch aufbrachte und was er verachtete, war, dass so viele seiner Zeitgenossen die Bedeutung der revolutionären Umwälzung der damaligen Gesellschaft nicht richtig einzuschätzen wussten; einer Umwälzung, die er aufgrund des rasanten technologischen Fortschritts und des damit einhergehenden plötzlichen Anwachsens des Wohlstands bei gleichzeitiger sozialer und kultureller Entwurzelung und Verwirrung für unausweichlich hielt.

Marx verfügte über einen starken und lebhaften Geist und neigte zu abstraktem Denken, er war unsentimental, hatte wenig Taktgefühl, dafür aber ein feines Gespür für Ungerechtigkeiten. Die Rhetorik und Emotionalität der Intellektuellen stießen ihn genauso ab wie die Dummheit und Borniertheit der Bourgeoisie. Die Ersteren hielt er mehrheitlich für ziellose Schwätzer und für wirklichkeitsfremd, was ihn beides gleichermaßen irritierte – unabhängig davon, ob er sie nun für aufrichtig oder für unlauter befand. Die Letzteren hielt er für Heuchler, die zugleich zur Selbsttäuschung neigten. Weil sie völlig in ihrem Streben nach Reichtum und sozialem Status aufgingen, seien sie blind gegenüber den untrüglichen gesellschaftlichen Zeichen ihrer Zeit.

Dieses Bewusstsein, in einer feindseligen und vulgären Welt zu leben (möglicherweise verstärkt durch sein latentes Unbehagen, als Jude geboren worden zu sein), steigerte noch die ihm eigene Strenge und Aggressivität und machte ihn in der öffentlichen Wahrnehmung zu einer furchterregenden Gestalt. Selbst seinen größten Bewunderern dürfte es schwergefallen sein, in Marx einen aufgeschlossenen oder empfindsamen Mann zu sehen, jemanden, der sich über die Gefühle der Menschen, mit denen er zu tun hatte, Gedanken machte. Vielmehr waren in seinen Augen die meisten Menschen, die er kennenlernte, einfältig oder anbiedernd, sodass er ihnen mit offener Verachtung und großem Misstrauen begegnete. Im Gegensatz zu seinem herrischen und angriffslustigen Auftreten in der Öffentlichkeit stand Marx' Verhalten in vertrauter Umgebung, im engeren Familien- und Freundeskreis, wo er sich völlig aufgehoben fühlte. Hier war er zuvorkommend und liebenswürdig. Seine Ehe verlief im Großen und Ganzen glücklich, seinen Kindern war er herzlichst zugetan und seinem lebenslangen Freund und Mitarbeiter Friedrich Engels war er in fast ungebrochener Treue und Hingabe verbunden. Marx besaß wenig Charme, sein Auftreten war häufig ungehobelt, und er neigte zu plötzlichen Wutausbrüchen. Nichtsdestotrotz waren selbst seine ärgsten Feinde von der Ausstrahlungskraft seiner Persönlichkeit, seiner Leidenschaftlichkeit, der Kühnheit seines Denkens sowie der Vielfalt und Brillanz seiner Gegenwartsanalysen beeindruckt.

Und doch blieb er sein Leben lang merkwürdig einsam, mit wenigen Kontakten zu anderen Revolutionären seiner Epoche, deren Persönlichkeiten er genauso ablehnte wie ihre Methoden und Ziele. Dass Marx so isoliert war, ist allerdings nicht primär auf seinen Charakter zurückzuführen oder auf die Orte, an denen er sich aufhielt, oder die Zeit, in der er lebte. Die meisten Demokraten im damaligen Europa mochten sich hinsichtlich ihres Charakters, ihrer Absichten und ihres historischen Umfelds unterscheiden. Sie teilten jedoch eine entscheidende Gemeinsamkeit, die ihnen eine Kooperation ermöglichte: Unabhängig davon, ob sie eine gewaltsame Revolution befürworteten oder nicht, berief sich das Gros von ihnen letztendlich auf für die gesamte Menschheit gültige moralische Standards. Die Kritik, die sie an der herrschenden menschlichen Daseinsweise übten, ihre Verurteilung der gegebenen Zustände, erfolgte vom Standpunkt eines vorgefassten Ideals und Systems aus, für das sie meinten, keine weiteren Begründungen liefern zu müssen, weil es sich allen normalen Menschen aufgrund geteilter ethischer Vorstellungen von selbst erschloss. Was ihre Ansätze voneinander unterschied, war der Grad ihrer praktischen Umsetzbarkeit, wodurch sie als mehr oder weniger utopisch eingestuft wurden. Es gab zwischen den verschiedenen demokratischen Strömungen und Denktraditionen jedoch eine weitgehende Übereinstimmung, was die anzustrebenden Ziele betrifft. Man war sich uneinig hinsichtlich der Methoden, mit denen diese Ziele zu erreichen waren, man stritt über die Frage, inwieweit Kompromisse mit den Herrschenden moralisch oder praktisch geboten seien, über den Charakter und die Bedeutung bestimmter gesellschaftlicher Institutionen sowie über die Politik, die man diesen gegenüber verfolgen sollte. Aber selbst die Radikalsten unter ihnen – die Jakobiner und Terroristen (und diese vermutlich mehr als alle anderen) – waren fest davon überzeugt, dass es kaum etwas gäbe, was sich nicht mit dem entschlossenen Willen Einzelner verändern ließe. Sie glaubten außerdem daran, dass starke moralische Überzeugungen eine hinreichende Triebfeder des menschlichen Handelns sind und mit dem Bezug auf ein universell anerkanntes Wertesystem legitimiert werden können. Folglich musste man sich zunächst vergewissern, wie die anzustrebende zukünftige Welt im Einzelnen aussehen sollte. Danach galt es zu klären, was dafür von den herrschenden Gesellschaftsstrukturen beibehalten und was aufgegeben werden sollte. Schließlich stand man vor der Aufgabe, die wirkungsvollsten Mittel zu finden, um die notwendige Umwälzung herbeizuführen.

Marx hatte für diese von der Mehrheit der Revolutionäre und Reformer zu allen Zeiten vertretene Haltung nichts als Verachtung übrig. Für ihn stand fest: Die Menschheitsgeschichte ist von Gesetzen bestimmt, die nicht einfach durch das Eingreifen von Individuen, die sich von diesem oder jenem Ideal leiten lassen, außer Kraft gesetzt werden können. Er war davon überzeugt, dass die innere Gewissheit, auf die sich die Menschen in der Regel berufen, um ihre Ziele zu rechtfertigen, weit davon entfernt sei, eine besondere Form der Wahrheit namens Moral oder Religion zu offenbaren. Vielmehr neige der Mensch in seiner jeweiligen spezifischen historischen Lage dazu, individuelle oder kollektive Mythen und Vorstellungen hervorzubringen. Bisweilen verkörperten diese Mythen – bedingt durch die materiellen Umstände, aus denen sie hervorgegangen sind – im Gewand einer objektiven Wahrheit das, woran die Menschen in ihrem Elend glauben wollen. Unter ihrem trügerischen Einfluss tendierten die Menschen dazu, das Wesen der Welt, in der sie leben, und ihre eigene Stellung darin zu verkennen und daher auch die Tragweite ihrer eigenen Macht und der ihrer Gegner sowie die Konsequenzen eigener und fremder Taten falsch einzuschätzen.

Anders als die meisten demokratisch gesinnten Theoretiker seiner Epoche war Marx der Ansicht, dass Werte nicht unabhängig von Tatsachen zu betrachten seien, sondern zwangsläufig von der Art und Weise, wie diese Tatsachen gedeutet werden, beeinflusst sind. Ein vernunftbegabtes Wesen bedürfe nicht der Hilfe unabhängig voneinander entwickelter moralischer Standards, sondern lediglich der echten Einsicht in die Natur und die Gesetzmäßigkeiten des historischen Prozesses, um zu begreifen, welche Schritte es unternehmen müsse, das heißt, welches Vorgehen am besten den Anforderungen der jeweils gültigen Gesellschaftsordnung entspricht, der es angehört.

Es ging Marx also nicht darum, der Menschheit ein neues ethisches oder gesellschaftliches Ideal aufzudrängen. Er plädierte nicht für einen Sinneswandel. Ein bloßer Sinneswandel hätte nur eine Reihe von Illusionen durch eine andere ersetzt. Im Gegensatz zu anderen großen Ideologen seiner Zeit appellierte er an die Vernunft, an die praktische Intelligenz des Menschen, und verurteilte jedwede geistige Verirrung oder Borniertheit. Er bestand darauf, dass alles, was die Menschheit brauche, um zu verstehen, wie sie sich aus dem Chaos befreien kann, in dem sie sich befindet, die Einsicht in die eigene Lage sei. Er war fest davon überzeugt, dass sich aus der richtigen Einschätzung der jeweiligen Kräfteverhältnisse in einer Gesellschaft, der ein Mensch angehört, die Lebensweise erschließt, die dieser vernünftigerweise anstreben sollte.

Marx prangerte die herrschende Ordnung an, berief sich dabei aber nicht auf Ideale, sondern auf die Geschichte: Für gewöhnlich verurteilte er die herrschende Ordnung nicht als ungerecht oder als bedauernswert, noch als das Resultat menschlicher Bosheit oder Torheit. Stattdessen betrachtete er sie als die Konsequenz einer gesetzmäßigen gesellschaftlichen Entwicklung, aufgrund derer zu einem bestimmten historischen Zeitpunkt eine Klasse, indem sie mit mehr oder weniger Vernunft ihre eigenen Interessen verfolge, eine andere Klasse enteigne und ausbeute, was zur Unterdrückung und Lähmung der Entwicklung der Menschheit führe. Die Unterdrücker müssten dabei nicht so sehr die gezielte Vergeltung ihrer Opfer fürchten. Die größte Gefahr gehe vielmehr von der Geschichte aus (in Form des Handelns einer antagonistischen gesellschaftlichen Gruppe, die wiederum ihre eigenen Interessen verfolgt), da eine Klasse, die ihre gesellschaftliche Aufgabe erfüllt habe, unwiederbringlich dazu verurteilt sei, in Kürze von der Bühne des menschlichen Tuns und Lassens abzutreten.

Wiewohl dazu gedacht, sich an den Verstand zu richten, ist Marx' Sprache die eines Herolds oder Propheten. Er spricht weniger im Namen menschlicher Wesen als im Namen des universellen Gesetzes selbst. Er ist nicht darauf aus, zu retten oder zu verbessern, sondern will vielmehr warnen und urteilen, die Wahrheit enthüllen und vor allem Unwahrheiten aufdecken. *Destruam et aedifcabo* (»Zerstören will ich, aber ich werde auch aufbauen«), ein Satz, den Proudhon einem seiner Werke vorangestellt hat,[1] beschreibt Marx' Vorstellung von

1 [Sinnspruch auf dem Buchrücken von Proudhons »Philosophie des Elends«, Paris 1846, zugeschrieben dem 5. Buch Mose. Dies ist ver-

seiner selbstgestellten Aufgabe vermutlich am treffendsten. Im Jahr 1845 hatte er den ersten Teil seines Arbeitspensums hinter sich gebracht und machte sich mit dem Wesen, der Geschichte und den Gesetzmäßigkeiten der Entwicklung der Gesellschaft, in der er lebte, vertraut. Er kam zu dem Schluss, dass die Geschichte der Gesellschaft die Geschichte des Menschen ist, der bestrebt ist, mithilfe seiner schöpferischen Arbeit sich selbst und die Außenwelt zu beherrschen. Dies zeige sich im Kampf entgegengesetzter Klassen, aus dem eine Klasse, wenn auch in stark gewandelter Form, als Siegerin hervorgehen müsse. Fortschritt entsteht durch wiederholte Siege der einen Klasse über die andere. Darin verkörpert sich langfristig der Fortschritt der Vernunft. Nur diejenigen Menschen, die sich mit der fortschrittlichen, das heißt der aufstrebenden Klasse in der Gesellschaft identifizieren, verhielten sich vernünftig, indem sie entweder – falls notwendig – bewusst ihre Vergangenheit abstreifen und sich mit dieser Klasse verbünden oder – sollte die Geschichte ihnen bereits den richtigen Platz zugewiesen haben – indem sie sich ihrer Lage vollständig bewusst werden und dementsprechend handeln.

Da Marx das Proletariat in den Kämpfen seiner Zeit als die aufstrebende Klasse ausgemacht hatte, widmete er den Rest seines Lebens der Aufgabe, den Sieg derjenigen vorzubereiten, zu deren geistigem Vorreiter er sich berufen fühlte. Der Verlauf der Geschichte würde am Ende in jedem Falle für ihren Sieg sorgen. Mut, Entschlossenheit und Einfallsreichtum könnten jedoch dazu beitragen, diesen schneller herbeizuführen und den Übergang weniger schmerzhaft zu gestalten, mit weniger Reibungen und weniger Verschwendung menschlicher Substanz. Marx' Rolle ist die des Befehlshabers, der einen Feldzug anführt, ohne sich und den anderen ständig in Erinnerung rufen zu müssen, warum sie überhaupt in den

mutlich eine Anspielung auf Vulgates »ego occidam et ego vivere faciam« (»Ich will töten und werde zum Leben erwecken«) in Vers 39.]

Krieg ziehen und warum sie in diesem auf einer bestimmten Seite stehen. Der Krieg und die Seite, auf der man steht, sind nicht zu hinterfragende Tatsachen. Diese sind hinzunehmen und müssen nicht weiter geprüft werden. Die einzige Aufgabe bestünde darin, den Feind zu besiegen. Alle anderen Fragen sind akademischer Natur, basieren auf nicht verwirklichten hypothetischen Voraussetzungen und sind daher nebensächlich. Deswegen sucht man in Marx späteren Werken vergeblich nach jedweder Erörterung seiner letzten Gründe oder nach einem Versuch, seine Gegnerschaft zur Bourgeoisie zu rechtfertigen. Während der Schlacht sind weder die Verdienste oder Irrtümer des Feindes von Belang noch die Frage, was gewesen wäre, wenn der Feind ein anderer gewesen oder der Krieg anders verlaufen wäre. Solche irrelevanten Themen während der Schlacht aufzuwerfen bedeutet nichts anderes, als die eigenen Anhänger von den Kernfragen abzulenken (denen sie sich stellen müssen, unabhängig davon, ob sie sich dessen im Klaren sind oder nicht) und damit ihre Widerstandskraft zu schwächen.

Alles, was in diesem Krieg zählt, ist die genaue Kenntnis der eigenen Ressourcen und derer des Gegners. Das Wissen um die Vorgeschichte der Gesellschaft und um die Gesetze, von denen sie beherrscht wird, ist für diesen Zweck unerlässlich. »Das Kapital« ist der Versuch, eine solche Analyse vorzunehmen. Der fast vollständige Verzicht auf explizit moralische Argumente, auf Appelle an das Gewissen oder hehre Grundsätze und das ebenfalls auffällige Fehlen genauerer Aussagen darüber, was nach dem Sieg geschehen werde oder soll, ist dem Umstand geschuldet, dass Marx seine gesamte Aufmerksamkeit den praktischen Problemen des Handelns widmet. Vorstellungen von unabänderlichen und universellen natürlichen Rechten und davon, dass jeder Mensch unabhängig von seiner Stellung im Klassenkampf über das gleiche Bewusstsein verfügt, werden als liberale Illusionen verworfen. Diese dienten lediglich zum Selbstschutz. Der

Sozialismus appelliert nicht, er fordert, er spricht nicht von Rechten, sondern von einer neuen Lebensweise, die von repressiven gesellschaftlichen Strukturen befreit ist. Angesichts ihres unaufhaltsamen Vormarsches beginnt sich die alte Gesellschaftsordnung bereits sichtbar aufzulösen. Moralische, politische und ökonomische Ansichten und Ideale veränderten sich mit den gesellschaftlichen Bedingungen, aus denen sie hervorgegangen seien: Sie als allgemeingültig und unveränderlich zu betrachten sei gleichbedeutend mit der Überzeugung, die Ordnung, zu der sie gehörten – in diesem Fall die bürgerliche Ordnung –, bestehe ewig.

Dieser Irrtum, so die These von Marx, liegt sämtlichen Morallehren und psychologischen Betrachtungen der humanistisch gesinnten Idealisten seit dem 18. Jahrhundert zugrunde. Von daher rührt die ganze Verachtung und Abscheu, die Marx gegenüber der von Liberalen und Utilitaristen vertretenen Auffassung hegte, alle Menschen hätten letztendlich schon immer die gleichen Interessen gehabt, weswegen es mit einem gewissen Maß an Verständnis, gutem Willen und Großmut von allen Seiten möglich sein müsste, einen für allen akzeptablen Kompromiss zu erzielen. Wenn man von der Wirklichkeit des Klassenkampfs ausgeht, dann sind diese Interessen jedoch vollständig unvereinbar. Diese Tatsache zu leugnen ist entweder eine dumme oder zynische Missachtung der Wahrheit, eine besonders bösartige Heuchelei oder eine Selbsttäuschung, wie sie die Geschichte immer wieder hervorgebracht hat. Es ist diese grundsätzliche Differenz in der Weltanschauung – und nicht bloß Unterschiede des Temperaments oder der natürlichen Begabung –, die Marx so deutlich von den bürgerlichen Radikalen und utopischen Sozialisten seiner Zeit trennte und die er über 40 Jahre lang ungeachtet ihres Unverständnisses und ihrer Empörung auf das Übelste beschimpfte und bekämpfte.

Er verabscheute jeglichen Romantizismus, jede Form von Rührseligkeit und Appellen an das menschliche Gewissen und war immer darauf bedacht, nicht die idealistischen Gefühle seiner Leser anzusprechen. Deswegen versuchte er auch, aus den Propagandaschriften seiner Bewegung systematisch alle Überreste der alten demokratischen Rhetorik zu tilgen. Niemals bot er Konzessionen an oder bat um solche, niemals ließ er sich auf zweifelhafte politische Bündnisse ein, da er jede Form von Kompromiss ablehnte. Die Manifeste, Glaubensbekenntnisse und politischen Programme, unter die er seinen Namen setzte, vermieden in der Regel die Bezugnahme auf moralischen Fortschritt, immerwährenden Frieden und ewige Gerechtigkeit, auf die Gleichheit der Menschen, die Rechte von Individuen oder Nationen, auf Gewissensfreiheit, den Kampf um Zivilisationsfortschritt oder sonstige Phrasen, die zum ehernen Bestand der damaligen Demokratiebewegungen gehörten (und früher einmal deren Ideale authentisch verkörperten). Für Marx war das alles nur wertloses Geschwätz, das auf fehlende Klarheit im Denken und Ineffizienz beim Handeln schließen ließ.[1]

Der Krieg musste Marx zufolge an allen Fronten geführt werden. Da die gegenwärtige Gesellschaft politisch organisiert sei, stand für ihn ebenso fest, dass es der Gründung einer politischen Partei bedürfe. Und zwar aus den Elementen, die aufgrund der Gesetzmäßigkeiten der historischen Entwicklung dazu bestimmt seien, als die siegreiche Klasse aus diesem Krieg hervorzugehen. Ihnen müsse unablässig beigebracht werden, dass alles, was in der bestehenden Gesellschaft als völlig unveränderlich erscheint, in Wahrheit zum baldigen Untergang verurteilt ist. Dieser Umstand ist für die Menschen nur schwer nachvollziehbar, da die todgeweihte Klasse bewusst oder unbewusst eine massive Schutzmauer aus mora-

1 Seine Bemerkungen in einem Brief an Engels zu seiner Haltung solchen Formulierungen gegenüber im Entwurf der Grundsatzerklärung, die die Erste Internationale Arbeitervereinigung ihm vorlegte, ist in dieser Hinsicht sehr aufschlussreich. Marx an Engels, 4. November 1864, MEW 31, S. 9–16.

lischen, religiösen, politischen und wirtschaftlichen Annahmen und Überzeugungen um sich herum errichtet, um dem nahenden Verhängnis nicht ins Auge blicken zu müssen. Man braucht sowohl geistige Entschlossenheit als auch einen gewissen Scharfsinn, um diesen Nebelschleier zu durchdringen und die wirklichen Strukturen hinter den Ereignissen zu erkennen. Das drohende Chaos und die Krise, in der all dies zwangsläufig ende, müsse jedoch ausreichen, um einem klarsichtigen und interessierten Beobachter davon zu überzeugen, wohin er sich wenden und was er tun müsse, um zu überleben. Und niemand, der nicht schon – bildlich gesprochen – scheintot ist oder im Sterben liegt, kann gleichgültig gegenüber dem Schicksal der Gesellschaft sein, an die sein eigenes Leben gekettet ist. Nach Marx ist es die Kenntnis der Sachen selbst und nicht ein subjektiver Wertemaßstab (der sich für jeden Menschen anders darstellt und von inneren Einsichten bestimmt wird), die zu vernünftigem Verhalten führt.

Eine Gesellschaft ist dann als fortschrittlich und damit unterstützenswert einzuschätzen, wenn sie dazu imstande ist, ihre Produktivkräfte weiterzuentwickeln, ohne ihre gesamten Grundlagen umzustoßen. Eine Gesellschaft ist dann reaktionär, wenn sie sich in eine Sackgasse hineinmanövriert, wenn sie sich – trotz verzweifelter Bemühungen, das eigene Überleben zu sichern – als unfähig erweist, den inneren Zerfall und den endgültigen Zusammenbruch abzuwenden. Einen irrationalen Glauben an die eigene Stabilität zu schüren erweist sich als Betäubungsmittel, mit dem alle dem Untergang geweihten Gesellschaften fast zwanghaft versuchen, die Anzeichen ihres wahren Zustandes zu verschleiern. Dennoch: Was die Geschichte verdammt hat, wird unweigerlich hinweggefegt werden. Zu sagen, etwas müsse gerettet werden, selbst wenn dies nicht möglich ist, bedeutet, den vernünftigen Lauf der Welt in Zweifel zu ziehen.

Für Marx ist die Nichtanerkennung dieses Prozesses – der schmerzhaften Konflikte, mit denen und durch die Menschen darum ringen, all ihre Möglichkeiten zu verwirklichen – eine Form von infantilem Subjektivismus. Dieser sei einer degenerierten bzw. oberflächlichen Betrachtung des Lebens oder einem irrationalen Vorurteil gegenüber der einen oder anderen vergänglichen Tugend oder Institution geschuldet. Darin offenbarte sich für Marx ein Verhaftetsein mit der alten Ordnung und eine nur unvollständige Emanzipation von ihren Werten. Es schien ihm so, als keimte unter dem Deckmantel gewissenhafter Philanthropie eine Saat aus Schwäche und Verrat, die auf das grundsätzliche Verlangen zurückgeht, sich mit der Reaktion zu arrangieren, und auf ein geheimes Grauen vor der Revolution, das sich aus der Furcht speist, Bequemlichkeiten und Privilegien einzubüßen, und der noch tiefer reichenden Angst vor der Wirklichkeit selbst und vor dem, was das unerbittlich helle Tageslicht enthüllen wird. Die Wahrheit aber erlaubt keinerlei Kompromisse. Humanismus war für Marx nichts anderes als ein fauler Kompromiss, mit dem man versuche, das eigene Gesicht zu wahren, um damit den Gefahren eines offenen Kampfes zu entgehen, vor allem aber den Risiken und der Verantwortung, die mit einem Sieg verbunden sind. Nichts verabscheute er mehr als Feigheit. Daher der wütende und oftmals brutale Ton, den er in diesem Zusammenhang anschlug und der sich zu diesem schroffen »materialistischen« Stil weiterentwickeln sollte, der für die damaligen Schriften des revolutionären Sozialismus gänzlich neu war. Insbesondere russische Autoren haben später diese Form der »nackten Objektivität« aufgegriffen und ihrem Drang nachgegeben, für ihre zuweilen nicht besonders gehaltvollen Gedanken besonders drastische und direkte Formulierungen zu wählen, um damit zu schockieren.

Marx zufolge war der Anlass dafür, dieses neue Werkzeug zu erschaffen, eher ein zufälliger gewesen: Im Laufe eines Disputs mit der Regierung, der sich an einer Wirtschaftsfrage von lediglich lokaler Bedeutung entzündet hatte und den er in seiner Funktion als Herausgeber einer radikalen Tageszeitung führte, wurde er sich seiner fast vollständigen Unkenntnis der Geschichte und Gesetzmäßigkeiten der ökonomischen Entwicklung bewusst. Dieser Disput ereignete sich im Jahr 1843. Im Jahr 1848 waren Marx' grundsätzliche Ansichten und Standpunkte in politischen und ökonomischen Angelegenheit vollständig entwickelt. Er hatte mit einer sagenhaften Gründlichkeit eine komplette Gesellschaftstheorie und -geschichte entworfen, mit präzisen Angaben dazu, wo und wie die Antworten auf alle offenen Fragen zu suchen und zu finden seien.

Die Originalität seiner Analyse ist häufig infrage gestellt worden. Sie kann aber durchaus als originell bezeichnet werden, zwar nicht im Sinne der Authentizität von Kunstwerken, die eine bis dahin nicht zum Ausdruck gebrachte individuelle Erfahrung vermitteln. Sehr wohl aber im Sinne einer wissenschaftlichen Theorie, die als originell gilt, wenn sie eine neue Lösung für ein bis dato ungelöstes oder noch gar nicht formuliertes Problem bereitstellt, indem sie zum Beispiel vorhandene Erkenntnisse und Perspektiven erweitert oder neu zusammenfügt und daraus eine neue Hypothese bildet.

Marx hat nie verleugnet, wie viel er anderen Denkern verdanke. »Ich vollziehe einen Akt der historischen Gerechtigkeit, indem ich jedem Menschen das gebe, was ihm gebührt«, soll er einmal etwas hochtrabend gesagt haben.[1] Allerdings nahm er für sich in Anspruch, auf viele Fragen, die zuvor falsch gestellt oder falsch bzw. unzureichend beantwortet worden waren, zum ersten Mal eine angemessene Antwort gegeben zu haben. Wonach Marx strebte, war nicht Neuartigkeit, sondern Wahrheit. Wenn er in den Werken anderer darauf stieß, bemühte er sich darum – zumindest während seiner frühen Schaffensjahre in Paris, wo die grundlegende Richtung seines Denkens Gestalt annahm –, diese Erkenntnisse in seine neue Synthese aufzunehmen. Letztlich sind das Neue und Originelle an seinem Werk nicht die einzelnen Bestandteile,

1 [Ohne Quellenangabe, eventuell eine erfundene Zuschreibung.]

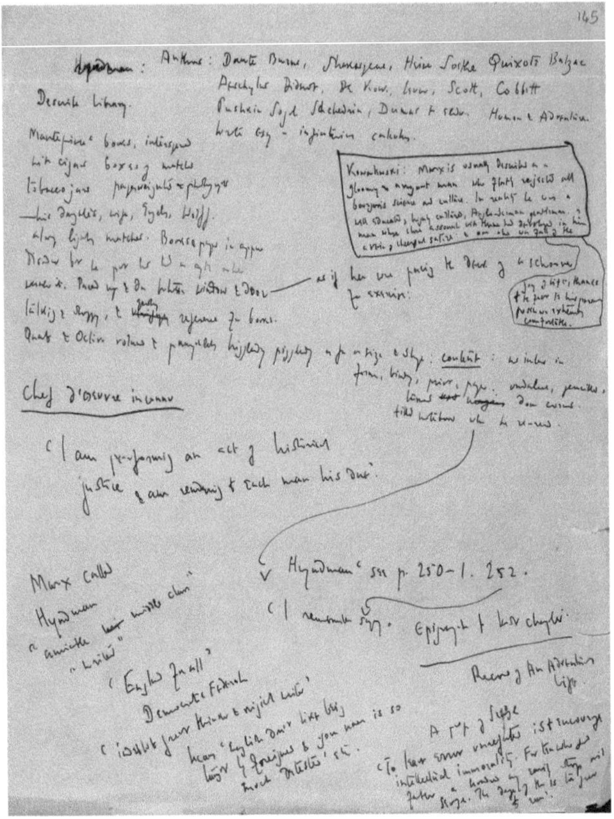

Eine Seite aus Berlins Notizen[1]

1 Oxford, Bodleian Library, MS. Berlin 412, fol. 145r: Scan © Bodleian Library 2013. Das Blatt veranschaulicht treffend die für den Autor charakteristische, spärlich referenzierte Art, Notizen zu machen. Die Notiz »chef d'oeuvre inconnu« ist zum Beispiel eine Erinnerung an das, was Paul Lafargue über Marx' Vergleich seiner selbst mit dem Helden von Honoré de Balzacs Kurzgeschichte »Das unbekannte Meisterwerk« (siehe oben S. 3) schrieb. Lafargue, Paul: Karl Marx. Persönliche Erinnerungen, in: Die Neue Zeit, 9. Jahrg., 1. Bd., 1890/1891, S. 10–17 u. 37–42, hier S. 15.

sondern seine zentrale Hypothese, über die alles andere miteinander verbunden ist, sodass die einzelnen Teile aus den anderen hervorzugehen und sich in einem einzigen systematischen Ganzen gegenseitig zu ergänzen scheinen.

Es fällt relativ leicht, die unmittelbaren Quellen der von Marx ausformulierten Theorien und Thesen aufzuspüren. Dies ist eine Aufgabe, die zahlreiche seiner Kritiker mit großem Elan in Angriff genommen haben. Vielleicht trifft es wirklich zu, dass es kein einziges Theorem bei Marx gibt, das im Keim nicht bereits bei einem anderen früheren oder zeitgenössischen Autor angelegt war. So hat es in den vergangenen 2000 Jahren mit großer Sicherheit schon eine Menge Denker gegeben, die in irgendeiner Form Anhänger der Lehre vom Gemeineigentum (beruhend auf der Abschaffung des Privateigentums) waren. Die häufig debattierte Frage, ob Marx seine Haltung zum Gemeineigentum direkt von Morelly, Mably oder von Babeuf und seinen Anhängern übernommen hat oder doch aus irgendeiner deutschen Darstellung des französischen Kommunismus, ist zu akademisch, um wirklich wichtig zu sein. Was spezifischere Theoreme angeht, so findet sich etwa eine Art Vorläufer des historischen Materialismus bereits vollständig ausgearbeitet in einer fast ein Jahrhundert zuvor erschienenen Abhandlung von d'Holbach wieder, der wiederum viel dem Werk Spinozas verdankte. Zu Marx' Lebzeiten dann legte Feuerbach eine abgewandelte Version davon vor. Die Menschheitsgeschichte als eine Geschichte von Klassenkämpfen zu betrachten, diesen Ansatz finden wir bereits bei Linguet und Saint-Simon. Er wurde von zeitgenössischen liberalen Historikern in Frankreich wie Thierry und Mignet weitgehend übernommen ebenso wie von eher Konservativen wie Guizot, wie Marx selbst einräumte. Die wissenschaftliche Theorie von der Unvermeidbarkeit regelmäßig wiederkehrender Wirtschaftskrisen ist das erste Mal vermutlich von Sismondi vertreten worden, die Theorie vom Aufstieg des Vierten Stands geht fraglos auf die frühen französischen Kommunisten zurück und wurde zu Marx' Lebzeiten in Deutschland durch die Publikationen von Stein und Huss bekannt. Es war zudem Babeuf, der im letzten Jahrzehnt des 18. Jahrhunderts zum ersten Mal die Idee von der Diktatur des Proletariats aufgebracht hat, die dann im 19. Jahrhundert von Weitling und Blanqui auf unterschiedliche Weise weiterentwickelt worden ist. Louis Blanc und die französischen Anhänger des Staatssozialismus haben sich dann später noch ausführlicher mit der gegenwärtigen und zukünftigen Stellung und Bedeutung der Arbeiter in einem Industriestaat befasst, als Marx bereit war zuzugeben. Die Arbeitswerttheorie wiederum geht auf Locke, Adam Smith, Ricardo und andere klassische Nationalökonomen zurück. Die Theorie von der Ausbeutung und die vom Mehrwert findet sich das erste Mal bei Fourier und die Theorie von ihrem Gegenmittel, der gezielten Staatskontrolle, in den Schriften der frühen englischen Sozialisten wie Bray, Thompson und Hodgskin. Die Theorie von der Entfremdung der Proletarier ist zuerst von Max Stirner ausgearbeitet worden, und das mindestens ein Jahr bevor Marx das Thema aufgegriffen hat. Es ließe sich diese Auflistung ohne Weiteres noch eine Weile fortsetzen. Den größten Einfluss auf Marx hatten jedoch zweifelsfrei Hegel und die deutsche Philosophie.

Dem 18. Jahrhundert mangelte es wahrlich nicht an Gesellschaftstheorien. Einige fielen, schon kurz nachdem sie das Licht der Welt erblickt hatten, der Vergessenheit anheim, andere veränderten, begünstigt durch ein entsprechendes intellektuelles Klima, die Ansichten von Menschen und beeinflussten ihr Verhalten. Marx sichtete diese Unmenge an Material, wählte daraus, was ihm originell, wahrhaftig und wichtig erschien, und entwickelte mit ihrer Hilfe eine neue Methode der Gesellschaftsanalyse, die weder durch ihre besondere Schönheit oder Konsistenz noch durch ihre besondere emotionale oder geistige Kraft bestiecht (so sind etwa die utopischen Theorien edlere Werke des Vorstellungsvermögens). Was sie stattdessen auszeichnet, ist eine bemerkenswerte Kombination aus einfachen Grundsätzen und Verständlichkeit, aus Realismus und einem Sinn fürs Detail. Die Sachverhalte, über die er schrieb, korrespondierten tatsächlich mit den persönlichen und unmittelbaren Erfahrungen des Publikums, an das Marx sich richtete. Seine zunächst in schlichter Form präsentierten Analysen wurden sofort als neuartig und durchschlagend wahrgenommen. Seine Hypothesen, die eine bemerkenswerte Synthese aus deutschem Idealismus, französischem Rationalismus und der in England entstandenen Politischen Ökonomie darstellten,[1] schienen eine Unmenge an gesellschaftlichen Phänomenen, die zuvor nur isoliert voneinander behandelt worden waren, in einzigartiger Weise aufzugreifen und zusammenzubringen. Dies verlieh den volkstümlichen, aber oft formelhaften Parolen der neuen kommunistischen Bewegung konkrete Inhalte. Vor allem aber erlaubte es ihr, nicht nur ein allgemeines Gefühl der Unzufriedenheit und der Rebellion hervorzurufen, wie zuvor der Chartismus, der eine

1 [Dieser Gedanke der dreifachen Synthese stammt ursprünglich von Moses Hess. Vgl. Hess, Moses: Die europäische Triarchie, Leipzig 1841, S. 155–178, insbesondere S. 178. Vgl. hierzu auch den Aufsatz von Isaiah Berlin aus dem Jahr 1959 über Hess in: Against the Current: Essays on the History of Ideas, hrsg. von Henry Hardy, 2. Aufl., Princeton 2013, S. 324: »*Die europäische Triarchie* befürwortete insbesondere den Zusammenschluss der drei zivilisierten Mächte in Europa: Deutschland, Heimat der Ideen und Verfechter der Religionsfreiheit; Frankreich, das Schlachtfeld, auf dem wirksame Sozialreformen und politische Unabhängigkeit erkämpft wurden; und England, Heimat der ökonomischen Freiheit, und darüber hinaus selbst die Synthese des französischen und deutschen Geistes – weder überspekulativ wie in Deutschland noch vulgär materialistisch wie in Frankreich.« Lenin hat diese Überlegung aufgegriffen: »Marx war der Fortführer und geniale Vollender der drei geistigen Hauptströmungen des 19. Jahrhunderts in den drei fortgeschrittensten Ländern der Menschheit: der klassischen deutschen Philosophie, der klassischen englischen politischen Ökonomie und des französischen Sozialismus in Verbindung mit den französischen revolutionären Lehren überhaupt.« (Lenin, Wladimir Iljitsch: Werke, Bd. 21, August 1914–Dezember 1915, Berlin 1960, S. 38)]

Reihe von politischen und auf die Wirtschaft bezogenen Forderungen aufgestellt hatte, die aber kaum etwas miteinander zu tun hatten. Marx vermochte es, diese Gefühle auf systematisch miteinander verbundene und unmittelbar erreichbare Ziele zu lenken, keine letztgültigen Ziele für alle Menschen und für alle Zeiten, sondern solche, die er als passend für eine revolutionäre politische Partei erachtete, die eine spezifische Stufe der gesellschaftlichen Entwicklung repräsentierte.

Die maßgebliche Leistung von Marx' Theorie bestand darin, in vertrauten empirischen Begriffen eindeutige und einheitliche Antworten auf diejenigen theoretischen Fragen gegeben zu haben, die die Menschen zu seiner Zeit am meisten bewegten, und aus ihnen klare und praktische Handlungsanweisungen abgeleitet zu haben, ohne zwischen beiden gekünstelte Verbindungen herzustellen. Dies verlieh seiner Theorie eine einzigartige Vitalität und Beharrlichkeit, sodass es ihr gelang, in den folgenden Jahrzehnten viele andere rivalisierende Lehren zu überleben und aus dem Feld zu schlagen. Sie entstand im Wesentlichen während Marx' unruhiger Jahre in Paris, zwischen 1843 und 1850, als unter dem Druck einer weltweiten Krise die ansonsten unter der Oberfläche des gesellschaftlichen Lebens schlummernden wirtschaftlichen und politischen Strömungen derart an Bedeutung und Intensität gewannen, dass sie schließlich die Gesellschaftsstrukturen sprengten, die unter normalen Umständen von den bestehenden Institutionen aufrechterhalten wurden. Nur für einen kurzen Moment offenbarten sie während des erhellenden Zwischenspiels, das dem endgültigen Zusammenstoß der Kräfte vorausgeht, wenn alle Fragen wieder im Dunkeln liegen, ihren wahren Charakter. Marx profitierte von dieser seltenen Gelegenheit und nutzte sie intensiv für seine sozialwissenschaftlichen Beobachtungen. Sie schienen seine Hypothesen voll und ganz zu bestätigen.

Bei dem von ihm errichteten Gedankengebäude handelt es sich um ein massives Bauwerk, das sich nicht im Sturm einnehmen lässt und innerhalb seiner Mauern mit allen Ressourcen ausgestattet ist, um seinen Gegnern die Stirn zu bieten und auf jede der im Besitz des Feindes befindlichen Waffen reagieren zu können. Der Einfluss dieses theoretischen Werks war überwältigend. Es berührte Freund und Feind gleichermaßen, insbesondere aber Sozialwissenschaftler, Historiker und Gesellschaftskritiker. Es hat die Geschichte des menschlichen Denkens derart verändert, dass bestimmte Dinge danach nie wieder glaubhaft vertreten werden konnten. Zumindest langfristig profitiert jedes Fachgebiet davon, umkämpft zu sein, und Marx' Betonung des Primats ökonomischer Faktoren bei der Bestimmung menschlichen Verhaltens zog eine verstärkte Erforschung der Wirtschaftsgeschichte nach sich. Obgleich es auch zuvor bereits Bemühungen in diese Richtung gegeben hatte, gelangte diese Disziplin erst zu voller Blüte, nachdem der Vormarsch des Marxismus der präzisen historischen wissenschaftlichen Forschung in diesem Bereich neue Impulse verliehen hatte – so wie in der vorangegangenen Generation die Lehren von Hegel die Geschichtswissenschaft im Allgemeinen erheblich inspiriert hatten. Die soziologische Behandlung von historischen und moralischen Fragestellungen, die Comte und nach ihm Spencer und Taine diskutiert und geordnet hatten, wurde erst dann zu einer genauen und konkreten Wissenschaft, als der Angriff des militanten Marxismus ihre Schlussfolgerungen infrage stellte und damit die Suche nach Beweisen dringlicher und die Aufmerksamkeit für die Methodenfrage größer werden ließen.

Marx sah sich 1849 gezwungen, Paris zu verlassen, und lebte von da an in England. Für ihn waren London und insbesondere die Bibliothek des British Museum der »günstige Standpunkt […] für die Beobachtung der bürgerlichen Gesellschaft«,[1] eine Art Waffenkammer, von deren Bedeutung

1 Marx, Karl: Zur Kritik der Politischen Ökonomie (1859), Vorwort, MEW 13, S. 10.

ihre Eigentümer keine Ahnung zu haben schienen. Er blieb von seiner Umgebung weitgehend unberührt und lebte abgekapselt in seiner eigenen kleinen, vorwiegend deutschen Welt, die sich aus seiner Familie und einem überschaubaren Kreis von engen Freunden und politischen Verbündeten zusammensetzte. Er hatte nur wenig Umgang mit Engländern, deren Lebensweise ihm nicht vertraut war und für die er sich auch nicht wirklich interessierte. Er war ein Mensch, der äußeren Einflüssen gegenüber erstaunlich unempfänglich war. Was nicht in gedruckter Form vorlag, sei es in Form von Zeitungen oder Büchern, drang kaum zu ihm durch. Bis zu seinem Tod kümmerte sich Marx wenig um das gesellschaftliche Leben um ihn herum, auch nicht um die sozialen oder natürlichen Bedingungen. Was seine geistige Entwicklung anbelangt, hätte er genauso gut nach Madagaskar ins Exil gehen können, vorausgesetzt, auch dort wäre seine regelmäßige Versorgung mit Büchern, Zeitschriften und Regierungsdokumenten gewährleistet gewesen. Die Londoner Bevölkerung hätte in diesem Fall kaum weniger Notiz von ihm nehmen können.

Die Jahre bis 1851 waren die prägendsten und die in psychologischer Hinsicht interessantesten seines Lebens. Zu diesem Zeitpunkt war Marx' emotionale und geistige Entwicklung im Großen und Ganzen abgeschlossen, danach veränderte er sich kaum mehr. Noch in Paris hatte er sich vorgenommen, eine umfassende Darstellung und Erklärung des Siegeszugs und des nahe bevorstehenden Zusammenbruchs des kapitalistischen Systems vorzulegen. Seine diesbezüglichen Arbeiten hatten im Frühjahr 1850 begonnen und sollten fast 20 Jahre lang andauern, unterbrochen nur durch die diversen Erfordernisse des Alltags und seine journalistische Tätigkeit, mit der er versuchte, den Lebensunterhalt für sich und seine Familie zu bestreiten.

Seine Kampfschriften, Aufsätze und Briefe, die er während seines 30-jährigen Aufenthalts in London verfasste, bilden einen einheitlichen, zusammenhängenden Kommentar zu den damaligen politischen Ereignissen, erstellt mit Hilfe seiner neu entwickelten analytischen Methode. Sie zeichnen sich durch besonderen Scharfsinn, besondere geistige Klarheit, Sarkasmus und einen starken Realitätssinn aus, sind in einem auffällig modernen Stil geschrieben und richteten sich gezielt gegen den zu seiner Zeit vorherrschenden Fortschrittsglauben und allgemeinen Optimismus.

Als Revolutionär lehnte Marx Verschwörungstheorien ab, die er für altmodisch und nutzlos hielt und denen er vorwarf, nur Verwirrung zu stiften, anstatt die Grundlagen der öffentlichen Meinung zu ändern. Er selbst widmete sich daher der Aufgabe, eine gänzlich von der neuen Sicht auf die Gesellschaft bestimmte, offene politische Partei aufzubauen. In seinen späteren Jahren war er nahezu ausschließlich mit der Herausforderung befasst, Belege für die von ihm entdeckten Gesetzmäßigkeiten zusammenzutragen und diese Erkenntnisse zu verbreiten, bis der gesamte Horizont seiner Anhänger damit erfüllt und ihr tägliches Denken, Sprechen und Handeln davon vollständig durchdrungen war. Ein Vierteljahrhundert lang konzentrierte sich Marx mit seiner ganzen Schaffenskraft darauf, dieses Ziel zu erreichen, bis es ihm gegen Ende seines Lebens tatsächlich gelungen war.

Das 19. Jahrhundert hat viele außerordentliche Gesellschaftskritiker und Revolutionäre hervorgebracht, die nicht weniger originell, nicht weniger militant, nicht weniger dogmatisch als Marx waren. Aber keiner war so rigoros in seiner Zielstrebigkeit und so vereinnahmt von der Vorstellung, jedes Wort und jede Handlung in seinem Leben einem einzigen, unmittelbaren praktischen Zweck unterzuordnen, dem zu opfern ihm nichts zu heilig war. So wie Marx auf gewisse Weise vor seiner Zeit geboren war, so verkörperte er auf eine bestimmte Art und Weise eine der ältesten Traditionen Europas. Sein Realitätssinn, sein Gespür für die Geschichte, seine Ablehnung abstrakter Prinzipien, seine Forderung, jede angebotene Lösung müsse hinsichtlich ihrer Anwendbarkeit auf die gegebene Situation und ihrer Herkunft geprüft werden, seine Verachtung für Kompromisse und jeden Gradualismus, den er als Flucht vor der Notwendigkeit konsequenten Handelns sah, seine Ansicht, die Massen seien leichtgläubig und müssten unter allen Umständen, notfalls mithilfe von Gewalt, aus den Klauen der Schurken und Narren, die ihnen etwas aufschwatzen wollten, befreit werden – all das machte ihn zum Vorboten einer noch ernsthafteren Generation praktischer Revolutionäre, die im folgenden Jahrhundert wirkten.

Marx besaß einen unerschütterlichen Glauben an die Notwendigkeit eines vollständigen Bruchs mit der Vergangenheit. Er war fest davon überzeugt, dass nur ein gänzlich neues Gesellschaftssystem dazu imstande sei, den Einzelnen zu retten und von gesellschaftlichen Zwängen zu befreien, damit dieser harmonisch mit anderen zusammenwirken könne. Doch bis dahin brauche es eine zuverlässige soziale Anleitung. All diese Überzeugungen reihten ihn ein unter die großen autoritären Begründer neuer politischer Glaubensrichtungen, unter die rücksichtslosen Umstürzler und Erneuerer, die die Welt von einem einzigen, nicht anzweifelbaren und leidenschaftlich vertretenen Grundsatz aus beurteilen und die bereit sind, alles zu verdammen und niederzureißen, was nicht dazu passt.

Sein Glaube an seine eigene Zusammenschau und seine Idee von einer geordneten, disziplinierten und sich selbst beherrschenden Gesellschaft, die aus der unvermeidlichen Selbstvernichtung der irrationalen und chaotischen Welt, wie sie besteht, hervorgehen wird, war so grenzenlos und absolut, dass sich damit für ihn alle weiteren Fragen und Probleme erledigt hatten. Eng verbunden damit war ein starkes Gefühl der Befreiung, vergleichbar mit jenem, das der protestantische Glaube den Menschen im 16. und 17. Jahrhundert vermittelt hatte oder später die Erkenntnisse der Naturwissenschaften, die Versprechen der Französischen Revolution oder die Systeme der deutschen Metaphysiker. Wenn man die frühen Rationalisten zu Recht als Besessene bezeichnet, dann war auch Marx ein Besessener. Aber sein Glauben an die Vernunft war nicht blind: Wenn er sich auf die Vernunft berief, dann bezog er sich immer auch auf empirische Beweise. Er verstand die Gesetzmäßigkeiten der Geschichte in der Tat als allzeit gültig und unveränderbar – um dies zu begreifen, bedarf es einer gleichsam metaphysischen Intuition –, aber wie diese im Einzelnen aussehen, lässt sich seiner Meinung nach nur empirisch bestimmen. Sein intellektuelles Deutungssystem war in sich geschlossen. Alles, was dort Eingang fand, wurde nach einem feststehenden Muster angepasst, aber es beruhte auf Beobachtung und Erfahrung. Marx war niemand, der von fixen Ideen besessen war. Er zeigte keine der berüchtigten Anzeichen, die für einen pathologischen Fanatismus typisch sind, wie ständige Stimmungswechsel, Schwankungen zwischen plötzlicher Begeisterung und dem Gefühl von Einsamkeit oder Verfolgungswahn, die häufig in den autistischen Welten jener vorkommen, die den Kontakt zur Realität verloren haben.

Die entscheidenden Gedanken und Thesen seines Hauptwerk dürften bereits um 1847 in seinem Kopf gereift sein. Erste Entwürfe davon erschienen 1849 und dann noch einmal sieben Jahre später. Marx fühlte sich jedoch außerstande, mit der endgültigen Niederschrift zu beginnen, bevor er sich nicht hinlänglich davon überzeugt hatte, die gesamte Fachliteratur zu seinem Thema zu beherrschen. Jahr um Jahr verzögerte sich daher die Veröffentlichung seines Hauptwerks, auch deswegen, weil er Schwierigkeiten hatte, einen Verleger zu finden, weil er für sich und seine Familie den Lebensunterhalt verdienen musste und ständig überarbeitet und krank war. Der erste Band [von »Das Kapital«] erschien schließlich 1867, 20 Jahre nach seiner ursprünglichen Konzeption, und stellt die Krönung seines Schaffens dar. Es ist der Versuch einer zusammenhängenden Darstellung des Prozesses und der Gesetzmäßigkeiten der gesellschaftlichen Entwicklung, die eine komplette, historisch hergeleitete ökonomische

Theorie enthält, und weniger explizit eine durch wirtschaftliche Faktoren bestimmte Geschichts- und Gesellschaftstheorie. Durchzogen ist das Ganze von zahlreichen bemerkenswerten und aufschlussreichen Exkursen, die aus Studien und historischen Skizzen zum Zustand des Proletariats und seiner Arbeitgeber bestehen, insbesondere während des Übergangs von der Manufaktur zur Massenproduktion im industriellen Kapitalismus. Diese Exkurse sollten seine grundlegende These veranschaulichen, sind aber zugleich eine neue und revolutionäre Methode der historischen Betrachtung und der politischen Analyse. Alles in allem handelt es sich hierbei um die eindrucksvollste und ausgefeilteste Anklage, die jemals gegen eine gesellschaftliche Ordnung vorgebracht worden ist, gegen ihre herrschende Klasse, ihre Unterstützer, ihre Ideologen, ihre willigen und unwilligen Handlanger, gegen alle, deren Leben vom Überleben dieser Ordnung abhängt. Marx' Angriff auf die bürgerliche Gesellschaft erfolgte zu einem Zeitpunkt, als diese den Höhepunkt ihres materiellen Wohlstands erreicht hatte. Er veröffentlichte seine Anklage just in dem Jahr, als [der britische Finanzminister] Gladstone in einer Haushaltsdebatte im Parlament seine Landsleute zur »berauschenden Vermehrung von Reichtum und Macht« in den zurückliegenden Jahrzehnten beglückwünschte,[1] einer Zeit, die von überschäumenden Optimismus und einer allgemeinen Zuversicht geprägt war. In dieser Welt erschien Marx als einsamer Rufer in der Wüste, als ein unerbittlicher Kritiker und feindlich gesinnter Zeitgenosse, der ähnlich wie die frühen Christen oder die französischen *enragés* fest entschlossen war, all das unerschrocken zu verwerfen, was diese Welt ausmachte und wofür sie stand. Er erklärte ihre Ideale für wertlos, tat ihre Tugenden als Laster ab und verurteilte ihre Insti-

1 The Times, 17.4.1863, S. 7c, zit. nach Engels, Friedrich: In Sachen Brentano contra Marx wegen angeblicher Zitatfälschung (1890–1891), MEW 22, S. 98.

tutionen, weil diese bürgerlich waren, das heißt, weil sie einer korrupten, tyrannischen und irrationalen Gesellschaft angehörten, die es seiner Meinung nach mit Stumpf und Stiel auf immer und ewig zu zerstören galt.

In einer Zeit, in der Widersacher mit nicht weniger gründlichen, wenn auch respektvolleren und langsamer wirkenden Methoden bezwungen wurden und die Carlyle und Schopenhauer dazu brachten, in weit entfernten Zivilisationen oder idealisierten Vergangenheiten Zuflucht zu nehmen, und die Marx' Erzfeind Nietzsche in die Hysterie und in den Wahnsinn trieben, war Marx der Einzige, der standhaft und couragiert blieb. Wie ein Prophet im Altertum, der eine ihm vom Himmel auferlegte Mission zu erfüllen hat, ausgestattet mit einer großen inneren Ruhe, die von seinem festen Vertrauen in die Möglichkeit einer harmonischen Gesellschaft der Zukunft herrührte, legte Marx Zeugnis ab von den Anzeichen des Niedergangs und Verfalls der alten Ordnung, die er überall zu beobachten meinte. Es schien ihm, als würde diese Ordnung buchstäblich vor seinen Augen zerbröseln. Er unternahm mehr als jeder andere, um diesen Prozess voranzutreiben. Er hatte es sich zur Aufgabe gemacht, die Todesqualen zu verkürzen, die dem Ende gewöhnlich vorausgehen.

2 Kindheit und Jugend

> Nimmer kann ich ruhig treiben,
> Was die Seele stark erfaßt,
> Nimmer still behaglich bleiben,
> Und ich stürme ohne Rast.
> *Karl Marx,* aus: »Empfindungen«[1]

Karl Heinrich Marx kam am 5. Mai 1818 als ältester Sohn von Heinrich und Henrietta Marx im pfälzischen Trier zur Welt, wo sein Vater als Rechtsanwalt tätig war. Früher einmal Sitz des Fürsterzbischofs, war diese Stadt noch etwa 15 Jahre zuvor von den Franzosen besetzt gewesen und auf Veranlassung Napoleons in den Rheinbund aufgenommen worden. Nach der Niederlage Napoleons zehn Jahre darauf hat man Trier dann auf dem Wiener Kongress dem sich rasch ausbreitenden preußischen Königreich zugeschlagen.

Die Könige und Fürsten der deutschen Staaten, die aufgrund der schrittweisen Besetzung ihrer Gebiete durch die Franzosen ihre persönliche Autorität zwischenzeitlich fast

1 »Empfindungen« (1836) war in einer Zusammenstellung von Gedichten enthalten, die Marx Jenny von Westphalen gewidmet hatte. Vgl. John Spargo: Karl Marx: His Life and Work, New York, 1910, S. 43.

I. Berlin, *Karl Marx: Sein Leben und sein Werk*, Edition Theorie und Kritik,
https://doi.org/10.1007/978-3-658-13586-7_2

vollständig eingebüßt hatten, waren damals eifrig damit beschäftigt, das beschädigte Gebilde der Erzmonarchie wieder herzustellen. Dabei achteten sie peinlichst darauf, alle Spuren derjenigen gefährlichen Ideen auszulöschen, die begonnen hatten, selbst die trägen Gemüter der deutschen Provinzbevölkerung aus ihrer gewohnten Lethargie zu reißen. Mit der endgültigen Niederlage und Verbannung Napoleons waren die Illusionen derjenigen deutschen Radikalen endgültig zerstoben, die gehofft hatten, Napoleons Zentralisierungspolitik würde, wenn schon nicht die Freiheit, dann doch zumindest Deutschlands Einheit bringen. Überall dort, wo dies möglich war, kam es zu einer Wiederherstellung des Status quo ante. Deutschland zerfiel ein weiteres Mal in mehr oder minder feudal organisierte Königreiche und Fürstentümer. Da sie sich für die vielen Niederlagen und Demütigungen der vergangenen Jahre rächen wollten, gingen die wiedereingesetzten Herrscher mit besonderer Entschlossenheit daran, die Gespenster der demokratischen Revolution für immer und ewig auszutreiben – wiewohl die Aufgeklärteren unter ihren Untertanen emsig versuchten, die Erinnerung daran wachzuhalten. Preußens König Friedrich Wilhelm III. tat sich in jener Hinsicht besonders hervor. Dem Beispiel Metternichs in Wien folgend, gelang es ihm mit der Unterstützung des Junkertums und der in Preußen ansässigen Gutsherren, die normale gesellschaftliche Entwicklung in großen Teilen seines Hoheitsgebiets aufzuhalten. Auf Jahre herrschte hier eine Atmosphäre von Hoffnungslosigkeit und allgemeinem Stillstand vor, neben der sich die Gesellschaften Frankreichs und Englands selbst während ihrer reaktionärsten Phase als liberal und lebendig herausstellten.

Am stärksten bekamen das die fortschrittlicheren Elemente der deutschen Gesellschaft zu spüren – nicht nur die Intellektuellen, sondern ebenso größere Teile der Bürgertums und des liberalen städtischen Adels, insbesondere im Westen, die immer schon eng mit der europäischen Kultur verbunden gewesen waren. Dieser Restaurationsversuch erfolgte unter anderem in Form einer Reihe von sozialen, wirtschaftlichen und politischen Gesetzen. Hiermit wurden zahlreiche Privilegien, Rechte und Restriktionen – viele davon schändliche Überreste aus dem Mittelalter, die schon lange nicht einmal mehr als pittoresk gelten konnten – gestärkt und in manchen Fällen sogar wieder neu eingeführt oder wiederhergestellt. Diese Verhältnisse, die in direktem Widerspruch zu den Erfordernissen der neuen Zeit standen, erforderten ein ausgeklügeltes und umfangreiches Abgabensystem, das jedoch verheerende Folgen zeitigte. Es blockierte systematisch die Ausweitung des Handels und der industriellen Entwicklung und führte – da die überflüssig gewordenen Strukturen gegen den Widerstand des Volkes verteidigt werden mussten – zur Herausbildung eines despotischen Beamtentums, das vor allem damit beauftragt war, die deutsche Gesellschaft vor der Ansteckungsgefahr liberaler Ideen und Institutionen abzuschirmen.

Die Ausstattung der Polizei mit immer umfangreicheren Machtbefugnissen sowie die Einführung einer strikten Überwachung des gesamten öffentlichen und privaten Lebens provozierten zunehmend Protest und brachten eine Oppositionsliteratur hervor, die von der staatlichen Zensur rigide unterdrückt wurde. Viele deutsche Schriftsteller und Dichter gingen daraufhin freiwillig ins Exil und betrieben ihre leidenschaftliche Propaganda gegen das Regime von Paris oder der Schweiz aus. Besonders deutlich spiegelte sich die allgemeine Lage in den Lebensbedingungen jenes Teils der Gesellschaft wider, der sich während des gesamten 19. Jahrhunderts als das sensibelste Barometer für die Ausrichtung des gesellschaftlichen Wandels erwiesen hatte: der kleinen und im Land stark verstreut wohnenden Bevölkerungsgruppe der Juden.

Die Juden hatten allen Grund, Napoleon dankbar zu sein. Überall in seinem Einflussbereich hatte er dafür gesorgt, dass sich das traditionelle Gefüge aus gesellschaftlichen Hierarchien und Privilegien sowie politischen, religiösen und Rassenschranken aufzulösen begann und an dessen Stelle eine neue Rechtsgrundlage trat, die sich zu ihrer Legitimation auf die Prinzipien der Vernunft und der menschlichen Gleichheit berief. Dieser Akt, der den Juden den Zugang zu ihnen vormals versperrten Berufen und Handelsmöglichkeiten eröffnete, setzte eine Unmenge an zuvor unter Verschluss gehaltener Energie und Ambitionen frei. Das erklärt die manchmal fast schon übertriebene Begeisterung für die europäische Kultur vonseiten dieser bis dahin doch eher ausgegrenzten Gemeinschaft, die fortan zu einem neuen und bedeutsamen Faktor in der Entwicklung der europäischen Gesellschaft wurde.

Später hat Napoleon selbst einige dieser gewährten Freiheiten wieder zurückgenommen, und das, was von ihnen übrigblieb, wurde zum Großteil von den erneut eingesetzten Fürsten widerrufen. Daraufhin mussten viele Juden, die sich aufgrund der Aussicht auf eine freiere Existenz mit Eifer von dem traditionellen Lebensstil ihrer Väter losgesagt hatten, erkennen, dass der eben noch zur Hälfte offen stehende Weg der Emanzipation, für sie nun erneut verstellt war. So standen sie vor einer schwierigen Wahl: Sie konnten entweder umkehren und sich desillusioniert wieder zurück ins Ghetto begeben, in dem ihre Familien mehrheitlich immer noch lebten, oder sie konnten ihre Namen ändern und ihre Religion wechseln, um ein neues Leben als deutsche Patrioten und Mitglieder der christlichen Kirche zu beginnen.

Das Schicksal von Herschel Levi steht stellvertretend für eine ganze Generation. Sein Vater Marx Levi, dessen Bruder sowie sein Großvater mütterlicherseits waren Rabbiner in Rheinland gewesen. Wie die große Mehrheit ihrer jüdischen Zeitgenossen verbrachten sie fast ihr gesamtes Leben relativ abgeschottet in einer frommen, inzüchtigen und leidenschaftlich selbstbezogenen Gemeinde, die angesichts der Feindseligkeit ihrer christlichen Nachbarn hinter einer Schutzmauer aus Stolz und Misstrauen Zuflucht gesucht hatte. Über Jahrhunderte hinweg hatten sie fast vollständig den Kontakt mit einer sich stetig verändernden Außenwelt gemieden. Der Aufklärung war es trotzdem gelungen, auch in diese künstliche Enklave des Mittelalters einzudringen. Herschel, der eine weltliche Erziehung genossen hatte, wurde zu einem Anhänger der französischen Rationalisten und ihren Epigonen, den deutschen Aufklärern. Er konvertierte schon sehr früh in seinem Leben zur Religion der Vernunft und der Menschlichkeit. Diese nahm er mit einer gewissen Freimütigkeit und Naivität an, und selbst die langen Jahre der Dunkelheit und der Reaktion vermochten nicht, seinen Glauben an Gott sowie seinen schlichten und optimistischen Humanismus zu erschüttern. Er vollzog einen radikalen Bruch mit seiner Familie, änderte seinen Nachnamen in »Marx« und legte sich neue Freunde und Interessen zu. Er war als Anwalt leidlich erfolgreich und begann als Oberhaupt einer respektierten deutschen bürgerlichen Familie zuversichtlich in die Zukunft zu blicken, als die 1816 verabschiedeten antijüdischen Gesetze ihn plötzlich der Mittel für seinen Lebensunterhalt beraubten.

Marx' Vater hat sich der etablierten christlichen Kirche gegenüber vermutlich niemals besonders verpflichtet gefühlt, wahrscheinlich noch viel weniger gegenüber der Synagoge. Aufgrund seiner vagen deistischen Ansichten sah er wahrscheinlich kein moralisches oder gesellschaftliches Hindernis dafür, sich dem halbwegs aufgeklärten Lutheranertum seiner preußischen Nachbarn anzuschließen. Selbst wenn er gezögert haben sollte, so war dies wohl nur von kurzer Dauer. Er wurde zu Beginn des Jahres 1817, ein Jahr vor der Geburt seines ältesten Sohns, offiziell als Gemeindemitglied aufgenommen. Die spätere Feindseligkeit des Sohnes gegenüber allem, was mit Religion, insbesondere mit dem Judentum, zu tun hatte, mag zumindest teilweise damit zusammenhängen, dass sich Konvertiten oftmals in einer eigentümlichen und gewissermaßen auch beschämenden Situation befanden. Einige reagierten darauf, indem sie zu besonders frommen, bisweilen fanatischen Christen wurden, andere, indem sie sich gegen jede etablierte Religion auflehnten. Je größer ihre Empfindsamkeit und ihre Intelligenz, desto mehr litten sie unter ihrer Situation. Sowohl Heine als auch Disraeli hatten ein Leben lang mit ihrem Sonderstatus zu kämpfen. Niemals konnten sie sich dazu durchringen, diesen entweder völlig anzuerkennen oder aber abzulehnen. Vielmehr verspotteten sie oder verteidigten sie die Religion ihrer Väter oder schwankten zwischen diesen beiden Haltungen hin und her. Angesichts ihrer zwiespältigen Situation lebten sie in einem beständigen Unbehagen und Misstrauen, da hinter dem Schein ihrer vollständigen Anerkennung durch die Gesellschaft, in der sie lebten, doch latent immer Verachtung und Herablassung lauerten.

Marx' Vater litt unter keiner dieser Verwicklungen. Er war ein einfacher, ernsthafter und wohlerzogener Mann, jedoch weder bemerkenswert klug noch übermäßig sensibel. Als Anhänger von Leibniz, Voltaire, Lessing und Kant zeichnete er sich darüber hinaus durch Sanftmut, Schüchternheit und einen insgesamt zuvorkommenden Charakter aus. Letzten Endes entwickelte er sich zu einem leidenschaftlichen preußischen Patrioten und Monarchisten, was er mit den Verdiensten von Friedrich dem Großen zu rechtfertigen suchte, den er für einen toleranten und vernünftigen Fürsten hielt und gegenüber Napoleon bevorzugte, der für aufgeklärte Intellektuelle bekanntermaßen nur Verachtung übrig hatte. Nach seiner Taufe nahm Marx' Vater den christlichen Vornamen Heinrich an und erzog, im festen Glauben an die herrschende Ordnung und den damaligen König von Preußen, seine Kinder als liberale Protestanten. Gerade weil er dazu neigte, diesen Herrscher mit dem von seinen Lieblingsphilosophen entworfenen Idealbild eines Fürsten gleichzusetzen, nahm er den äußerst unbeliebten Friedrich Wilhelm III. als Affront wahr, der sogar seine königstreue Haltung auf die Probe stellte. Das einzige Mal, von dem bekannt ist, dass dieser zögerliche und eher in sich gekehrte Mann offen Mut bewies, war bei einem öffentlichen Bankett, bei dem er eine Rede hielt und von den

Erfordernissen moderater, einem weisen und gütigen Herrscher würdigen sozialer und politischer Reformen sprach. Damit zog er sofort die Aufmerksamkeit der preußischen Polizei auf sich, woraufhin sich Heinrich Marx von seinen Äußerungen distanzierte und seine absolute Harmlosigkeit betonte. Es ist naheliegend, dass dieser eher unbedeutende, aber demütigende Zwischenfall, insbesondere das ängstliche und unterwürfige Verhalten seines Vaters, bei dem damals 16-jährigen Marx einen nachhaltigen Eindruck und schwelenden Unmut hinterlassen hat, den dann spätere Ereignisse relativ leicht aufflammen lassen sollten.

Sein Vater bemerkte bald, dass er mit Karl im Unterschied zu seinen anderen Kindern, die in keinerlei Hinsicht besonders auffällig waren, einen ungewöhnlichen und schwierigen Sohn hatte. Bei ihm verbanden sich Scharfsinn und ein extrem klarer Verstand mit Dickköpfigkeit und einem herrischen Temperament, einem unbändigen Freiheitsdrang, einer ansonsten außergewöhnlichen emotionalen Zurückhaltung sowie vor allem mit einer ungeheuren unbeherrschbaren intellektuellen Neugierde. Diesen eher zurückhaltenden Anwalt, der sowohl im Privaten als auch im Öffentlichen sein Leben lang auf Kompromisse setzte, irritierte und erschreckte die Unnachgiebigkeit seines Sohnes, mit der er, so fürchtete der Vater, bedeutsame Menschen vor den Kopf stoßen und sich eines Tages ernsthaften Ärger einhandeln würde. In seinen Briefen bat er seinen Sohn inständig darum, seinen Eifer zu mäßigen, sich zu disziplinieren, nicht zu viel Zeit mit Dingen zu verschwenden, mit denen er im späteren Leben wahrscheinlich nichts würde anfangen können, sich Höflichkeit und zivilisierte Manieren anzugewöhnen, potenzielle Wohltäter nicht zu vernachlässigen und vor allem es sich nicht mit allen durch seine strikte Weigerung, sich anzupassen, zu verderben. Kurzum: Heinrich Marx bat seinen Sohn darum, den grundlegenden Anforderungen der Gesellschaft, in der er sein Leben verbringen würde, zu genügen. Der Ton seiner

Briefe blieb selbst dann, wenn er seine größte Missbilligung zum Ausdruck brachte, stets freundlich und voller Zuneigung. Er behandelte seinen Sohn Karl immer mit instinktivem Taktgefühl, obwohl er dessen Charakter und beruflichen Werdegang immer weniger verstand. Er unternahm nie den Versuch, ihn herumzukommandieren und sich ihm bei wichtigen Entscheidungen in den Weg zu stellen. Demzufolge verband Vater und Sohn bis zum Tod des älteren Marx im Jahr 1838 ein sehr herzliches und inniges Verhältnis.

Es ist davon auszugehen, dass der Vater einen maßgeblichen Einfluss auf die geistige Entwicklung seines Sohnes hatte. Heinrich Marx war – Condorcet folgend – davon überzeugt, dass der Mensch von Natur aus sowohl gut als auch vernünftig sei und dass man, um diesen Eigenschaften zum Durchbruch zu verhelfen, nichts Weiteres tun müsse, als die künstlichen Hindernisse zu beseitigen, die ihm den Weg verstellen. Er ging davon aus, diese Hindernisse seien bereits dabei zu verschwinden, und dies könne recht schnell gehen. Der Tag stand für ihn unmittelbar bevor, an dem die letzten Bollwerke der Reaktion, die katholische Kirche und der Feudaladel, von dem unaufhaltsamen Vormarsch der Vernunft bezwungen und hinweggefegt würden. All die sozialen, politischen, religiösen und Rassenschranken seien wie so vieles andere das Produkt eines gezielten Obskurantismus der Pfaffen und der Herrschenden. Mit ihrem Verschwinden werde ein neues Zeitalter für die menschliche Gattung anbrechen, in der alle Menschen gleich sein würden, nicht nur in politischen und rechtlichen Belangen und in ihren formalen äußerlichen Beziehungen, sondern auch in sozialer und persönlicher Hinsicht, in ihrem privatesten täglichen Umgang miteinander.

Seine eigene persönliche Entwicklung schien ihm ein eindrücklicher Beleg dafür. Geboren als Jude, als Bürger mit einem minderen rechtlichen und gesellschaftlichen Status, hatte er die Gleichstellung mit seinen aufgeklärteren Nachbarn erreicht, sich deren persönlichen Respekt verdient, sich assimiliert und einer Lebensweise angepasst, die ihm vernünftiger und würdiger erschien. Er sah eine neue Phase in der Geschichte der menschlichen Emanzipation heraufziehen, in der seine Kinder ihr Leben als frei geborene Bürger eines gerechten und freiheitlichen Staates würden führen können.

Ein Teil dieser Überzeugungen ist deutlich erkennbar in die Gesellschaftstheorie seines Sohnes eingeflossen. Karl Marx allerdings war skeptisch, was die Macht rationaler Argumente betraf, menschliches Handeln zu beeinflussen. Im Gegensatz zu einigen Vertretern der französischen Aufklärung glaubte er nicht an eine ständige Verbesserung der menschlichen Lebensbedingungen. Alles, was als fortschrittlich im Sinne der menschlichen Beherrschung der Natur definiert werden konnte, erfolgte seiner Meinung nach zulasten der realen Produzenten, der arbeitenden Massen, die unter zunehmender Ausbeutung und Erniedrigung litten. Es gab für ihn keine kontinuierliche Entwicklung in Richtung eines immer größeren Glücks oder einer immer größeren Freiheit für die Mehrheit der Menschen. Der Weg hin zur letztendlichen einvernehmlichen Verwirklichung des gesamten menschlichen Entwicklungsvermögens war nicht ohne wachsendes Elend und wachsende »Entfremdung« eines beträchtlichen Teils der Bevölkerung zu haben.[1] Das meint Marx, wenn er von dem widersprüchlichen Charakter des menschlichen Fortschritts spricht.[2]

Marx blieb jedoch in einem gewissen Sinne bis zu seinem Lebensende sowohl ein Rationalist als auch ein Anhänger von der These der Vervollkommnungsfähigkeit des Menschen. Er betrachtete die gesellschaftliche Evolution als einen vollständig einsehbaren Prozess und hielt die Gesellschaft, welche sich von Stufe zu Stufe vorwärts bewege, notwendigerwei-

1 Vgl. Marx, Karl: Ökonomisch-philosophische Manuskripte aus dem Jahre 1844, MEW 40, S. 510–522.

2 Vgl. z. B. Marx, Karl: Zur Kritik der politischen Ökonomie, Vorwort, MEW 13, S. 9.

se für fortschrittlich. Dabei repräsentiere jede neue Stufe eine neue Entwicklung in dem Sinne, dass man mit jeder Stufe der Verwirklichung des vernünftigen Ideals näherkomme. Ähnlich wie die meisten Denker des 18. Jahrhunderts verabscheute Marx Gefühlsduselei, Aberglauben und jegliche Form visionärer Fantastereien. Er unterschätzte systematisch den Einfluss von irrationalen Kräften wie Nationalismus oder von Verbundenheiten, die sich über religiöse oder ethnische Zugehörigkeit herstellen. Auch wenn weiterhin davon auszugehen ist, dass Marx' Denken am stärksten von der Philosophie Hegels geprägt worden ist, so haben ihn die Prinzipien des philosophischen Rationalismus, die ihm von seinem Vater und von dessen Freunden eingeimpft worden sind, immun gemacht gegenüber bestimmten Versuchungen. Als er etwas später Bekanntschaft mit den von der Romantik hervorgebrachten metaphysischen Systemen schloss, bewahrte ihn das im Unterschied zu so vielen seiner Zeitgenossen davor, deren Reiz und Anziehungskraft vollständig zu verfallen.

Dieser bereits früh in seinem Leben ausgeprägte Hang zu scharfsinniger Beweisführung und zu empirischem Vorgehen ermöglichte es ihm, ein großes Maß an Unabhängigkeit gegenüber der vorherrschenden Philosophie zu bewahren und später unter dem Einfluss Feuerbachs zu einem eigenen, stärker positivistischen Ansatz zu finden. Daraus resultiert wahrscheinlich die Qualität von Marx' Denken, das sich durch einen besonderen Realitätssinn und eine besondere Konkretheit auszeichnet, selbst als es unter dem Einfluss romantischer Ideen stand. Es unterschied sich grundlegend von dem anderer führender Radikaler seiner Zeit wie Börne, Heine oder Lassalle, die Marx in Bezug auf Herkunft und Ausbildung recht ähnlich waren.

Nur wenig ist über Marx' Kindheit und seine ersten Jahre in Trier bekannt. Seine Mutter spielte überraschenderweise wohl nur eine unbedeutende Rolle in seinem Leben. Die Familie von Henrietta Pressburg (oder Pressburger), ursprünglich ungarische Juden, hatte sich in Holland niedergelassen, wo ihr Vater Rabbiner war. Sie selbst kann als eine robuste, eher ungebildete Frau beschrieben werden, die ganz in der Sorge um ihren großen Haushalt aufging und niemals nur das leiseste Verständnis für die spezifischen Begabungen oder Neigungen ihres Sohnes aufbrachte. Seine Radikalität schockierte sie und sie scheint in späteren Jahren jegliches Interesse an seiner Person verloren zu haben.

Von den acht Kindern des Ehepaars Heinrich und Henrietta Marx war Karl das Zweitgeborene. Abgesehen von einer gewissen Sympathie für seine ältere Schwester Sophia war er seinen Geschwistern als junger Mensch wie auch später nie besonders zugetan. Seine Eltern schickten ihn auf das örtliche Gymnasium, wo er viel Lob erhielt für seinen Fleiß sowie die Feinsinnigkeit und den ernsthaften Ton seiner Aufsätze zu moralischen und religiösen Themenstellungen. Seine Leistungen in den Fächern Mathematik und Theologie waren eher durchschnittlich, am meisten interessierte er sich für Literatur und Kunst: eine Neigung, die er dem Einfluss zweier Männer verdankte, von denen er am meisten gelernt hat und von denen er sein Leben lang voller Zuneigung und Hochachtung sprechen sollte. Der erste war sein Vater, der zweite war ihr langjähriger Nachbar in Trier, Freiherr Ludwig von Westphalen, der dem sympathischen Anwalt und dessen Familie freundschaftlich verbunden war.

Westphalen war ein hochrangiger preußischer Regierungsbeamter und gehörte jenem gebildeten und liberalen Teil der Oberschicht in Deutschland an, deren Vertreter in der ersten Hälfte des 19. Jahrhunderts an der Spitze jeder aufgeklärten und fortschrittlichen Bewegung ihres Landes standen. Er war aufgeschlossen, gut aussehend sowie kultiviert und zählte zu der Generation in Deutschland, die sich die großen Denker Goethe, Schiller und Hölderlin zum Vorbild genommen hatte. Unter ihrem Einfluss hatte sich Westphalen über die strikten ästhetischen Schranken, welche die literarischen Mandarine in Paris errichtet hatten, hinweggesetzt und schwärmte wie so viele in Deutschland für den wiederentdeckten Genius eines Dante, Shakespeare oder Homer und der griechischen Tragödiendichter. Die auffällige Begabung und die ungeheure Wissbegierde des ältesten Sohns von Heinrich Marx beeindruckten ihn, und er bestärkte Karl in seinem Interesse am Lesen, lieh ihm Bücher, nahm ihn auf längere Spaziergänge in die nahegelegenen Wälder mit und sprach mit ihm über Aischylos, Cervantes und Shakespeare, aus deren Werken er zur Freude seines jungen Zuhörers längere Passagen zu rezitieren pflegte.

Karl, der als überaus frühreif galt, wurde zu einem leidenschaftlichen Leser der neuen romantischen Literatur und blieb dieser Vorliebe, die er in diesen für äußere Eindrücke besonders empfänglichen Jahren entwickelte, bis zu seinem Lebensende treu. In seinen späteren Jahren erinnerte er sich mit Wohlgefallen an die vielen Abende, die er zusammen mit Westphalen verbracht hatte, in einer Phase, die ihm als die glücklichste seines Lebens erschien. Damals hatte ihn ein wesentlich älterer Mann als Ebenbürtigen behandelt. Zu einem Zeitpunkt, als er besonders auf Zuneigung und Zuspruch angewiesen war, als nur eine einzige Taktlosigkeit oder Beleidigung unauslöschliche Spuren bei ihm hätte hinterlassen können, erfuhr er ausgesprochene Höflichkeit und seltene Gastfreundschaft. Marx' Doktorarbeit enthält eine überschwängliche Widmung an Westphalen, aus der große Dankbarkeit und Bewunderung spricht. Als Marx im Jahr 1837 um die Hand von Westphalens Tochter anhielt, willigte dieser sofort ein, was angesichts des erheblichen sozialen Unterschieds zwischen den Familien die Verwandtschaft Westphalens angeblich entsetzt haben soll. Wenn er im fortgeschrittenen Alter auf Westphalen zu sprechen kam, wurde Marx, der bekanntlich nicht unbedingt großzügig in seinem Urteil über andere Menschen war, geradezu sentimental. Westphalen hat Marx' Begabungen in eine menschliche Richtung gelenkt und dessen Vertrauen in sich und seine Fähigkeiten derart gestärkt, dass Marx ein besonderes Selbstbewusstsein entwickelte, das ihn Zeit seines Lebens auszeichnen sollte. Er war einer der wenigen Revolutionäre, deren Kindheit und Jugend ohne besondere Kränkungen und Entbehrungen verliefen. Dementsprechend haben wir es – trotz seiner ungewöhnlichen Empfindlichkeit, seiner *amour propre,* seiner Eitelkeit, seiner Aggressivität und seiner Arroganz – mit einer einzigartig ungebrochenen, positiv denkenden und selbstbewussten Persönlichkeit zu tun, die uns in den nächsten 40 von Krankheiten, Armut und unaufhörlichem Kampf gezeichneten Jahren entgegentritt.

Marx war 17 Jahre alt, als er seine Schulausbildung am Gymnasium in Trier abschloss. Dem Rat seines Vaters folgend, schrieb er sich 1835 als Student an der juristischen Fakultät der Universität in Bonn ein. Damals scheint er rundum glücklich gewesen zu sein. Er habe die Absicht, so ließ er wissen, mindestens sieben Vorlesungen in der Woche zu besuchen, darunter Vorlesungen des gefeierten August Wilhelm Schlegel über Homer sowie Vorlesungen über Mythologie, lateinische Poesie und moderne Kunst. Er führte das unbeschwerte und ausschweifende Leben eines typischen deutschen Studenten, spielte eine wichtige Rolle in studentischen Verbindungen, schrieb Gedichte im Stil von Byron, verschuldete sich und geriet mindestens einmal aufgrund ordnungswidrigen Verhaltens in Haft. Nach dem Sommersemester 1836 verließ er Bonn und wechselte an die Universität in Berlin.

Dieser Umzug war mit einer ersten schweren Lebenskrise verbunden. Die Verhältnisse, in denen er bislang gelebt hatte, waren vergleichsweise provinziell gewesen. Trier war ein kleines hübsches Städtchen, das noch einer älteren Welt angehört hatte und weitgehend unberührt geblieben war von den umfassenden sozialen und wirtschaftlichen Umwälzungen, die damals gerade das Gesicht der zivilisierten Welt veränderten. Die industriellen Entwicklungen in Köln oder Düsseldorf schienen von dort aus unendlich weit entfernt zu sein.

Das friedliche Leben des vornehmen und kultivierten Milieus, aus dem die Freunde seines Vaters stammten, jenes beschauliche Reservat aus dem 18. Jahrhundert, das sich irgendwie ins 19. Jahrhundert hatte hinüberretten können, war durch keinerlei ernsthaften sozialen oder materiellen Probleme getrübt gewesen und durch keinerlei größere intellektuelle Herausforderungen gestört worden. Im Vergleich zu Trier oder Bonn war Berlin eine unvergleichlich große und dicht bevölkerte Stadt, zugleich modern, hässlich, großspurig und voller Konflikte. Berlin war die Hauptstadt Preußens und Heimat unzufriedener radikaler Intellektueller, die den Kern der wachsenden Opposition zum preußischen Staat bildeten. Obgleich Marx bis zu seinem Lebensende etwas für Vergnügungen und Genuss übrig hatte und einen ausgeprägten, wenn auch etwas schwerfälligen Sinn für Humor pflegte, hätte ihn selbst zu diesem Zeitpunkt wohl kaum jemand der Oberflächlichkeit oder Leichtfertigkeit bezichtigt. Die angespannte und schicksalhafte Atmosphäre, in der er sich plötzlich seiner selbst bewusst wurde, ernüchterte ihn. Er machte sich daran, mit der für ihn typischen Energie und Entschlossenheit seine neue Umgebung zu erkunden und kritisch zu analysieren.

3 Die Philosophie des »Geistes«

Was ihr den Geist der Zeiten heißt.
Das ist im Grund der Herren eigner Geist,
In dem die Zeiten sich bespiegeln.
Johann Wolfgang von Goethe[1]

La Raison a toujours raison.[2]

I

Die Philosophie Hegels war damals an der Universität in Berlin, wie an allen anderen deutschen Universitäten zu dieser Zeit, die einflussreichste geistige Strömung. Den Weg dafür hatten Bewegungen bereitet, die nach und nach immer mehr gegen die Auffassungen sowie den Stil der klassischen Periode, die im 17. Jahrhundert begonnen und sich im 18. Jahrhun-

1 Faust I, 577–579.
2 »Die Vernunft hat immer recht.« [Die Quelle dieser inzwischen fast schon sprichwörtlichen Aussage ist ungeklärt. Louis Aimé Martin hat sie in »Education des mères de famille ou De la civilsation du genre humain par les femmes«, Paris 1834, S. 182, benutzt, aber es dürfte vor ihr noch andere gegeben haben.]

I. Berlin, *Karl Marx: Sein Leben und sein Werk*, Edition Theorie und Kritik,
https://doi.org/10.1007/978-3-658-13586-7_3

dert konsolidiert und zu einem System verdichtet hatten, aufbegehrten. Der bedeutendste und originellste Vertreter dieser Bewegung in Deutschland war Gottfried Wilhelm Leibniz. Dessen Anhänger und Interpreten haben seine Ideen zu einer kohärenten und dogmatischen Metaphysik weiterentwickelt. Diese könne, so die Behauptung ihrer Vertreter, in deduktiven Schritten logisch von einfachen Prämissen abgeleitet werden, die wiederum für alle selbstevident seien, die es verstünden, die unfehlbare Intuition zu nutzen, mit der alle denkenden Wesen von Geburt an ausgestattet seien.

In England, wo solche Formen des reinen Rationalismus zu keiner Zeit auf fruchtbaren Boden fielen, wurde dieser strikte Intellektualismus zunächst von den wichtigsten Philosophen der Epoche, Locke und Hume, scharf zurückgewiesen, gegen Ende des Jahrhunderts ebenso von Bentham und den philosophischen Radikalen, die sich einig waren in ihrer Ablehnung der Existenz irgendeines geistigen Intuitionsvermögens, das die wahre Natur der Dinge erkennen kann. Allein die vertrauten physischen Sinnesorgane konnten ihnen zufolge die ursprüngliche empirische Information liefern, auf die alle weitere Erkenntnis der Welt letztlich angewiesen sei. Da alle wesentlichen Informationen von den Sinnen übermittelt würden, könne die Vernunft keine davon unabhängige Wissensquelle darstellen. Vielmehr sei sie dazu da, Informationen zusammenzufügen, zu klassifizieren und einzuordnen und aus dem ohne ihre Hilfe zustande gekommenen Material ihre Schlüsse zu ziehen.

Auch die französischen Materialisten verwahrten sich im 18. Jahrhundert gegen den rationalistischen Ansatz. Voltaire, Diderot, Condillac und Helvétius, die sich ganz offen dazu bekannten, dass sie den englischen Freigeistern sehr viel verdankten, haben ein unabhängiges System entwickelt, dessen Einfluss auf das Denken und Handeln der Menschen in Europa bis heute spürbar ist. Einige aus der materialistischen Schule verneinten nicht von Grund auf die Möglichkeit eines anders als über die Sinne gewonnenen Wissens. Sie hielten es für denkbar, dass ein solches inneres Wissen tatsächlich existiert und wertvolle Einsichten offenbart, für sie lieferte es aber keinerlei Beweise für die Thesen, die von den älteren Rationalisten als unumstößliche Wahrheiten behandelt wurden. Sie gingen davon aus, dass sich jeder aufgeschlossene Mensch, der nicht von religiösem Dogmatismus oder politischen und moralischen Vorurteilen verblendet sei, anhand einer eingehenden und gewissenhaften geistigen Selbstprüfung von diesem Umstand überzeugen könne.

Zu häufig ist Machtmissbrauch mit Berufung auf eine bestimmte Autorität oder Instanz gerechtfertigt worden. Aristoteles etwa hat sich auf die Vernunft bezogen, als er behauptete, die Menschen seien von Natur aus ungleich, einige seien natürlicherweise Sklaven, andere freie Menschen. Ähnlich die Bibel, die lehrt, dass sich die Wahrheit durch übernatürliche Mittel offenbare, und in der sich zahlreiche Stellen finden lassen, wonach der Mensch von Natur aus bösartig sei und daher gebändigt werden müsse. Auf solche Lehren konnten sich reaktionäre Regierungen berufen, um die herrschenden Verhältnisse politischer und sozialer und gar moralischer Ungleichheit zu rechtfertigen. Aber wohl verstandene Erfahrung und Vernunft konnten miteinander kombiniert das genaue Gegenteil davon beweisen. Es konnten ebenso Argumente vorgebracht werden, wonach der Mensch zweifelsfrei von Natur aus gut sei, alle empfindungsfähigen Wesen gleichermaßen vernunftbegabt seien und jegliche Verfolgung und jedes Leiden auf menschliche Unwissenheit zurückgeführt werden können. Dies sei zum einen bestimmten sozialen und materiellen Bedingungen geschuldet, die sich im Laufe der natürlichen historischen Entwicklung ergeben haben, zum anderen aber auch Resultat der vorsätzlichen Unterdrückung der Wahrheit durch machtgierige Tyrannen und skrupellose Priester, zumeist durch das Zusammenwirken beider. Es sei jedoch einer aufgeklärten und wohlwollenden Regierung möglich, diese finsteren Mächte und Einflüsse aufzudecken und damit zu beseitigen. Wären die Menschen sich selbst überlassen und würde nichts von außen ihren Blick verstellen und ihre Bemühungen hemmen, dann würden sie nach Tugend und Wissen streben. Gerechtigkeit und Gleichheit träten an die Stelle von Obrigkeiten und Privilegien, das Prinzip der Konkurrenz würde dem der Zusammenarbeit weichen, Glück und Weisheit würden Allgemeingut werden. Grundlegend für diesen semi-empirischen Rationalismus war ein grenzenloses Vertrauen in die Macht der Vernunft, die Welt zu deuten und besser zu machen. Jedes dahingehende Scheitern in der Vergangenheit erklärte man sich mit der Unkenntnis der Gesetze, die die Natur lenken, sie gestalten und ihr Grenzen setzen. Unwissenheit, sowohl was die Natur als auch was die Gesetze des sozialen Verhaltens anbelange, sei verantwortlich für menschliches Elend. Es gebe dementsprechend nur ein Mittel, mit dem es wirkungsvoll bekämpft werden könne: die Anwendung der Vernunft und allein der Vernunft auf die gesamte Lebensführung der Menschen.

Diese Aufgabe ist bekanntermaßen alles andere als einfach. Die Menschen haben zu lange in einem Zustand geistiger Umnachtung gelebt, um sich plötzlich ohne jegliches Blinzeln in der Helligkeit des Tageslichts zurechtzufinden. Von daher bedarf es einer duldsamen Unterrichtung in wissenschaftlichen Grundkenntnissen. Vernunft und Wahrheit, mit denen die Macht des Vorurteils und der Unwissenheit zu überwinden ist, können sich aber nur dann ausbreiten und wirksam werden, wenn es Menschen gibt, die bereit sind, ihr ganzes Leben der Aufgabe der Erziehung und Bildung der unwissenden Massen zu widmen.

An dieser Stelle erhebt sich noch ein weiteres Hindernis: Obwohl die eigentliche Ursache menschlichen Elends, die Vernachlässigung der Vernunft und geistige Trägheit, nicht unbedingt auf Vorsatz zurückgehen muss, existiert doch in unserer heutigen Welt (und das schon seit Jahrhunderten) eine Klasse von Menschen, die mit allen erdenklichen und in ihrer Macht stehenden Mitteln die Unvernunft fördert; denn sie weiß, dass ihre Herrschaft auf Unwissenheit beruht, die gegenüber Ungerechtigkeiten blind macht. Von Natur aus mögen alle Menschen vernunftbegabt sein und alle vernünftigen Wesen vor dem natürlichen Gericht der Vernunft die gleichen Rechte haben. Aber die herrschenden Klassen – die Fürsten, der Adel, der Klerus, die Generäle – sind nicht dumm. Sie begreifen nur allzu gut, dass die Ausbreitung der Vernunft sehr bald allen Völkern dieser Welt das gewaltige Ausmaß ihres Betrugs vor Augen führen wird, im Namen solch durchsichtiger Erfindungen wie die Heiligkeit der Kirche, das göttliche Recht der Könige, die Ansprüche des Nationalstolzes oder die Selbstverständlichkeit des Besitzes von Macht und Reichtum. Die Menschen werden erkennen, dass all diese Dinge nur dazu ausgedacht wurden, um sie ihrer natürlichen Besitzrechte zu berauben und sie dazu zu zwingen, ohne Murren nur noch für den Erhalt einer kleinen Klasse zu schuften, die nicht über die geringste Legitimation für die Ausübung ihrer Privilegien verfügt.

Es liegt daher im unmittelbaren Interesse der oberen Klassen einer Gesellschaft, sich immer dann der Ausbreitung natürlichen Wissens entgegenzustellen, wenn dieses den willkürlichen Charakter ihrer Autorität bloßzustellen droht, und zu versuchen, dagegen einen dogmatischen Kodex zu setzen: in hochtrabenden Phrasen formulierte unverständliche Mysterien, deren Aufgabe es ist, den Verstand ihrer unseligen Untertanen zu vernebeln und sie in einem Zustand blinden Gehorsams zu halten. Selbst wenn manche der Herrschenden zur Selbsttäuschung neigen und an ihre eigenen Erfindungen glauben mögen, wird es genügend andere geben, denen bewusst ist, dass eine so korrupte und unnatürliche Ordnung nur mithilfe von systematischer Täuschung aufrechterhalten werden kann, notfalls mit dem gelegentlichen Einsatz von Gewalt. Die erste Pflicht eines aufgeklärten Regenten ist es daher, die Macht der privilegierten Klassen zu brechen und der natürlichen Vernunft, mit der alle Menschen ausgestattet sind, wieder zu ihrem Recht zu verhelfen. Und da die Vernunft der Vernunft niemals widersprechen kann, ist jeder private oder öffentliche Konflikt letztendlich auf ein irrationales Element zurückzuführen, und zwar darauf, dass sich die Menschen nicht vorstellen können, wie zwischen anscheinend gegensätzlichen Interessen ein harmonischer Ausgleich geschaffen werden kann.

Die Vernunft hat immer recht. Es gibt auf jede Frage nur eine einzige wahre Antwort, die mit hinreichender Beharrlichkeit, ohne jeglichen Zweifel an der Richtigkeit, herausgefunden werden kann. Dies gilt für Fragen der Ethik und der Politik, für Fragen des privaten und gesellschaftlichen Lebens sowie genauso für Probleme der Physik oder Mathematik. Ist die Lösung erst einmal entdeckt, so ist die praktische Umsetzung nur noch eine Frage des technischen Könnens. Aber zuerst müssen die traditionellen Feinde des Fortschritts beseitigt und muss den Menschen beigebracht werden, wie entscheidend es ist, in allen Fragen den Rat uneigennütziger wissenschaftlicher Experten zu befolgen, deren Wissen auf Vernunft und Erfahrung beruht. Ist dies erst einmal erreicht, steht dem Weg ins neue Jahrtausend nichts mehr entgegen.

Allerdings ist der Einfluss der Umwelt nicht weniger bedeutsam als Erziehung und Bildung. Will man den Lebensverlauf eines Menschen voraussagen, müssten zusätzlich zu seinen körperlichen und physischen Eigenschaften sowie seinen alltäglichen Tätigkeiten Faktoren wie der Charakter der Region, in der er wohnt, das dort herrschende Klima, die Fruchtbarkeit des Bodens oder die Entfernung seiner Heimat zum Meer herangezogen werden. Der Mensch ist ein Naturwesen und die menschliche Seele wird ähnlich wie die materielle Substanz nicht von übernatürlichen Mächten bestimmt, verfügt also auch nicht über okkulte Eigenschaften. Sämtliche menschliche Verhaltensweisen lassen sich hinlänglich mit dem Mittel gewöhnlicher und überprüfbarer physikalischer Annahmen erklären.

La Mettrie, ein französischer Materialist, hat diesen Empirismus in seiner gefeierten Abhandlung mit dem Titel »L'Homme machine« bis zu seinen äußersten Grenzen und darüber hinaus weiterentwickelt, was zum Zeitpunkt der Veröffentlichung seines Werks einen handfesten Skandal verursachte. Seine Ansichten repräsentierten auf extreme Weise die Auffassungen, die in Abstufungen auch die Herausgeber der »Enzyklopädie«, Diderot und d'Alembert, sowie Holbach, Helvétius und Condillac vertraten. Ungeachtet ihrer vielfältigen Differenzen untereinander waren sie sich einig darin, dass das, wodurch sich der Mensch im Wesentlichen von Pflanzen und niedrigen Tierarten unterscheide, sein Selbstbewusstsein sei. Damit ist seine Fähigkeit gemeint, bestimmte in sich stattfindende Prozesse wahrzunehmen und Vernunft und Einbildungskraft zu gebrauchen, um ideelle Zwecke zu verfolgen, sowie jede Handlung oder Eigenschaft danach moralisch zu bewerten, ob und inwieweit mit ihnen die vom Menschen angestrebten Ziele erreicht werden können oder eher nicht.

Mit dieser Sichtweise war jedoch eine ernsthafte Schwierigkeit verbunden: Wie konnte die Existenz eines freien Willens auf der einen Seite mit der kompletten Determinierung durch Charakter und Umwelt auf der anderen Seite in Einklang gebracht werden? Dabei handelte es sich nämlich, nur in einem neuen Gewand, im Prinzip um nichts anderes als um den grundlegenden Konflikt zwischen dem freien Willen des Menschen und der göttlichen Vorhersehung, wobei anstelle Gottes die Natur getreten ist. Auf Spinoza geht die folgende Beobachtung zurück:[1] Wenn ein durch die Luft fliegender Stein denken könnte, dann könnte er sich am Ende auch einbilden, er habe seine Flugbahn frei gewählt, denn er hat keine Kenntnis von den äußeren Ursachen wie etwa dem Ziel

1 In einem Brief an G. H. Schuller, Oktober 1674.

und der Kraft des Werfers oder des natürlichen Mediums, das seinen Fall bestimmt. Genauso sei es beim Menschen allein seine Unwissenheit hinsichtlich der natürlichen Ursachen seines Verhaltens, die ihn glauben mache, er unterscheide sich von dem Stein: Allwissenheit würde diese eitle Verblendung schnell entlarven, selbst wenn das Gefühl der Freiheit, das sie hervorbringt, vielleicht ohne die Macht der Täuschung fortdauern würde.

Was den extremen Empirismus betrifft, so kann diese deterministische Lehre ohne Weiteres mit dem optimistischen Rationalismus in Einklang gebracht werden. Allerdings sind damit in Bezug auf die Frage nach den Möglichkeiten einer Veränderbarkeit menschlicher Verhältnisse fast gegensätzliche Implikationen verbunden. Wenn nämlich der Mensch allein durch die Bewegung der Materie im Raum zum Heiligen oder zum Verbrecher wird, dann ist das Verhalten der Lehrmeister genauso stark determiniert wie das derjenigen, zu deren Erziehung sie sich verpflichtet haben. Alles folgt unveränderlichen Naturprozessen, und keine Verbesserung kann durch die freien Entscheidungen von Individuen herbeigeführt werden, egal, wie weise, gütig oder mächtig diese auch sein mögen, da sie ebenso wenig wie alle anderen Instanzen an den naturbedingten Notwendigkeiten etwas ändern können.

Dieses berühmte Dilemma trat, seines alten theologischen Gewands entkleidet, in säkularisierter Form noch wesentlich deutlicher zutage. Es bereitete beiden Seiten ähnlich große Probleme, wurde jedoch von einem noch drängenderen Konflikt überdeckt. Dabei standen sich zwei Lager gegenüber: In dem einen befanden sich Atheisten, Skeptiker, Deisten, Materialisten, Rationalisten, Demokraten und Utilitaristen, in dem anderen Theisten, Metaphysiker, Befürworter und Verfechter der bestehenden Ordnung. Die Kluft zwischen Aufklärung und Klerikalismus war so groß und der Kampf zwischen ihnen so heftig, dass die doktrinären Differenzen und Auseinandersetzungen in jedem Lager relativ wenig Beachtung fanden.

Das Gros der radikalen Intellektuellen des folgenden Jahrhunderts schloss sich der ersten der beiden Thesen an und machte diese zum Ausgangspunkt ihres Denkens. Sie glaubten an den potenziell oder von Natur aus guten Charakter des noch von keiner schlechten oder unverantwortlichen Regierung verdorbenen Menschen. Sie betonten ferner die ungeheure Bedeutung einer auf Vernunft basierenden Bildung, um die Massen aus ihrer gegenwärtigen Misere zu befreien und um eine gerechtere und stärker auf wissenschaftlichen Erkenntnissen beruhende Verteilung des Reichtums der Welt einzuführen und damit für die Menschheit das größte denkbare Glück zu schaffen. Im 18. Jahrhundert wurde die Vorstellungskraft der Menschen von den unglaublichen Fortschritten beflügelt, die im vorangegangenen Jahrhundert in der Mathematik und Physik erzielt worden waren. Von daher war es naheliegend, die von Kepler, Galilei, Descartes und Newton so erfolgreich angewandten Methoden auch auf soziale Phänomene und Fragen der Lebensführung zu übertragen.

Wenn man den Namen eines Einzelnen nennen sollte, der für diese Bewegung steht, dann ist es zweifelsohne Voltaire. Auch wenn er nicht ihr eigentlicher Initiator war, so war er doch für mehr als ein halbes Jahrhundert ihr bedeutendster und berühmtester Protagonist. Seine Bücher, Flugschriften, ja seine bloße Existenz haben vermutlich mehr dazu beigetragen, die Vormachtstellung des Absolutismus und Katholizismus zu untergraben, als jeder andere einzelne Faktor. Selbst nach seinem Tod ließ seine Wirkmächtigkeit kaum nach. Sein Name ist untrennbar mit der Forderung nach Meinungsfreiheit verbunden, die Kämpfe um sie wurden unter seinem Banner ausgetragen. Bis heute gibt es wohl keine Revolution von unten, die es versäumt hätte, einige ihre wirksamsten Waffen aus diesem unerschöpflichen Arsenal zu entleihen, welche im Laufe der beiden Jahrhunderte nichts an Schlagkraft eingebüßt haben. War Voltaire derjenige, der die Religion des Menschen erschaffen hat, dann war Rousseau ihr größter Prophet. Rousseaus Vorstellung vom Menschen war eine andere und letztlich subversivere als die der Radikalen seiner Zeit. Aber er war ein Prediger und genialer Propagandist und verlieh der Bewegung eine neue Eloquenz und Leidenschaftlichkeit, eine reichere, spielerische und stärker emotional aufgeladene Sprache, die die Schriftsteller und Denker des 19. Jahrhunderts nachhaltig beeinflussen sollte. Man könnte sogar behaupten, er habe eine neue Art zu denken und zu fühlen begründet, indem er den Willen zulasten der Vernunft und Beobachtung glorifizierte, und er habe eine ganz neue Sprache erfunden, die zum natürlichen Mittel des Ausdrucks der eigenen Persönlichkeit einer ganzen Generation von Künstlern und Sozialrebellen im 19. Jahrhundert werden sollte – dieser ersten Generation von Romantikern, die sich von der revolutionären Geschichte und Literatur Frankreichs inspirieren ließen und in ihrem Namen das Banner der Revolution in ihren eigenen rückständigen Heimatländern entrollten.

Eine der leidenschaftlichsten Verfechter dieser Doktrin in England und fraglos der mit der einflussreichste praktischen Wirkung war der walisische Fabrikant Robert Owen. Sein idealistisches Kredo findet sich zusammengefasst in seinem mit »Principle« überschriebenen Aufsatz, der als erster von vier »Essays on the Formation of the Human Character« veröffentlicht wurde:[1]

1 [Diese Aufsätze wurden zum ersten Mal unvollständig im Jahr 1812 veröffentlicht. Die ersten beiden wurden im folgenden Jahr abgedruckt in: Owen, Robert: A New View of Society, or Essays on the Principle of the Formation of Human Character, and the Application of the Principle to Practice, London 1813. Siehe dort besonders das Titelblatt und S. 9. In späteren Ausgaben aller vier Aufsätze (manchmal übertitelt »Essays on the Formation of Human Character«) findet sich dieser Abschnitt leicht verändert. Dort lautet er: »Jeder allgemeine Charakter, vom besten bis zum schlechtesten, vom unwissendsten bis zum aufgeklärtesten, kann jeder Gemeinschaft, gar der

Jeder Charakter, vom besten bis zum schlechtesten, vom unwissendsten bis zum aufgeklärtesten, kann jeder Gemeinschaft, gar der ganzen Welt mit bestimmten Mitteln aufgeprägt werden, die zu einem großen Maße unter dem Befehl und unter der Kontrolle derjenigen stehen bzw. leicht unter deren Kontrolle derjenigen gestellt werden können, die die Regierungen der Nationen innehaben.

Owen hat die Richtigkeit dieser These unter Beweis zu stellen versucht, indem er in seinen eigenen Baumwollspinnereien in New Lanark vorbildliche Arbeitsbedingungen einführte. Er begrenzte die Arbeitszeit und richtete eine Art Krankenversicherung und ein Sparkonto für alle seine Beschäftigten ein. Mit diesen Mitteln erhöhte er die Produktivität seiner Fabrik und hob den Lebensstandard seiner Arbeiter immens an. Was die Außenwelt jedoch noch mehr beeindrucken sollte: Er verdreifachte sein Vermögen. New Lanark entwickelte sich daraufhin zu einem regelrechten Wallfahrtsort für Könige und Staatsmänner. Als erstes erfolgreiches Experiment der friedlichen Kooperation zwischen Kapital und Arbeit hat es außerdem einen beträchtlichen Einfluss sowohl auf die Geschichte des Sozialismus als auch auf die Geschichte der Arbeiterklasse genommen. Owens spätere praktische Reformbemühungen erwiesen sich als weniger erfolgreich. Owen, der Mitte des 19. Jahrhunderts hochbetagt verstarb, war der letzte Vertreter des klassischen Rationalismus, der trotz wiederholter Niederlagen und Enttäuschungen bis zum Schluss an seinen Überzeugungen festhielt. Bis zu seinem Lebensende glaubte er an die Allmacht von Bildung und an die Perfektibilität des Menschen.

Die Wirkung, die der Siegeszug dieser neuen Ideen auf die europäische Kultur hatte, steht dem Einfluss der italienischen

ganzen Welt mit dem Einsatz geeigneter Mittel aufgeprägt werden, die weitgehend unter der Kontrolle derjenigen stehen, die Einfluss auf die Angelegenheiten der Menschen haben.«]

Renaissance wohl kaum nach. Der Geist, sich frei mit persönlichen und gesellschaftlichen Anliegen zu befassen, alle Dinge infrage stellen und sie vor den Richterstuhl der Vernunft bringen zu können, führte zu einer formalen Disziplinierung und stieß in großen Teilen der Bevölkerung auf leidenschaftliche Zustimmung. Intellektueller Mut und noch mehr intellektuelle Uneigennützigkeit wurden zu erstrebenswerten Tugenden. Weltweit feierte und bewunderte man Voltaire und Rousseau, in Paris bereitete man Hume einen glanzvollen Empfang. Dies war die geistige Atmosphäre, die den Charakter der Revolutionäre von 1789 prägte. Dabei handelte es sich um eine besonders ernsthafte und heroische Generation, die von keiner anderen jemals übertroffen worden ist, was die Klarheit und Reinheit ihrer Überzeugungen sowie die kraftvolle und unsentimentale Intelligenz ihres Humanismus anbelangt. Über allem stand jedoch ihre absolute und geistige Integrität, die auf der felsenfesten Überzeugung gründete, am Ende setze sich immer die Wahrheit durch, allein weil sie die Wahrheit sei – eine Überzeugung, die Jahre des Exils und der politischen Verfolgung nicht zu schwächen vermochten. Ihre moralischen und politischen Vorstellungen sowie ihre lobenden und tadelnden Worte sind schon seit Langem zum gemeinsamen Erbe aller Demokraten, egal welcher Couleur, geworden. Sozialisten und Liberale, Utilitaristen und Anhänger des Naturrechts haben ihre Sprache übernommen und sich zu ihren Ansichten und Forderungen bekannt – mit weniger Naivität und weniger unerschütterlichem Vertrauen, dafür aber auch mit weniger Eloquenz, weniger Klarheit und weniger Überzeugungskraft.

II

Der Gegenangriff erfolgte zur Jahrhundertwende. Er wurde von deutschem Boden aus vorbereitet, fand aber alsbald in der gesamten zivilisierten Welt statt und brachte den Vormarsch des Empirismus aus dem Westen zum Stillstand. Abgelöst wurde dieser von einer weniger rationalen Sicht auf Natur und Individuum, die sowohl im Guten als auch im Schlechten eine langanhaltende und radikale Auswirkung auf unsere Auffassung von Mensch und Gesellschaft haben sollte. Deutschland, das geistig und materiell äußerst geschwächt aus dem Dreißigjährigen Krieg hervorgegangen war, befand sich am Ende einer langen unfruchtbaren Periode. Erst gegen Ende des 18. Jahrhunderts war es wieder dazu imstande, Ansätze einer eigenständigen Kultur hervorzubringen, die zwar weiterhin unter dem Einfluss des französischen Vorbilds stand, das ganz Europa nachzuahmen wetteiferte, aber im Grunde davon ganz unabhängig war.

In Deutschland erschienen damals sowohl eine Reihe wichtiger philosophischer als auch gesellschaftskritischer Werke, die von ihrer Form her zwar plumper daherkamen, aber mit mehr Herzblut vorgebracht wurden und im Ausdruck ungestümer und beunruhigender waren als alles, was in Frankreich mit Ausnahme von Rousseau jemals geschrieben worden war. Die Franzosen sahen in diesem reichhaltigen Gemenge nur ein groteskes Zerrbild ihres eigenen klaren Stils und ihres erlesenen Sinns für Symmetrie. Die Napoleonischen Kriege, die dem verletzten intellektuellen Stolz der Deutschen noch die Demütigung einer militärischen Niederlage hinzugefügt hatten, vertieften die Kluft noch weiter. Der starke Patriotismus in Deutschland, der sich zum ersten Mal während dieser Kriege gezeigt hatte und nach der Niederlage Napoleons in einen wilden Strom nationalistischer Gefühle mündete, wurde mit der neuen sogenannten romantischen Philosophie von Kants Nachfolgern Fichte, Schelling und den Schlegel-Brüdern in Verbindung gebracht. Ihre Philosophie gewann dadurch geradezu nationale Bedeutung, erreichte immer größere Bevölkerungskreise und wurde mit zunehmender Beliebtheit zu einer Art offiziellem Glauben der Deutschen. Gegen den wissenschaftlichen Empirismus der Franzosen und Engländer brachten die Deutschen den metaphysischen Historismus eines Herder und Hegel in Stellung. Aufbauend auf dem kritischen Geist ihrer Rivalen, bot dieser eine mutige Alternative, die den Lauf der Geschichte der europäischen Zivilisation entscheidend verändern sollte und auch die Art und Weise, wie die Menschen sich Dinge vorstellten oder empfanden.

Die klassischen Philosophen des 18. Jahrhunderts hatten gefragt: Angenommen, der Mensch ist nicht mehr und nicht weniger als ein bloßes Naturobjekt, was sind dann die Gesetze, die sein Handeln leiten? Wenn es möglich ist, mit empirischen Mitteln zu bestimmen, unter welchen Bedingungen Körper fallen, Planeten kreisen, Bäume wachsen, sich Eis in Wasser verwandelt und Wasser in Dampf, dann sollte es genauso gut möglich sein, herauszufinden, welche Bedingungen den Menschen dazu bringen, Nahrung aufzunehmen, zu trinken, zu schlafen, zu lieben, zu hassen, sich gegenseitig zu bekämpfen, Familien, Stämme und Nationen zu gründen und sich für Monarchien, Oligarchien oder Demokratien zu entscheiden. Solange kein Newton oder Galilei kommt und all diese Fragen beantworten kann, kann es keine wahre Gesellschaftswissenschaft geben.

Dieser radikale Empirismus erschien Hegel als Verkörperung eines wissenschaftlichen Dogmatismus, den er für noch für viel schädlicher hielt als die Theologie, welche er ein und für allemal zu verdrängen versuchte, einschließlich des Irrtums, dass die Methoden, die in den Naturwissenschaften erfolgreich angewandt werden, auch in allen anderen Bereichen Gültigkeit beanspruchen können. Selbst was die gegenständliche Welt anging, war er hinsichtlich der Wirksamkeit der neuen Methoden skeptisch und verdächtigte die Naturwissenschaftler zu Unrecht, ihre Untersuchungsgegenstände willkürlich auszuwählen und sich bei der Beweisführung absichtlich auf bestimmte Begründungszusammenhänge zu beschränken. Hegel, der bereits vom Empirismus in den Naturwissenschaften nicht sonderlich angetan war, war überzeugt davon, dass seine Übertragung auf den Gegenstand der menschlichen Geschichte verheerende Folgen haben würde.

Wenn die Geschichte der Menschheit in Befolgung wissenschaftlicher »Prinzipien« geschrieben würde, in dem Sinne, wie Voltaire oder Hume dieses Wort verstanden hatten, dann käme das einer ungeheuerlichen Verzerrung der Tatsachen gleich – was die größten Historiker, angefangen bei Thukydides über Montesquieu bis hin zu eben Hume und Voltaire, wenn sie nicht theoretisierten, sondern Geschichte schrieben, dank eines sicheren historischen Gespürs unbewusst immer vermieden hätten. Hegel begriff Geschichte sozusagen in zwei Dimensionen: Es gibt eine horizontale, in der Phänomene aus verschiedenen Lebensbereichen als durch ein einheitliches Muster weitgehend miteinander verbunden betrachtet werden, was jeder Entwicklungsstufe der Geschichte ihren einzigartigen »organischen« Charakter verleiht; und es gibt die vertikale Dimension, in der in gewisser Weise der gleiche Querschnitt von Ereignissen als Teil einer zeitlichen Abfolge begriffen wird, als notwendiges Stadium eines Entwicklungsprozesses, das schon in der vorangegangenen Periode enthalten war und durch sie hervorgebracht wird. Nach Hegel enthält jede Stufe, wenn auch in einer minder entwickelten Form, bereits die spezifischen Strömungen und Kräfte, deren vollständiger Durchbruch die spätere Stufe erst zu dem macht, wozu sie letztendlich bestimmt ist. Von daher muss jedes Zeitalter, wenn man es wirklich verstehen will, nicht allein im Verhältnis zur Vergangenheit analysiert werden, da es in sich bereits die Saat der Zukunft birgt und die Schatten des Kommenden vorauswirft. Und kein Historiker dürfe diese Beziehung ignorieren, selbst wenn er noch so sehr darauf bedacht sei, sich nicht über die schiere Beweiskraft des Faktischen hinauszuwagen. Nur so könne er die jeweiligen Elemente, aus der sich die von ihm behandelte Periode zusammensetzt, angemessen beschreiben, das Bedeutsame vom Trivialen trennen. Nur so könne man die maßgeblichen Eigenschaften eines Zeitalters von den eher zufälligen, belanglosen Elementen und Ereignissen unterscheiden, die überall und jederzeit hätten stattfinden können, von daher über keine tiefer gehenden Wurzeln in der Vergangenheit verfügen und damit auch keinerlei nennenswerte Folgen für die Zukunft haben werden.

Die Vorstellung von Wachstum, nach der die Eichel bereits potenziell die Eiche enthält und die nur angemessen in Begriffen einer solchen Entwicklung beschrieben werden kann, ist als Lehre so alt wie Aristoteles und sogar noch älter. Sie erhielt während der Renaissance erneut Auftrieb und wurde dann von Leibniz umfassend weiterentwickelt, demzufolge das Universum aus einer Vielzahl von einzelnen unabhängigen Substanzen zusammengesetzt sei, wobei jede einzelne verstanden werden müsse als eine Komposition aus ihrer eigenen vollständigen Vergangenheit und ihrer eigenen vollständigen Zukunft. Nichts sei zufällig, kein Objekt könne so, wie von den Empiristen gefordert, beschrieben werden, nämlich als eine Abfolge von zusammenhängenden oder unzusammenhängenden Phänomenen oder Zuständen, die im besten Fall nur durch eine äußere Beziehung, etwa mechanische Ursachen, miteinander verbunden sind. Wolle man einen Gegenstand zutreffend definieren, müsse man mit Begriffen operieren, die erklären können, warum er sich hinsichtlich seiner besonderen Geschichte gerade so und nicht anders entwickelt hat, als Teil einer wachsenden Entität, wobei jede ihrer Stadien in den Worten von Leibniz »gros de l'avenir et chargé du passé«[1] sei. Leibniz hat nicht ausdrücklich versucht, die-

1 »Schwanger mit der Zukunft und schwer beladen durch die Vergangenheit.« Leibniz, Gottfried Wilhelm: Nouveaux essais sur l'entendement, par l'auteur du système de l'harmonie préetablie, abgeschlossen 1704, zum ersten Mal veröffentlicht 1765, in: Die philosophischen Schriften von Gottfried Wilhelm Leibniz, Berlin 1875–1890, Bd. 5, 48.

se metaphysische Lehre auf historische Ereignisse zu übertragen, und doch war das nach Ansicht von Hegel genau derjenige Bereich, auf den seine Lehre am besten anzuwenden war. Er vertrat die Position: Solange man Verhältnisse nur naturwissenschaftlich als Beziehung von Ursache und Wirkung begreift, reduziere man Geschichte auf eine Abfolge von höchstens äußerlich verbundenen Ereignissen. Geschichte zu erklären bedeutet jedoch, vernünftige Gründe und nicht nur vorangegangene Ereignisse anzuführen.

Eine Abfolge von Episoden in Hegels Sinne zu ergründen, heißt nichts weniger, als diese als einen rational nachvollziehbaren Prozess aufzufassen – als das zweckdienliche Verhalten eines Wesens oder mehrerer Wesen, Gott oder Mensch. Ohne das blieben die Ereignisse unerklärlich, grund- und sinnlos. Ein mechanistisches Modell mag einen dazu befähigen, das Verhalten oder die Entwicklung von Gegenständen vorauszusehen oder zu kontrollieren, aber es kann keine vernünftige Erklärung liefern. Und ungeklärte Ereignisse im Leben der Menschen fügen sich nicht zu einer Geschichte der Menschheit zusammen. Ähnlich unmöglich erscheint es, den einzigartigen Charakter einer bestimmten Persönlichkeit oder Geschichtsperiode, ihr spezifisches Wesen oder den Zweck eines bestimmten Kunstwerks oder eines wissenschaftlichen Werks mit Methoden der Naturwissenschaften zu erklären oder gar zum Ausdruck bringen zu wollen. Denn selbst wenn dessen Eigenschaften tatsächlich etwas ähneln sollten, das es vorher und nachher schon einmal gegeben hat, so ist seine Totalität in gewisser Weise einzigartig und existiert nur einmal. Sie kann daher nicht mit einer wissenschaftlichen Methode erfasst werden, deren erfolgreiche Anwendung von dem genau Entgegengesetzten abhängt, nämlich davon, dass das gleiche Phänomen, die gleiche Kombination von Eigenschaften, sich wiederholt, regelmäßig wiederkehrt, immer wieder und immer wieder.

Herder war der erste, der diese neue Methode erfolgreich

anwandte. Vermutlich stand er damals unter dem Einfluss des wachsenden nationalen und kulturellen Selbstbewusstseins in Europa und war vom Hass gegen den aus seiner Sicht gleichmacherischen Kosmopolitismus und Universalismus der vorherrschenden französischen Philosophie getrieben. Herder übertrug die Idee der organischen Entwicklung (wie sie später genannt werden sollte) sowohl auf die Geschichte ganzer Kulturen und Nationen als auch auf die von einzelnen Menschen. Für ihn war jedoch die Anwendung dieser Idee auf die Ersteren wichtiger, da Individuen seiner Meinung nach nur richtig verstanden werden können, wenn die spezifische Entwicklungsstufe einer Gesellschaft, in der sie leben, berücksichtigt wird, und die im Denken und in den Taten ihrer größten Söhne ihren charakteristischsten Ausdruck fände. Herder vertiefte sich daher in das Studium der deutschen Kultur und Gesellschaft, ihrer Philologie und Archäologie, ihrer barbarischen Ursprünge, ihrer mittelalterlichen Geschichte und Institutionen, ihrer traditionellen Bräuche und anderer Überlieferungen. Hiervon ausgehend, versuchte er, ein Porträt des lebendigen deutschen Geistes zu zeichnen als einer prägenden Kraft, die verantwortlich sei für die Einheit der eigenen besonderen nationalen Entwicklung, einer Entwicklung, die sich nicht erfassen ließe mit groben mechanistischen Beziehungsmodellen von einem zeitlich losen Vorher und Nachher. Damit könne man vielleicht einheitliche und monotone Zyklen von kausalen Ereignissen wie den Fruchtwechsel in der Landwirtschaft oder den jährlichen Umlauf der Erde um die Sonne zufriedenstellend erklären, die aber, weil sie keine Formen menschlichen Ausdrucks seien, nicht zur Geschichte gehörten.

Hegel arbeitete mit großem Ehrgeiz daran, diesen Ansatz zu erweitern. Er beklagte, dass die vom französischen Materialismus angebotene Erklärung im besten Fall eine Hypothese liefere für die Erklärung von statischen Phänomenen und für Differenzen, nicht aber für dynamische Prozesse und Veränderungen. Unter Berücksichtigung bestimmter materieller Bedingungen sei es eventuell möglich, vorherzusehen, dass in vorgegebene Verhältnisse hineingeborene Menschen bestimmte Merkmale herausbilden werden. Bei diesen handele es sich um Eigenschaften, die sich direkt auf physikalische Ursachen und die Erziehung und Bildung zurückführen lassen, die ihnen vorangegangene Generationen, die von ähnlichen Bedingungen beeinflusst waren, haben zukommen lassen. Aber selbst wenn dem so sein sollte, welche Schlüsse ließen sich daraus wirklich ziehen? Die physikalischen Bedingungen in Italien zum Beispiel waren im ersten Jahrhundert nicht wesentlich anders als im 8. oder 15. Jahrhundert, und trotzdem unterschieden sich die alten Römer in vielerlei Hinsicht von ihren italienischen Nachkommen, und die Menschen der Renaissance-Zeit zeichneten sich durch besondere Merkmale aus, die dann später dem im Niedergang begriffenen Italien erst allmählich und dann irgendwann völlig verloren gingen. Dementsprechend können diese relativ unveränderlichen Bedingungen, mit denen allein sich die Naturwissenschaftler auskennen und einigermaßen kompetent befassen können, nicht ausschlaggebend für das Phänomen des historischen Wandels sein, für Fortschritt und Reaktion, für den Ruhm und den Untergang von Gesellschaften. Es müssen einige dynamische Faktoren in die Untersuchung mit einbezogen werden, um zum einen den Wandel an sich und zum anderen die besondere und einzigartige Form und Richtung, die dieser annimmt, erklären zu können. Ein solcher Wandel wiederholt sich nicht einfach: Jedes Zeitalter erbt etwas Neues von den vorangegangenen, wodurch es sich eindeutig von jeder früheren Epoche unterscheidet. Das Prinzip der Entwicklung schließt das Prinzip der gleichförmigen Wiederholung aus, welches die Grundlage war für die Forschung von Galilei und Newton. Wenn es in der Geschichte Gesetzmäßigkeiten gibt, dann müssen sich diese Gesetze ganz ohne Zweifel in ihrer Art deutlich von dem unterscheiden, was bislang als einzig mögliches Muster eines wissenschaftlichen Gesetzes galt. Und da alles, was ist, andauert und irgendeine Geschichte hat, müssen die Gesetze der Geschichte aus ebendiesem Grund identisch sein mit den Gesetzen des Seins von allem Existierenden.

Wo ist dieses Prinzip der historischen Bewegung zu finden? Es wäre ein Eingeständnis menschlichen Scheiterns, eine Niederlage der Vernunft, wenn behauptet würde, dieses dynamische Prinzip sei gerade das, was den beißenden Spott der Empiriker auf sich gezogen hatte, nämlich eine niemals vom Menschen zu begreifende mysteriöse und okkulte Macht. Es wäre doch seltsam, wenn das, was unser normales Leben beherrscht, uns nicht näher stünde, nicht eine vertrautere Erfahrung wäre als all die anderen Erfahrungen, die wir kennen. Denn wir müssen ja nur unsere eigenen Leben als Mikrokosmos und Abbild des Universums begreifen. Wir sprechen so selbstverständlich von den Wesenszügen eines Menschen, von seinem Gemüt, von seinen Absichten, Motiven und Zielen und erklären damit seine Taten und sein Denken, als wären Denken und Handeln nicht etwas von den Charaktereigenschaften völlig Verschiedenes, sondern ein gemeinsames Muster, das in ihnen zum Ausdruck kommt. Desto besser wir einen Menschen kennen, umso besser dürften wir wohl auch sein moralisches und geistiges Tun im Verhältnis zur Außenwelt verstehen. Hegel übertrug das Konzept des individuellen Charakters eines Menschen, einschließlich seiner Wünsche, seiner Logik, der Qualität seiner Gedanken und seiner Entscheidungen – sämtliches Handeln und alle Erfahrungen im Laufe des Lebens eines Menschen –, auf den Fall ganzer Kulturen und Nationen. Er bezog sich abwechselnd darauf als Idee oder Geist, unterschied Stadien in ihrer Evolution und erklärte diese zur Triebkraft der Entwicklung bestimmter Völker und Zivilisationen, und somit des empfindungsfähigen Universums als Ganzem.

Ferner vertrat Hegel die Auffassung, alle früheren Denker

seien irrtümlicherweise von einer relativen Unabhängigkeit verschiedener Lebensbereiche – etwa Kriegsführung, Kunst, Philosophie, Alltag – zu einem bestimmten Zeitpunkt ausgegangen. Im Fall von einzelnen Menschen würden wir diese Trennung in der Regel nicht vornehmen. Gerade dann, wenn wir jemanden näher kennen, würden wir fast unbewusst all dessen Lebensäußerungen als unterschiedliche Manifestationen eines einzigen Stroms zweckgerichteten Tuns in einen Zusammenhang stellen. Wir kennen eine Unmenge von Einzelheiten aus der einen oder anderen Lebensphase eines Menschen, die alle zusammen unser geistiges Bild von ihm konstituieren. Dies trifft laut Hegel genauso auf unsere Vorstellung von Kultur oder einer bestimmten historischen Epoche zu. Die Historiker hätten in der Vergangenheit dazu tendiert, Monografien zur Geschichte von einzelnen Städten oder Schlachten oder über die Taten einzelner Könige oder Feldherren zu verfassen, als ob diese isoliert von anderen Phänomenen ihrer Zeit begriffen und dargestellt werden könnten. Aber genauso wie die Taten eines Einzelnen die Handlungen des gesamten Individuums sind, so sind die kulturellen Erscheinungen einer Epoche, das besondere Muster von Ereignissen, das diese Epoche ausmacht, Ausdruck des gesamten Zeitalters und seiner ganzen »Persönlichkeit«, einer besonderen Phase des suchenden menschlichen Geistes, der darauf aus ist, alles, auf das er stößt, zu verstehen und zu beherrschen. Das heißt, er strebt nach völliger Selbstbeherrschung, was gleichbedeutend ist mit Hegels Verständnis von Freiheit. Dieser einheitliche Charakter eines Zeitalters, in dem eine ganzheitliche Auffassung zum Ausdruck kommt, ist ein Umstand, den wir stillschweigend anerkennen, wenn wir über ein Phänomen sprechen, das eher typisch für die antike als für die moderne Welt ist, oder von einer Zeit der Unruhe im Gegensatz zu einer Phase der Stabilität und des Friedens.

Dies sollte ausdrücklich zur Kenntnis genommen werden. Will man zum Beispiel die Geschichte der Musik des 17. Jahrhunderts schreiben und dabei das Erstarken einer besonderen Form der Polyphonie berücksichtigen, so wäre es durchaus angebracht, danach zu fragen, ob sich in der Geschichte der Wissenschaft zu dieser Zeit vielleicht ähnliche Muster beobachten lassen, ob vielleicht die Entdeckung der Differentialrechnung durch Newton und Leibniz etwa zur gleichen Zeit reiner Zufall war oder eher auf ein gewisses allgemeines Kennzeichen dieser spezifischen Entwicklungsstufe der europäischen Kultur zurückzuführen ist. Schließlich hat diese sich nicht unähnliche Genies wie Bach und Leibniz, Milton und Poussin hervorgebracht. Historiker, die von der Exaktheit und Reinheit wissenschaftlicher Methoden besessen sind, neigen ähnlich wie Naturwissenschaftler dazu, Mauern zwischen ihren Forschungsbereichen zu errichten und jeden Bereich des menschlichen Tuns als relativ getrennt voneinander funktionierend zu betrachten, als separat verlaufende Ströme, die sich nur selten und wenn überhaupt folgenlos kreuzen. Will ein Historiker jedoch seiner Aufgabe gerecht werden und mehr sein als nur ein Chronist oder ein Antiquar, dann muss er versuchen, das Porträt eines Zeitalters in Bewegung zu entwerfen, das zusammentragen, was charakteristisch ist, und zwischen seinen nebensächlichen und zentralen Bestandteilen unterscheiden, zwischen dem Alten und dem Neuen, zwischen dem Fruchtbaren und dem Unproduktivem, zwischen den sterbenden Überresten des vorangegangenen Zeitalters und den Vorboten der Zukunft, geboren vor ihrer Zeit.

Dieses Gebot, im Besonderen, im Konkreten, im Verschiedenen und im Individuellen nach dem lebendigsten Ausdruck des Allgemeinen zu suchen, der Kunst und dem Realismus des Biografen und Malers mehr nachzueifern als der des Fotografen und Statistikers, ist das besondere Erbe des deutschen Historismus. Wenn Geschichte eine Wissenschaft ist, dann darf sie sich nicht täuschen lassen von falschen Analogien der Physik oder Mathematik. Dabei handelt es sich nämlich um Wissenschaften, die auf der Suche nach den verbreitetsten und am wenigsten voneinander abweichenden gemeinsamen Merkmalen gezielt alles ignorieren, was ausschließlich zu einer Zeit oder zu einem Ort gehört, weil sie bestrebt sind, so allgemeine, abstrakte und formale Aussagen wie möglich zu treffen. Der Historiker muss dagegen die Phänomene in ihrem ganzen Kontext betrachten und beschreiben, vor dem Hintergrund der Vergangenheit und in Anbetracht der Zukunft, und in ihrer organischen Beziehung zu allen anderen Phänomenen, die gleichen kulturellen Ursprungs sind.

Die Wirkung dieser uns heute so vertrauten Lehre, die zugleich ein Symptom und eine Ursache für die veränderte Weltanschauung einer ganzen Generation war, kann kaum überschätzt werden. Wir sind es heute gewohnt, mit bestimmten Epochen und Orten bestimmte Eigenschaften zu verbinden und Menschen und ihr Handeln typisch für bestimmte Nationen oder Zeiten zu halten. Wir schreiben bestimmten Perioden, Völkern oder gar weitverbreiteten gesellschaftlichen Einstellungen fast schon eine eigene Persönlichkeit zu, kraft der bestimmte Taten als Ausdruck des Geists der Renaissance, der Französischen Revolution, der deutschen Romantik oder des viktorianischen Zeitalters gelten. Diese Gewohnheit geht auf die damals neue historistische Perspektive zurück. Hegels spezifische Logik und seine Einschätzung der naturwissenschaftlichen Methoden erwiesen sich jedoch als unproduktiv und ihre Folgen im Ganzen als desaströs. Seine wahre Bedeutung zeigte sich in seinem Einfluss im Bereich der sozialen und historischen Studien, in der Herausbildung neuer Disziplinen zur Erforschung und Kritik menschlicher Institutionen, verstanden als große kollektive Quasi-Persönlichkeiten, die über ein Eigenleben und einen eigenen Charakter verfügen und nicht ausschließlich in Begriffen der sie ausmachenden Individuen beschrieben werden können. Diese Revolutionierung des Denkens hat irrationale und gefährliche Mythen erzeugt – zum Beispiel die Sicht auf den Staat, auf Rasse, Geschichte oder Epochen als einflussreiche »Superpersonen« –, aber insgesamt war Hegels Werk und Denken für die Gesellschaftswissenschaften ungemein produktiv. Es ist vor allem Hegels Einfluss zu verdanken, dass damals eine neue Generation und Schule von deutschen Historikern herangewachsen ist, die alle anderen, die Ereignisse weiterhin als das Ergebnis von Charakterzügen oder Absichten, von persönlichen Niederlagen oder Siegen dieses oder jenes Königs oder Staatsmann darstellten, naiv und unwissenschaftlich aussehen ließen.

Wenn Geschichte die Entwicklung des absoluten Geistes ist, den Hegel nicht ausschließlich mit dem menschlichen Geist gleichsetzte, da er jede grundlegende Trennung zwischen Geist und Materie leugnete, dann ist es notwendig, sie als Geschichte der Errungenschaften des Geistes neu zu schreiben. Auf einmal schien sich der Horizont immens weit geöffnet zu haben. Die Rechtsgeschichte etwa hörte auf, eine abseitige und besondere Domäne von Archäologen und Altertumsforschern zu sein und wurde in eine Jurisprudenz auf historischer Grundlage umgewandelt. In ihr wurden die zeitgenössischen juristischen Institutionen als das Ergebnis einer mit dem römischen Recht und seinen Vorläufern beginnenden gesetzmäßigen Evolution interpretiert, die den Geist des Rechts als solchen verkörpert sowie die Gesellschaft in legaler Hinsicht, verwoben mit politischen, religiösen und sozialen Aspekten.

Von nun an wurden die Geschichte der Kunst und die Geschichte der Philosophie als komplementäre und unverzichtbare Elemente der allgemeinen Kulturgeschichte behandelt: Dinge, die früher einmal für belanglos oder anstößig gehalten worden waren, gewannen plötzlich als bis dahin unerforschte Bereiche des menschlichen Geistes an Bedeutung. Die Geschichte des Handels, der Kleidung und Mode, der Sprache, der Folklore oder der angewandten Künste galten auf einmal als wesentliche Bestandteile der vollständigen »organischen« institutionellen Geschichte der Menschheit.

Hegel wich jedoch in einer entscheidenden Hinsicht von der Leibniz'schen Konzeption der historischen Entwicklung als eines reibungslosen Fortschreitens einer sich allmählich aus der Potenzialität in die Aktualität entfaltenden Essenz ab. Er bestand auf der Wirklichkeit und der Notwendigkeit von Konflikten, Kriegen und Revolutionen sowie von tragischer Verschwendung und Zerstörung in der Welt. Er erklärte, Fichte folgend, dass jeder Prozess nichts anderes sei als die notwendige Spannung zwischen unvereinbaren Kräften, die sich gegenseitig bekämpfen und durch diesen gegenseitigen Konflikt ihre eigene Entwicklung vorantrieben. Diesen zuweilen verborgenen, zuweilen offenen Kampf sehen wir in allen Bereichen des bewussten Lebens. Dabei stoßen ganz viele miteinander konkurrierende physikalische, moralische und geistige Ansichten und Bewegungen aufeinander, von der jede beansprucht, absolute Lösungen anbieten zu können, während sie aufgrund ihrer Einseitigkeit nur neue Krisen herbeiführt. Dieser Kampf nimmt an Stärke und Schärfe zu, bis er in einen offenen Konflikt umschlägt und in einem endgültigen Zusammenstoß gipfelt, dessen Gewalt alle Konkurrenten vernichtet. Dies ist der Punkt, an dem die bis dahin kontinuierliche Entwicklung abbricht und plötzlich ein Sprung auf eine neue Ebene stattfindet, woraufhin die Spannungen und Auseinandersetzungen zwischen einer anderen Gruppe von Kräften aufs Neue beginnen.

Bestimmte Sprünge – nämlich diejenigen, die auf einer hinreichend großen und wahrnehmbaren Skala stattfinden – werden politische Revolutionen genannt. Aber in einem alltäglichen Sinn finden sie in jedem Lebensbereich statt: in der Kunst und in der Wissenschaft, in dem von Biologen erforschten Wachstum physikalischer Organismen, in von Chemikern untersuchten atomaren Prozessen und schließlich in gewöhnlichen Auseinandersetzungen zwischen zwei Gegnern, wenn in dem Konflikt zwischen zwei partiellen Irrtümern eine neue Wahrheit entdeckt wird, die selbst wiederum nur relativ ist und von einer entgegenstehenden Wahrheit attackiert wird. Die Vernichtung der einen durch die andere führt wiederum auf eine neue Stufe, auf der die antagonistischen Elemente umgestaltet werden in eine neue organische Gesamtheit – ein Prozess, der endlos so weitergeht.

Hegel bezeichnete diesen Prozess als »dialektisch«. Die Vorstellung von Kämpfen, Spannungen und Sprüngen stellt genau das dynamische Prinzip bereit, das benötigt wird, um Wandel und Bewegung in der Geschichte nachzuvollziehen und zu erklären. Denken ist die sich bewusst gewordene Wirklichkeit und seine Prozesse sind Naturprozesse in ihrer klarsten Form. Das Prinzip von unaufhörlicher Einverleibung und Aufhebung in einer noch höheren Einheit findet sich sowohl in der Natur als auch im diskursiven Denken, was beweist, dass diese Prozesse nicht ziellos sind wie die vom Materialismus postulierten mechanischen Bewegungen, sondern dass sie eine innere Logik besitzen und in Richtung einer immer größeren Selbstverwirklichung weisen. Jeder bedeutende Übergang ist gekennzeichnet durch einen umfassenden revolutionären Sprung, wie zum Beispiel das Aufkommen des Christentums, die Zerstörung Roms durch die Barbaren, die große Französische Revolution oder die neue Napoleonische Zeit. Jedesmal bewegt sich der Geist oder die universelle Idee einen Schritt weiter in Richtung eines vollständigen Selbstbewusstseins, die Menschheit wird auf eine neue Stufe gehoben, aber niemals genau so, wie von einer der an dem vorhergehenden Konflikt beteiligten Parteien antizipiert. Dabei ist immer diejenige Seite gegen jede Vernunft am stärksten enttäuscht, die zuvor besonders fest von ihrer spezifischen Fähigkeit überzeugt war, die Welt nach ihrem eigenen Willen formen zu können.

Die völlig neuen Forschungs- und Deutungsmethoden hatten eine verblüffende, ja beinahe eine berauschende Wirkung auf den aufgeklärten Teil der deutschen Gesellschaft und in einem geringeren Ausmaß auch auf ihre kulturellen Ableger, die Universitäten in St. Petersburg und Moskau. Der Hegelianismus wurde zur offiziellen Weltanschauung von fast allen, die intellektuell etwas auf sich hielten. Die neuen Ansätze wurden auf jeden Bereich des Denkens und Handelns übertragen mit einer geradezu ungebändigten Begeisterung, die in einer gegenüber Ideen etwas skeptischer eingestellten Zeit wie heute nicht einfach nachzuvollziehen ist. Ganze akademische Fächer und Disziplinen wurden grundlegend umgestaltet. Von nun an waren Studenten der Geisteswissenschaften überall von Hegel umgeben. Es gab eine hegelianische Logik, eine hegelianische Rechtswissenschaft, eine hegelianische Ethik und eine hegelianische Ästhetik, eine hegelianische Theologie, eine hegelianische Philologie und eine hegelianische Historiographie. Berlin, wo Hegel die letzten Jahre seines Lebens verbracht hat, wurde zum Hauptquartier dieser Bewegung. Von Neuem erhoben Patriotismus sowie die politische und gesellschaftliche Reaktion ihr Haupt. Dem Vormarsch der Lehre von der brüderlichen Verbundenheit aller Menschen, die alle nationalen, rassischen und sozialen Differenzen als künstliches Produkt einer unzureichenden Bildung ansah, wurde von der idealistischen Gegenthese Einhalt geboten, wonach diese Differenzen trotz all ihrer offensichtlichen Irrationalität die besondere historische Rolle einer gegebenen Rasse oder Nation zum Ausdruck bringen und von daher auf einer metaphysischen Notwendigkeit beruhen. Von nun an hieß es, diese Differenzen seien erforderlich für die Weiterentwicklung des Geistes, für den die Nation nur eine teilweise Verkörperung sei, und sie könnten nicht durch die bloße Anwendung von Vernunft durch einzelne Reformer von heute auf morgen zum Verschwinden gebracht werden.

Reformen müssen von historisch vorbereitetem Boden ausgehen, von den Kräften der Geschichte, die ihrer eigenen Logik, ihrer eigenen Geschwindigkeit und ihrem eigenen Rhythmus folgen, ansonsten sind sie von vornherein zum Scheitern verurteilt Von diesen Kräften Freiheit zu fordern und sich über sie erheben zu wollen, kommt dem Wunsch gleich, der eigenen logisch notwendigen historischen Stellung einfach zu entrinnen, der Gesellschaft, deren integraler Bestandteil man ist, und dem Geflecht von öffentlichen und privaten Beziehungen zu entfliehen, die jeden Mensch dazu machen, was er ist, die den Menschen ausmachen und sind, was er ist. Sich all dem entziehen zu wollen würde heißen, seine eigene Natur abstreifen zu wollen, ein in sich widersprüchlicher Wunsch, den nur diejenigen aussprechen könnten, die nicht begreifen, was sie damit fordern, und deren Vorstellungen von persönlicher Freiheit auf eine kindische Weise subjektiv sind.

Wahre Freiheit dagegen besteht in der Selbstbeherrschung, in der Abwesenheit von äußerer Kontrolle. Diese ist nur zu erreichen, indem man erkennt, wer man ist und was man werden kann, das heißt, durch die Entdeckung der Gesetze, denen man zu einem je spezifischen Zeitpunkt und an einem spezifischen Ort zwangsläufig unterworfen ist. Zugleich muss man versuchen, alle Möglichkeiten des eigenen Verstandes, das heißt der eigenen gesetzestreuen Natur abzurufen, deren Verwirklichung den Einzelnen und damit die ganze Gesellschaft, zu der er »organisch« gehört, voranbringen werden, und die in ihm und anderen wie ihm zum Ausdruck kommt. Lediglich »welthistorische« Menschen, die die Gesetze der Geschichte verkörpern, indem sie ihre eigenen Zwecke realisieren, können erfolgreich mit der Vergangenheit brechen. Aber wenn ein Mensch mit weniger Format im Namen irgendeines subjektiven Ideals eine Tradition zu zerstören anstatt sie zu verändern sucht und sich auf diesem Weg gegen die Gesetze der Geschichte stellen will, wagt er sich damit an das Unmögliche und offenbart damit seine eigene Unvernunft.

Solch ein Verhalten ist in erster Linie nicht deswegen verwerflich, weil es zwangsläufig zum Scheitern verurteilt und daher nutzlos ist. Es mag durchaus Situationen geben, in denen es heldenhafter erscheint, wie Don Quichotte zu kämpfen und unterzugehen, als einfach nur am Leben zu bleiben. Es ist vielmehr verwerflich, weil es unvernünftig ist, da es sich bei den Gesetzen der Geschichte, denen er sich entgegenstellt, um die Gesetze des Geistes handelt, also der letzten Substanz, aus der sich alles zusammensetzt. Von daher sind diese zwangsläufig vernünftig. Wären sie es nicht, so würden sie sich jeglicher menschlicher Erklärung entziehen. Der Geist nähert sich seiner Vollendung, indem mit jeder Generation das Selbstbewusstsein allmählich größer wird. Er erreicht den Höhepunkt seiner Entwicklung in denjenigen Menschen, die jederzeit das klarste Verständnis von ihrer Beziehung zum Universum haben, das heißt, in den tiefgründigsten Denkern einer jeden Epoche. Zu diesen Denkern zählten Hegel und seine Anhänger Künstler und Philosophen, Wissenschaftler und Dichter, das heißt all die empfindsamen und wissenshungrigen Geister, die sich genauer und intensiver als der Rest der Gesellschaft der von den Menschen erreichten Entwicklungsstufe bewusst sind und dessen, was in ihrer Zeit und zum Teil durch ihr Bemühungen alles erreicht worden ist.

Die Geschichte der Philosophie ist die Geschichte dieses wachsenden Selbstbewusstseins, in der sich der Geist seiner eigenen Tätigkeit bewusst wird. Und die Geschichte der Menschheit ist dieser Perspektive zufolge nichts anderes als der Fortschritt des Geistes in diesem Prozess der zunehmenden Selbsterkenntnis. Von daher ist jede Geschichte die Geschichte des Denkens, das heißt, die Geschichte der Philosophie, die wiederum identisch ist mit der Philosophie der Geschichte, da dies nur eine andere Bezeichnung für die Bewusstwerdung dieses Bewusstseins ist. Das gefeierte Hegel'sche Epigramm »Die Philosophie der Geschichte ist die Geschichte der Philosophie«[1] ist für jeden, der Hegels Metaphysik akzeptiert, kein unauflöslicher Widerspruch, sondern

1 [In Hegels Schriften finden sich keine Hinweise auf diese Bemerkung.]

eine seltsam formulierte Plattitüde – mit dem bedeutsamen und bemerkenswerten Zusatz, dass jeder wirkliche Fortschritt ein Fortschritt des Geistes ist –, da dies die Substanz ist, aus der sich alles andere zusammensetzt. Also besteht die einzige Methode, mit der diejenigen, denen am Wohl der Gesellschaft gelegen ist, die Gesellschaft verbessern können, darin, in sich und in anderen die Fähigkeit zu fördern, sich selbst und ihr Umfeld zu studieren und zu analysieren – was später Kritik genannt worden ist, deren Verbreitung gleichbedeutend mit menschlichem Fortschritt ist.

Daraus folgt, dass Veränderungen durch physische Gewalt und Blutvergießen nur auf die Widerspenstigkeit der rohen Materie zurückzuführen sind, die, wie uns Leibniz gelehrt hat, selbst Geist ist, aber auf einer niedrigeren, weniger bewussten Stufe. Die von Sokrates, Jesus und Newton hervorgerufenen Umwälzungen waren daher viel eher Revolutionen als andere Ereignisse, die gewöhnlich so bezeichnet werden, obwohl sie ohne Schlachten auskamen. Alle wirklichen Eroberungen, alle wirklichen Siege werden – im wahrsten Sinne des Wortes und nicht metaphorisch gemeint – in Bezug auf den Geist erkämpft. Von daher war die Französische Revolution in Wirklichkeit schon vorbei, als die Philosophen das Bewusstsein der Menschen ihrer Zeit verändert hatten, und bevor die Guillotine ihr grausames Werk begann.

Diese Lehre schien endlich eine Lösung für das große Problem bereitzuhalten, welches das ganze frühe 19. Jahrhundert hindurch die Menschen beschäftigt hatte, und auf die die maßgeblichen politischen Theorien so gänzlich verschiedene Antworten gegeben hatten. Das Ziel der Französischen Revolution war die Durchsetzung von Freiheit, Gleichheit und Brüderlichkeit unter den Menschen gewesen. Sie stellte den bis dahin größten Versuch in der modernen Geschichte dar, eine völlig neue revolutionäre Ideologie mittels einer gewaltförmigen Machtübernahme in konkreten Institutionen zu verankern. Dieser Versuch scheiterte, und in der damaligen

Zeit schien das Ziel der Durchsetzung von menschlicher Freiheit und Gleichheit weiter entfernt als jemals zuvor. Welche Antworten boten sich damals denjenigen, die aufgrund bitterster Enttäuschung in Zynismus und Apathie verfielen und so taten, als gäbe es keinen Unterschied mehr zwischen Gut und Böse, zwischen Wahrheit und Lüge, denjenigen, die zu dem Schluss gekommen waren, dass die Menschheit unfähig sei, mit eigener Kraft ihr Los zu verbessern? Hegel hatte für dieses Problem, das in der Hochphase der politischen Reaktion in Europa fast alle Sozialtheoretiker und Gesellschaftskritiker in Beschlag nahm, eine beeindruckende Lösung parat: die Theorie von der Unausweichlichkeit des Verlaufs der Geschichte. Diese beinhaltete die Erkenntnis, dass jedes Bemühen, die Geschichte mithilfe von Gewalt umzulenken oder zu beschleunigen, zum Scheitern verurteilt und ein Ausdruck von Fanatismus ist, das heißt, einer einseitigen Übertreibung eines Aspekts der Dialektik. Damit stand diese Lehre im direkten Widerspruch und in Konkurrenz zu den damals in Frankreich aufkommenden rivalisierenden technologischen Fortschrittsideen eines Saint-Simon oder Fourier.

Das Problem der gesellschaftlichen Freiheit und die Gründe für das Scheitern aller bisherigen Bemühungen, diese zu erreichen, waren von daher fast selbstverständlich die zentralen Themen von Marx' Frühschriften. Seine Herangehensweise an diese Fragestellung und seine Lösungsangebote sind durch und durch von Hegel geprägt. Aufgrund seiner geistigen Erziehung, die er als junger Mann genossen hatte, sowie aufgrund seiner natürlichen Instinkte stand Marx dem Empirismus nahe. Die damit einhergehenden Methoden des Denkens werden manchmal unter den metaphysischen Strukturen, die sie zum größten Teil verdecken, sichtbar. Dies zeigt sich am deutlichsten in Marx' besonderer Leidenschaft, Irrationalismus und Mythen in ihren verschiedensten Formen und Verkleidungen aufzudecken und bloßzustellen. Oftmals bedient er sich in seiner Argumentation Methoden und Beispielen, die dem Materialismus des 18. Jahrhunderts entliehen sind. Aber die Art und Weise, in der diese ausgedrückt werden, und die Thesen, die diese belegen sollen, sind ganz und gar hegelianisch: der Aufstieg der Menschheit, die sich anhand ihrer Arbeit selbst umgestaltet, und die äußere Natur, mit der sie organisch in Beziehung steht, indem sie alles, mit dem sie zu tun hat, einer rationalen Kontrolle unterwirft. Bereits in seiner Jugend wurde Marx zu dieser neuen Lehre bekehrt, und er blieb trotz seiner vehementen Kritik an der idealistischen Metaphysik über viele Jahre lang ein überzeugter Anhänger dieses großen Philosophen, den er sehr bewunderte.

4 Die Junghegelianer

> Ein solcher Mensch wird niemals aufbegehren; er wird sterben, aber nicht rebellieren. […]. Selbst ein Deutscher hört in Verzweiflung auf zu räsonieren; nur sind viele, sehr viele Kränkungen, Unterdrückungen, Leiden und Übel aller Art notwendig, um ihn zur Verzweiflung zu bringen.
> *Michail Bakunin*[1]

Die Jahre, die Marx als Student an der Universität in Berlin verbrachte, erlebte die radikale Intelligentsia in Deutschland als einen schmerzhaften Tiefpunkt. Im Jahr 1840 hatte Friedrich Wilhelm IV. den preußischen Thron bestiegen. Die Erwartungen an den neuen König waren hoch gewesen. Vor seinem Machtantritt hatte er mehr als einmal von einer natürlichen Allianz zwischen allen Patrioten, demokratisch Gesinnten und der Monarchie gesprochen sowie eine neue Verfassung in Aussicht gestellt. In der liberalen Presse waren begeisterte

1 Bakunin, Michail: Staatlichkeit und Anarchie (1873). Ausgewählte Schriften, hrsg. von Wolfgang Eckhardt, Bd. 4, Berlin 1999, S. 141–142.

I. Berlin, *Karl Marx: Sein Leben und sein Werk*, Edition Theorie und Kritik,
https://doi.org/10.1007/978-3-658-13586-7_4

Kommentare mit Anspielungen auf »Don Carlos«[1] und den »Gekrönten Romantiker« erschienen. Kein einziges Versprechen wurde gehalten. Der neue Monarch war nicht weniger reaktionär als sein Vater, dafür aber raffinierter und weniger durch Routinen eingeschränkt. Die Verfolgungs- und Unterdrückungsmethoden der Polizei waren unter seiner Herrschaft ausgeklügelter und wirksamer als unter Friedrich Wilhelm III. Auch in anderer Hinsicht brachte sein Amtsantritt kaum Veränderungen. Es gab keinerlei Hinweise auf soziale oder politische Reformen. Die deutschen Radikalen hatten die Juli-Revolution in Frankreich bejubelt, woraufhin Metternich nichts Besseres einfiel, als eine zentrale Kommission ins Leben zu rufen, um überall in den deutschen Staaten die Ausbreitung gefährlichen Gedankenguts zu unterdrücken. Auf besonders große Zustimmung stieß diese Maßnahme bei den preußischen Großgrundbesitzern, deren ungebrochene Machtposition jeglichen Freiheitsdrang lähmte. Die herrschenden Klasse unternahm alles in ihrer Macht Stehende, um den Aufstieg der anwachsenden Klasse der Fabrikanten und Bankiers zu hemmen, denn ganz unterdrücken konnte sie ihn nicht. Selbst im rückständigen und unterwürfigen Preußen gab es erste untrügliche Anzeichen von Aufbegehren. Offene Meinungsäußerungen in der Presse oder auf öffentlichen Versammlungen waren jedoch weiterhin undenkbar: Die offizielle Zensur war zu wirkungsvoll und allgegenwärtig, der Reichstag wimmelte nur so von Königstreuen. Schließlich entlud sich der zunehmende Groll gegen die Junker und die Behörden, der noch verstärkt wurde durch ein wachsendes Selbstbewusstsein der Mittelschicht, in der einzigen in Deutschland damals zur Ver-

1 [Don Carlos (1545–1568) war der älteste Sohn von König Philip II. von Spanien und der romantische Held von Schillers Theaterstück »Don Karlos: Infant von Spanien« (1787). Die Verehrung der romantischen Bewegung vonseiten Friedrich Wilhelm IV. hatte falsche Hoffnungen genährt, er sei im Gegensatz zu seinem autoritären Vater politisch ein Liberaler.]

fügung stehenden Ausdrucksweise: in einer Flut von Worten, in einer Philosophie der Gegnerschaft.

Man kann den orthodoxen Hegelianismus als eine ursprünglich konservative Bewegung betrachten, als die Antwort eines gekränkten deutschen Traditionalismus darauf, dass die Franzosen aus deutscher Sicht versuchten, ihren neuen Grundsatz der allgemeinen Vernunft der ganzen Welt aufzuzwingen. Dagegen stellte die Abspaltung der jüngeren Anhänger Hegels den Versuch dar, die Formel von der natürlichen Entwicklung fortschrittlich zu interpretieren und die Hegel'sche Philosophie von ihrer Fixiertheit auf die vergangene Geschichte zu befreien und stärker auf die Zukunft hin auszurichten. Hinzu kam die Absicht, sie an die neuen sozialen und ökonomischen Faktoren, die sich überall bemerkbar machten anzupassen. Sowohl das rechte als auch das linke Lager, die Alt- und die Junghegelianer, wie man sie alsbald taufen sollte, beriefen sich auf das berühmte Diktum des Gründers ihrer Bewegung, der gesagt hatte: »Was vernünftig ist, das ist wirklich; und was wirklich ist, das ist vernünftig.«[1] Beide waren sich einig darin, dass dieser Satz dahingehend verstanden werden müsse, dass die wahre Erklärung jedes Phänomens gleichbedeutend sei mit dem Beweis seiner logischen Notwendigkeit – was für sie eine historische oder metaphysische Notwendigkeit bedeutete (weil diese in gewisser Weise identisch waren) –, womit eine rationale Rechtfertigung verbunden war. Nichts konnte zugleich böse und notwendig sein, denn das, was wirklich ist, ist dadurch gerechtfertigt, dass es notwendig ist, und die Notwendigkeit von irgendetwas ist seine Rechtfertigung: »Die Weltgeschichte ist das Weltgericht.«[2] Darin stimmten beide Seiten überein. Die Spaltung vollzog

1 Hegel, Georg Wilhelm Friedrich: Grundlinien der Philosophie des Rechts, Frankfurt a.M. 1972, S. 11. Vgl. Hegels »Enzyklopädie der philosophischen Wissenschaften im Grundrisse« (1830), Einleitung, § 6.
2 Schiller, Friedrich: Resignation, 1786, vorletzte Strophe, 4. Zeile.

sich an der Frage, wie stark die maßgeblichen Begriffe »vernünftig« und »wirklich« betont werden sollten.

Die Konservativen, für die allein das Wirkliche vernünftig war, erklärten, dass der Maßstab für Vernünftigkeit die Realitätstauglichkeit oder die Überlebensfähigkeit sei oder anders ausgedrückt: Nach der von Gemeinschaften, Institutionen oder Einzelnen zu einem bestimmten Zeitpunkt erreichten Entwicklungsstufe bemisst sich ihre Güte. Demnach war zum Beispiel die germanische (gemeint ist die westliche) Kultur eine – wovon Hegel tatsächlich ausging – höhere Kultur und wahrscheinlich die ultimative Synthese ihrer Vorgängerinnen, der orientalischen und griechisch-römischen Kultur. Weil die letzte Stufe zwangsläufig als die beste galt, folgte daraus (für einige Jünger des Meisters): Das beste und vollkommenste von Menschen geschaffene politische System bestehe im modernen Staat, womit der preußische Staat gemeint war. Er war die bis dahin höchste Verkörperung westlicher Werte. Das Vorhaben, diesen Staat zu verändern oder zu zerstören, war deswegen moralisch verwerflich, weil es sich gegen den in ihm verkörperten vernünftigen Willen richtete. Es wäre aber auch in jedem Fall ein aussichtsloses Unterfangen gewesen, weil man sich damit einer von der Geschichte bereits getroffenen Entscheidung entgegenstellt hätte. Es ist der Marxismus, der später für seine eigenen Zwecke die Welt mit dieser Art von Argumentation vertraut machen sollte.

Die Radikalen wiederum beteuerten das Gegenteil, nämlich dass nur das Vernünftige wirklich ist. Sie bestanden darauf, dass das Gegenwärtige oftmals voller Ungereimtheiten, Anachronismen und blinder Unvernunft sei. Daher könne es nicht in einem echten, das heißt metaphysischen Sinne als wirklich betrachtet werden. Sie beriefen sich auf zahlreiche Formulierungen von Hegel, um hervorzuheben, dass selbst der Meister anerkannt Habe, dass das bloße Geschehen in Raum oder Zeit noch nicht gleichbedeutend sei mit der Wirklichkeit: Das Bestehende könne durchaus auch ein Gefüge von chaotischen Institutionen sein, die sich gegenseitig lähmten und somit von einem metaphysischen Standpunkt aus betrachtet widersprüchlich und daher äußerst unwirklich seien. Der Wirklichkeitsgrad ließe sich danach bestimmen, inwieweit die zu untersuchenden Entitäten dazu tendierten, ein vernünftiges Ganzes zu bilden, was möglichweise eine radikale Umwälzung bestehender Institutionen entsprechend den Geboten der Vernunft erforderlich mache. Diese Gebote würden am besten diejenigen kennen, die sich selbst von der Tyrannei des bloß Gegenwärtigen emanzipiert und aufgedeckt hätten, dass das Gegenwärtige häufig seine historische Rolle, die sich aus einer angemessenen Deutung des Wesens und der Richtung der Vergangenheit und der Gegenwart ableiten lässt, nicht erfüllen kann. Die Kritik von Einzelnen an den gesellschaftlichen Institutionen ihrer Zeit, die Fähigkeit, sich über sie zu erheben, gehöre demnach zu den ehrenhaftesten Aufgaben eines Menschen. Je aufgeklärter der Kritiker und je gründlicher die Kritik, desto rascher der Fortschritt hin zum Wirklichen. Denn, so habe Hegel unzweifelhaft festgestellt: Die Wirklichkeit ist ein Prozess, ein universelles Bemühen, Selbstbewusstsein zu erreichen, ein Prozess, der im Zuge des zunehmenden kritischen Selbstbewusstseins der Menschen immer mehr zur Vollendung kommt.

Es gab keinerlei Grund anzunehmen, dass ein solcher Prozess linear und schmerzlos verlaufen würde. Wiederum mit Bezugnahme auf Ausführungen von Hegel erinnerten die Radikalen ihre Gegner daran, dass Fortschritt das Resultat von Spannungen zwischen Gegensätzen ist, die sich zu einer Krise entwickeln und sich dann irgendwann einmal in einer offenen Revolution entladen würden. Dann und nur dann würde der Sprung auf eine nächsthöhere Stufe erfolgen. Das waren ihrer Ansicht nach die Gesetzmäßigkeiten der historischen Entwicklung, die sowohl in den basalsten Prozessen der nackten Natur zu beobachten seien als auch in den Angelegenheiten von Menschen und ganzen Gesellschaften.

Die selbstverständliche Pflicht des Philosophen, der die Last der Zivilisation auf seinen Schultern trägt, ist es demnach, mithilfe der besonderen technischen Fähigkeit, über die er allein verfügt, nämlich mit der geistigen Kriegsführung, die Revolution voranzubringen. Es ist seine Aufgabe, die Menschen aus ihrer Trägheit und Erstarrung herauszureißen, hinderliche und zwecklose Institutionen mithilfe der Waffe der Kritik hinwegzufegen, so wie die französischen Philosophen das Ancien Régime allein mit der Macht von Ideen zersetzt hatten. Dabei sollten weder körperliche Gewalt noch die rohe Kraft der Massen zur Anwendung kommen. Sich an den Mob zu wenden, der die unterste Stufe des vom menschlichen Geist erreichten Selbstbewusstseins repräsentiere, bedeute, sich irrationaler Mittel zu bedienen, womit zwangsläufig irrationale Konsequenzen verbunden seien. Man war überzeugt: Eine Revolution der Ideen wird eine Revolution in der Praxis nach sich ziehen: »Hinter die Abstraktion stellt sich die Praxis von selbst.«[1] Aber da damals das Verfassen und Verteilen von politischen Flugschriften in der Öffentlichkeit verboten war, sah sich die Opposition dazu gezwungen, weniger direkte Formen des Angriffs zu wählen. Die ersten Kämpfe gegen die Orthodoxie wurden auf dem Feld der christlichen Theologie ausgefochten, wo die Gelehrten bis dahin eine Philosophie toleriert, wenn nicht gar befördert hatten, die ganz und gar darauf ausgerichtet war, die bestehende Ordnung zu stützen. Im Jahr 1835 veröffentlichte David Friedrich Strauss ein Buch über das Leben von Jesus Christus, in dem er die neuen Methoden der Kritik zur Anwendung brachte und zeigte, dass einige Teile der Evangelien nichts als reine Erfindung waren. Vieles, was dort als Tatsachen präsentiert würde, seien mehr oder weniger mythologische Anschauungen, die in den frühchristlichen

1 Engels, Friedrich/Bauer, Edgar: Die frech bedräute, jedoch wunderbar befreite Bibel. Oder: Der Triumph des Glaubens […] (Neumünster, 1842), Dritter Gesang, MEW 41, S. 303.

Gemeinschaften – eine bestimmte Stufe der Selbsterkenntnis der Menschheit – gang und gäbe gewesen seien. Das Ganze sah er als eine Art Übung an, wie ein historisch bedeutsamer, aber hinsichtlich des Wahrheitsgehalts unzuverlässiger Text kritisch untersucht werden kann.

Sein Buch löste umgehend einen Sturm der Entrüstung aus, nicht nur in orthodoxen Kreisen, sondern auch unter den Junghegelianern. Dessen berühmtester Repräsentant, Bruno Bauer, damals Dozent für Theologie an der Universität in Berlin, schrieb mehrere Erwiderungen, in denen er Strauss' Ausführungen scharf angriff, und zwar vom Standpunkt eines noch extremeren hegelianischen Atheismus aus. Er stellte die historische Existenz von Jesus grundsätzlich infrage und versuchte, die Bibel als das Werk reiner Fiktion, als den literarischen Ausdruck der damals vorherrschenden »Ideologie« bzw. als Höhepunkt der Entwicklung des absoluten Geistes in dieser Epoche darzustellen.

Die preußischen Behörden interessierten sich gewöhnlich kaum für philosophische Lagerkämpfe, aber in diesem besonderen Konflikt schienen beide Seiten umstürzlerische, gegen die religiöse und mit großer Wahrscheinlichkeit auch gegen die politische Orthodoxie gerichtete Ansichten zu vertreten. Der Hegelianismus, den man zuvor als harmlose, gar loyale und patriotische philosophische Bewegung betrachtet und deswegen in Ruhe gelassen hatte, wurde auf einmal demagogischer Tendenzen beschuldigt. Schelling, Hegels größter Gegenspieler und zu jener Zeit ein frömmlicher und zutiefst reaktionärer alter Romantiker, wurde nach Berlin geholt, um dort öffentlich dessen Lehren zu widerlegen, aber seine Vorlesungen erbrachten nicht das erhoffte Ergebnis. Die Zensur wurde nochmals verschärft, und die Junghegelianer wurden in eine Situation hineingedrängt, in denen sie nur noch die Wahl hatten, entweder vollständig zu kapitulieren oder politisch noch weiter nach links zu rücken, als es den meisten von ihnen selbst lieb war. Der einzige Ort, wo man noch bestimmte Themen und Fragestellungen ansprechen konnte, waren die Universitäten, wo weiterhin eine gewisse akademische Freiheit herrschte, wenn diese auch immer mehr eingeschränkt wurde. Die Universität in Berlin war die Hochburg der Hegelianer, und es sollte nicht lange dauern, bis Marx mitten in diese philosophischen Auseinandersetzungen hineingezogen wurde.

Marx begann seine akademische Karriere als Student an der juristischen Fakultät, wo er Vorlesungen von Savigny über Rechtswissenschaft und von Gans über Strafrecht belegte. Savigny war nicht nur Begründer und wichtigster Theoretiker der historischen Schule der Rechtswissenschaft und ein überzeugter, fanatischer Antiliberaler, sondern ebenso ein expliziter Verteidiger des preußischen Absolutismus im 19. Jahrhundert. Obwohl er kein Hegelianer war, stimmte er mit der hegelianischen Schule in der Ablehnung der Theorie eines unabänderlichen Naturrechts sowie des Utilitarismus überein. Ähnlich wie die Hegelianer begriff er das Recht und die institutionellen Strukturen als historisch, als eine beständige, geordnete und traditionsbedingte Entwicklung, die den Idealen und dem Wesen einer bestehenden Nation in ihrem spezifischen historischen Kontext entspringt und von diesen gerechtfertigt wird.

Marx besuchte zwei Semester lang regelmäßig die Vorlesungen von Savigny. Er war beeindruckt von der ungeheuren Gelehrsamkeit und der präzisen historischen Beweisführung, für die dieser bekannt war. Dies war vermutlich Marx' erster Kontakt mit der neuen Methode der historischen Forschung, die detaillierte Faktenkenntnisse als Grundlage für weitreichendere und allgemeine Thesen verlangte. Savignys wichtigster Kontrahent in seinem Fach war damals Eduard Gans, Professor für Strafrecht, dessen Einfluss auf Marx noch beachtlicher war. Gans war einer von Hegels Lieblingsschülern gewesen. Er war gebürtiger Jude und ein Freund von Heine und wie dieser ein humanistischer Radikaler, der allerdings nicht die schlechte Meinung seines Lehrers über die französische Aufklärung teilte. Seine Vorlesungen – offensichtlich ein Vorbild sowohl an Eloquenz als auch an Courage – zogen viele Zuhörer an. Seine freimütige Kritik an rechtlichen Institutionen und Methoden der Gesetzgebung, mit Bezug auf die Vernunft und ohne jegliche mystifizierende Bezüge zur Vergangenheit, inspirierte Marx. Er lernte hier eine Konzeption von theoretischer Kritik bzw. von ihrem eigentlichen Zweck und ihren angemessenen Methoden kennen, die er niemals ganz aufgab.

Der Einfluss von Gans brachte Marx dazu, in der Rechtswissenschaft das natürliche Anwendungsgebiet für jegliche Geschichtsphilosophie und deren Überprüfung zu sehen. Zunächst schien die ihm eigene positivistische Einstellung mit dem Hegelianismus zu kollidieren. In einem langen und sehr persönlichen Brief an seinen Vater beschrieb er seine Bemühungen, ein konkurrierendes System zum Hegel'schen Theoriegebäude zu entwickeln. Nach vielen schlaflosen Nächten und unruhigen Tagen, in denen er mit den Thesen des Widersachers rang, erkrankte Marx und verließ Berlin, um wieder zu gesunden. Er kehrte enttäuscht und mit dem Gefühl, gescheitert zu sein, zurück und konnte weder arbeiten noch Ruhe finden. Sein Vater schrieb ihm daraufhin einen langen, in einem besorgten Ton gehaltenen Brief, in dem er ihn anflehte, seine Zeit nicht länger mit unproduktiven metaphysischen Spekulationen zu verschwenden und sich stattdessen um seine berufliche Zukunft zu kümmern. Seine Ratschläge stießen auf taube Ohren. Marx stürzte sich stattdessen in ein erschöpfendes Studium von Hegels Werk, er las Tag und Nacht. Nach drei Wochen bekannte er sich zu seiner vollständigen Bekehrung. Er besiegelte diese durch seinen Beitritt zum Doktorklub, einer Vereinigung von Intellektuellen im Umfeld der Berliner Universität, die sich in Bierkellern trafen, gelegentlich aufrührerische Gedichte verfassten, sich in Hasstiraden gegen den König, die Kirche und die Bourgeoisie ergingen und vor allem endlos über einzelne Punkte der hegelianischen Theologie debattierten. Marx pflegte bald einen vertrauten Umgang mit führenden Mitgliedern dieser Gruppe von Bohèmiens, namentlich den Gebrüdern Bruno, Edgar und Egbert Bauer, Köppen, einem frühen Anhänger des tibetianischen Lamaismus, Max Stirner, Autor einer Geschichte des französischen Terrors, der einen ganz eigenen extremen Individualismus predigte, und anderen Freigeistern (wie sie sich selbst zu bezeichnen pflegten).

Marx vernachlässigte sein Jurastudium und ging immer mehr in der Philosophie auf. Kein anderes Thema schien ihm von ähnlicher gegenwärtiger Bedeutung zu sein. Er hatte vor, Dozent für Philosophie an einer deutschen Universität zu werden und zusammen mit Bauer eine handfeste atheistische Kampagne ins Leben zu rufen, die den halbherzigen Spielereien mit gefährlichen Lehren, auf die sich die weniger Radikalen bislang beschränkt hatten, ein Ende bereiten sollte. Er verständigte sich mit Bauer auf einen raffinierten Schwindel. Sie lancierten eine Schmähschrift eines anonymen frommen Lutheraners gegen Hegel, der diesen des Atheismus und der Untergrabung der öffentlichen Ordnung und Moral bezichtigte und dabei reichlich auf Zitate aus Hegels Texten zurückgriff. Als dieses Pamphlet erschien (vermutlich allein von Bauer ausgearbeitet),[1] verursachte es einigen Wirbel. Einige Rezensenten ließen sich zunächst tatsächlich aufs Glatteis führen. Die wahren Verfasser wurden jedoch bald enttarnt, und das Ganze endete damit, dass Bauer seine akademische Stellung verlor.

Marx verkehrte zu dieser Zeit regelmäßig in verschiedenen gesellschaftlichen und politischen Salons, lernte die gefeierte Bettina von Arnim kennen, die Freundin von Beethoven und Goethe, die sich von seiner Kühnheit und von seinem klaren

1 [Die Posaune des Jüngsten Gerichts über Hegel den Atheisten und Antichristen. Ein Ultimatum, Leipzig 1841.]

Verstand angezogen fühlte. Er verfasste einen konventionellen philosophischen Dialog, das Fragment einer Byron'schen Tragödie und mehrere Bände schlechter Gedichte, die er Jenny von Westphalen widmete, mit der er sich inzwischen heimlich verlobt hatte. Marx' Vater, den die intellektuellen Ausschweifungen seines Sohnes erschreckten, schrieb unzählige Briefe an ihn, voll mit ängstlichen, aber in einem liebevollen Ton gehaltenen Ratschlägen, in denen er ihn darum bat, doch mehr an seine eigene Zukunft zu denken und sich auf seinen Beruf als Anwalt oder Beamter vorzubereiten. Sein Sohn wiederum schickte dem Vater Antworten, die ihn beruhigen sollten, änderte aber nichts an seinem Lebenswandel.

Er war zu diesem Zeitpunkt 24 Jahre alt, ein Amateur-Philosoph mit keiner festen Beschäftigung, der allerdings in avantgardistischen Kreisen bereits für seine große Belesenheit und seine Qualitäten als ironischer und scharfsinniger Diskutant geachtet wurde. Recht bald fühlte er sich abgestoßen von dem vorherrschenden literarischen und philosophischen Stil seiner Freunde und Mitstreiter, von der außergewöhnlichen Mischung aus Besserwisserei und Arroganz, obskuren Paradoxen und bemühten Epigrammen, eingebettet in eine aufwendige Prosa voller Alliterationen und Wortspiele, die niemals dazu gedacht waren, wirklich vollständig verstanden zu werden. In gewisser Hinsicht war Marx selbst von diesem Duktus angesteckt, was sich insbesondere in seinen frühen polemischen Schriften zeigt. Und doch sind seine Texte im Vergleich zu dem, was damals an neohegelianischen Ausführungen auf die deutsche Öffentlichkeit losgelassen wurde, noch kompakt und erhellend. Einige Jahre später lieferte er eine Beschreibung des damaligen Zustands der deutschen Philosophie:

> Wie deutsche Ideologen melden, hat Deutschland in den letzten Jahren eine Umwälzung ohnegleichen durchgemacht. […] In dem allgemeinen Chaos haben sich gewaltige Reiche gebildet, um alsbald wieder unterzugehen, sind Heroen momentan aufgetaucht, um von

kühneren und mächtigeren Nebenbuhlern wieder in die Finsternis zurückgeschleudert zu werden. Es war eine Revolution, wogegen die französische ein Kinderspiel ist [...]. In den drei Jahren 1842–[18]45 wurde in Deutschland mehr aufgeräumt als sonst in drei Jahrhunderten.

Alles dies soll sich im reinen Gedanken zugetragen haben.

Es handelt sich allerdings um ein interessantes Ereignis: um den Verfaulungsprozeß des absoluten Geistes. Nach Erlöschen des letzten Lebensfunkens traten die verschiedenen Bestandteile dieses caput mortuum [wörtlich: toter Kopf, in der Chemie gebräuchlicher Ausdruck für einen Destillationsrückstand, hier: Rückstände, Überreste] in Dekomposition, gingen neue Verbindungen ein und bildeten neue Substanzen. Die philosophischen Industriellen, die bisher von der Exploitation des absoluten Geistes gelebt hatten, warfen sich jetzt auf die neuen Verbindungen. Jeder betrieb den Verschleiß des ihm zugefallenen Anteils mit möglichster Emsigkeit. Es konnte dies nicht abgehen ohne Konkurrenz. Sie wurde anfangs ziemlich bürgerlich und solide geführt. Später, als der deutsche Markt überführt war und die Ware trotz aller Mühe auf dem Weltmarkt keinen Anklang fand, wurde das Geschäft nach gewöhnlicher deutscher Manier verdorben durch fabrikmäßige und Scheinproduktion, Verschlechterung der Qualität, Sophistikation des Rohstoffs, Verfälschung der Etiketten, Scheinkäufe, Wechselreiterei und ein aller reellen Grundlage entbehrendes Kreditsystem. Die Konkurrenz lief in einen erbitterten Kampf aus, der uns jetzt als welthistorischer Umschwung, als Erzeuger der gewaltigsten Resultate und Errungenschaften angepriesen und konstruiert wird.[1]

Dies schrieb Marx in den Jahren 1845–1846. Marx selbst hätte vermutlich noch länger in dieser Fantasiewelt weitergelebt und sich weiter selbst an der inflationären massenhaften Pro-

1 Marx, Karl: Die deutsche Ideologie, Kap. I: Feuerbach. Gegensatz von materialistischer und idealistischer Anschauung [Einleitung], MEW 3, S. 17–18.

duktion von Worten und Begriffen beteiligt, hätten 1841 seine Lebensumstände nicht eine katastrophale Wendung genommen. Sein Vater, von dem er finanziell abhängig war, starb und hinterließ seiner Witwe und den jüngeren Kindern ein für deren Lebensunterhalt nur spärliches Auskommen. Zugleich entschied sich der preußische Bildungsminister doch, die Linkshegelianer offiziell als politisch gefährlich einzustufen. Bauer verlor seine Stellung an der Universität. Damit war für Marx, der durch die Bauer-Affäre stark kompromittiert war, die Aussicht auf eine akademische Karriere verstellt. Das zwang ihn dazu, sich nach einer anderen beruflichen Tätigkeit umzusehen. Er brauchte nicht lange zu warten. Zu Marx' größten Bewunderern zählte damals ein gewisser Moritz Heß,[1] ein jüdischer Publizist aus Köln, ein ehrlicher und leidenschaftlicher Radikaler, der der Hegel'schen Linken weit voraus war. Heß hatte in Paris die damals führenden sozialistischen und kommunistischen Schriftsteller Frankreichs kennengelernt und war zum begeisterten Anhänger ihrer Ideen geworden. Heß, der einer eigenartigen Mischung aus traditionellem Judentum, idealistischem Humanismus und Hegels Lehren anhing, predigte das Primat ökonomischer gegenüber politischen Faktoren und war überzeugt davon, dass vor einer Emanzipation der Menschheit das lohnarbeitende Proletariat befreit werden müsse. Die anhaltende Versklavung der Lohnarbeiter würde, so Heß, alle Bemühungen der Intellektuellen, eine neue moralische Welt aufzubauen, zunichtemachen, da es in einer Gesellschaft, die ökonomische Ungleichheit und Ausbeutung dulde, keine Gerechtigkeit geben könne. Die Einrichtung des Privateigentums sei die Wurzel alles Übels. Der Mensch könne nur über die Abschaffung sowohl des Privat- als auch des Staatseigentums befreit werden, was die Beseitigung von nationalen Grenzen und die Herausbildung einer neuen Weltgesellschaft auf einer vernünftigen, kollektivisti-

1 Später kehrte er zu »Moses«, seinem ursprünglichen Namen, zurück.

schen wirtschaftlichen Grundlage einschließen müsse. Seine Begegnung mit Marx machte ihn überglücklich. In einem Brief an einen seiner radikalen Mitstreiter schrieb er:

> Du kannst Dich darauf gefasst machen, den größten, vielleicht den *einzigen* jetzt lebenden *eigentlichen Philosophen* kennenzulernen, der nächstens […] die Augen ganz Deutschlands auf sich ziehen wird […].
>
> Dr. Marx, so heißt mein Abgott, ist noch ein ganz jugendlicher Mann (etwa 24 Jahre höchstens alt), der der mittelalterlichen Religion und Politik den letzten Stoß versetzen wird, er verbindet mit dem tiefsten philosophischen Ernst den schneidensten Witz; denke Dir Rousseau, Voltaire, Holbach, Lessing, Heine und Hegel in Einer Person vereinigt; ich sage *vereinigt,* nicht zusammengeschmissen – so hast Du Dr. Marx.[1]

Marx schmeichelte Heß' Bewunderung, er machte sich aber auch darüber lustig und gewöhnte sich diesem gegenüber einen herablassenden Ton an, was Heß ihm, weil er ein freundlicher Mensch war, zunächst nicht weiter verübelte. Heß war kein origineller Denker, sondern eher ein Ideenmultiplikator, ein passionierter Missionar, der viele seiner Zeitgenossen zum Kommunismus bekehrte, darunter einen jungen Radikalen namens Friedrich Engels, den Marx bis dahin noch nicht getroffen hatte. Beide, sowohl Marx als auch Engels, sollten durch ihre Verbindung zu Heß viel mehr lernen, als sie sich jemals eingestanden. In späteren Jahren neigten sie dazu, Heß, der ein dezidierter Marxist blieb (aber zugleich begeistert den Zionismus für sich entdeckte und kein Mann der Tat war), als einen harmlosen, aber lästigen Narren abzutun. Zum damaligen Zeitpunkt jedoch fand Marx in ihm einen nützlichen

1 Brief an Berthold Auerbach vom 2. September 1841, in: Archiv für die Geschichte des Sozialismus und der Arbeiterbewegung 10 (1922), S. 412.

Verbündeten. Heß, der ein unermüdlicher Agitator war, hatte es nämlich geschafft, eine Gruppe von liberalen Fabrikanten im Rheinland davon zu überzeugen, die Herausgabe einer radikalen Zeitschrift zu finanzieren. Diese sollte Aufsätze zu verschiedenen politischen und ökonomischen Themen veröffentlichen und die reaktionäre Wirtschaftspolitik der Regierung in Berlin kritisieren, was grundsätzlich im Einklang mit den Interessen der aufsteigenden Bourgeoisie war. Die Publikation hieß *Rheinische Zeitung* und erschien in Köln.

Der Einladung, regelmäßig Beiträge für diese Zeitung zu liefern, kam Marx mit großem Eifer nach. Zehn Monate später war er ihr Chefredakteur. Das war seine erste Erfahrung auf dem Gebiet der praktischen Politik. Er leitete die Zeitung mit enormen Elan und kaum verhohlener Unduldsamkeit: Damals trat bereits sein herrisches Wesen zutage, weswegen seine Untergebenen ihn auch weitgehend frei schalten und walten ließen und froh waren, wenn er die Spalten des Blatts seinen Wünschen entsprechend zum großen Teil allein füllte. Marx verwandelte das ehemals liberal ausgerichtete Blatt flugs in eine radikale Zeitung, die regierungskritischer war als alle anderen damaligen deutschen Tageszeitungen. In ihr erschienen lange polemische Beiträge, die die Zensur in Preußen, den Reichstag oder die Grundbesitzerklasse als solche angriffen. Im Zuge ihres wachsenden Bekanntheitsgrads erhöhte sich überall in Deutschland die Auflage der *Rheinischen Zeitung*, sodass auch die Regierung nicht länger umhinkam, als von dem erstaunlichen Verhalten der rheinländischen Bourgeoisie Notiz zu nehmen. Die Teilhaber waren von der Entwicklung der Zeitung kaum weniger überrascht als die Behörden, weil aber die Zahl der Abonnenten ständig wuchs und die von der Zeitung vertretene Position in der Wirtschaftspolitik bewusst liberal gehalten war (man befürwortete den Freihandel und den wirtschaftlichen Zusammenschluss Deutschlands), erhoben sie keinen Einspruch. Auch die preußischen Behörden, darauf bedacht, die neu annektierten westlichen Provinzen nicht zu verärgern, verzichteten zunächst auf jedwede Einmischung.

Ermutigt durch diese Tolerierung, ging Marx zu noch schärferen Attacken über und ergänzte die Debatte um allgemeine politische und wirtschaftliche Fragen noch durch zwei weitere, in der Provinz besonders heikle Themen. Das erste Thema war die verzweifelte Lage der Moselwinzer und das zweite das Gesetz, mit dem das Aufsammeln von Holz in den Wäldern der Gegend durch Bedürftige streng bestraft wurde. Marx nutzte beide Konflikte als Ausgangspunkt für eine besonders heftige Kritik an der Herrschaft der Grundbesitzer. Nachdem die Regierung mit Vorsicht die Stimmung in der Region sondiert hatte, beschloss sie, zum Mittel der Zensur zu greifen – und dies mit äußerster Härte. Marx bot all seine Findigkeit auf, um die Zensoren – die meist keine besonders klugen Männer waren – an der Nase herumzuführen. Darüber hinaus gelang es ihm, eine Reihe von relativ offen demokratischen und republikanischen Propagandaschriften zu veröffentlichen, was dem zuständigen staatlichen Pressezensor einen weiteren Tadel einbrachte und schließlich zu dessen Absetzung und Ablösung durch einen strengeren Beamten führte.

Dieses Katz-und-Maus-Spiel hielt das ganze Jahr 1842 an und wäre wahrscheinlich auf unbestimmte Zeit weitergegangen, hätte Marx nicht unabsichtlich den Bogen überspannt. Das ganze 19. Jahrhundert hindurch stand das Russische Reich für den schlimmsten Obskurantismus, für die größte Barbarei und Unterdrückung in Europa. Es galt als ein unerschöpfliches Reservoir, aus dem Reaktionäre jedweder Nation ihre Kraft schöpfen konnten. Dadurch war es zum Schreckgespenst aller Liberalen, welcher Provenienz auch immer, im Westen geworden. Es war zudem der dominante Partner im preußisch-russischen Bündnis. Als solchen griff Marx es in einer Reihe von Leitartikeln aufs Schärfste an. Ihm erschien damals wie auch später ein Krieg gegen Russland der beste Schlag, der im Namen der Freiheit Europas geführt werden konnte. Als eine Ausgabe dieser Philippika zufällig Zar Nikolaus I. in die Hände fiel, brachte dieser seine Wut und sein Befremden darüber dem Botschafter Preußens gegenüber zum Ausdruck. Der russische Kanzler beschwerte sich beim preußischen König über die Unfähigkeit von dessen Zensoren. Die preußische Regierung, eifrig bemüht, ihren mächtigen Nachbarn zu besänftigten, schritt daraufhin unverzüglich ein: Ohne Vorwarnung verbot sie im April 1842 die weitere Herausgabe der *Rheinischen Zeitung*, wodurch Marx erneut ein freigesetzter Mann war. Ein Jahr hatte genügt, um aus ihm einen hervorragenden politischen Journalisten zu machen, dessen provokante Positionen nun vielen bekannt waren. Besonders hervorgetan hatte er sich durch seine Vorliebe, antiliberale Regierungen anzugreifen und aus der Reserve zu locken. Seine spätere Tätigkeit sollte ihm noch ausreichend Gelegenheit bieten, dieser Vorliebe nachzugehen.

Indessen hatte Marx mit unermüdlicher Kraft ein beeindruckendes Arbeitsprogramm absolviert: Er hatte seine Französischkenntnisse mit der Lektüre der Werke der Pariser Sozialisten Fourier, Proudhon, Dézamy, Cabet und Leroux aufgefrischt. Er hatte sich mit der jüngsten Geschichte Frankreichs und Deutschlands befasst und zusätzlich den »Fürsten« von Machiavelli gelesen. Einen Monat lang hatte er sich in die Geschichte der antiken und modernen Kunst vertieft, um dort Beweise für den grundlegenden revolutionären und disruptiven Charakter von Hegels zentralen Kategorien zu finden. Er betrachtete diese wie die jungen russischen Radikalen in dieser Epoche als die »Algebra der Revolution«, wie es Herzen einmal genannt hat.[1] Da der alte Philosoph zu ängstlich gewesen sei, um sie auf dem sturmumtosten Meer der Politik zu überprüfen (schrieb Herzen), »erkor er sich sehr geschickt

1 Herzen, Alexander: Mein Leben. Memoiren und Reflexionen, Bd. 1, 1812–1847, Berlin 1962, S. 540.

das ruhige und stürmelose Meer der Ästhetik«.[1] Marx' Haltung, was die richtige Auslegung dieser Kategorien anbelangt, war letzthin durch ein Werk geprägt, dass just in diesem Jahr erschienen war. Es hieß »Vorläufige Thesen zur Reform der Philosophie« und stammte von Ludwig Feuerbach.

Feuerbach ist einer dieser bemerkenswerten Autoren, auf die man nicht selten in der Ideengeschichte trifft. Obwohl sie nicht unbedingt zu den herausragendsten Denkern zählten, gelang es ihnen, begabtere Köpfe mit dem benötigten Funken zu versorgen, der dann plötzlich einen lang angehäuften Brennstoff entzünden konnte. Feuerbach verteidigte empirische Positionen bereits zu einem Zeitpunkt, als Marx noch vollauf damit beschäftigt war, leidenschaftlich gegen die Raffinessen des dekadenten Idealismus zu Felde zu ziehen, der ihn in den zurückliegenden fünf Jahren so eingehend beschäftigt hatte. Feuerbachs schlichter Stil schien plötzlich ein Fenster in die wirkliche Welt zu öffnen. Die neohegelianische Scholastik der Gebrüder Bauer und ihrer Jünger erschien Marx auf einmal als ein bedrückender Alptraum, der sich erst in jüngster Zeit verflüchtigt hatte. Er war fest entschlossen, die Erinnerungen daran möglichst schnell abzuschütteln.

Nach Hegel sind die Gedanken und Taten von Menschen, die demselben zu einer bestimmten Zeit vorherrschenden Kulturkreis angehören, von ein und demselben in ihnen wirkenden Geist bestimmt, der sich in allen Phänomenen dieser Zeit offenbart. Feuerbach hat dem vehement widersprochen. Er fragte: »Was ist der Geist einer Zeit oder Kultur anderes als eine Sammelbezeichnung für die Totalität der Phänomene, aus der er sich zusammensetzt?« Die Behauptung, diese Phänomene seien durch ihn dazu bestimmt, was sie sind, sei gleichbedeutend mit der Behauptung, diese seien durch ihre eigene Totalität bestimmt – und damit eine leere Tautologie.

1 Ebd., S. 538.

Die Sache – so Feuerbach weiter – werde auch dadurch nicht besser, dass man diese Totalität durch den Begriff des Musters ersetze, da Muster keine Ereignisse auslösen könnten. Ein Muster sei eine Form, ein Attribut von Ereignissen, das wiederum nur durch andere Ereignisse hervorgebracht werden könne. Für Feuerbach waren der griechische Genius, der römische Charakter, der Geist der Renaissance oder der Geist der Französischen Revolution nichts anderes als Abstraktionen, Bezeichnungen, mit denen man einen bestimmten Komplex von Eigenschaften und historischen Ereignissen zusammenfassend beschreiben kann. Für ihn stellten sie Oberbegriffe dar, erfunden von Menschen aus Gründen der Zweckmäßigkeit, sie waren aber in keiner Weise wirkliche und objektive Bestandteile der Welt, ausgestattet mit der Fähigkeit, die Geschicke der Menschen in der einen oder anderen Form zu beeinflussen. Für ihn war die ältere Anschauung, wonach Entscheidungen und Handlungen Einzelner Wandel hervorbringen, viel weniger abwegig, weil Individuen wenigstens tatsächlich existierten und sich in einem Sinne verhielten, wie es allgemeine Ideen und gebräuchliche Bezeichnungen nicht tun.

Hegel hatte zu Recht die Unangemessenheit dieser Ansicht herausgestellt, weil damit nicht erklärt werden könne, wie aus dem Zusammenspiel einer Unzahl von individuellen Leben und Handlungen am Ende ein bestimmtes Gesamtergebnis zustande komme. Hegels Genialität zeigte sich in seiner Suche nach einer einzigen gemeinsamen Kraft, die den Willen der vielen eine klare Richtung gibt, nach einem allgemeinen Gesetz, kraft dessen die Geschichte der systematische Beweis für den Fortschritt ganzer Gesellschaften ist. Am Ende war Hegel jedoch der Irrationalität verfallen und hat sich einem obskuren Mystizismus zugewandt. Für Feuerbach war der Hegel'sche Geist – wenn er denn keine tautologische Reformulierung dessen war, was er zu erklären beanspruchte – nur ein verschleiernder Begriff für den persönlichen Gott der

Christen. Damit hatte das Thema die Grenzen eines rationalen Diskurses verlassen.

Feuerbach erklärte im nächsten Schritt, dass die treibende Kraft der Geschichte nicht geistiger Natur sei, sondern die Summe der materiellen Umstände, die schon immer die Menschen, die in diesen leben, in ihrem Denken und Handeln bestimmt hätten. Ihr materielles Elend ließe sie jedoch nach Trost in einer eigenen immateriellen idealen Welt suchen, wobei es sich hierbei um eine reine, wenn auch unbewusste Erfindung handele. Dort, so das Versprechen, würden sie als Belohnung für ihr unglückliches Leben auf Erden ewige Seligkeit erfahren. Alles, was ihnen auf der Erde verwehrt bliebe – Gerechtigkeit, Harmonie, eine klare Ordnung, Güte, Eintracht und Beständigkeit – verwandeln sie in transzendentale Attribute einer transzendentalen Welt, die allein für sie wirklich sei und die sie zu einem Objekt der Anbetung mache. Will man diese Täuschung aufdecken, muss man die materiellen Missstände analysieren, die ihr psychologisch zugrunde liegen. Seine rigide Ablehnung jeglichen Transzendentalismus brachte Feuerbach ähnlich wie d'Holbach und den Autor von »L'Homme machine« [Julien Offray de La Mettrie] dazu, häufig zu einfachsten und krudesten Erklärungen zu greifen und sie in physikalischen Begriffen zum Ausdruck zu bringen. So ist sein Satz »Der Mensch ist, was er ißt«[1] eine Karikatur Hegel'scher Philosophie: Die menschliche Geschichte ist die Geschichte des maßgeblichen Einflusses, den die physische Umwelt auf die Menschen in einer Gesellschaft hat. Von daher kann allein die Kenntnis dieser physikalischen Gesetze den Menschen zum Herren dieser Kräfte machen, indem er in die Lage versetzt wird, sein Leben bewusst an diese anzupassen.

1 Feuerbach, Ludwig: Das Geheimnis des Opfers, oder der Mensch ist, was er ißt, in: Schuffenhauer, Werner (Hrsg.): Feuerbach. Gesammelte Werke, Teil 11: Kleinere Schriften IV (1851–1866), Berlin 1990, S. 26–52.

Feuerbachs Materialismus, insbesondere seine These, dass alle Ideologien, ob nun religiös oder säkular, oftmals nur den Versuch darstellen, einen ideellen Ausgleich für reales Elend zu schaffen und damit seine Existenz zu offenbaren und zugleich zu verbergen, beeindruckte sowohl Marx als auch Engels sehr und später auch Lenin, der Feuerbach während seines Exils in Sibirien las. Feuerbachs bekanntestes Werk »Das Wesen des Christentums« (erschienen 1841), das Marx gelesen hat, und sein früheres Buch »Zur Kritik der Hegelschen Philosophie« (erschienen 1839) sind ungemein eindrückliche und leidenschaftlich polemische Abhandlungen, wenn bisweilen auch etwas naiv und ohne ein ausgeprägtes historisches Gespür, dafür aber gut strukturiert und stichhaltig. Nach den Absurditäten eines ungezügelten Hegelianismus der 1830er Jahre müssen die besondere Schlichtheit, Ehrlichkeit und Beherztheit seiner Argumentation erfrischend normal gewirkt haben.

Marx, damals noch ein Radikaler und Idealist, wurde dadurch wachgerüttelt und von seinem Dogmatismus befreit. Der Hegel'sche Geist hatte sich als eine bedeutungslose Worthülse entpuppt: Marx war auf einmal so, als habe Hegel ein trügerisches Gebäude aus Wortungetümen errichtet. Nun sah er es als die Pflicht seiner Generation, mit den Mitteln der wertvollen Hegel'schen Methode diese durch Symbole zu ersetzen, die realen Objekte in Raum und Zeit und deren zu beobachtbaren empirischen Beziehungen untereinander bezeichnen. Noch immer war Marx der Überzeugung, dass es sich lohne, an die Vernunft zu appellieren. Eine gewaltsame Revolution lehnte er ab. Er war zwar ein dissidenter Idealist, aber immer noch ein Idealist. Ein Jahr zuvor war er an der Universität Jena mit einer typisch junghegelianischen Dissertation zum Gegensatz zwischen den Ansichten von Demokrit und Epikur promoviert worden. Hier hatte er Thesen vertreten, die er Epikur in Begriffen zuschrieb, die nicht weniger nebulös waren als das, was er später als typisch idealistisches Geschwätz verurteilen sollte.

Im April 1843 heiratete er gegen den ausdrücklichen Wunsch eines Großteils der Familie der Braut Jenny von Westphalen. Diese Feindseligkeit vonseiten ihrer Verwandtschaft verstärkte nur noch die leidenschaftliche Treue dieser ernsthaften und überaus romantischen jungen Frau gegenüber Marx. Ihr Ehemann eröffnete ihr eine völlig neue Welt, durch deren Offenbarung sich ihr Dasein grundlegend verändern sollte. Sie widmete daher ihr ganzes Wesen Marx' Leben und seiner Arbeit. Sie liebte, bewunderte und vertraute ihm und stand emotional und geistig vollkommen in seinem Bann. Marx wiederum konnte sich auch in Krisen- und Katastrophenzeiten bedenkenlos auf ihre Unterstützung verlassen und war Zeit seines Lebens stolz auf die Schönheit, die Herkunft und die Klugheit seiner Frau. Der Dichter Heine, der das Ehepaar Marx in Paris näher kennenlernen sollte, zollte ihrem Charme und ihrem Verstand beredten Respekt. In späteren Jahren, als sie in Armut leben mussten, hielt Jenny Marx mit ihrem Mut und ihrer moralischen Größe Familie und Haushalt zusammen, wodurch sie es ihrem Ehemann ermöglichte, sein Lebenswerk fortzusetzen.

Den Beschluss, nach Frankreich zu emigrieren, fällten Karl und Jenny Marx gemeinsam. Er war überzeugt davon, dass er einen einzigartigen Beitrag zu den brisanten Fragen der Zeit zu leisten hatte, sah aber keine Möglichkeit, in Deutschland irgendein wichtiges Thema offen ansprechen zu können. Es gab kaum etwas, was ihn zurückhielt: Sein Vater war tot, mit seiner Familie verband ihn nichts mehr. Er verfügte in Deutschland über kein regelmäßiges Einkommen. Seine Gefährten aus Berliner Zeiten erschienen ihm zunehmend als eine Ansammlung von intellektuellen Schaumschlägern, die die Armseligkeit und Wirrheit ihrer Gedanken mit einer rabiaten Sprache und einem skandalösen Privatleben zu übertünchen versuchten. Sein Leben lang hat Marx zwei menschliche Verhaltensweisen besonders verachtet: eine ungeordnete Lebensführung und theatralisches Auftreten. Bohèmehaftes

Verhalten und die bewusste Ablehnung aller Konventionen erschienen ihm als umgekehrtes Philistertum, weil man mit übertriebenem Protest genau diejenigen falschen Werte, die man ablehnte, hervorhob und ihnen in gewisser Weise huldigte und damit dieselbe grundlegende Vulgarität an den Tag legte. Nach wie vor achtete er Köppen, aber ihr persönlicher Kontakt war abgebrochen. Er freundete sich neu mit Arnold Ruge an, einem begabten Journalisten aus Sachsen und Herausgeber einer radikalen Wochenzeitschrift, für die Marx schrieb, aber die Freundschaft blieb eher oberflächlich.

Ruge war ein großspuriger und leicht erregbarer Mensch, ein enttäuschter Hegelianer und Radikaler, der sich nach 1848 allmählich zu einem reaktionären Nationalisten wandelte. Als Autor verfügte er über einen größeren Weitblick und ein sichereres Einschätzungsvermögen als viele seiner radikalen Kollegen in Deutschland und wusste die Gaben bedeutsamerer Männer, die er kennenlernte, wie Marx und Bakunin, durchaus zu schätzen. Als er aufgrund der scharfen Zensur und der Verfolgung durch die sächsische Polizei keine Möglichkeit mehr sah, seine Zeitung auf deutschem Boden zu vertreiben, beschloss er, es in Paris zu versuchen. Er schlug Marx vor, ihm bei der Herausgabe einer neuen Zeitschrift namens *Deutsch-Französische Jahrbücher* behilflich zu sein. Marx nahm das Angebot bereitwillig an:

> Außerdem war mir die Atmosphäre so schwül geworden. Es ist schlimm, Knechtsdienste selbst für die Freiheit zu verrichten und mit Nadeln, statt mit Kolben zu fechten. Ich bin der Heuchelei, der Dummheit, der rohen Autorität und unseres Schmiegens, Biegens, Rückendrehens und Wortklauberei müde gewesen. […] In Deutschland kann ich nichts mehr beginnen. Man verfälscht sich hier selbst.[1]

1 Marx an Ruge, 25. Januar 1843, MEW 27, S. 415.

Im November 1843 verließ Marx das preußische Staatsgebiet und traf zwei Tage später in Paris ein. Sein Ruf war ihm in gewisser Hinsicht vorausgeeilt. Damals war er in erster Linie als ein liberaler Journalist mit einer spitzen Feder bekannt, der sich gezwungen sah, Deutschland zu verlassen, weil er sich zu nachdrücklich für demokratische Reformen eingesetzt hatte. Zwei Jahre später hatte sich sein Ruf gewandelt. In den Augen der Polizei vieler Länder war er zu einem kompromisslosen revolutionären Kommunisten, zu einem Gegner des reformistischen Liberalismus und zum berüchtigten Anführer einer subversiven Bewegung mit internationalem Einfluss geworden. Die Jahre 1843 bis 1845 sollten zu den wichtigsten seines Lebens werden: In Paris vollzog Marx seine letzte geistige Wende. Am Ende dieser Zeit hatte er sich auch persönlich gefestigt und nahm eine klare politische Position ein. Den Rest seines Lebens widmete er ihrer Weiterentwicklung und praktischen Umsetzung.

5 Paris

> Sie wird also kommen die Zeit, da die Sonne hienieden nur noch auf freie Menschen scheint, Menschen, die nichts über sich anerkennen als ihre Vernunft; da es Tyrannen und Sklaven, Priester und ihre stumpfsinnigen oder heuchlerischen Werkzeuge nur noch in den Geschichtsbüchern und auf dem Theater geben wird.
> *Condorcet*[1]

I

Paris war Mitte des 19. Jahrhunderts von einer immensen sozialen, politischen und künstlerischen Unruhe erfasst, die in der europäischen Geschichte ihresgleichen sucht. Die französische Hauptstadt, die unter der Regentschaft des vergleichsweise toleranten Königs Louis-Philippe Exilanten und Revolutionären aus vielen Ländern Asyl gewährte, beherbergte

1 Condorcet: Entwurf einer historischen Darstellung vom Fortschritt des menschlichen Geistes (1795), Frankfurt am Main 1963, S. 345–346.

I. Berlin, *Karl Marx: Sein Leben und sein Werk*, Edition Theorie und Kritik,
https://doi.org/10.1007/978-3-658-13586-7_5

eine bemerkenswerte Ansammlung von Dichtern, Malern, Musikern, Schriftstellern, Reformern und Theoretikern. Paris hatte schon länger den Ruf, eine Stadt großer intellektueller Offenheit und Gastfreundschaft zu sein. Da das übrige Europa in den 1830er und 1840er Jahren eine Blütezeit der politischen Reaktion erlebte, strömten Künstler und Denker scharenweise aus der Finsternis in den hellen Kegel des Lichts. In Paris, so stellten sie dankbar fest, wurden sie weder wie in Berlin von der Gesellschaft zu Konformismus gezwungen noch wie in London kaltherzig ignoriert und sich weitgehend in ihren kleinen Zirkeln selbst überlassen. In Paris dagegen empfing man sie großzügig, geradezu mit Begeisterung, hier erhielten sie freien Zugang zu den zahlreichen künstlerischen und gesellschaftlichen Salons, die die Jahre der monarchistischen Restauration überlebt hatten.

Die geistige Atmosphäre, in der diese Menschen debattierten, künstlerisch oder schreibend tätig waren, war von Enthusiasmus und Idealismus geprägt. Man war sich einig in der leidenschaftlichen Opposition gegenüber der alten Ordnung, gegenüber Königen und Tyrannen, gegenüber Kirche und Armee, aber vor allem gegenüber den verständnislosen spießbürgerlichen Massen, gegenüber Sklaven und Unterdrückern, gegenüber den Feinden des guten Lebens und des Rechts auf eine freie Entwicklung der eigenen Persönlichkeit. Dies erzeugte eine anregende emotionale Solidarität, welche die damalige ungestüme und sehr heterogene Gesellschaft zusammenschweißte. Man kultivierte die Empfindungen und brachte persönliche Gefühle und Überzeugungen in schwärmerischen Formulierungen zum Ausdruck. Viele der Männer, die mit großem Eifer humanistische Forderungen oder revolutionäre Lösungen vortrugen, wären tatsächlich bereit gewesen, für diese ihr Leben zu lassen.

In diesem Jahrzehnt wurden vermutlich mehr Ideen, Theorien und persönliche Gefühle in der ganzen Welt ausgetauscht und debattiert als jemals zuvor. Zu keinem anderen

Zeitpunkt seit der Renaissance lebten wohl mehr ausdrucksstarke Menschen mit ganz verschiedenen bemerkenswerten Begabungen, die sich gegenseitig beeinflussten, anzogen, aber auch abstießen, an einem Ort. Jedes Jahr kamen neue Exilanten aus den Herrschaftsbereichen des deutschen Kaisers und des russischen Zaren hinzu. In einem Klima allgemeinen Mitgefühls und gegenseitigen Respekts blühten italienische, polnische, ungarische, russische und deutsche Kolonien auf. Ihre Mitglieder bildeten internationale Gemeinschaften, verfassten Flugblätter, hielten Reden auf Versammlungen und zettelten Verschwörungen an, vor allen anderen Dingen jedoch redeten und diskutierten sie pausenlos bei Zusammenkünften in Privathäusern, auf der Straße, in Cafés oder auf öffentlichen Banketten. Die Stimmung war euphorisch und optimistisch.

Damals befanden sich die revolutionären und radikalen Theoretiker und Politiker auf dem Höhepunkt ihrer Hoffnungen und ihrer Schaffenskraft. Ihre Ideale waren noch lebendig, die revolutionären Maxime hatten noch nicht ihren Glanz durch das Debakel von 1848 verloren. An keinem anderen Ort hat es jemals eine solche internationale Solidarität für die Sache der Freiheit gegeben. Die Dichter und Musiker, Historiker und Gesellschaftstheoretiker dieser Zeit hatten den Eindruck, nicht nur für sich selbst oder eine bestimmte Öffentlichkeit zu wirken und zu schreiben, sondern für die ganze Menschheit. Das Jahr 1830 hatte einen Sieg über die Kräfte der Reaktion markiert. Viele Jahre hatte man von den Früchten dieses Sieges gezehrt. Die niedergeschlagene Verschwörung der Blanquisten von 1839 war von der Mehrheit der romantischen Liberalen als Aufstand von Verwirrten abgetan und weitgehend ignoriert worden. Dabei hatte es sich um weitaus mehr als nur einen isolierten Akt des Aufbegehrens gehandelt. Denn das damalige Aufwallen und brodelnde künstlerische Treiben fand vor dem Hintergrund eines fiebrigen finanziellen und industriellen Fortschritts statt, begleitet von skrupelloser Korruption. In kürzester Zeit wurden beträchtliche Vermögen erzielt, die im Zuge von spektakulären Bankrotten genauso schnell wieder verloren gingen. Die damalige Regierung, dominiert von desillusionierten Realisten, stand unter der Kontrolle einer neuen herrschenden Klasse, die sich besonders gut auf Intrigen und Bestechung verstand und sich aus mächtigen Bankiers, Eisenbahnmagnaten und Großindustriellen zusammensetzte. Zwielichtige Spekulanten und elendige Abenteurer lenkten in dieser Phase die wirtschaftlichen Geschicke Frankreichs. Die wiederkehrenden Aufstände der Fabrikarbeiter im Süden des Landes zeugten von der damaligen gewaltigen Unruhe im Land, die ebenso sehr auf das gewissenlose Verhalten bestimmter Unternehmer wie auf die industrielle Revolution zurückzuführen war, die Frankreich damals schneller und brutaler veränderte als England, wenn auch in viel kleinerem Maßstab.

Es herrschte allerorts ein tiefes gesellschaftliches Unbehagen, das zusammen mit der Wahrnehmung der Regierung als schwach und verlogen das grundlegende Gefühl von Krise und Umbruch verstärkte. Es war eine Zeit, in der für diejenigen, die ausreichend talentiert, rücksichtslos und willensstark waren, alles erreichbar zu sein schien. Diese Atmosphäre beflügelte die Fantasie der Menschen und brachte reinste Opportunisten voller Ehrgeiz hervor, wie man ihnen in den Erzählungen von Balzac begegnet oder in Stendhals unvollendeter Novelle »Lucien Leuwen«. Zugleich erlaubten die Laxheit der staatlichen Zensur und die Toleranz der Juli-Monarchie in Frankreich einen kritischen politischen Journalismus, der sich in seinen besten Momenten durch eine beeindruckende Scharfzüngigkeit und Sprachgewalt auszeichnete und damit – zu einer Zeit, in der das gedruckte Wort noch eine wesentlich größere Kraft besaß und die Menschen noch weitaus mehr bewegte als heute – die intellektuellen Auseinandersetzungen und Leidenschaften sowie die schon aufgeladene Stimmung noch weiter befeuerte. Die Erinnerungen und Briefe von Schriftstellern, Malern und Komponisten dieser Zeit – von Musset, Heine, Tocqueville, Delacroix, Wagner, Berlioz, Gautier, Herzen, Turgenjew, Victor Hugo, George Sand, Liszt – vermitteln etwas von dem Zauber dieser Jahre. Diese waren gekennzeichnet von einem wachsenden Selbstbewusstsein, einer verstärkten Feinfühligkeit und Lebendigkeit der Gesellschaft, die reich war an Genies, zu Dramatisierungen neigte, unter einem fast krankhaften Drang zur Beschäftigung mit sich selbst litt und zugleich stolz war auf ihre Kraft und all das Neue, das die plötzliche Befreiung von den historischen Fesseln ermöglicht hatte. Es machte sich ein bis dahin unbekanntes Gefühl von Großzügigkeit und Weitläufigkeit breit, eine Vorstellung von einem Raum, in dem die Menschen sich frei bewegen und etwas erschaffen können. Diese Phase des Aufbruchs war jedoch 1851 schon wieder vorbei. Es war aber ein Mythos entstanden, der bis heute wirkmächtig ist: Paris ist seitdem in der Wahrnehmung seiner Bewohner und in den Augen anderer zu einem Symbol des revolutionären Fortschritts geworden.

Marx war allerdings nicht auf der Suche nach neuen Erfahrungen nach Paris gekommen. Er war ein nüchterner, fast kühler Mensch, den seine Umgebung nur wenig beeindruckte und der eher dazu neigte, den Situationen, in denen er sich wiederfand, seinen eigenen Stempel aufzudrücken. Er misstraute jeglichem Enthusiasmus, insbesondere wenn sich dieser aus galanten Worten speiste. Im Gegensatz zu seinem Landsmann, dem Dichter Heine, oder zu den russischen Revolutionären Herzen und Bakunin empfand Marx in Paris nicht jenes Gefühl der Befreiung, das diese Männer in begeisterten Briefen zum Ausdruck brachten, in denen sie schwärmten, sie hätten in diesem Zentrum Europas all das gefunden, was an der europäischen Zivilisation bewundernswert sei. Marx hatte sich aus einem ganz praktischen Grund für Paris und gegen Brüssel oder eine Stadt in der Schweiz als Aufenthaltsort entschieden: Ihm erschien Paris als der geeignetste Ort, um die

»Deutsch-Französischen Jahrbücher« herauszubringen, die sich sowohl an eine nicht deutsche als auch an eine deutsche Leserschaft richten sollten. Ferner trieb ihn immer noch eine entscheidende Frage um, deren Antwort er weder bei den Enzyklopädisten noch bei Hegel, weder bei Feuerbach noch in der Unzahl politischer und historischer Schriften, die er im Jahr 1843 so ungeduldig verschlungen hatte, wirklich gefunden hatte.

Was war letzten Endes für das Scheitern der Französischen Revolution verantwortlich gewesen? Welche theoretischen oder praktischen Fehler hatten das Direktorium, das Kaiserreich und schließlich die Rückkehr der Bourbonen ermöglicht? Welche Irrtümer mussten von denjenigen vermieden werden, die ein halbes Jahrhundert später immer noch auf der Suche nach den richtigen Mitteln waren, um eine freie und gerechte Gesellschaft aufzubauen? Gab es Gesetzmäßigkeiten, die den gesellschaftlichen Wandel steuern, und wenn ja, hätte mit ihrer Kenntnis die Große Revolution gerettet werden können? Die Radikaleren unter den Enzyklopädisten hatten sich die menschliche Natur zweifelsohne allzu simpel vorgestellt. Sie nahmen an, der Mensch könne mithilfe einer aufklärerischen Erziehung quasi über Nacht zur Vernunft und zum Guten bekehrt werden. Die Hegel'sche Antwort, wonach die Zeit noch nicht reif gewesen und die Revolution gescheitert sei, weil der absolute Geist noch nicht die erforderliche Stufe erreicht habe und die von den Revolutionären verfolgten Ideale zu abstrakt und ahistorisch gewesen seien, schien ihm ähnlich defizitär. Denn sie lieferte über das Argument der noch nicht eingetretenen Entwicklungsstufe hinaus kein weiteres Kriterium zur Beurteilung der Angemessenheit des Vorgehens. Neue Konzepte wie menschliche Selbstverwirklichung, praktische Vernunft oder kritischer Kritizismus, die als Ersatz für orthodoxe Lösungen angeboten wurden, schienen Marx das Problem auch nicht greifbarer zu machen und keinen wesentlichen zusätzlichen Nutzen zu bringen. Hinzu kam, dass keine Stufe des absoluten Geistes eine freie und gerechte Gesellschaft vorsah, wie sie Marx und die Radikalen verstanden.

Marx machte sich mit der für ihn typischen Gründlichkeit an die Erforschung der Ursachen für das Scheitern der Französischen Revolution: Er beschäftigte sich zunächst mit den Fakten und las alle vorliegenden historischen Berichte über den Verlauf der Revolution. Er stürzte sich daraufhin in die Lektüre eines Wustes an polemischen Schriften, die in Frankreich zu dieser Frage und verwandten Aspekten verfasst worden waren, und erledigte dieses Pensum im Laufe eines Jahres. Seit seinen Schultagen hatte Marx seine freie Zeit schon immer im Wesentlichen mit Lesen verbracht, in Paris sprengte dieser Lesehunger alle Grenzen. Wie damals, als er sich dem Hegelianismus zugewandt hatte, las Marx wie in einer Art Rausch und füllte unzählige Notizhefte mit Exzerpten, Zusammenfassungen und umfangreichen Kommentaren, von denen er später beim Schreiben seiner Werke ausgiebig Gebrauch machen sollte. Gegen Ende des Jahres 1844 hatte er sich mit den politischen und ökonomischen Lehren der führenden französischen und englischen Denker vertraut gemacht, deren Argumentation mit seinem noch immer halb orthodoxen Hegel'schen Ansatz konfrontiert und in scharfer Abgrenzung zu diesen beiden unvereinbaren Strömungen nach und nach eine eigenständige Position entwickelt.

Er studierte hauptsächlich die Werke der Nationalökonomen, wobei er mit der Lektüre von Quesnay und Adam Smith begann und mit den Schriften von Sismondi, Ricardo, Say, Proudhon und ihren Anhängern endete. Deren klarer, kühler und unsentimentaler Stil unterschied sich positiv von der verworrenen Gefühlsduselei und Rhetorik der Deutschen. Das Zusammenspiel aus praktischer Klugheit und der Betonung empirischer Untersuchungen mit kühnen und raffinierten allgemeinen Hypothesen gefiel Marx und kam seinem natürlichen Hang entgegen, alle Formen von Romantizismus zu vermeiden und allein solche naturalistischen Erklärungen von Phänomenen zu akzeptieren, die sich durch wissenschaftliche Beobachtungen belegen lassen. Unter dem Einfluss der französischen Sozialisten und der englischen Ökonomen begann sich der über allem liegende Nebel des Hegelianismus allmählich zu lichten.

Marx verglich die allgemeine Lage in Frankreich mit der seines Heimatlandes und war beeindruckt von dem unendlich höheren intellektuellen Niveau und der deutlich stärker ausgeprägten Fähigkeit zum politischen Denken:

> In Frankreich ist jede Volksklasse *politischer Idealist* und empfindet sich zunächst nicht als besondere Klasse, sondern als Repräsentant der sozialen Bedürfnisse überhaupt. […] In Deutschland dagegen, wo das praktische Leben ebenso geistlos als das geistige Leben unpraktisch ist, hat keine Klasse der bürgerlichen Gesellschaft das Bedürfnis und die Fähigkeit der allgemeinen Emanzipation, bis sie nicht durch ihre *unmittelbare* Lage, durch die *materielle* Notwendigkeit, durch ihre *Ketten selbst* dazu gezwungen wird.[1]

Aber »revolutionäre Energie und geistiges Selbstgefühl allein« reichen nicht aus, um eine Klasse zum »Stand der Befreiung« der Gesellschaft zu machen – sie muss einen anderen »offenbaren Stand der Unterjochung« identifizieren, so wie in Frankreich den Adel und das Priestertum.[2]

Anders in Deutschland. Dort fehlte es an jeglicher dramatischen Spannung. Es gebe überhaupt nur eine Klasse, deren Unrecht nicht spezifisch, sondern dass der ganzen Gesellschaft sei: das Proletariat. Für Marx waren die Deutschen das Rückständigste unter den westlichen Völkern. Die Vergangenheit Englands und Frankreichs spiegele sich wirklichkeitsgetreu

1 Marx, Karl: Zur Kritik der Hegelschen Rechtsphilosophie (1844). Einleitung, MEW 1, S. 390.

2 Ebd., S. 388.

in der Gegenwart Deutschlands: Die wahre Emanzipation der Deutschen verhalte sich zu der von anderen fortschrittlicheren Völkern wie das Proletariat zu anderen Klassen und werde daher automatisch die Befreiung der gesamten europäischen Gesellschaft von politischer und ökonomischer Unterdrückung mit sich bringen.

Obschon sich Marx von dem politischen Realismus der von ihm studierten Autoren beeindrucken ließ, zeigte er sich zugleich irritiert von deren Mangel an historischem Verständnis. Damit, so schien es ihm, ließe sich auch ihr einfacher und oberflächlicher Eklektizismus erklären, ihre bemerkenswerte Unbekümmertheit, mit der sie ohne erkennbares intellektuelles Unbehagen Änderungen und Zusätze in ihre Systeme einführten. Eine derartige Nachlässigkeit war für Marx ein Zeichen für fehlende Ernsthaftigkeit oder mangelnde Integrität. Seine eigene Position dagegen war jederzeit klar umrissen und unverrückbar, abgeleitet von Prämissen, die keine Uneindeutigkeit in den Schlussfolgerungen erlaubten. Die geistige Unschärfe der anderen konnte seiner Ansicht nach nur mit einem ungenügenden Verständnis der strengen Rahmenbedingungen des historischen Prozesses zusammenhängen. Die von den klassischen Ökonomen vertretene Auffassung, wonach die gegenwärtigen Kategorien der politischen Ökonomie für alle Zeit und an allen Orten gültig sein sollten, schien Marx besonders absurd. Engels hat es später einmal folgendermaßen formuliert: »Hätten Richard Löwenherz und Philippe Auguste den Freihandel eingeführt, statt sich in Kreuzzügen zu verwickeln, so blieben uns fünfhundert Jahre Elend und Dummheit erspart.«[1] Es schien, als wären alle vorangegangenen Wirtschaftssysteme nur stümperhafte Annäherungen an den Kapitalismus gewesen, nach deren Standards sie klassifiziert und bewertet werden müssten. Eine derartige Unfähigkeit, nicht zu begreifen, dass jede Periode nur

1 Engels an Franz Mehring, 14. Juli 1893, MEW 39, S. 97–98.

mit ihren eigenen Begriffen und Kategorien analysiert werden könne und bestimmt werde von ihrer eigenen sozialökonomischen Struktur, war nach Marx und Engels verantwortlich für den utopischen Sozialismus, für jene ausgeklügelten Pläne, die in ihren Augen nichts anderes waren als idealistische Spielarten der bürgerlichen oder feudalen Gesellschaft ohne ihre »schlechten Seiten«. Anstatt zu fragen, was man sich wünscht, das geschehen soll, müsste die Frage lauten: Was lässt die Geschichte zu? Welche gegenwärtigen Tendenzen sind dazu bestimmt, sich weiterzuentwickeln, welche werden verschwinden? Eine neue Gesellschaft, so die Überzeugung von Marx, lasse sich nur in Übereinstimmung mit den Ergebnissen einer solchen wissenschaftlichen Untersuchungsmethode aufbauen.

Dennoch gefiel Marx die moralische Haltung dieser Autoren und Denker. Auch sie misstrauten Intuitionen und Appellen an das Gefühl, die Logik und empirische Beobachtungen übersteigen, auch sie sahen darin die letzte Verteidigungslinie der Reaktion und des Irrationalismus; auch sie waren durch und durch antiklerikal und antiautoritär eingestellt. Doch viele vertraten seltsam veraltete Ansichten: Sie glaubten an die natürliche Harmonie aller menschlichen Interessen, an die Fähigkeit des Individuums, befreit von der Einmischung des Staates und der Monarchen, selbstständig für das eigene Glück und das der anderen zu sorgen. Solche Auffassungen waren für jemanden wie Marx, der eine Hegel'sche Bildung genossen hatte, völlig inakzeptabel. Aber in letzter Konsequenz waren diese Männer Feinde seiner Feinde, standen auf der Seite des Fortschritts und kämpften wie er für den Sieg der Vernunft.

II

Ging Marx' Sicht auf historische Strukturen – das heißt auf formale Beziehungen zwischen den Elementen, aus denen die Geschichte der Menschheit besteht – auf Hegel zurück, so stammte sein Wissen über jene Elemente von Saint-Simon und dessen Schülern sowie von den damals neuen liberalen Historikern wie Guizot, Thierry und Mignet. Saint-Simon, ein Denker mit kühnen und originellen Ansichten, war der erste gewesen, der geltend gemacht hatte, dass die Entwicklung ökonomischer Beziehungen der bestimmende Faktor in der Geschichte sei (zum damaligen Zeitpunkt reichte eine solche Behauptung aus, um sich unsterblich zu machen). Er hat darüber hinaus den historischen Prozess als einen anhaltenden Konflikt zwischen ökonomischen Klassen analysiert, zwischen denjenigen, die in einem bestimmten Zeitraum über die wesentlichen wirtschaftlichen Ressourcen einer Gemeinschaft verfügen, und denjenigen, die diesen Vorteil nicht haben und deren Existenz deshalb von den Ersteren abhänge.

Saint-Simon zufolge ist die herrschende Klasse in der Regel entweder zu unfähig oder zu desinteressiert, um diese Ressourcen in vollem Maße vernünftig zu nutzen oder um eine Ordnung zu errichten, in der die Begabtesten die Möglichkeit erhalten, die zur Verfügung stehenden Mittel angemessen zu verwenden und sie zum Wohle der Gemeinschaft zu vermehren. Sie ist auch selten flexibel genug, um sich und die von ihr kontrollierten Institutionen an die neuen gesellschaftlichen Verhältnisse anzupassen, die ihr eigenes Tun hervorbringt. Sie neige deshalb zu einem kurzsichtigen und egoistischen politischen Verhalten, dazu, eine virtuelle Kaste zu bilden, den vorhandenen Reichtum in nur wenigen Händen zu konzentrieren und mittels des so gewonnenen Ansehens und der damit einhergehenden Macht die mittellose Mehrheit der Bevölkerung zu sozialer und ökonomischer Sklaverei zu verurteilen. Die widerwilligen Untertanen neigen zwangsläufig zum Ungehorsam und widmen deswegen ihr Leben dem Sturz der tyrannischen Minderheit. Unter günstigen Umständen sind sie damit am Ende erfolgreich. Durch die lange Zeit der Knechtschaft sind sie jedoch selbst korrupt geworden und haben die Fähigkeit verloren, hehrere Ideale als die ihrer Herren zu verfolgen. So werden sie, wenn sie irgendwann an die Macht gelangen, diese nicht weniger irrational nutzen und nicht weniger ungerecht sein als ihre früheren Unterdrücker. Sie schaffen ihrerseits eine neue unterdrückte Klasse, wodurch der Kampf auf einer neuen Ebene weitergeht.

Die Geschichte der Menschheit ist die Geschichte solcher Konflikte: Dies – so hätten es Adam Smith und die französischen Philosophen des 18. Jahrhunderts gedeutet – ist auf die Blindheit sowohl der Herren als auch ihrer Untertanen zurückzuführen, die nicht erkennen, dass eine vernünftige Verteilung der ökonomischen Ressourcen im ureigensten Interesse beider Seiten ist. Stattdessen versuchten die herrschenden Klassen, jeglichen gesellschaftlichen Wandel aufzuhalten, führten ein müßiges und verschwenderisches Leben, blockierten den wirtschaftlichen Fortschritt in Form von technischen Erfindungen, mit denen man bei richtiger Entwicklung einen unbegrenzten Reichtum schaffen könnte, der bei vernünftiger, das heißt auf wissenschaftlichen Kriterien beruhender Verteilung ewiges Glück und Wohlstand für die Menschheit gewährleisten würde.

Saint-Simon, der ein besserer Historiker war als die ihm vorausgegangenen Enzyklopädisten, betrachtete die Gesellschaft von einem durch und durch evolutionären Standpunkt aus und beurteilte vergangene Epochen nicht danach, wie weit sie von der Zivilisation der Gegenwart entfernt waren, sondern danach, inwieweit ihre Institutionen den sozialen und wirtschaftlichen Bedürfnissen ihrer jeweiligen Zeit entsprochen hatten. So war seine Darstellung des Mittelalters von viel größerem Verständnis geprägt und fiel deutlich wohlwollender aus als die der Mehrheit seiner liberalen Zeitgenossen. Für Saint-Simon ging menschlicher Fortschritt auf Einfallsreichtum und kreatives Handeln der Menschen in einer Gesellschaft zurück, mit der sie ihr eigenes Wesen und die gesellschaftlichen Bedürfnisse sowie die spirituellen und materiellen Mittel zu deren Befriedigung umgestalteten und erweiterten. Die menschliche Natur war für ihn, anders als im 18. Jahrhundert angenommen, nicht etwas Feststehendes. Man müsse sie sich vielmehr als etwas vorstellen, das sich in einem Prozess des Wachstums befinde, dessen Richtung vom eigenen Scheitern und von den eigenen Erfolgen bestimmt werde. Deshalb, so stellte er fest, konnte eine gesellschaftliche Ordnung, die auf grundlegende Bedürfnisse ihrer Zeit reagiere, zu einem späteren Zeitpunkt hinderlich werden und dazu tendieren, zentrale Entwicklungen zu hemmen und zu einer Zwangsjacke zu werden, dessen wahres Wesen von den Klassen, die von der bestehenden Ordnung beschützt werde, verschleiert werde. Die Armee und die Kirche, die im Mittelalter organische und fortschrittliche Elemente der damaligen gesellschaftlichen Hierarchie waren, sind heute obsolete Überbleibsel, deren Funktionen in modernen Gesellschaften von den Bankiers, den Industriellen und den Wissenschaftlern übernommen wurden. Von daher können Pfarrer, Soldaten und Rentiers nur als Müßiggänger und gesellschaftliche Parasiten fortleben, die die Substanz der neuen Klassen vergeuden und den mit ihnen verbundenen Fortschritt aufhalten. Aus diesem Grund müssen sie beseitigt werden. An ihre Stelle müssen fleißige und fähige Experten treten, die aufgrund ihrer Führungsqualitäten ausgewählt werden, und die Gesellschaft anleiten. Nach den Vorstellungen der Saint-Simonisten sollten Finanzexperten, Ingenieure und Verwalter von großen und stark zentralisierten industriellen und landwirtschaftlichen Betrieben die Regierungsgeschäfte übernehmen.

Die Anhänger von Saint-Simon forderten darüber hinaus, das Erbschaftsrecht abzuschaffen, weil es eine ungleiche Verteilung des Reichtums befördere. Es sollte jedoch auf keinen Fall das Privateigentum als solches beseitigt werden. Jedermann hatte ihnen zufolge das Recht auf die Früchte der eigenen Arbeit. Saint-Simon und seine Schüler glaubten wie die französischen Revolutionäre und danach Fourier und Proudhon fest daran, dass Privateigentum der einzige Anreiz sei, wirklich hart zu arbeiten, und zugleich die Grundlage für jegliche persönliche und öffentliche Moral. Ihnen schwebte vor, dass der Staat alle entsprechend ihren Leistungen entlohnen solle – von den Bankiers, Unternehmensgründern und Industriellen über die Erfinder, Mathematiker, Wissenschaftler und Ingenieure bis hin zu den Intellektuellen, Künstlern und Dichtern. Sobald Experten über das wirtschaftliche Leben einer Gesellschaft bestimmen und dieses rational gestalten könnten, werde die natürliche Harmonie der Interessen aller universelle Gerechtigkeit sowie Sicherheit, Zufriedenheit und Chancengleichheit für jedermann garantieren.

Saint-Simon lebte in einer Zeit, in der die letzten Relikte des Feudalismus in Westeuropa gerade dem Vormarsch des bürgerlichen Unternehmertums mit all seinen neuen mechanischen Gerätschaften weichen mussten. Sein Vertrauen in die gewaltigen Möglichkeiten technischer Innovationen und Erfindungen und sein Glaube an ihren positiven Nutzen für die menschliche Gesellschaft waren grenzenlos. Er sah in der aufsteigenden Mittelschicht tatkräftige und fähige Männer am Werk, angetrieben von einem starken Sinn für Gerechtigkeit und einem uneigennützigen Altruismus, deren Tatendrang lediglich von der blinden Feindseligkeit des grundbesitzenden Adels und der Kirche gehemmt wurde, die sich nur um ihre eigenen Privilegien und Besitztümer kümmerten und sich so als Gegner der Gerechtigkeit und jeglichen wissenschaftlichen und moralischen Fortschritts erwiesen.

Dieser Glaube war nicht so naiv, wie es heute erscheinen mag. Marx hat selbst später darauf hingewiesen: Im Augenblick des Kampfes um die gesellschaftliche Vorherrschaft identifiziert sich die Avantgarde der aufsteigenden Klasse mit den Anliegen der unterdrückten Massen und empfindet sich als uneigennützige Verfechterin eines neuen Ideals (was sie bis zu einem gewissen Grad auch ist), die an vorderster Front des Fortschritts kämpft. Saint-Simon war der wortgewaltigste Prophet der aufstrebenden Bourgeoisie, ihre edelmütigste und idealistischste Stimme. Natürlich war er ein begeisterter Anhänger der industriellen Entwicklung, schätzte Eigeninitiative, Erfindergeist und die Fähigkeit, große Projekte zu planen und in Angriff zu nehmen. Er war zugleich aber auch ein scharfsinniger Klassenkampftheoretiker, ohne zu ahnen, wie dieser Teil seiner Lehre eines Tages aufgegriffen und in die Tat umgesetzt werden würde. Er selbst war ein ehemals begüterter Adliger aus dem 18. Jahrhundert, den die Revolution ruiniert hatte und der daraufhin beschlossen hatte, sich auf die Seite der aufkommenden neuen gesellschaftlichen Kräfte zu schlagen, und so die Verdrängung seiner eigenen Klasse erklärte und rechtfertigte.

Sein berühmtester ideologischer Kontrahent war Charles Fourier, Handelsreisender von Beruf, der während der ersten Jahrzehnte des neuen Jahrhunderts in Paris lebte, zu einer Zeit also, in der die Finanziers und Industriellen, auf die Saint-Simon all seine Hoffnungen setzte, mit dem Aufbau von monopolistischen Konzernen den Klassenantagonismus nur noch weiter verschärften, anstatt den sozialen Ausgleich zu fördern. Sie rissen die Kontrolle über das Kreditwesen an sich und wurden in kurzer Zeit zu den größten und mächtigsten Arbeitgebern in der Geschichte. Damit schufen sie die Voraussetzung für ein System von Massenproduktion und Massenkonsum, drängten systematisch die vielen kleinen Händler und Handwerker aus dem Markt und sorgten dafür, dass deren Kinder in ihren Fabriken und Bergwerken schuften mussten.

Die gesellschaftlichen Auswirkungen der industriellen Revolution in Frankreich waren enorm. Sie schufen eine dauerhafte Kluft zwischen dem Groß- und Kleinbürgertum und führten aufseiten des Letzteren zu ungemeiner Verbitterung.

Fourier, ein typischer Repräsentant der zugrunde gerichteten Klasse, hatte für die Illusion, die Kapitalisten seien die prädestinierten Retter der Gesellschaft, nur Hohn und Spott übrig. Ein älterer Zeitgenosse von ihm, der Schweizer Ökonom Sismondi, hatte eine Unmenge an historischen Beispielen zusammengetragen und auf dieser Grundlage die Ansicht vertreten, alle bisherigen Klassenkämpfe rührten von einem Gütermangel her – und das zu einem Zeitpunkt, als es nahezu einer genialen Begabung bedurfte, um dies zu erkennen. Aufgrund der Einführung neuer mechanischer Produktionsverfahren, so die Vorhersage von Sismondi, werde die Welt nun mit Gütern überflutet werden, was allerdings in Kürze – falls niemand dem Einhalt gebieten würde – einen Klassenkampf provozieren werde, neben dem alle vorangegangenen Konflikte verblassen würden. Die Notwendigkeit, die sich stetig vergrößernde Menge an Produkten zu vermarkten, führe zu einer wachsenden Konkurrenz zwischen den rivalisierenden Kapitalisten, die sich gezwungen sähen, systematisch die Löhne zu senken und die Arbeitszeit ihrer Beschäftigten zu verlängern, um zumindest kurzfristige Vorteile gegenüber den langsamer agierenden Konkurrenten zu erzielen. Das wiederum werde eine Reihe von ernsthaften Wirtschaftskrisen nach sich ziehen und schließlich aufgrund von mörderischen Kriegen zwischen den verschiedenen Kapitalfraktionen in einem großen gesellschaftlichen und politischen Chaos enden.

Es gab nur eine Möglichkeit, um eine solche künstlich erzeugte Armut zu verhindern, deren Anwachsen in direktem Verhältnis zur Zunahme der Warenproduktion steht, und all die schlimmen Verstöße gegen jene grundlegenden Menschenrechte, für deren Anerkennung man in der Großen Revolution gekämpft hatte: Der Staat musste eingreifen und das Recht auf Kapitalakkumulation sowie das Recht an den Produktionsmitteln einschränken. Während Sismondi ein früher Anhänger eines »New Deals« und ein Verfechter des Wohlfahrtsstaats war, der an die Stärken einer zentral organisierten und nach rationalen und humanistischen Kriterien geführten Gesellschaft glaubte und sich auf allgemeine Empfehlungen beschränkte, misstraute Fourier allen zentralistischen Formen von Autorität. Wenn Regierungseinheiten zu groß würden, so seine Überzeugung, sei eine Tyrannei der Bürokratie unvermeidbar. Sein Vorschlag lautete, die Menschen auf der Erde in kleine selbstverwaltete Gruppen, die er Phalanstères nannte, aufzuteilen. Diese sollten sich nach und nach in größeren Einheiten zusammenschließen. Alle Maschinen, alles Land, alle Gebäude und natürlichen Ressourcen wären Gemeineigentum. Fouriers Utopie, eine seltsame Mischung aus Exzentrik und Genialität, war selbst in ihren apokalyptischsten Momenten sehr klar und präzise: Er stellte sich vor, dass ein großes zentrales Kraftwerk alle mechanischen Arbeiten in den Phalanstères erledigen würde. Gewinne würden nach Einsatz von Arbeit, Kapital und Talent in einem festgeschriebenen Verhältnis von 5:3:2 ausgeschüttet. Die Mitglieder der Phalanstères, die nur wenige Stunden am Tag arbeiten müssten, hätten ausreichend Zeit, um sich in einem bisher in der Geschichte unbekannten Ausmaß der Weiterentwicklung ihrer eigenen geistigen, moralischen und künstlerischen Fähigkeiten zu widmen.

Fouriers Überlegungen sind gelegentlich von Ausbrüchen reiner Fantasie unterbrochen. So sagte er voraus, in naher Zukunft werde eine neue Rasse wilder Tiere entstehen, die den bereits existierenden Spezies im Aussehen nicht unähnlich sein würden, nur kräftiger und zahlreicher. Diese sogenannten Anti-Löwen, Anti-Tiger und Anti-Robben[1] würden im Gegensatz zu ihren sich gegenüber dem Menschen feindselig verhaltenden, wilden Vorfahren freundliche und anhängliche Wesen sein. Und sie würden einen Großteil der menschlichen Arbeit mit einem Geschick, einer Intelligenz und einer Voraussicht verrichten, die bloßen Maschinen abgehe. Die Theo-

1 Œuvres complètes de Charles Fourier, Band 4 [Théorie de l'unité universelle (1822–1823), Band 3], Paris 1841, S. 254–255.

rie ist dort am besten, wo sie am zerstörerischsten ist. Fouriers Gesellschafts- und Kapitalismuskritik sticht durch die unbarmherzige Genauigkeit seiner Analyse der selbstdestruktiven Konsequenzen sowohl der Zentralisierungstendenzen als auch des freien Wettbewerbs hervor. Seine heftige Empörung und seine echte Abscheu gegenüber einem monströsen Regime der Banker und ihrer Handlanger – der Richter, Soldaten und Beamten –, das das Leben und die Freiheit der Einzelnen völlig missachtet, war auf eine gewisse Weise prototypisch für alle späteren Angriffe auf das Prinzip des ungehemmten *Laissez-faire,* ob es sich dabei um die massiven Anklagen eines Marx oder Carlyle handelt, um die Karikaturen von Daumier, die Theaterstücke von Büchner oder um sämtliche linke und rechte Proteste gegen die Verdrängung älterer Formen von Privilegien durch neue und gegen die Versklavung des Einzelnen just durch jene Maschinen, die eigentlich dazu gedacht gewesen waren, ihn zu befreien.

Die Revolution von 1830, die König Karl X. in die Verbannung schickte und Louis-Philippe in Frankreich auf den Thron verhalf, brachte die soziale Frage erneut auf die Tagesordnung der öffentlichen Diskussionen. Im Verlauf des folgenden Jahrzehnts verließen unzählige Bücher und Flugblätter die Druckerpresse, welche die Übel des herrschenden Systems anprangerten und jedes erdenkliche Gegenmittel propagierten: angefangen bei moderaten liberalen Vorschlägen eines Lamartine oder Crémieux über radikalere, halb sozialistische Forderungen eines Marrast oder Ledru-Rollin und den detaillierten staatssozialistischen Vorstellungen eines Louis Blanc bis hin zu der extremen politischen Agenda eines Barbès und Blanqui, die in ihrer Zeitschrift *L'Homme libre* zu einer gewaltsamen Revolution aufriefen und die Abschaffung des Privateigentums forderten. Für Fouriers Schüler Considérant stand fest, dass das herrschende System der Besitzverhältnisse bald zusammenbrechen würde. Namhafte sozialistische Schriftsteller wie Pecqueur, Louis Blanc, Dézamy und der kühnste und originellste Kopf unter ihnen, Proudhon, veröffentlichten zwischen 1839 und 1842 ihre bekanntesten Streitschriften gegen das kapitalistische System. Ihnen folgte eine Menge weniger talentierter Autoren, die die Lehren der Ersteren in verwässerter Form verbreiteten. Im Jahr 1834 publizierte der katholische Priester Lamennais sein christlich-sozialistisches Werk »Worte eines Gläubigen«, 1841 erschien »Die Bibel der Freiheit« von Abbé Constant – ein weiterer Beleg dafür, dass es selbst in der Kirche Männer gab, die sich der großen Anziehungskraft der neuen revolutionären Theorien nicht erwehren konnten.

Der sensationelle Erfolg von Louis Blancs brillanter und scharfsinniger Analyse »Geschichte der zehn Jahre von 1830 bis 1840« steht stellvertretend für den damaligen Meinungstrend. In der Literatur und in der Philosophie kamen immer mehr kommunistische Positionen in Mode. Cabet schrieb eine äußerte populäre kommunistische Utopie mit dem Titel »Reise nach Icaria«. Pierre Leroux predigte der Schriftstellerin George Sand einen mystischen Egalitarismus, den Heine in seinen berühmten Vignetten des gesellschaftlichen und literarischen Lebens in Paris während der Juli-Monarchie aufgriff und wohlwollend erörterte.

Das nachfolgende Schicksal dieser Strömungen war geschichtlich kaum von Bedeutung. Die Saint-Simonisten verschwanden nach nur wenigen Jahren ihres flüchtigen Daseins als Bewegung wieder in der Versenkung. Einige von ihnen wurden extrem reiche Eisenbahnmagnaten und Rentiers, wodurch sie zumindest einen Teil der Prophezeiung ihres Lehrmeisters erfüllten. Die idealistischer gesinnten Fourieristen dagegen gründeten kommunistische Gemeinschaften in den USA, von denen einige, wie die Oneida-Community, mehrere Jahrzehnte lang existierten und führende amerikanische Denker und Schriftsteller anzogen. In den 1860er Jahren übten sie über die Herausgabe der Zeitung *New York Daily Tribune* beträchtlichen Einfluss aus.

Marx machte sich mit all diesen Theorien vertraut, denen er viele Anregungen verdanken sollte. Die Ideen Saint-Simons, der die gewaltigen neuen produktiven Möglichkeiten und ihre revolutionären Auswirkungen auf die Gesellschaft betonte, waren (und sind immer noch) für all diejenigen attraktiv, die meinen, dass nur die konsequente Industrialisierung die Aussicht eröffnet auf eine baldige Machtübernahme und auf die größtmögliche Entfaltung und Verwirklichung der menschlichen Fähigkeiten in allen Lebensbereichen. Fourier sprach diejenigen an, die im Gegensatz dazu den ungezügelten Trend hin zu immer schnellerem Wirtschaftswachstum durch immer mehr Produktion beklagten, der die Frage der Verteilung gar nicht mehr berücksichtigte. Fourier machte diese Entwicklung verantwortlich für die Zerstörung natürlicher menschlicher Beziehungen, für die Verwandlung von Menschen in Waren und für die Verhöhnung der Gerechtigkeit. Er kritisierte, dass die Fähigkeiten der Menschen damit in eine falsche Richtung gelenkt, verschüttet oder gegen ihre natürlichsten Bedürfnisse gerichtet würden. Damit würde ein grauenhafter und für alle Seiten zerstörerischer Kampf aller gegen alle in Gang gesetzt, nur noch in Zaum gehalten von einer fortschreitenden rücksichtslosen Zentralisierung, die ihre Opfer aber genauso zermalme und die rasende Ausbreitung von produktiven Unternehmen unausweichlich erscheinen lasse.

Marx gab beiden Ansichten recht. Er versuchte, deutlich zu machen, dass die Menschen Fortschritte erzielen und sich – durch ein Meer aus Schlamm und Blut hindurch – in Richtung einer Gesellschaft weiterentwickeln, in der sich die optimistischsten Voraussagungen hinsichtlich der ungezügelten Produktivität erfüllen würden, verbunden mit einer gesellschaftlichen Kontrolle, die die Menschen vor Verschwendung, Unterdrückung, Enttäuschung und Vereinzelung bewahrt. Um dies mit Belegen zu untermauern, unterzog er die Gesellschaftstheorien der französischen Denker, so gut, wie er es vermochte, einer eingehenden Prüfung, indem er Wissen über die Einzelheiten der jüngsten Sozialgeschichte aus allen verfügbaren Quellen zusammentrug: aus Büchern, aus Zeitungen, aus Unterhaltungen mit anderen Autoren und Journalisten und indem er seine Abende in kleinen revolutionären Zirkeln verbrachte, die sich vorwiegend aus deutschen Handwerksgesellen zusammensetzten und unter dem Einfluss von kommunistischen Agitatoren standen. Sie kamen regelmäßig zusammen, um über Anliegen ihrer in Deutschland zerschlagenen Organisationen zu debattieren und daneben etwas vager die Möglichkeit einer Revolution in ihrem Heimatland zu erörtern. In den Gesprächen mit diesen Handwerksleuten bekam Marx eine Vorstellung von den Bedürfnissen und den Hoffnungen einer Klasse, von der Saint-Simon und seine Epigonen in ihren Werken ein doch eher abstraktes Bild gezeichnet hatten.

Marx hatte bis dahin nur wenig darüber nachgedacht, welche Rolle genau dem Kleinbürgertum und dem Proletariat beim Fortschreiten der Vernunft und bei der Verbesserung der Gesellschaft zukommen würde. Es gab darüber hinaus noch eine unbeständige Gruppe von Deklassierten, zu der verschiedene gesellschaftliche Randexistenzen, Angehörige seltsamer Gewerbe, Bohemiens, arbeitslos gewordene Soldaten, Schauspieler und Intellektuelle zählten. Sie waren weder Herren noch Knechte, sie waren unabhängig und lebten zugleich doch prekär auf dem untersten Subsistenzlevel. Kaum ein Sozialhistoriker hatte in der Vergangenheit ihre Existenz wirklich wahrgenommen, geschweige denn sich näher mit ihnen befasst. Marx' Interesse an den ökonomischen Schriften der Sozialisten, die den linken Flügel der französischen Reformpartei bildeten, stießen ihn auf solche Themen und Fragen. Darüber hinaus hatte ihn Ruge damit beauftragt, für sein Journal einen Aufsatz über Hegels »Philosophie des Rechts« beizusteuern. Anfang 1844 veröffentlichte er in der von ihm und Ruge herausgegebenen Zeitschrift eine Einleitung zu seinem eigenen Entwurf einer Kritik der Hegelschen

Rechtsphilosophie zusammen mit einem anderen Beitrag »Zur Judenfrage«.

Mit seinem Aufsatz über die Juden reagierte Marx auf mehrere Beiträge von Bruno Bauer zu diesem Thema. Bauer hatte die Position vertreten, die Juden, denen die Christen historisch betrachtet eine Entwicklungsstufe voraus seien, müssten sich erst taufen lassen, bevor sie vernünftigerweise alle bürgerlichen Freiheiten beanspruchen könnten. Marx gab in seiner Erwiderung zu bedenken, dass die Juden nicht länger eine religiöse oder rassische Einheit bildeten, sondern nur noch eine wirtschaftliche. Sie seien ein Auswuchs des kapitalistischen Systems, von ihren Nachbarn dazu gezwungen, als Wucherer und mit anderen unschönen Berufen ihr Geld zu verdienen. Die Emanzipation der Juden sei daher nur möglich als Teil der Emanzipation aller europäischen Gesellschaften. Mit der Taufe würde nur eine Art von Ketten durch eine andere ersetzt. Den Juden lediglich politische Rechte zuzugestehen würde bedeuten, denjenigen Liberalen in die Hände zu spielen, die darin alles sehen, worauf ein Mensch hoffen kann und worüber er verfügen sollte.

Marx' Analyse der Judenfrage ist trotz einiger genialer Gedanken eher oberflächlich geblieben, weist jedoch eine für ihn typische Haltung auf: Soweit er dies beeinflussen konnte, war er fest entschlossen, Spott und Beleidigungen, wie sie einige wichtige jüdische Zeitgenossen wie Heine, Lassalle oder Disraeli ihr Leben ertragen mussten, an sich abprallen zu lassen. Dementsprechend beschloss er, die Judenfrage – sofern sie ihn betraf – ein für alle Mal abzuhaken. Er sprach ihr jegliche Bedeutung ab, indem er erklärte, man habe sie erfunden, um damit weitaus dringlichere Fragen in den Hintergrund zu schieben. Das Problem der Juden stelle keine besondere Herausforderung dar, sondern sei lediglich Resultat des allgemeinen gesellschaftlichen Chaos, das in Ordnung gebracht werden müsse. Er selbst war in einer lutherischen Gemeinde christlich getauft worden und hatte eine Adelige geheiratet.

Abgesehen von einer Situation, in der er der jüdischen Gemeinde in Köln beistand, hielt er sich den größten Teil seines Lebens bewusst von allem fern, was nur im entferntesten Sinne mit seiner jüdischen Herkunft zu tun hatte, und begegnete allen jüdischen Institutionen mit offener Ablehnung.[1]

Von größerer Bedeutung ist sein Aufsatz, in dem er sich kritisch mit Hegel auseinandersetzte. Der hier von Marx vertretene Ansatz unterschied sich von allem, was er bis dahin veröffentlicht hatte. In diesem Text hat Marx damit begonnen, wie er selbst postulierte, sein Verhältnis zur idealistischen Philosophie zu klären und mit ihr abzurechnen. Dies war der Anfang eines langen, mühsamen und äußerst gründlichen Prozesses. Vier Jahre später, auf seinem Höhepunkt, legte Marx damit die Grundlage für eine neue Bewegung und Weltanschauung, aus der später ein dogmatischer Glauben und ein klar umrissenes Handlungskonzept hervorgehen sollten, die bis zum heutigen Tag das politische Bewusstsein in Europa beherrschen.[2]

III

Da Marx nichts weniger forderte als ein umfassendes politisches Handlungskonzept, das auf dem Studium der Geschichte und Analysen aktueller Entwicklungen fußen sollte, dürfte er, als er in Paris ankam, wenig Sympathie für all die vielen Gesellschaftsreformer und Propheten empfunden haben, die sich damals in den dortigen Salons und Cafés tummelten. Sie waren gewiss intelligenter, politisch einflussreicher und verantwortungsbewusster als die Kaffeehaus-Philosophen in Ber-

1 Vgl. hierzu ausführlicher Berlin, Isaiah: Benjamin Disraeli, Karl Marx and the Search for Identity, in: ders.: Against the Current: Essays in the History of Ideas, hrsg. von Henry Hardy, 2. Aufl., Princeton 2013, S. 317–360.

2 [Der Autor hat diese Stelle im Jahr 1977 zuletzt überarbeitet.]

lin, dennoch hielt Marx sie für begabte Schwärmer wie Robert Owen oder für reformistische Liberale wie Ledru-Rollin oder für beides wie Mazzini, letztlich unvorbereitet, irgendetwas für die Arbeiterklasse zu tun; oder er sah in ihnen verkappte sentimentale kleinbürgerliche Idealisten, eine Art Wolf im Schafspelz. Zu den Letzteren zählte er Proudhon und Louis Blanc, denen er zugutehielt, sie würden zumindest teilweise erreichbare Ideale vertreten, deren Taktik der kleinen Schritte er jedoch als grundlegend falsch verurteilte, weil sie damit die Stärke des Gegners völlig unterschätzen würden. Folglich waren sie als innere, wenn häufig auch eher unbewusste Feinde der Revolution zu betrachten und mussten deswegen nach Ansicht von Marx umso gewissenhafter bekämpft werden. Trotz aller Kritik lernte Marx – wiewohl er das niemals zugeben mochte – viel von diesen Männern, insbesondere von Louis Blanc, dessen Buch über die Organisierung der Arbeiter einen großen Einfluss darauf hatte, wie Marx später überaus zutreffend die Entstehung und Funktionsweise der Industriegesellschaft erklären sollte.

Weitaus stärker fühlte sich Marx zu der Partei hingezogen, die in Abgrenzung zu den Moderateren, die man Sozialisten nannte, für sich die Bezeichnung Kommunisten wählte. Dabei handelte es nicht um Parteien im modernen Sinne. Beide bestanden aus nur locker miteinander verbundenen Gruppen und Individuen. Während sich die sozialistische Partei vorwiegend aus Intellektuellen zusammensetzte, gehörten den Kommunisten fast nur Fabrikarbeiter und kleinere Handwerker an. In der Mehrheit waren es einfache Männer, die sich fast alles selbst beigebracht hatten und die aufgrund ihrer selbst erfahrenen Nöte und Ungerechtigkeiten leicht von der Notwendigkeit einer revolutionären Verschwörung zu überzeugen waren. Sie wollten nicht nur bestehende Privilegien, sondern ebenso das Privateigentum abschaffen. Für diese Lehre stand Babeufs Schüler Philippe Buonarroti, verkörpert wurde sie später von Auguste Blanqui, einem kommunistisch gesinnten Jakobiner und lebenslangen Verschwörer, der an dem gescheiterten Aufstand von 1839 beteiligt gewesen war.

Marx war insbesondere von Blanquis Organisationstalent beeindruckt sowie von der Kühnheit und Gewalttätigkeit seiner Überzeugungen. Er warf ihm jedoch vor, zu wenig über wichtige Fragen nachgedacht und keine klaren Vorstellungen davon zu haben, was nach einem gelungenen Staatsstreich als Nächstes zu tun sei. Auch bei anderen Verfechtern eines gewaltsamen Umsturzes vermisste er ein hinlängliches Verantwortungsbewusstsein. Zu den namhafteren Revolutionären, zu denen Marx damals einen engeren Kontakt unterhielt, zählten Weitling, ein Schneidergeselle aus Deutschland, und der russische Exilant Bakunin. Lediglich einer unter den vielen Kommunisten, die Marx in Paris kennenlernte, schien ihm ein echtes Verständnis für die aktuelle Situation zu haben. Dabei handelte es sich um einen gewissen Friedrich Engels, einen vermögenden jungen Radikalen aus Deutschland, Sohn eines Baumwollfabrikanten aus Barmen. Bis dahin hatte Marx Engels nur vage als einen der vielen Berliner Intellektuellen in Erinnerung, ein Eindruck, den auch ihr erstes und bis dahin einziges Zusammentreffen nicht hatte ausräumen können.[1] Sie lernten sich dann in Paris gegen Ende August oder Anfang September 1844 näher kennen, nachdem Engels im Februar dieses Jahres in Marx' Zeitschrift den Aufsatz »Grundrisse einer Kritik der Politischen Ökonomie« veröffentlicht hatte. Dieses Zusammentreffen sollte für beide Männer von großer Bedeutung sein. Es war der Beginn einer bemerkens-

1 [Die beiden waren sich das erste Mal im November 1842 in Köln begegnet. Viele Jahre später erinnerte sich Engels in einem Brief an Franz Mehring, den ersten Marx-Biographen, an dieses Zusammentreffen und bezeichnete es als »äußerst unterkühlt«, vermutlich, weil Marx Engels' damalige politische Verbindungen in Berlin missfielen. Vgl. Brief von Engels an Mehring, Ende April 1895, MEW 39, S. 473–474.]

werten lebenslangen Freundschaft und partnerschaftlichen Zusammenarbeit.

Zu Beginn seines Erwachsenenlebens war Engels nur ein radikaler Dichter und Journalist unter vielen, zum Ende hin, nach dem Tod von Marx, war er zum anerkannten Anführer des Sozialismus geworden, der sich noch zu seinen Lebzeiten zu einer mächtigen weltweiten Bewegung entwickeln sollte. Er war ein solider und zuverlässiger Mann, aber nicht unbedingt ein schöpferischer Geist. Er zeichnete sich durch außergewöhnliche Integrität und Charakterstärke aus und verfügte über zahlreiche Begabungen, vor allem über die Fähigkeit, sich erstaunlich schnell alles erdenkliche Wissen anzueignen. Neben einem besonders scharfen und klaren Verstand besaß Engels noch einen herausragenden Wirklichkeitssinn, den, wenn überhaupt, nur wenige seiner radikalen Zeitgenossen teilten. Er war äußerst gut darin, die Gedanken und Entdeckungen anderer unter die Lupe zu nehmen und danach einzuschätzen und abzuwägen, inwieweit sie für ihn von praktischem Nutzen waren. Sein Talent, zügig schreiben und sich klar ausdrücken zu können, sowie seine grenzenlose Loyalität und Geduld machten ihn zu einem idealen Verbündeten und Kooperationspartner von Marx, der eher verschlossen und schwierig war und zu einem ungelenken, überladenen und unverständlichen Schreibstil neigte. In seiner eigenen Lebenszeit konnte sich Engels kein besseres Schicksal wünschen, als sich voll und ganz in den Dienst der Marx'schen Lehre zu stellen. Er erkannte in Marx ein echtes Genie, das seinen eigenen spezifischen Gaben und seinem Tun Leben und Sinn verlieh. Er identifizierte sich und sein Werk vollends mit dem seines Lehrmeisters, wofür er als Belohnung an dessen Unsterblichkeit teilhaben durfte.

Noch vor ihrem Zusammentreffen in Paris war Engels, zunächst ein Anhänger von Heß, unabhängig von Marx zu ganz ähnlichen Einschätzungen wie dieser gelangt. In späteren Jahren schien es so, als würde er die halb ausformulierten Gedanken seines Freundes manchmal besser begreifen und fassen können als Marx selbst. Er verstand es, sie in eine für die Masse der Bevölkerung zugänglichere und verständlichere Sprache zu kleiden (was zuweilen mit erheblichen Vereinfachungen einherging), als es Marx mit seinem nicht selten verschlungenen Stil vermocht hätte. Aber am wichtigsten von allem war, dass Engels eine Eigenschaft hatte, ohne die ein dauerhafter Umgang mit einem Mann von Marx' Charakter unmöglich gewesen wäre: Er hatte keinerlei Interesse daran, mit diesem in Konkurrenz zu treten, sich dem Einfluss von dessen überaus starker Persönlichkeit zu entziehen und sich eine eigenständige Position zu bewahren. Im Gegenteil: Er war begeistert davon, die geistige Nahrung, die er von Marx erhielt, vollständig und unhinterfragt wie ein hingebungsvoller Schüler aufzunehmen. Im Austausch dafür profitierte Marx von Engels gesundem Menschenverstand, von dessen Begeisterungsfähigkeit, Lebenskraft wie Lebensfreude und schließlich in Zeiten größter Armut und Verzweiflung buchstäblich von Engels materieller Unterstützung.

Marx, der wie viele andere engagierte Intellektuelle ständig unter einem Gefühl von Unsicherheit litt, dünnhäutig und krankhaft argwöhnisch war, wenn er auch nur das leiseste Zeichen von Ablehnung gegenüber seiner Person oder seinen Lehren zu erkennen meinte, bedurfte wenigstens eines Menschen, der seine Ansichten ganz und gar teilte, dem er sich vorbehaltlos anvertrauen und auf den er sich stark, und so oft er wollte, stützen konnte. In Engels fand Marx einen ergebenen Freund und intellektuellen Weggefährten, der aufgrund seiner ausgeprägten Bodenständigkeit Marx' Augenmaß und sein Vertrauen in sich selbst und sein Anliegen immer wieder neu herstellen und stärken konnte. Den größten Teil seines Lebens handelte Marx in dem Bewusstsein, dass ihm dieser großzügige und zuverlässige Mann jederzeit zur Seite stand, um ihn in Notlagen zu unterstützen und um ihm einen Teil seiner Lasten abzunehmen. Dafür belohnte er Engels mit einer Art von Zuneigung, mit der er sonst nur seine Ehefrau und seine Kinder bedachte, und vermittelte ihm über das Lob seiner Qualitäten ein starkes Selbstwertgefühl.

Sie trafen sich im Herbst 1844, nachdem Engels ihm eine Skizze der Kritik an den Doktrinen der liberalen Ökonomen zur Veröffentlichung in seiner Zeitschrift zugesandt hatte. Marx hatte bis dahin Engels vage unter die Berliner Intellektuellen gezählt, ein Eindruck, den ihr einziges früheres Treffen nicht hatte zerstreuen können. Jetzt dagegen schrieb er ihm sofort: Das Ergebnis war ein Treffen in Paris, bei dem sich beide Männer bewusst wurden, wie sehr sie in grundlegenden Fragen übereinstimmten. Engels, der viel in England herumgereist war und in zahlreichen Artikeln anschaulich die Lebensbedingungen der englischen Arbeiterklasse beschrieben hatte, verabscheute noch stärker als Marx einen sozialen Humanismus, wie er etwa von den Anhängern von Sismondi vertreten wurde. Er lieferte Marx das, wonach dieser schon lange gesucht hatte: umfangreiche Fakten und Informationen zu den wirklichen Verhältnissen in einer entwickelten Industriegesellschaft. Diese dienten Marx als materieller Beleg für seine umfassende These zur historischen Entwicklung, die sich immer deutlicher in seinem Kopf herauszukristallisieren begann. Engels wiederum entdeckte, dass Marx ihm etwas geben konnte, was er immer vermisst hatte: einen soliden theoretischen Rahmen, mit dem er sein empirisches Wissen ordnen und in eine Waffe gegen die vorherrschenden Abstraktionen verwandeln konnte, mit denen sich seiner Meinung nach keine ernsthafte revolutionäre Philosophie begründen ließ.

Der Eindruck, den die Begegnung mit Marx bei Engels hinterließ, dürfte vergleichbar gewesen sein mit dem, was der noch leichter zu beeinflussende Heß bereits vor ihm erlebt hatte. Die Begegnung verlieh Engels neue Vitalität und verhalf ihm dazu, seine bis dato eher undeutlichen politischen Vorstellungen zu präzisieren. Marx vermittelte ihm Orientierung, eine klare Anschauung von der Gesellschaft sowie die Gewissheit, ein konkretes und erreichbares Ziel, nämlich die Revolution, zu verfolgen. Ihm muss die Begegnung mit Marx zuweilen so vorgekommen sei, als sei ihm ein neues Leben geschenkt worden, nachdem er lange ziellos durch das Labyrinth der junghegelianischen Bewegung gestreift war. Die Zusammenarbeit mit Marx erwies sich tatsächlich als ein Neubeginn. Marx und Engels standen über vierzig Jahre lang in engem Briefkontakt. Ihre unzähligen Briefe waren von Anfang an sehr freundschaftlich gehalten, zugleich aber auch von einem geschäftigen Ton geprägt. Keiner der beiden neigte zu längeren Selbstbetrachtungen und Seelenerkundungen, vielmehr hatten sich beide mit Haut und Haaren der Bewegung verschrieben, deren Aufbau und Stärkung zu ihrem wichtigsten Lebensinhalt wurde. Auf dieser verlässlichen Grundlage wuchs eine einzigartige Freundschaft heran, die frei war von allen Vereinnahmungs- und Bevormundungsversuchen und jeglichem Neid. Wenn sie zu ihrer Freundschaft befragt wurden, reagierten beide stets mit Zurückhaltung und mit einer gewissen Verlegenheit. Engels war sich im Klaren darüber, dass er weit mehr von ihr profitierte, als er beisteuern konnte, dass die geistige Welt, in der er lebte, gänzlich von Marx und dessen Begabungen geprägt war. Nach dem Tod von Marx sah sich Engels zum Hüter dieses Universums berufen, das er eifersüchtig gegen alle Reformversuche einer von Leichtsinn und Ungeduld getriebenen jüngeren Generation von Sozialisten zu verteidigen suchte.

Der zweijährige Aufenthalt in Paris war für Marx das erste und letzte Mal in seinem Leben, dass er persönlich auf Männer traf und Freunde fand, die ihm ebenbürtig waren – wenn auch nicht immer hinsichtlich ihrer Intelligenz, dann doch was die Eigenwilligkeit ihrer Persönlichkeit und Lebensführung betraf. Nach dem Debakel von 1848 war selbst die Moral der stärksten Charaktere unter den Radikalen gebrochen. Zudem hatten Tod, Gefängnis oder Verbannung die Zahl der Revolutionäre deutlich reduziert. Das Gros der Übriggebliebenen schien apathisch und desillusioniert. In dieser Situation entschied sich Marx dafür, viele Verbindungen abzubrechen und nur noch den Kontakt mit denjenigen aufrechtzuerhalten, die bewiesen hatten, dass sie der Sache, der er sich selbst verschrieben hatte, persönlich treu ergeben waren. Fortan wurde Engels für Marx zu einer Art Stabschef, alle anderen behandelte er wie Rivalen oder Untergebene.

Folgt man den Erinnerungen derjenigen Männer, die zu diesem Zeitpunkt mit Marx befreundet waren – also Ruge, Freiligrath, Heine und Annenkow –, dann ergibt sich ein Bild von Marx als einem äußerst kühnen und entschlossenen Kopf und einem leidenschaftlichen, ungeduldigen und streitbaren Polemiker, der gegen alle und alles seine sperrigen und schweren Hegel'schen Geschütze aufbot. Marx habe – ungeachtet der Schwerfälligkeit seiner Waffen – bei seinen Angriffen eine außergewöhnliche Schlagfertigkeit und Scharfsinnigkeit bewiesen, deren Qualität selbst diejenigen nicht umhin kamen anzuerkennen, die ihm besonders feindselig gegenüberstanden – und es gab wohl wenige namhafte Radikale, die Marx nicht irgendwann einmal auf irgendeine Art beleidigt und gedemütigt hätte.

Marx verband eine innige Freundschaft mit dem Dichter Heine, von dem er sich vermutlich erheblich inspirieren ließ. Er sah in Heine – trotz dessen antidemokratischer Haltung – einen revolutionäreren Dichter als etwa Herwegh oder Freiligrath, die beide damals von der radikalen Jugend in Deutschland geradezu vergöttert wurden. Er verstand sich auch gut mit einem Kreis russischer Liberaler, darunter einige wirkliche Rebellen, aber auch kultivierte aristokratische Dilettanten mit einer ausgesuchten Kennerschaft für merkwürdige Menschen und Situationen. Einer von ihnen, ein kluger und umgänglicher Literat namens Paul Annenkow, dem Marx zugetan war, hat eine kurze Beschreibung von Marx aus dieser Zeit hinterlassen:

Marx gehörte zu jenem Typus von Männern, die nur aus Energie, Willenskraft und unerschütterlichen Überzeugungen zu bestehen schienen. Mit seinem dicken schwarzen Haarschopf, seinen behaarten Händen und seinem nachlässig geknöpften Gehrock sah er aus wie jemand, der es gewohnt ist, von anderen respektiert zu werden. Er bewegte sich etwas schwerfällig, aber mit großem Selbstbewusstsein. Sein Benehmen verstieß gegen die gängigen Konventionen des gesellschaftlichen Umgangs. Er verhielt sich hochmütig, manchmal geradezu herablassend. Er sprach mit einer fast unangenehm barsch klingenden Stimme über Menschen und Dinge in einem Tonfall, der keine Widerrede duldete. Hiermit schien er seine eigene feste Überzeugung von seiner Mission zum Ausdruck zu bringen, die darin bestand, den Geist der Menschen zu beherrschen und ihnen die Gesetze ihres Daseins vorzuschreiben.[1]

Ein weiterer Exilrusse aus Marx' Bekanntenkreis, der weit mehr Beachtung auf sich zog und von vielen gar verehrt wurde, war Michail Bakunin. Seine Begegnung mit Marx in Paris sollte dauerhafte Konsequenzen haben. Bakunin hatte Russland in etwa zur gleichen Zeit verlassen wie Marx Deutschland, und zwar aus sehr ähnlichen Gründen. Er war in dieser Phase ein überzeugter »kritischer« Linkshegelianer, ein leidenschaftlicher Gegner des Zarismus und jeder absolutistischen Herrschaft. Sein Wesen zeichnete sich durch Freigiebigkeit, Extravaganz und Impulsivität aus, er verfügte über eine immense und unbändige Vorstellungskraft und hatte eine Vorliebe für alles Gewaltförmige, Kolossale und Erhabene. Er hasste jegliche Form von Disziplin und Ordnung sowie alle Institutionen, die Idee von persönlichem Eigentum war ihm vollkommen fremd. Vor allem anderen war er von einem wilden überwältigenden Verlangen getrieben, die engstirnige Ge-

1 Annenkov, Pavel V.: Zamechatel'noe desyatiletie (1880), Literaturnye vospominaniya, Moskau 1960, Kap. 31, S. 301–302; Annenkov, Pavel V.: The Extraordinary Decade: Literary Memoirs, hrsg. von Arthur P. Mendel, übersetzt von Irwin R. Titunik, Ann Arbor 1968, S. 167–168.

sellschaft seiner Zeit zu zerstören, in der der Einzelne, so kam es ihm vor, wie Gulliver in Liliput an dem unerfüllten Bedürfnis zu ersticken drohte, seine Fähigkeiten im vollsten und erhabensten Sinne zu entfalten. Sein Freund und Landsmann Alexander Herzen, der Bakunin bewunderte und zugleich vieles an ihm irritierend fand, schrieb in seinen Erinnerungen:

> Bakunin trug in sich die Möglichkeit, ein Agitator, Tribun, Prediger, das Haupt einer Partei, einer Sekte, der Stifter einer ketzerischen Religion, ein Kämpfer zu werden. Man stelle ihn wohin man will, nur an den äußersten Rand [...] und er reißt die Massen fort und rüttelt an den Schicksalen ganzer Völker – Hier aber, unterm Joch des Zaren, ein Kolumbus ohne Amerika und ohne Schiff, hatte er, nachdem er gegen seinen Willen an die zwei Jahre bei der Artillerie und an die zwei Jahre dem Moskauer Hegelianismus gedient hatte, sich beeilt, das Land zu verlassen, in dem das Denken als eine böse Absicht und das unabhängige Wort – als eine Beleidigung der öffentlichen Moral verfolgt wurden.[1]

Bakunin war ein begnadeter Volksredner, ausgestattet mit einem ausgeprägten Gerechtigkeitssinn, der mit leidenschaftlicher Hingabe und Ehrgeiz seine Lebensaufgabe verfolgte, die Menschheit zu einem großen, heldenhaften kollektiven Akt anzustiften, durch den sie sich für immer und ewig von ihrem Joch befreien würde. Seine Persönlichkeit übte eine große Faszination auf seine Mitmenschen aus. Sein unwiderstehlicher revolutionärer Eifer, mit dem er stets auftrat, lenkte viele von seiner Gewissenlosigkeit und der für ihn typischen Verlogenheit und Leichtfertigkeit ab. Bakunin war kein origineller Denker, vielmehr konnte er sich schnell die Ansichten anderer zu Eigen machen. Dafür war ein anregender Lehrer. Obgleich seine ganze Theorie aus nicht viel mehr bestand als

1 Herzen, Alexander: Mein Leben. Memoiren und Reflexionen, Bd. 2, 1847–1852, Berlin 1963, S. 398–399.

einem leidenschaftlichen Plädoyer, dass alle Menschen gleich seien, und der daraus abgeleiteten Ablehnung jeglicher Form von Autorität und Unterdrückung (hinzu kam noch ein kurzer Flirt mit dem Panslawismus), gelang es ihm, darauf eine Bewegung aufzubauen, die noch lange nach seinem Tod fortbestand.

Was Bakunin und Marx voneinander trennte, war vergleichbar mit dem, was Lyrik von Prosa unterscheidet. Ihre politische Zusammenarbeit, für die es keinerlei solide inhaltliche Grundlage gab, dauerte nur sehr kurz. Was sie miteinander verband, war ihre Abscheu gegen jedweden Reformismus. Aber diese Ablehnung hatte unterschiedliche Wurzeln. Für Marx war die Politik der kleinen Schritte eine Herrschaftsstrategie zur Schwächung der Gegner, indem man deren Energie und Aufmerksamkeit in harmlose und wirkungslose Bahnen lenkte. Die klügeren Köpfe der herrschenden Klasse würden eine solche Politik als gezielte Kriegslist einsetzen, während alle anderen, einschließlich der radikalen Reformer, darauf hereinfallen würden. In der Angst der Reformer vor Gewalt sah Marx bereits eine Art unbewusster Sabotage ihrer eigenen erklärten Ziele. Bakunin dagegen hasste den Reformismus, weil er alle Einschränkungen individueller Freiheiten an sich als ein Übel ansah und weil er alle zerstörerische Gewalt, sofern sie sich gegen Autoritäten richtete, befürwortete. Für ihn zeigte sich darin eine grundlegende Form der schöpferischen Selbstdarstellung des Menschen.

Aus diesem Grund verabscheute Bakunin – im Unterschied zu Marx und den Reformisten – die Strategie, den Status quo durch den Aufbau eines zentralisierten Sozialismus zu überwinden. Für ihn war dies gleichbedeutend mit der Einführung einer neuen Form von Tyrannei, die er für niederträchtiger und zugleich totaler hielt als den persönlichen und den Klassendespotismus, die sie ablösen sollte. Diese Haltung speiste sich aus einem emotionalen Ressentiment. Von seinem Wesen her widerstrebte Bakunin alles, was mit Ordnung und Regeln in einer normalen zivilisierten Gesellschaft zu tun hatte, während in der Vorstellungswelt westlicher Demokraten Disziplin und Ordnung selbstverständlich dazugehören. Für einen Mann wie Bakunin, mit solch einer blühenden Fantasie, solch chaotischen Gewohnheiten und solch einer Abscheu gegenüber allen Zwängen und individuellen Einschränkungen, mussten Ideen wie die von Marx farblos, kleinkariert, repressiv und vulgär anmuten. Ein politisches Bündnis, dem fast vollständig die gemeinsamen Ziele fehlten, konnte nicht von Dauer sein. Es brauchte nicht lange, bis der ordnungsliebende, strenge und nicht leicht zu beeindruckende Marx erklärte, Bakunin sei eine Kombination aus Scharlatan und Irrem, und dessen Ideen als abwegig und gefährlich abtat. Er verurteilte Bakunins Theorie als das Resultat eines zügellosen Individualismus, den er bereits bei Stirner scharf kritisiert hatte. Aber im Unterschied zu Stirner, einem unbedeutenden Lehrer an einer Mädchenschule, einem politisch einflusslosen Intellektuellen, der weder den Ehrgeiz noch die Fähigkeit besaß, die Massen zu bewegen, war Bakunin ein Mann der Tat, ein resoluter, geschickter und furchtloser Agitator, ein begnadeter Redner, ein gefährlicher Größenwahnsinniger, der mit all seinen Sinnen danach strebte, Menschen zu lenken und zumindest ihren Geist zu beherrschen – eine Besessenheit, die er mit Marx teilte.

Bakunin hat seine Meinung zu Marx viele Jahre später in einer seiner politischen Abhandlungen festgehalten:

> Marx ist nach seiner Herkunft Jude. Man kann sagen, dass er alle Vorzüge und alle Nachteile dieser begabten Rasse in sich vereint. Empfindlich und nervös bis zur Feigheit, wie einige behaupten, ist er außerordentlich ehrgeizig und eitel, streitsüchtig, unduldsam und absolut, wie Jehova, der Herrgott seiner Vorväter, und wie dieser rachsüchtig bis zum Wahnsinn. Es gibt keine Lüge, keine Verleumdung, die auszudenken und zu verbreiten er nicht fähig wäre, gegen den, der das Unglück hatte, seine Eifersucht zu wecken, oder ganz

gleich, seinen Hass. Und er schreckt vor keiner noch so abscheulichen Intrige zurück, wenn diese Intrige ihm nur seiner – übrigens meistenteils falschen – Meinung nach zur Stärkung seiner Position, seines Einflusses und zur Ausweitung seiner Macht dienen kann. […]

Das sind seine negativen Eigenschaften. Doch auch an positiven hat er sehr viele. […] Als Doktor der Philosophie war er schon um 1840 in Köln, man könnte sagen, Seele und Mittelpunkt der bedeutendsten Kreise führender Hegelianer […] – , die an zynischer Konsequenz selbst die eifrigsten Nihilisten Russlands bei Weitem übertrafen. […]

Man wird wohl kaum einen Menschen finden, der so viel weiß und gelesen hat, und dabei mit so viel Verstand gelesen hat, wie Marx.[1]

Bakunin verglich Marx mit Louis Blanc. Wie dieser sei er ein fanatischer und obrigkeitshöriger Menschen:

in seiner dreifachen Eigenschaft als Hegelianer, Jude und Deutscher […], nur mit dem einzigen Unterschied, dass sich der eine anstelle von Argumenten mit rhetorischen Deklamationen begnügt, während der andere, wie es einem gelehrten und schwerfälligen Deutschen gebührt, dieses ihm gleich liebe Prinzip mit allen Listen hegelianischer Dialektik und allem Reichtum seines vielfältigen Wissens ausstattet.[2]

Im Laufe der Zeit wurde die gegenseitige Abneigung zwischen Marx und Bakunin immer offensichtlicher. Über Jahre zwangen sie sich dazu, nach außen eine freundliche Beziehung aufrechtzuerhalten. Was lange einen offenen Bruch verhinderte, war die nachvollziehbare Hochachtung, die beide, wenn auch widerwillig, für die außergewöhnlichen Begabungen des an-

1 Bakunin, Michael: Staatlichkeit und Anarchie (1873). Ausgewählte Schriften, hrsg. von Wolfgang Eckhardt, Bd. 4, Berlin 1999, S. 288–289.
2 Ebd., S. 290.

deren empfanden. Als der Konflikt zwischen ihnen dann schlussendlich doch eskalierte, hätte dies um ein Haar fast das Lebenswerk der beiden Männer zerstört. Dem Anliegen des Sozialismus in Europa hat es jedenfalls unermesslichen Schaden zugefügt.

Marx hatte Bakunin noch als seinesgleichen behandelt, während er seine Verachtung für Wilhelm Weitling, einen anderen berühmten Agitator, den er zu dieser Zeit kennenlernte, gar nicht erst zu verhehlen suchte. Weitling, von seiner Profession her Schneider, fühlte sich zum Wanderprediger berufen und war ein ernsthafter und unerschrockener deutscher Visionär. In gewisser Weise war er der letzte und eloquenteste Nachfahre der Männer, die im späten Mittelalter die Bauernaufstände angezettelt hatten und deren moderne Pendants, größtenteils Handwerker und Wandergesellen, sich nun in Geheimbünden zusammengeschlossen und sich der Sache der Revolution verschrieben hatten. Diese gab es nicht nur in vielen Industriestädten Deutschlands, sie hatten auch einige Ableger im Ausland gegründet. In diesen Zentren versammelten sich die politisch Unzufriedenen und Opfer der gesellschaftlichen Umwälzungen, Männer, die angesichts des erfahrenen Unrechts verbittert waren und nicht wussten, worauf sie ihr Elend zurückführen und mit welchen Mittel sie dagegen angehen sollten. Was sie jedoch verband, war das Gefühl, betrogen worden zu sein, und der Wunsch, das System, das ihre Existenz zerstört hatte, auszulöschen.

Weitling propagierte in seinen Büchern »Garantien der Harmonie und Freiheit« (1842) und »Das Evangelium des armen Sünders« (1845) den Klassenkampf der Armen gegen die Reichen, mit offenem Terror als wichtigster Waffe. Seiner Vorstellung nach sollten Stoßtruppen aus den entrechtetsten, marginalisiertesten und daher furchtlosesten Elementen der Gesellschaft gebildet werden, das heißt aus Gesetzlosen und Verbrechern. Sie würden, so nahm er an, mit besonderem Eifer für eine neue Welt ohne Konkurrenz und Wettbewerb kämpfen, in der sie von ganz vorn beginnen könnten, auch um sich an der Klasse zu rächen, die sie enteignet hatte. Weitlings Glaube an die Solidarität unter den Arbeitern aller Länder, sein stoischer Gleichmut, all die Jahre, die er im Gefängnis verbracht hat, und vor allem der missionarische Eifer seiner Schriften brachten ihm zahlreiche Anhänger ein, von denen viele wie er Handwerker waren. Für einen kurzen Zeitraum war Weitling eine politische Persönlichkeit, die man in ganz Europa kannte.

Weitlings große Bedeutung musste selbst Marx einräumen, der für fehlgeleitete Aufrichtigkeit wenig übrighatte und insbesondere umherreisende radikale Prediger und deren vage Gefühlsduselei, mit der sie seiner Meinung nach jegliche ernsthafte revolutionäre Arbeit vergifteten, nicht ausstehen konnte. Ihn beeindruckte zutiefst Weitlings offene Kriegserklärung an die herrschende Klasse im Namen verzweifelter Menschen, die durch die völlige Zerstörung der existierenden Gesellschaft nichts zu verlieren, sondern nur zu gewinnen hatten.[1] Er war darüber hinaus von den persönlichen Erfahrungen Weitlings beeindruckt, die hinter seinen Anklagen standen und seine Anhänger emotional berührten, und ihm gefiel, dass Weitling die ökonomischen Realitäten benannte und sich darum bemühte, die trügerische Fassade der politischen Parteien und ihrer offiziellen Programme niederzureißen. Was ihm aber vor allem anderen imponierte, war Weitlings praktischer Erfolg, die Grundlage für eine internationale kommunistische Partei gelegt zu haben. Was allerdings die einzelnen Punkte von Weitlings Lehre anging, so scheute

1 Diese These, dass nur den von der Gesellschaft Ausgestoßenen und Deklassierten zuzutrauen ist, dass sie an der Revolution bis zu ihrem Ende festhalten, während die anderen unweigerlich zögern werden, wenn ihre eigenen Interessen bedroht sind, hat Bakunin maßgeblich beeinflusst und durch ihn die bis heute gängige Vorstellung von einer skrupellosen revolutionären Elite.

Marx nicht vor scharfer Kritik zurück. Mit gutem Grund hielt er Weitling für einen Wirrkopf wie Hysteriker und befürchtete, dieser würde in der Partei nur Unheil anrichten. Von daher ließ er bald keine Gelegenheit aus, um ihn in aller Öffentlichkeit herabzusetzen und der Ignoranz zu bezichtigen. Bei einer Versammlung in Brüssel 1846, so der überlieferte Bericht, soll Marx von Weitling verlangt haben, konkrete Vorschläge für die Organisierung der Arbeiterklasse zu unterbreiten. Als der Gefragte zu stammeln begann und etwas von der Nutzlosigkeit der Kritik im Studierzimmer – weitab von den Leiden in der Welt – murmelte, muss Marx auf den Tisch geschlagen und gebrüllt haben: »Ignoranz hat noch nie jemanden genützt, niemals!«[1] Die Zusammenkunft wurde kurz darauf abgebrochen. Marx und Weitling haben sich danach wohl nie wiedergesehen.

Marx' Verhältnis zu Proudhon war insgesamt deutlich komplizierter. Noch zu seinen Kölner Zeiten hatte er Proudhons Buch »Was ist Eigentum?« (1840) gelesen, mit dem der Verfasser sich einen Namen gemacht hatte. Marx war zunächst von Proudhons brillantem Stil und dessen Schneid begeistert gewesen. Damals, im Jahr 1843, fühlte sich Marx von allem angesprochen, in dem er einen revolutionären Funken entdeckte, von allem, was eindeutig und entschlossen klang und zum Sturz des herrschenden Systems aufrief. Bald darauf jedoch gelangte er zu der Überzeugung, dass Proudhons Herangehensweise an soziale Fragen trotz aller erklärten Verehrung für Hegel letzten Endes nicht historisch, sondern moralisch war, sich seine positiven und negativen Beurteilungen unmittelbar aus seinen eigenen absoluten ethischen Normen ergaben und er dabei völlig die historische Bedeutung von Institu-

1 Annenkov, Pavel V.: Zamechatel'noe desyatiletie (1880), Literaturnye vospominaniya, Moskau 1960, S. 304; Annenkov, Pavel V.: The Extraordinary Decade: Literary Memoirs, hrsg. von Arthur P. Mendel, übersetzt von Irwin R. Titunik, Ann Arbor 1968, S. 170.

tionen und Systemen vernachlässigte. Von diesem Moment an sah Marx in Proudhon nur noch einen weiteren spießbürgerlichen Moralisten aus Frankreich, einen bewussten oder unbewussten Verfechter der gesellschaftlichen Ideale der kleinbürgerlichen Industrialisierungsopfer, und verlor jeglichen Respekt für seine Person und seine Ideen.

Als Marx nach Paris übersiedelte, befand sich Proudhon auf dem Höhepunkt seines Ruhms. Er stammte von Bauern aus Besançon ab, war gelernter Schriftsetzer und ein eher engstirniger, störrischer, furchtloser und puritanischer Charakter, ein typischer Vertreter der unteren Mittelschicht Frankreichs. Diese hatte beim endgültigen Sturz der Bourbonen zwar eine maßgebliche Rolle gespielt, dann jedoch erkennen müssen, dass sich mit dem Austausch der Herrschenden, die sich jetzt aus Bankiers und Großindustriellen zusammensetzten (und von denen, folgte man Saint-Simons Lehre, viel zu erwarten war), nur noch das Tempo, mit dem sie als Klasse vernichtet wurde, verschärft hatte.

Zwei Entwicklungen verhinderten nach Proudhons Ansicht soziale Gerechtigkeit und Brüderlichkeit unter den Menschen: die Tendenz hin zu einer immer größeren Kapitalakkumulation, die die Ungleichheit in der Vermögensverteilung vergrößerte, und die damit einhergehende Tendenz, ganz offen politische und wirtschaftliche Macht zu verschmelzen. So bilde sich unter dem Deckmantel freier liberaler Institutionen eine despotische Plutokratie heraus. Der Staat, so sein Vorwurf, werde zusehends zu einem Werkzeug, mit dem die Mehrheit zugunsten einer kleinen Minderheit enteignet werde – für Proudhon eine legalisierte Form des Diebstahls. Indem man die Kontrolle über die Sozialgesetzgebung und das Kreditwesen allein den Reichen übertrage, werde das Kleinbürgertum schutzlos der Enteignung preisgegeben und der Einzelne systematisch seines natürlichen Rechts auf Eigentum beraubt. Proudhons bekanntestes Buch beginnt mit der Feststellung, dass alles Eigentum Diebstahl sei,[1] was viele dazu verleitet hat, seine spätere ausgereiftere Position hierzu zu ignorieren. Als junger Mensch hat Proudhon die Auffassung vertreten, jedes Eigentum gehe auf widerrechtliche Aneignung zurück. Später in seinem Leben jedoch lehrte er, jeder Mensch brauche ein Minimum an Eigentum, um persönlich unabhängig zu sein und um die eigene moralische und soziale Würde zu wahren. Ein System, in dem dieses Minimum nicht mehr gewährleistet und unter dessen Gesetzen ein Mann sein ganzes Hab und Gut im Zuge einer einzigen kommerziellen Transaktion verlieren könne, sodass er zum Wirtschaftssklaven anderer werde, sei ein System, das Diebstahl legalisiere und befördere, den Diebstahl von grundlegenden persönlichen Rechten, ohne die kein Mensch seine persönlichen Lebensziele verfolgen könne. Die zentrale Ursache dieses Prozesses sah Proudhon in dem ungezügelten ökonomischen Kampf zwischen Individuen, Gruppen und gesellschaftlichen Systemen, einem Kampf, der zwangsläufig zur Herrschaft der Fähigsten, der am besten Organisierten und derjenigen führen müsse, die am wenigsten von moralischen Bedenken oder sozialen Verpflichtungen gegenüber der Mehrzahl der Gemeinschaft gehemmt würden. Dies stelle im Verbund mit taktischem Geschick den Triumph gewissenloser Kräfte über Vernunft und Gerechtigkeit dar. Aber für Proudhon, der nicht deterministisch dachte, gab es keinen historischen Grund, warum dies immer so bleiben sollte. Das größte aller erdenklichen Übel war in seinen Augen der Wettbewerb, gerade das Prinzip, das allen aufgeklärten Denkern des vorangegangenen Jahrhunderts als Allheilmittel gegolten hatte und von Liberalen und Rationalisten im 19. Jahrhundert fast mit einem Heiligenschein versehen worden war, als der vollkommenste und kostbarste Ausdruck des mühevollen

1 Proudhon, Pierre-Joseph: Was ist das Eigentum? Erste Denkschrift. Untersuchungen über den Ursprung und die Grundlagen des Rechts und der Herrschaft, Kapitel 1, Paris 1840. [Die Aussage macht er im ersten Abschnitt des ersten Kapitels, nicht im ersten Satz.]

und zweckgerichteten Handelns Einzelner, als ihr Sieg über die blinden Mächte der Natur und über die eigenen ungezügelten Begierden. Proudhon hielt Wettbewerb für eine Pervertierung aller menschlichen Fähigkeiten, mit der eine widernatürliche, raffgierige und damit ungerechte Gesellschaft befördert würde, in der der Vorteil eines jeden Einzelnen von dessen Vermögen abhänge, ja, geradezu darin bestehe, die anderen zu übertölpeln, zu besiegen oder gar zu vernichten.

Dieses Übel war identisch mit dem, was zuvor bereits Rousseau, Fourier und Sismondi beklagt und scharf kritisiert hatten, aber von Proudhon wurde es anders zum Ausdruck gebracht und anders erklärt. Fouriers Denken und Stil sind stark vom Erbe des 18. Jahrhunderts beeinflusst gewesen. Er hatte daher das Elend seiner Zeit als Resultat einer Unterdrückung der Vernunft durch eine gezielte Verschwörung derjenigen gedeutet, die ihre Anwendung fürchteten: die Priester, die Hochwohlgeborenen, die Bürokraten und die Reichen. Proudhon gab sich mit einer solch einfachen Perspektive nicht zufrieden. Er war zum Teil vom zeitgenössischen Historismus beeinflusst. Er sprach kein Deutsch, hatte aber von Bakunin und später von deutschen Exilanten Hegel'sche Ideen eingetrichtert bekommen. Sein Versuch, diese neue Theorie auf seine eigene Lehre mit ihrer Betonung auf Gerechtigkeit und Menschenrechte zu übertragen, führte zu Resultaten, die Marx wie eine krude Karikatur des Hegelianismus vorkam.

Tatsächlich kam Proudhon die Hegel'sche Methode, alles in Form zweier antithetischer Begriffe zu beschreiben, womit jede Aussage zugleich realistisch und paradox erscheint, sehr entgegen. Er hatte eine Begabung, scharfe und verblüffende Formulierungen zu prägen, und eine Vorliebe für Epigramme. Er wollte die Menschen bewegen, antreiben und provozieren. Alles ist widersprüchlich: Eigentum ist Diebstahl; Bürger zu sein heißt entrechtet zu sein; Kapitalismus bedeutet zugleich die Herrschaft des Stärkeren über die Schwächeren und des Geringeren über das Größere. Reichtum anhäufen heißt zu stehlen, ihn abzuschaffen bedeutet, die Grundlagen der Moral zu untergraben.

Proudhon hielt die Abschaffung des Wettbewerbs für die Lösung und schlug stattdessen ein »mutualistisches« kooperatives System vor, das Privateigentum in eingeschränkter Form erlauben, gar fördern würde, aber keine Kapitalakkumulation. Nach Proudhon ruft Konkurrenz das Schlechteste im Menschen hervor und führt zu einer Brutalisierung der Gesellschaft. Kooperation dagegen sei nicht nur wesentlich effizienter, sondern trage auch zur moralischen Stabilisierung und Zivilisierung der Menschen bei, indem sie den wahren Zweck des gemeinschaftlichen Lebens offenbare. Dem Staat könnten bestimmte zentralisierende Funktionen übertragen werden, aber alles, was er tut, sollte von Berufs- und Handelsgenossenschaften und diese wiederum von den Verbrauchern und Produzenten, die zusammen die Gesellschaft organisieren, streng kontrolliert werden. Proudhon war überzeugt davon: Wenn man die Gesellschaft als eine einzige dezentralisierte Wirtschaftseinheit auf Grundlage von »mutualistischen« Prinzipien organisiert, die Wettbewerb ausschließt, würden alle Widersprüche beseitigt, werde das Gute obsiegen und alles Böse verschwinden. Es gebe dann auch keine Armut, keine Arbeitslosigkeit und keine frustrierten Menschen mehr, die durch das Ungleichgewicht der Klassen in ungeplanten Gesellschaften zu unangenehmen Tätigkeiten gezwungen würden. Der bessere Teil der menschlichen Natur hätte die Möglichkeit, sich gegenüber dem anderen Teil zu behaupten. Eigentlich fehle es den Menschen nämlich nicht an Idealismus, aber unter der herrschenden Wirtschaftsordnung würde dieser außer Kraft gesetzt oder durch falsche Anreize gar in eine gefährliche Richtung gelenkt.

Aber Proudhon hielt es für verlorene Liebesmüh, den Reichen ins Gewissen zu reden. Ihre selbstlosen Instinkte seien schon vor langer Zeit verkümmert. Der aufgeklärte Fürst, den sich die Enzyklopädisten erträumten, und manchmal auch

Saint-Simon und Fourier, werde niemals auf die Welt kommen. Er sei in sich selbst ein gesellschaftlicher Widerspruch. Nur die wirklichen Opfer des Systems – die Kleinbauern, das Kleinbürgertum und das städtische Proletariat – seien für Veränderung ansprechbar. Nur sie allein könnten die eigenen Lebensbedingungen verändern, weil sie die größte Gruppe der Gesellschaft stellten und unentbehrlich seien. Sie allein hätten die Macht, einen Gesellschaftswandel herbeizuführen. Also richtete sich Proudhon an sie. Er warnte die Arbeiter davor, sich politisch zusammenzuschließen und damit der herrschenden Klasse nachzueifern, weil er fürchtete, dass sie sich damit unweigerlich der Gnade des Systems ausliefern würden. Da die gegnerische Seite auf dem Feld der politischen Taktik über mehr Erfahrungen verfüge, werde es ihr gelingen, mithilfe von Einschüchterungen oder finanzieller bzw. sozialer Erpressung die Schwächeren oder weniger Klugen unter den revolutionären Anführern auf ihre Seite zu ziehen und damit die Handlungsfähigkeit der Bewegung erheblich zu schwächen. Selbst wenn die Rebellen am Ende erfolgreich wären, müssten sie die Strukturen einer autoritären Regierung übernehmen und sie damit aufrechterhalten, was bedeuten würde, den Widerspruch, dem sie eigentlich entkommen wollten, neu zu beleben. Von daher empfahl Proudhon den Arbeitern und den Angehörigen des Kleinbürgertums, sich auf die Erhöhung des wirtschaftlichen Drucks zu konzentrieren und damit dem Rest der Gesellschaft ihre eigenen Bedürfnisse aufzuzwingen. Dies stellte er sich als einen schrittweisen und friedlichen Prozess vor. Immer wieder erklärte Proudhon, die Arbeiter dürften keinesfalls auf Zwangsmittel und gewaltförmige Lösungen zurückgreifen. Selbst Streiks schloss er aus, weil diese das Recht des einzelnen Arbeiters auf die freie Verfügung über seine Arbeitskraft einschränken würden.

Proudhon beging den großen Fehler, Marx um eine Kritik seines Buches »Philosophie des Elends« zu bitten. Marx las es in zwei Tagen. Sein Urteil: Es sei irreführend und oberflächlich, auch wenn es sehr interessant und mit hinlänglicher Eloquenz sowie Ernsthaftigkeit geschrieben worden sei, um damit die Massen auf eine falsche Spur zu locken. Viele Jahre später erklärte er anlässlich einer ähnlichen Situation: »Fehler nicht zu widerlegen bedeutet, intellektuelle Unsittlichkeit zu ermutigen.«[1] Auf zehn Arbeiter, die eventuell bereit wären, weiterzugehen, würden neunzig kommen, die Proudhon zum Innehalten bringen und damit im Dunkeln belassen würde. Marx entschied sich daher, das Buch völlig zu zerreißen und damit Proudhons Reputation als ernst zu nehmenden Theoretiker und Denker ein für alle Mal zu zerstören.

In Reaktion auf »Die Philosophie des Elends« veröffentlichte Marx 1847 »Das Elend der Philosophie«, seit den berühmten Polemiken der Renaissance die schärfste Kritik, die ein Denker jemals gegenüber einem anderen formuliert hat. Marx gab sich gewaltige Mühe nachzuweisen, dass Proudhon des abstrakten Denkens völlig unfähig war, was dieser durch die Verwendung einer pseudo-hegelianischen Ausdrucksweise versucht habe zu verschleiern. Er warf Proudhon eine grundlegende Missdeutung der Hegel'schen Kategorien vor, indem er den dialektischen Widerspruch naiv auf den Kampf zwischen Gut und Böse reduziert habe, was zu dem Trugschluss führe, man müsse nur das Böse beseitigen, damit das Gute sich durchsetzen könne. Dies sei an Oberflächlichkeit kaum mehr zu überbieten. Die eine oder andere Seite in einem dialektischen Widerspruch als gut oder böse auszumachen sei Ausdruck eines unhistorischen Subjektivismus, der in einer ernsthaften Gesellschaftsanalyse nichts zu suchen habe. Beide Aspekte seien gleichermaßen unentbehrlich für die Entwicklung der menschlichen Gesellschaft. Echter Fortschritt zeige sich nicht im Triumph der einen Seite und der Niederlage der anderen Seite, sondern vielmehr in der Aus-

1 Hyndman, Henry Mayers: The Record of an Adventurous Life, London 1911, S. 282.

einandersetzung selbst, was zwangsläufig zu ihrer beider Zerstörung führen werde. Indem Proudhon ständig Position für das eine oder das andere Element im sozialen Kampf beziehe, erweise er sich als hoffnungsloser Idealist – wie sehr er auch von der Notwendigkeit und dem Wert des Kampfes an sich überzeugt sein möge. Marx warf Proudhon damit vor, er könne nicht anders, als die objektive Realität nach seinen eigenen kleinbürgerlichen Wünschen und Präferenzen, maskiert als ewig gültige Werte (was an sich schon eine Absurdität sei), zu bewerten, völlig unabhängig von dem erreichten Stand des Klassenkampfes.

Anschließend machte er sich daran, Proudhons ökonomische Theorie mit viel Aufwand zu widerlegen. Marx zufolge beruhte diese auf einer falschen Vorstellung davon, wie Austausch funktioniert. Proudhon habe Ricardo genauso gründlich missverstanden wie Hegel, indem er die Aussage, die menschliche Arbeit bestimme den ökonomischen Wert, mit der Forderung, dass dies so sein müsse, verwechselt habe. Daraus resultiere eine völlig falsche Darstellung des Verhältnisses des Geldes zu anderen Waren, womit seine gesamte Beschreibung des gegenwärtigen Wirtschaftssystems kapitalistischer Gesellschaften irreführend sei.

Marx' schärfste Attacke richtete sich jedoch gegen Proudhons Krypto-Individualismus, gegen dessen offensichtliche Abscheu gegenüber jeglichem Versuch der kollektiven Organisation, gegen dessen nostalgische Verherrlichung der unabhängigen Bauern und ihrer Tugendhaftigkeit, gegen dessen Glauben an den unzerstörbaren Wert der Institution des Privateigentums, an die Heiligkeit der Ehe und der Familie sowie an die absolute moralische und juristische Autorität des Familienoberhaupts gegenüber seiner Ehefrau und den Kindern, was in gewisser Weise tatsächlich Proudhons Lebensrealität entsprach. Marx sah darin den Grund, warum Proudhon so eine tief verwurzelte Angst vor jeglicher gewaltförmigen Revolution und vor allem hatte, was die Grundlagen seines Daseins erschüttern konnte – er lebte auf einem kleinen Bauernhof, auf der bereits seine Vorfahren geboren worden und aufgewachsen waren und dem er trotz seiner beherzten revolutionären Phrasen eine unverbrüchliche Treue hielt. In Wirklichkeit beschuldigte Marx Proudhon, die drängendsten Ungerechtigkeiten des bestehenden Systems beheben zu wollen, ohne jedoch das System selbst zu zerschlagen, weil er diesem, wie alle Franzosen seiner Klasse, emotional verbunden sei. Hinter seiner hegelianischen Fassade verberge sich ein Denken, das weder die Unausweichlichkeit bzw. die Unumkehrbarkeit der Geschichte anerkenne noch begreife, dass die Gesellschaft nur durch revolutionäre Brüche vorankomme und dass die gegenwärtigen Übel ebenso zwangsläufig von den Gesetzen der Geschichte bedingt seien wie die Entwicklungsstufe, die sie eines Tages verdrängen werde. Denn nur wenn man davon ausgehe, dass diese Übel unbeabsichtigte Fehler darstellten, erscheine es sinnvoll, darauf zu drängen, diese mithilfe von mutigen Gesetzesänderungen zu beseitigen, wobei diese Gesetze nicht notwendigerweise die Zerstörung der gesellschaftlichen Formen zur Folge haben müssten, deren historisches Produkt diese Übel seien. Nach Marx reicht es nicht aus, den Zusammenbruch dieser Formen zu wünschen. Man müsse vielmehr wissen, nach welchen Gesetzmäßigkeiten sie zustande gekommen seien, um zu wissen, wie man im Rahmen dieser Gesetze handeln müsse. Denn in blinder Unwissenheit ihrer Beweggründe und ihres Wesens bewusst oder unbewusst dagegen vorzugehen, sei ein aussichtsloses wie selbstmörderisches Unterfangen und werde durch die Herbeiführung von Chaos die revolutionäre Klasse vernichten und demoralisieren, um damit die herrschenden Leiden nur noch zu verlängern. Das ist die zentrale Kritik, die Marx gegen alle Utopisten ins Feld führte, die behaupteten, im Besitz einer neuen Botschaft für die Arbeiterklasse zu sein.

Marx war überzeugt davon, dass Proudhon von seiner Veranlagung her nicht dazu imstande war, die Wahrheit zu begreifen, dass er trotz seines unzweifelhaften Talents für wohlklingende Formulierungen im Grunde genommen dumm war. Proudhons Mut und seine fast schon fanatische Ehrlichkeit, mit denen er eine wachsende Schar von treuen Anhängern gewann, machten ihn und seine Hirngespinste in den Augen von Marx besonders gefährlich. Daraus erklärt sich Marx' Bemühung, Proudhons Lehre und ihre Wirkkraft mit einem einzigen gewaltigen Streich auszulöschen. Die Brutalität, mit der er dabei vorging, verfehlte jedoch sein Ziel. Sie rief Empörung und Mitgefühl für sein Opfer hervor. Proudhons Gedankensystem hat diesen und viele spätere Angriffe von Marxisten überlebt. Sein Einfluss nahm in den folgenden Jahren eher noch zu.

Proudhon war bestimmt nicht in erster Linie ein besonders origineller Denker, er verfügte jedoch über die Gabe, die radikalen Ideen seiner Zeit aufzugreifen und zuzuspitzen. Er war ein guter, manchmal glänzender Autor, und die Massen, an die er sich richtete, empfanden seine Sprache und seinen Stil als aufrichtig, da er mit ihnen dieselben Anliegen und Ziele teilte. Die von Proudhon begründete Tradition, sich nicht in die Politik einzumischen, sich auf Arbeitskämpfe zu konzentrieren und einen dezentralen, föderalistischen Ansatz zu vertreten, ist bis zum heutigen Tage unter französischen Radikalen und Sozialisten lebendig. Sie hat sich überall dort als besonders anschlussfähig erwiesen, wo es ausgeprägte individualistische Tendenzen gibt, wie etwa in den romanischen Ländern, wo die große Mehrheit der Bevölkerung weiterhin aus Kleinbauern, Handwerkern und Selbstständigen besteht, die meistens weitab von den industrialisierten Großstädten leben.

Der Proudhonismus kann als der direkte Vorläufer des modernen Syndikalismus betrachtet werden, der viel Bakunins Anarchismus verdankt und einer Strömung, die ein halbes Jahrhundert später aufkommen sollte. Diese vertrat, ausgehend von der Grundannahme, dass ökonomische Kategorien entscheidend seien, die Ansicht, die antikapitalistische Bewegung müsse nicht von Menschen gemeinsamer Überzeugung – dabei handele es sich lediglich um einen geistigen Überbau –, sondern von Menschen, die über den Beruf miteinander verbunden sind, getragen werden. Denn die Arbeit sei der wesentliche Faktor, der das Handeln von Menschen bestimme. Diese Denkrichtung hat sich in weiten Teilen Frankreichs, Italiens und Spaniens und überall dort gehalten und sich zur wirkmächtigsten linken Strömung entwickelt, wo die individualistische Tradition von auf dem Land lebenden Handwerkern von der Industrialisierung nicht vollkommen zerstört wurde. Ihre gewichtigste Waffe ist die Drohung, das gesellschaftliche Leben durch einen Generalstreik lahmzulegen und ins Chaos zu stürzen.

Marx, der ein untrügliches Gespür für die allgemeine Richtung und den politischen Charakter einer Bewegung oder Lehre hatte – ganz gleich, wie sie sich vordergründig präsentierte –, erkannte sofort die individualistische und daher aus seiner Sicht reaktionäre Grundlage von Proudhons Ansichten. Von daher attackierte er sie genauso vehement wie den bekennenden Liberalismus. »Das Elend der Philosophie« ist heute ebenso wie die dort von ihm kritisierten Positionen weitgehend überholt. Die Schrift steht jedoch für eine bestimmte Stufe der geistigen Entwicklung ihres Verfassers: Sie ist nämlich ein Element in der lebenslangen Bemühung von Marx, seine ökonomischen, sozialen und politischen Betrachtungen in einer einzigen kohärenten Theorie zusammenzufügen, die sich auf alle Aspekte der gesellschaftlichen Situation anwenden lässt. Sie ist unter dem Begriff des historischen Materialismus in die Geschichte eingegangen.

6 Historischer Materialismus

> Ein wackrer Mann bildete sich einmal ein, die Menschen ertränken nur im Wasser, weil sie vom Gedanken der Schwere besessen wären. Schlügen sie sich diese Vorstellung aus dem Kopfe, etwa indem sie dieselbe für eine abergläubige, für eine religiöse Vorstellung erklärten, so seien sie über alle Wassersgefahr erhaben. Sein Leben lang bekämpfte er die Illusion der Schwere, von deren schädlichen Folgen jede Statistik ihm neue und zahlreiche Beweise lieferte. Der wackre Mann war der Typus der neuen deutschen revolutionären Philosophen.
> *Karl Marx*[1]

Marx hat nie eine vollständige oder systematische Darstellung des historischen Materialismus vorgelegt. In fragmentarischer Form findet sich eine solche in seinem Frühwerk, das zwischen 1843 und 1848 entstanden ist. 1859 veröffentlichte Marx eine knappe Zusammenfassung. In seinen späteren Werken

1 Marx, Karl: Deutsche Ideologie, Vorrede, MEW 3, S. 13–14.

I. Berlin, *Karl Marx: Sein Leben und sein Werk*, Edition Theorie und Kritik,
https://doi.org/10.1007/978-3-658-13586-7_6

dann wird der historische Materialismus als selbstverständlich vorausgesetzt. Marx sah darin weniger eine neue philosophische Schule, sondern vielmehr eine praktische Methode der Gesellschafts- und Geschichtsanalyse, die für ihn die Grundlage für die Entwicklung politischer Strategien bot. In seinem späteren Leben beklagte er sich darüber, wie einige seiner Anhänger davon Gebrauch gemacht haben. Sie glaubten wohl, sie seien damit von der Last eigener historischer Forschung befreit worden, als sei die Methode eine Art mathematischer Formel, aus der sich bei hinreichender Faktenlage quasi automatisch Antworten auf alle geschichtlichen Fragen ableiten ließen. In einem Brief, den Marx gegen Ende seines Lebens an einen russischen Journalisten schrieb, nennt er als ein Beispiel ungleicher Entwicklung trotz ähnlicher gesellschaftlicher Bedingungen die Geschichte der römischen Plebejer und des industriellen Proletariats in Europa:

> Wenn man jede dieser Entwicklungen für sich studierte, und sie dann miteinander vergleicht, wird man leicht den Schlüssel zu dieser Erscheinung finden, aber man wird niemals dahin gelangen mit dem Universalschlüssel einer allgemein geschichtsphilosophischen Theorie, deren größter Vorzug darin besteht, übergeschichtlich zu sein.[1]

Nach und nach war die Theorie in Marx' Kopf herangereift. Man kann in den Aufsätzen »Zur Kritik der Hegelschen Rechtsphilosophie« und »Zur Judenfrage« nachvollziehen, wie sie allmählich Form annimmt. Hier spricht Marx zum ersten Mal vom Proletariat als der Klasse, die dazu auserkoren sei, die Gesellschaft in die von der Philosophie vorgegebene Richtung zu verändern. Weil es sich jedoch weiterhin um eine vom Handeln getrennte Philosophie handele, sei sie

1 Marx, Karl: Brief an die Redaktion der ›Otetschestwennyje Sapiski‹, November 1877, MEW 19, S. 112.

selbst ein Symptom und Ausdruck von Ohnmacht. Eine Weiterentwicklung erfährt die Theorie in »Die Heilige Familie«, einem Amalgam von Polemiken gegen die »kritische Kritik«[1] der Junghegelianer – im Wesentlichen gegen Stirner und die Bauer-Brüder gerichtet –, ergänzt durch Fragmente einer Geschichtsphilosophie, eine kritische Literaturbetrachtung und einige Kuriositäten. Die ausführlichste Darstellung finden wir in einem zunächst titellos gebliebenen Werk von über 600 Seiten, das Marx zusammen mit Engels in den Jahren 1845 und 1846 verfasst hat, aber zu seinen Lebzeiten nicht zu veröffentlichen vermochte.

Die lange Einleitung dieser weitschweifigen, schlecht strukturierten und schwerfälligen Abhandlung, die sich mit schon längst verstorbenen Autoren und zu Recht vergessenen Ansichten befasst, enthält die beste, anregendste und beeindruckendste Erläuterung von Marx' Geschichtstheorie. Ein Großteil dieses Opus, heute unter dem Titel »Deutsche Ideologie« bekannt, erblickte erst gegen 1932 das Licht der Welt, genauso wie Marx' knappe und fulminante »Thesen über Feuerbach«, die ursprünglich aus der gleichen Zeit stammen, und die »Ökonomisch-philosophischen Manuskripte aus dem Jahre 1844«, in denen er zum ersten Mal das von ihm neu interpretierte Entfremdungskonzept von Hegel angewendet hat.

Aus philosophischer Sicht handelt es sich hierbei um das weitaus Interessanteste, was Marx jemals geschrieben hat. Es ist das Produkt einer lange kaum wahrgenommenen, doch maßgeblichen und besonders originellen Denk- und Schaffensphase von Marx. Die totale Ignoranz und Vernachlässigung dieser Phase durch seine unmittelbaren Nachfolger (darunter die Protagonisten der Russischen Revolution) haben zu einer einseitigen Konzentration auf die historischen

1 Der vollständige Titel von Engels' und Marx' »Die Heilige Familie« (1845) lautet: »Die Heilige Familie, oder Kritik der kritischen Kritik. Gegen Bruno Bauer & Consorten«. MEW 2, S. 3, 5.

und ökonomischen Aspekte der Marx'schen Lehre beigetragen und mithin also dazu, dass ihre soziologischen und philosophischen Bestandteile und Ideen nur unzureichend rezipiert und verstanden wurden. Darauf ist auch die eindeutige, halb positivistische, halb darwinistische Deutung von Marx' Denken zurückzuführen, die wir hauptsächlich Kautsky, Plechanow und in erster Linie Engels verdanken – eine Tradition der Werkauslegung, die maßgeblichen Einfluss sowohl auf die Theorie als auch die Praxis der Bewegung ausüben sollte, die sich nach Marx benannt hat.

Die Grundlagen von Marx' historischem Materialismus sind zweifelsohne hegelianisch. Er geht davon aus, dass die Geschichte der Menschheit ein einzigartiger, sich nicht wiederholender Entwicklungsprozess sei, der erkennbaren Gesetzen gehorche. Jeder Moment dieses Prozesses sei neu in dem Sinne, als dass er über neue Eigenschaften oder eine neue Kombination aus bereits bekannten Eigenschaften verfüge. Wiewohl jeder Moment einzigartig und nicht wiederholbar sei, gehe er aus dem unmittelbar vorhergegangenen Zustand hervor, so wie dieser in Befolgung der historischen Gesetze aus seinem Vorläufer hervorgegangen sei. Für Hegel war die einzige Substanz, aus der die Geschichte in der Abfolge dieser Stadien besteht, der ewige, sich selbst fortentwickelnde Weltgeist, der immanente Widersprüche, dessen Elemente sich zum Beispiel in Religionskonflikten oder Kriegen zwischen Nationalstaaten konkretisierten, von denen jedes Element eine Verkörperung des sich selbst verwirklichenden Geistes sei, für deren Wahrnehmung es eines außergewöhnlichen Erkenntnisvermögens bedürfe. Marx lehnte diese Auffassung in Anlehnung an Feuerbach ab und verurteilte sie als eine Mystifizierung, auf der sich keinerlei Erkenntnis gründen lasse. Wäre die Welt tatsächlich eine metaphysische Substanz dieser Art, dann ließe sich ihr Verhalten nicht mit der einzigen verlässlichen Methode überprüfen, die uns zur Verfügung steht – nämlich empirische Beobachtung. Und eine dementsprechende Theorie wäre mit wissenschaftlichen Mitteln welcher Disziplin auch immer nicht zu verifizieren.

Ein überzeugter Hegelianer kann selbstverständlich ohne Furcht, widerlegt zu werden, alles Mögliche der nicht beobachtbaren Tätigkeit einer ungreifbaren Welt-Substanz zuschreiben, in etwa so, wie ein gläubiger Christ oder Theist alles auf die Existenz Gottes zurückführen kann. Indem man behauptet, die Antwort sei ein der menschlichen Erfahrung unzugängliches Mysterium, wird jedoch gar nichts erklärt. Damit Obskures wie eine echte Antwort erscheinen kann, werden einfache Fragen in eine kaum verständliche Sprache gekleidet. Das Erkennbare mit Begriffen des Unerkennbaren zu erklären bedeutet, mit der einen Hand zu nehmen, was man zu geben mit der anderen Hand verspricht. Welchen Wert ein solches Vorgehen auch immer haben mag, es hat nichts mit einer wissenschaftlichen Erklärung zu tun, wenn darunter verstanden wird, eine Vielzahl von unterschiedlichen und auf den ersten Blick eher unverbundenen Phänomene mittels einer verhältnismäßig geringen Zahl zusammenhängender Gesetze zu ordnen. So viel zum orthodoxen Hegelianismus.

Aber auch die von der »kritischen Schule«, von Bauer, Ruge, Stirner oder selbst Feuerbach angebotenen Lösungen waren im Prinzip nicht besser. Nachdem sie die Unzulänglichkeiten ihres Lehrmeisters so gnadenlos bloßgestellt hatten, seien sie daraufhin selbst nur noch größeren Illusionen verfallen. Bauers Geist der selbstkritischen Kritik, Ruges fortschrittlicher menschlicher Geist, das von Stirner gepriesene individuelle Selbst und dessen unveräußerliches Eigentum und selbst das von Feuerbach beschriebene menschliche Wesen aus Fleisch und Blut, dessen Entwicklung er verfolgte,[1]

1 [Diese Beschreibung der Ideen der »kritischen« Schulen scheint eher auf die von ihnen verwendeten Konzepte zu verweisen als auf spezifische Sätze, die man an bestimmten Stellen nachlesen kann. Vgl. zur Anwendung dieser Konzepte z. B. Bauer, Bruno: Was

empfand Marx als nicht weniger leere, verallgemeinernde Abstraktionen. Man konnte sich auf sie genauso wenig als ihre Ursache berufen, als etwas, das über den Phänomenen steht, wie auf das ebenso substanzlose, dafür aber weitaus großartigere und einfallsreichere Gedankengebäude, das der orthodoxe Hegelianismus darbot, wenn auch undurchsichtig, dafür aber ergiebig und umfassend und nicht reduziert auf einzelne karge Abstraktionen.

Marx war der Ansicht, es sollte den Grundsätzen der historischen Dynamik nur auf den Gebieten nachgegangen werden, die einer wissenschaftlichen, das heißt einer gewöhnlichen empirischen Untersuchung zugänglich seien. Für ihn stand außerdem fest: Da die zu erklärenden Phänomene solche des gesellschaftlichen Lebens seien, müsse ihre Erklärung in gewisser Weise auch mit der Natur des gesellschaftlichen Umfelds zu tun haben, mit dem Kontext, in dem die Menschen ihr Leben verbringen: mit ihrem privaten und öffentlichen Beziehungsgeflecht, dessen Bedingungen von den Einzelnen gestaltet werden und in denen sie gewissermaßen die Kristallisations- oder Treffpunkte diverser Strömungen sind, deren Gesamtheit Hegel als die bürgerliche Gesellschaft bezeichnet hat. Hegel hatte erkannt – und darin kommt seine Genialität zum Ausdruck –, dass die Herausbildung einer solchen Gesellschaft keine reibungslose, nur hin und wieder

ist jetzt der Gegenstand der Kritik?, in: Allgemeine Literatur-Zeitung (Charlottenburg), Juli 1844, S. 18–26; ders.: Die Gattung und die Masse, in: Allgemeine Literatur-Zeitung (Charlottenburg), September 1844, S. 42–48; Ruge, Arnold: Gesammelte Schriften, Bd. 3 und 4, Mannheim 1846; Stirner, Max: Der Einzige und sein Eigentum, Leipzig 1845 [1844]; ders.: Recensenten Stirners, in: Wigand's Vierteljahresschrift 1845, Bd. 3, S. 147–194; Feuerbach, Ludwig: Das Wesen des Christentums, Leipzig 1841; ders.: Vorläufige Thesen zur Reformation der Philosophie, in: Ruge, Arnold (Hrsg.): Anekdota zur neuesten deutschen Philosophie und Publicistik, Zürich/Winterthur 1843, Bd. 2, S. 62–86; ders.: Grundsätze der Philosophie der Zukunft, Zürich 1843.]

von Rückschlägen unterbrochene Entwicklung sei, wie es die neuzeitlichen Philosophen wie Saint-Simon und sein Schüler Comte lehrten, sondern das Ergebnis einer kontinuierlichen Spannung zwischen entgegengesetzten Kräften, die für ihre unaufhörliche Vorwärtsbewegung sorge. Hegel hatte zudem erkannt, dass eine regelmäßige Abfolge von Aktion und Reaktion eine Illusion sei, die durch den Umstand hervorgerufen wird, dass sich zu einem bestimmten Zeitpunkt die erste, dann die zweite der widerstreitenden Tendenzen am stärksten bemerkbar macht. Tatsächlich ist Fortschritt ein diskontinuierlicher Prozess, denn wenn die vorhandene Spannung ihren kritischen Punkt erreicht, endet dies in einer Katastrophe. Aus einem quantitativen Anstieg der Intensität ergibt sich ein qualitativer Wandel, die unter der Oberfläche wirkenden konkurrierenden Kräfte werden drängender, häufen sich und brechen sich irgendwann in einem offenen Konflikt Bahn. Die Auswirkungen ihres Zusammenpralls verändern das Medium, in dem dieser auftritt. Engels hat es später einmal folgendermaßen zusammengefasst: Eis wird zu Wasser und Wasser wird zu Dampf, Sklaven werden zu Leibeigenen und Leibeigene zu freien Menschen. Jede Evolution in Natur und Gesellschaft ende in einer schöpferischen Revolution. In der Natur wirken physikalische, chemische und biologische Kräfte, in der Gesellschaft sind es spezifische ökonomische und soziale Kräfte.[1]

Welches sind nun die gesellschaftlichen Kräfte, zwischen denen es zum Konflikt kommt? Hegel hatte angenommen, dass es in der modernen Welt die Nationen sein würden, die die Entwicklung einer bestimmten Kultur oder eine bestimmte Inkarnation des Geistes oder des Weltgeistes repräsentierten. Marx, der sich auf Saint-Simon und Fourier stützte und

1 Vgl. hierzu Engels, Friedrich: Herrn Eugen Dührings Umwälzung der Wissenschaft, Erster Abschnitt (Philosophie) und Dritter Abschnitt (Sozialismus), MEW 20, S. 32–135 (Eis usw. auf S. 58–59) u. 239–303.

dabei wahrscheinlich auch nicht gänzlich unbeeinflusst von Sismondis Krisentheorie war, behauptete dagegen, diese Kräfte seien in erster Linie sozioökonomischer Natur.

»Meine Untersuchung [der Hegel'schen Rechtsphilosophie]«, schrieb er 1859, »mündete in dem Ergebnis, dass Rechtsverhältnisse wie Staatsformen weder aus sich selbst zu begreifen sind, noch aus der sogenannten allgemeinen Entwicklung des menschlichen Geistes, sondern vielmehr in den materiellen Lebensverhältnissen wurzeln, deren Gesamtheit Hegel [...] unter dem Namen ›bürgerliche Gesellschaft‹ zusammenfaßt, daß aber die Anatomie der bürgerlichen Gesellschaft in der politischen Ökonomie zu suchen sei.«[1]

Dieser Konflikt ist immer ein Kampf zwischen ökonomisch determinierten Klassen, wobei es sich bei einer Klasse um eine Gruppe von Personen in einer Gesellschaft handelt, deren Leben bestimmt wird durch ihre Position in den Produktionsverhältnissen, die wiederum die Struktur dieser Gesellschaft bestimmen. Die Stellung eines Menschen richtet sich also immer nach der Rolle, die er in dem Prozess der gesellschaftlichen Produktion einnimmt. Diese wiederum hängt unmittelbar mit dem Charakter der Produktivkräfte und ihrem jeweiligen Entwicklungsstand zusammen. Ob sie sich dessen bewusst sind oder nicht: Die Menschen verhalten sich immer entsprechend der wirtschaftlichen Beziehungen, in denen sie zu anderen Mitgliedern ihrer Gesellschaft stehen. Die Wirkmächtigsten unter diesen Beziehungen beruhen nach der Lehre von Saint-Simon auf dem Eigentum an Subsistenzmitteln. Das dringendste menschliche Bedürfnis ist nämlich das Überleben.

Marx' Denken beruhte also weiterhin auf zentralen Hegel'schen Erkenntnissen und Thesen, wiewohl er diese in halb

1 Marx, Karl: Zur Kritik der Politischen Ökonomie, Vorwort, MEW 13, S. 8.

empirische Begriffe übersetzte. Die Geschichte sei nicht die Abfolge des Einflusses der Menschen auf ihre äußere Umwelt oder Auswirkung ihrer eigenen unabänderlichen Konstitution, auch nicht das Ergebnis des Zusammenspiels dieser Faktoren, wie vorangegangene Materialisten behauptet hatten. Ihr Wesen sei der Kampf der Menschen für das Ziel, die eigenen Fähigkeiten vollständig entfalten zu können. Und da sie Angehörige des natürlichen Königreichs seien (es gebe nichts, was dieses transzendiert), sei das menschliche Bemühen, sich selbst vollständig zu verwirklichen, gleichbedeutend mit dem Streben, nicht länger der Spielball von Kräften zu sein, die zugleich als geheimnisvoll, willkürlich und unaufhaltsam erschienen – was nichts anderes heiße, als danach zu trachten, die Herrschaft über diese Kräfte und sich selbst zu erlangen. Mit anderen Worten: Es geht um die Freiheit. Die Menschen unterwerfen sich die Welt nicht dadurch, indem sie ihr Wissen durch Reflexion erweitern (wie Aristoteles glaubte), sondern durch Tätigkeit, durch Arbeit, durch die bewusste Gestaltung und Beeinflussung ihrer Umwelt sowie ihrer Mitmenschen. Dies sei die erste und wichtigste Form der Einheit von Willen, Gedanken und Taten, von Theorie und Praxis. Durch seine Arbeit verändere der Mensch seine Welt und im Zuge dessen auch sich selbst.

Manche Bedürfnisse seien grundlegender als andere – das nackte Überleben kommt vor anspruchsvolleren Bedürfnissen. Aber der Mensch unterscheide sich vom Tier, mit dem er grundlegende physikalische Bedürfnisse teile, dadurch, dass er über die Gabe der Erfindung verfüge. Damit transformiere er seine eigene Natur wie seine Bedürfnisse und kann der monotonen Existenz von Tieren entkommen, die von unveränderlichen Routinen bestimmt sei und daher auch keine Geschichte kenne. Die Geschichte von Gesellschaften sei dagegen die Geschichte von schöpferischer Arbeit, mit der die Menschen sich selbst ebenso verändern wie ihre Wünsche, Gewohnheiten, Sichtweisen und Beziehungen zu anderen

Menschen und zur Natur, mit der sich die Menschheit in einem ständigen physischen und technologischen Stoffwechsel befindet. Zu den bewussten oder unbewussten Erfindungen der Menschen zähle die Arbeitsteilung, die bereits in primitiven Gesellschaften zu beobachten sei und die zu einer immer größeren Steigerung der menschlichen Produktivität geführt habe, sodass über die unmittelbaren Bedürfnisse hinaus immer mehr Reichtum angehäuft werde. Diese Anhäufung von Reichtum wiederum ermöglicht erst so etwas wie Muße und Freizeit und damit Kultur. Diese Akkumulation – das Anlegen von Vorräten zur Befriedigung von grundlegenden Bedürfnissen – könne aber auch dazu genutzt werden, Menschen zu schikanieren und auszubeuten: indem man ihnen die Früchte des Reichtums vorenthalt und sie dazu zwinge, für diejenigen zu arbeiten, die den Reichtum anhäufen. Damit werde die Menschheit in verschiedene Klassen gespalten: in die der Herrscher und die der Beherrschten. Letzteres sei wahrscheinlich die weitreichendste aller unbeabsichtigten Konsequenzen menschlicher Erfindungen, technischen Fortschritts und der daraus resultierenden Akkumulation von Gütern.

Geschichte ist die Wechselwirkung zwischen dem Leben der Handelnden, also derjenigen Menschen, die um Selbstverwirklichung kämpfen, und den Konsequenzen ihres Handelns. Die Folgen mögen beabsichtigt oder unbeabsichtigt sein, ihre Auswirkungen auf die Menschen und ihre natürliche Umgebung vorhersehbar oder nicht; sie mögen in der materiellen Sphäre auftreten, in der Sphäre von Gedanken und Gefühlen oder auf der Ebene des menschlichen Unterbewusstseins; sie mögen nur Einzelne betreffen oder können die Form von gesellschaftlichen Institutionen oder Bewegungen annehmen – dieses komplexe Netz kann auf jeden Fall nur dann richtig verstanden und beherrscht werden, wenn der zentrale dynamische Faktor, der für die Richtung des historischen Entwicklungsprozesses verantwortlich ist, erfasst wird. Hegel, dem dies als erstem Denker in besonders erhellender und tiefsinniger Weise gelungen ist, machte diesen Faktor im Geist aus, der sich selbst in den – abstrakten und konkreten – Institutionen zu verstehen sucht, die er selbst auf verschiedenen Ebenen des Bewusstseins geschaffen hatte.

Marx akzeptierte dieses kosmische Schema, warf aber Hegel und seinen Schülern vor, eine mythische Erklärung dieser letztendlich am Werk seienden Kräfte geliefert zu haben: ein Mythos, der selbst ein unbeabsichtigtes Resultat der Veräußerung der Arbeit menschlicher Persönlichkeit sei. Er beschuldigte sie also, dass das, was in Wirklichkeit das Produkt menschlicher Arbeit ist, so erscheinen zu lassen, als sei es das Werk von unabhängigen, äußerlichen Objekten oder Kräften. Hegel war von der Selbstentfaltung des objektiven Geistes ausgegangen. Für Marx allerdings war der wesentliche Faktor die Suche der Menschen nach erkennbaren menschlichen Zielen, nicht nach einzelnen wie Freude, Erkenntnis, Sicherheit oder Erlösung über den Tod hinaus, sondern nach einer harmonischen Verwirklichung sämtlicher menschlicher Fähigkeiten im Einklang mit den Prinzipien der Vernunft. Im Zuge dieses Strebens würde es zu einer Veränderung der Menschen kommen, ebenso würden die Kategorien und Werte, die das Verhalten von Gruppen, Generationen oder ganzen Zivilisationen bestimmten und sie gegenüber anderen, die sie zu verstehen suchen, erst geistig erfassbar machten, im Prozess ihrer teilweisen Verwirklichung und ihrer partiellen Enttäuschung Einfluss auf die Kategorien und Werte ihrer Nachfolger nehmen und diese damit verändern. Angesichts dieser ständigen Selbsttransformation, die das Wesen jeglicher Arbeit und Schöpfung ausmache, erscheine die Vorstellung von feststehenden zeitlosen Prinzipien, von unveränderbaren universellen Zielsetzungen und ewigen menschlichen Kategorien völlig abwegig.

Nach Marx war das Zeitalter, mit dem er sich befasste, vom Phänomen des Klassenkampfes bestimmt. Das Verhalten und die Einstellungen von Individuen und ganzer Gesellschaften waren maßgeblich davon beeinflusst. Dies war die entscheidende historische Wahrheit einer Kultur, die auf der Akkumulation – und dem Kampf um die Kontrolle über die Akkumulation – derjenigen beruhte, die ihre Fähigkeiten häufig auf eine nutzlose und selbstzerstörerische Weise verwirklichen wollen. Aber gerade deshalb, weil es sich um eine historische Notlage handelte, würde sie nicht ewig Bestand haben. In der Vergangenheit war sie anders gewesen und es würde sie nicht für immer geben. Tatsächlich waren die Anzeichen ihres bevorstehenden Niedergangs für alle, die Augen zum Sehen hatten, bereits sichtbar. Der einzig dauerhafte Faktor in der Geschichte der Menschheit war der Mensch selbst, verständlich erfassbar nur durch die Kämpfe, die er sich nicht ausgesucht hatte – die Kämpfe, die Teil seines Wesens sind (dies ist das metaphysische Moment bei Marx) und darauf abzielen, sich die Natur zu unterwerfen und die eigenen Produktivkräfte nach einem vernünftigen Muster so zu organisieren, dass darin eine innere und eine äußere Harmonie erkennbar wird. Arbeit in der kosmischen Vision von Marx ist das, was für Dante die kosmische Liebe gewesen ist. Angesichts der relativ gleichbleibenden Faktoren der äußeren Welt, in die sie hineingeboren werden, macht die Arbeit die Menschen und ihre Beziehungen zu dem, was sie sind. Ihre Deformierungen durch Arbeitsteilung und Klassenkampf führen jedoch zu Erniedrigungen, zu Entmenschlichung und pervertierten menschlichen Beziehungen wie zu bewusst oder unbewusst verzerrten Sichtweisen und Haltungen, die diese Ordnung bewahren und den wirklichen Stand der Verhältnisse verbergen wollen. Wenn dies begriffen und in entsprechendes Handeln übersetzt wird, dann wird die Arbeit, anstatt die Menschen voneinander zu trennen und zu versklaven, sie vereinen und befreien. Durch sie werden die geistigen Fähigkeiten des Menschen zur vollen Entfaltung kommen, in der einzigen Form, in der die Natur des Menschen ganz bei sich ist, in der sie vollkommen frei ist – und zwar in gemeinsamen Bestrebungen, in sozialer Kooperation durch gemeinsames, vernünftiges und allgemein akzeptiertes Tun.

Und doch blieb Marx' Haltung zu dieser äußerst zentralen Kategorie seines Theorie- und Gedankensystems seltsam unbestimmt. Manchmal setzt Marx Arbeit mit freier Schöpfung gleich, die ihm als Ausdruck der ungebundenen menschlichen Natur gilt, als die Essenz des Glücks, der Emanzipation und der ungeteilten vernünftigen Harmonie im Innern der Menschen und zwischen den Menschen. An anderer Stelle setzt er Arbeit der Muße entgegen und verspricht, mit der Beseitigung des Klassenkampfes werde die Arbeit auf ein Minimum reduziert, wenn auch nicht völlig abgeschafft werden. Sie werde jedoch nicht länger die Arbeit von ausgebeuteten Sklaven sein, sondern die von freien Menschen, die ihr eigenes vergesellschaftetes Leben in Einklang mit selbst auferlegten und freiwillig übernommenen Regeln führen werden. Aber, so lässt uns Marx am Ende des dritten Bands des »Kapitals« wissen, es werden einige Formen der Arbeit weiterhin dem »Reich der Notwendigkeit« unterworfen bleiben. Das wahre »Reich der Freiheit« beginnt erst jenseits dieser Grenze, doch kann es nur auf »jenem Reich der Notwendigkeit als seiner Basis aufblühn«.[1] Dass es weiterhin ein Mindestmaß an Plackerei geben wird, ist eine unausweichliche Tatsache der physikalischen Natur. Die Hoffnung, diese Notwendigkeit werde irgendwann verschwinden, sei nichts als reiner Utopismus. Zwischen diese beiden Auffassungen von Arbeit gibt es keine schlussendliche Versöhnung. Die offensichtliche Unvereinbarkeit dieser Vorhersagen – die erste vermutlich inspiriert von Fouriers Traum von der totalen Selbstverwirklichung des Menschen, die zweite wesentlich nüchterner – ist eine der Ursachen des Streits darüber, wie sich die Ansichten des »jungen« zu denen des »älteren« Marx verhalten. Ähn-

1 Vgl. Marx, Karl: Das Kapital, Bd. 3 (1894), Kap. XLVIII, Die trinitarische Formel, MEW 25, S. 828.

lich ambivalent ist die spezifische Kombination aus evolutionärem Determinismus und der libertären Überzeugung von der Freiheit des Willens. Beides ist in Marx' Denken präsent, es handelt sich um einen »dialektischen« Widerspruch, mit dem seine Anhänger später besonders zu kämpfen hatten und der sie spaltete, insbesondere in Osteuropa, wo er ihre revolutionäre Praxis maßgeblich beeinflusste.

Feuerbach hat völlig zu Recht festgestellt: Der Mensch will essen, bevor er nachdenkt. Die Befriedigung dieses Grundbedürfnisses kann nur durch die Kontrolle über die materielle Produktion uneingeschränkt sichergestellt werden, was die Kontrolle über die menschlichen Stärken und Fertigkeiten, die natürlichen Ressourcen, Land und Wasser, Werkzeuge, Maschinen und Sklaven miteinschließt. Zu Beginn herrscht ein natürlicher Mangel an solchen Ressourcen. Von daher sind diejenigen, die diese kontrollieren, imstande, ebenso das Leben und das Handeln derjenigen zu beherrschen, denen es an diesen Ressourcen fehlt – bis sie selbst irgendwann das Eigentum an Produktionsmitteln an ihre Untertanen abtreten müssen, die – während sie in ihren Diensten standen – hinlänglich an Schlagkraft und List gewonnen haben, um ihre Herren zu entmachten und zu versklaven, bis diese dann wiederum von anderen Kräften verdrängt und enteignet werden.

Es sind immense gesellschaftliche, politische und kulturelle Institutionen errichtet worden, um den Besitz der gegenwärtigen Eigentümer der Produktionsmittel zu schützen, freilich nicht aufgrund von politischen Beratungen, sondern als Ergebnis der allgemeinen Lebenseinstellungen derjenigen, die eine gegebene Gesellschaft regieren und beherrschen. Während Hegel die Auffassung vertrat, eine Gesellschaft zeichne sich vor allem durch ihren nationalen Charakter aus (die Nation, verstanden als Kultur im Ganzen, war für ihn die Verkörperung einer bestimmten Entwicklungsstufe des Weltgeistes), ging Marx davon aus, dass das System ihrer wirtschaftlichen Beziehungen das Geschick einer Gesellschaft bestimmt.

In einer berühmt gewordenen Passage fasste Marx ein Jahrzehnt, nachdem er zu dieser Position gelangt war, seine diesbezüglichen Überzeugungen folgendermaßen zusammen:

In der gesellschaftlichen Produktion ihres Lebens gehen die Menschen bestimmte, notwendige, von ihrem Willen unabhängige Verhältnisse ein, Produktionsverhältnisse, die einer bestimmten Entwicklungsstufe ihrer materiellen Produktivkräfte entsprechen. Die Gesamtheit dieser Produktionsverhältnisse bildet die ökonomische Struktur der Gesellschaft, die reale Basis, worauf sich ein juristischer und politischer Überbau erhebt und welcher bestimmte gesellschaftliche Bewußtseinsformen entsprechen. Die Produktionsweise des materiellen Lebens bedingt den sozialen, politischen und geistigen Lebensprozeß überhaupt. Es ist nicht das Bewußtsein der Menschen, das ihr Sein, sondern umgekehrt ihr gesellschaftliches Sein, das ihr Bewußtsein bestimmt.

Auf einer gewissen Stufe ihrer Entwicklung geraten die materiellen Produktivkräfte der Gesellschaft in Widerspruch mit den vorhandenen Produktionsverhältnissen oder, was nur ein juristischer Ausdruck dafür ist, mit den Eigentumsverhältnissen, innerhalb deren sie sich bisher bewegt hatten. Aus Entwicklungsformen der Produktivkräfte schlagen diese Verhältnisse in Fesseln derselben um. Es tritt dann eine Epoche sozialer Revolution ein. Mit der Veränderung der ökonomischen Grundlage wälzt sich der ganze ungeheure Überbau langsamer oder rascher um. In der Betrachtung solcher Umwälzungen muß man stets unterscheiden zwischen der materiellen, naturwissenschaftlich treu zu konstatierenden Umwälzung in den ökonomischen Produktionsbedingungen und den juristischen, politischen, religiösen, künstlerischen oder philosophischen, kurz, ideologischen Formen, worin sich die Menschen dieses Konflikts bewußt werden und ihn ausfechten.

Sowenig man das, was ein Individuum ist, nach dem beurteilt, was es sich selbst dünkt, ebensowenig kann man eine solche Umwälzungsepoche aus ihrem Bewußtsein beurteilen, sondern muß vielmehr dies Bewußtsein aus den Widersprüchen des materiellen Lebens, aus dem vorhandenen Konflikt zwischen gesellschaftlichen Produktivkräften und Produktionsverhältnissen erklären. Eine Gesellschaftsformation geht nie unter, bevor alle Produktivkräfte entwickelt sind, für die sie weit genug ist, und neue höhere Produktionsverhältnisse treten nie an die Stelle, bevor die materiellen Existenzbedingungen derselben im Schoß der alten Gesellschaft selbst ausgebrütet worden sind. Daher stellt sich die Menschheit immer nur Aufgaben, die sie lösen kann, denn genauer betrachtet wird sich stets finden, daß die Aufgabe selbst nur entspringt, wo die materiellen Bedingungen ihrer Lösung schon vorhanden oder wenigstens im Prozeß ihres Werdens begriffen sind.[1]

Die bürgerliche Gesellschaft ist die letzte Form, die diese Antagonismen annehmen. Mit ihrem Untergang wird dieser Konflikt für immer verschwinden. Die Vorgeschichte wird damit abgeschlossen sein und die Geschichte des freien Individuums wird endlich beginnen.

Marx war zu der Überzeugung gelangt, dass das, was die Völker, ihre Institutionen oder ihr Glaube voneinander unterscheidet, allein auf die jeweiligen ökonomischen Verhältnisse, in denen diese leben, zurückzuführen ist, auf die Beziehung zwischen der herrschenden Klasse der Eigentümer und der von ihr Ausgebeuteten, die sich aus der besonderen Art des zwischen beiden existierenden Spannungsverhältnisses ergibt. Die zentrale Triebfeder für das Handeln der Menschen, die umso wirkungsvoller ist, je weniger sie als solche von diesen erkannt wird, ist nach Marx ihre Beziehung zu den jeweiligen Klassen und deren Stellung im ökonomischen Kampf. Wollte man das Verhalten eines Menschen zutreffend vorhersagen, sei die wichtigste Kenntnis das Wissen um seine aktuelle soziale Position in der Gesellschaft: Gehört er zur herrschenden Klasse oder nicht, hängt sein persönli-

1 Marx, Karl: Zur Kritik der Politischen Ökonomie, Vorwort, MEW 13, S. 8–9.

ches Wohl vom Erfolg oder vom Scheitern der herrschenden Klasse ab, befindet er sich in einer Position, für die der Erhalt der bestehenden Ordnung unverzichtbar ist oder nicht? Weiß man all dies, so können persönliche Motive, Eigenschaften oder Gefühle eher vernachlässigt werden. Menschen mögen egoistisch oder altruistisch sein, großzügig oder gemein, klug oder töricht, ehrgeizig oder bescheiden – sie werden sich und ihren Charakter an die herrschenden Bedingungen anpassen, und ihr Verhalten wird eine bestimmte Richtung annehmen, ganz unabhängig von ihrer natürlichen Veranlagung.

Von einer »natürlichen Veranlagung« oder einer unveränderlichen »menschlichen Natur« zu sprechen ist nach Marx sowieso irreführend. Neigungen können unterschiedlich klassifiziert werden: zum einen hinsichtlich des subjektiven Gefühls, das sie erzeugen (was für den Zweck der wissenschaftlichen Vorhersage von menschlichem Verhalten irrelevant ist), zum anderen in Bezug auf ihre tatsächlichen Ziele, die gesellschaftlich bedingt sind. Menschen handeln, bevor sie über Gründe oder Rechtfertigungen für ihr Handeln zu reflektieren beginnen. Das Gros einer Gemeinschaft wird sich ähnlich verhalten, ganz unabhängig von den individuellen Motiven, die in der Wahrnehmung der Menschen das eigene Handeln zu bestimmen scheinen. Dieser Umstand geht meist deswegen unter, weil die Menschen sorgfältig darauf bedacht sind, ihr Verhalten nachträglich zu rationalisieren, um sich selbst davon zu überzeugen, ihr Handeln sei von Vernunft, Moral oder ihren religiösen Überzeugungen bestimmt. Dabei nehmen solche Rationalisierungsversuche durchaus Einfluss auf das menschliche Handeln. Wenn sie sich zu kollektiven Moralvorstellungen oder religiösen Organisationen vergrößern, bleiben sie meist auch dann noch wirkmächtig, wenn die gesellschaftlichen Zwänge, aus denen heraus sie hervorgegangen sind und die sie ursprünglich hatten beschönigen oder legitimieren sollen, längst verschwunden sind. So werden diese aufwendig gestalteten Illusionen selbst zu einem Teil der objektiven gesellschaftlichen Realität, zu einem Teil der äußeren Welt, die das Verhalten der Einzelnen verändert. Damit wirken sie in ähnlicher Weise, wie das all die unveränderlichen Faktoren – das Klima, die Bodenbeschaffenheit, der physische Organismus – im Zusammenspiel mit gesellschaftlichen Institutionen tun.

Marx' unmittelbare Erben tendierten dazu, Hegels Einfluss auf Marx herunterzuspielen. Aber die Weltanschauung von Marx fällt in sich zusammen und liefert nur isolierte Erkenntnisse, wenn man versucht, in ihm lediglich den gründlichen, gewissenhaften und nur auf der Grundlage von Fakten argumentierenden Sozialwissenschaftler zu sehen (was Marx' Selbstbild entsprach), und wenn man dabei das große vereinheitlichende und zentrale Muster seines Denkens weglassen oder bagatellisieren würde.

Wie Hegel behandelte Marx Geschichte als Phänomenologie. Hegels »Phänomenologie des Geistes« (1807) stellt den in vielerlei Hinsicht hellsichtigen und genialen Versuch dar, in der Entwicklung des menschlichen Bewusstseins und in der Aufeinanderfolge von Zivilisationen, die die konkrete Verkörperung dieses Bewusstseins sind, eine objektive Ordnung aufzuzeigen. Hegel verglich die Entwicklung der Menschheit mit der eines einzelnen menschlichen Wesens und folgte damit einer Vorstellung, die insbesondere in der Zeit der Renaissance vorherrschte, jedoch auf frühere mystische Kosmogonien zurückgeht. Ähnlich wie beim Menschen, der eine bestimmte Fähigkeit, eine bestimmte Anschauung oder eine bestimmte Art und Weise, mit der Wirklichkeit umzugehen, erst dann herausbilden kann, wenn er zuvor andere Fähigkeiten entwickelt hat – das ist in etwa der Kern der Vorstellung vom Heranreifen oder von der Bildung des Individuums –, so folgen Rassen, Nationen, Kirchen oder Kulturen in einer festgelegten Reihenfolge aufeinander, abhängig vom Stand der kollektiven Fertigkeiten und Erkenntnisse der Menschheit, wie sie in den Künsten, in den Wissenschaften oder in der Kultur als Ganzem zum Ausdruck kommen. Als Pascal von der Menschheit als einem jahrhundertealten Wesen sprach, das von Generation zu Generation reifer würde, hatte er vermutlich etwas Ähnliches im Sinn. Hegel zufolge geht jeder Wandel auf die Bewegung der Dialektik zurück, die durch eine unablässige logische Kritik angetrieben wird, das heißt durch den Kampf gegen und die endgültige Selbstzerstörung von bestimmten Denkformen, Konstruktionen der Vernunft und des Gefühls, die zu ihrer Zeit den höchsten Stand der unaufhörlichen Entwicklung des menschlichen Geistes verkörperten (was für Hegel ihre konsequente Selbstverwirklichung ist). Wenn diese Denkformen aber von einer Gesellschaft oder Weltanschauung irrtümlicherweise als endgültig und absolut verstanden werden, weil sie in Regeln und Institutionen verkörpert sind, können sie zu Hindernissen für den Fortschritt werden, zu sterbenden Überresten einer logisch »überwundenen« Entwicklungsstufe, die durch ihre besondere Einseitigkeit logische Antinomien und Widersprüche befördert, durch die sie am Ende gefährdet und zerstört werden. Marx übersetzte diese Vorstellung vom Verlauf der Geschichte als einem Kriegsschauplatz der Ideen in die soziale Begrifflichkeit des Klassenkampfes.

Nach Marx ist Entfremdung dem gesellschaftlichen Prozess immanent und tatsächlich so etwas wie das Herz der Geschichte. (Entfremdung hatte Hegel in Anlehnung an Rousseau, Luther und die frühchristliche Tradition die fortwährende Selbstentzweiung des Menschen von der Einheit mit der Natur, seinem Nächsten und Gott genannt, die aus der Auseinandersetzung zwischen These und Antithese hervorgeht.) Entfremdung tritt ein, wenn die Ergebnisse menschlichen Handelns in Widerspruch zu ihren eigentlichen Absichten geraten, wenn ihre Werte oder die offizielle Rolle, die sie einnehmen, ihre wahren Motive, Bedürfnisse und Ziele nicht mehr angemessen repräsentieren. Das ist zum Beispiel der Fall, wenn etwas, das die Menschen als Antwort auf bestimmte menschliche Bedürfnisse geschaffen haben – etwa ein System von Gesetzen oder Regeln für die Komposition von Musik –, einen eigenständigen Status erhält und von den Menschen nicht länger als etwas betrachtet wird, was von ihnen hervorgebracht wurde, um ein gemeinsames soziales Bedürfnis zu befriedigen (weil das Bedürfnis zum Beispiel schon längst verschwunden ist). Stattdessen werden solche Hervorbringungen zunehmend als objektive Gesetze oder objektive Institutionen behandelt, die selbst über eine ewig gültige unpersönliche Autorität verfügen – so wie etwa die unabänderlichen Naturgesetze für die Wissenschaftler und die einfachen Menschen oder wie Gott und seine Gebote für die Gläubigen. Für Marx ist das kapitalistische System genauso eine Art von Entität, ein umfassendes Werkzeug, geschaffen in Reaktion auf nachvollziehbare materielle Ansprüche und Forderungen – zum Zeitpunkt seiner Entstehung eine fortschrittliche Angelegenheit, die zur Verbesserung und Erweiterung des gesellschaftlichen Lebens beitrug und seine eigenen geistigen, moralischen und religiösen Überzeugungen, Werte und Lebensformen hervorgebracht hat. Gleichgültig, ob diejenigen, die diese vertreten, sich darüber im Klaren sind oder nicht, halten solche Überzeugungen und Werte lediglich die Macht derjenigen Klassen aufrecht, deren Interessen vom kapitalistischen System verkörpert werden. Trotzdem werden sie von allen Gesellschaftsschichten als objektiv und ewig gültig für die gesamte Menschheit wahrgenommen. Dabei sind zum Beispiel die Industrie und der kapitalistische Austauschprozess keine zeitlosen Institutionen, sondern das Ergebnis des zunehmenden Widerstands der Kleinbauern und der Handwerker, die sich aus ihrer Abhängigkeit von blinden Naturgewalten befreien wollten. Marx war der Ansicht, ihre Zeit in der Geschichte sei vorbei gewesen. Von daher hätten mit den Institutionen auch die Werte verschwinden müssen, die mit diesen verbunden waren.

Produktion ist immer eine gesellschaftliche Tätigkeit. Jede

Form der Zusammenarbeit oder der Arbeitsteilung kreiert unabhängig von ihrem Ursprung gemeinsame Zwecke und Interessen, die mehr sind als nur die Summe der individuellen Wünsche und Interessen derjenigen Menschen, die daran beteiligt sind. Wenn sich ein Teil der Gesellschaft wie im Kapitalismus das Produkt der gesamten gesellschaftlichen Arbeit zu seinem alleinigen Vorteil aneignet – im Zuge einer unaufhaltsamen historischen Entwicklung, was Engels viel expliziter (und viel mechanistischer) als Marx versucht hat zu beschreiben –, dann richtet sich das gegen die »natürlichen« menschlichen Bedürfnisse, gegen das, was Menschen, die im Kern soziale Wesen sind, benötigen, um sich frei und vollständig entfalten zu können. Marx zufolge rauben diejenigen, in deren Händen die Produktionsmittel konzentriert sind und die dadurch auch deren Früchte in Form von Kapital anhäufen, der Mehrheit der Produzenten – den Arbeitern – das, was sie geschaffen haben. Dadurch spaltet sich die Gesellschaft in die Klasse der Ausbeuter und in die der Ausgebeuteten, deren Interessen einander entgegengesetzt sind. Das Wohl jeder Klasse hängt von ihrer Fähigkeit ab, den Gegner in einen kontinuierlichen Krieg zu verwickeln, einen Krieg, der alle Institutionen der betreffenden Gesellschaft bestimmt.

Im Laufe dieser Auseinandersetzung bilden sich bestimmte technologische Fertigkeiten heraus. Die Kultur der in Klassen aufgespaltenen Gesellschaft wird immer komplexer, ihre Produkte und die Bedürfnisse, die der materielle Fortschritt einer Gesellschaft mit sich bringt, werden immer vielfältiger und künstlicher, das heißt »unnatürlicher«. Unnatürlich deswegen, weil sich beide der bekriegenden Klassen durch diesen Konflikt »entfremden«, der an die Stelle der Zusammenarbeit für gemeinsame Ziele getreten ist und damit an die Stelle des gemeinsamen Lebens und Schaffens, das dieser Theorie zufolge der gesellschaftlichen Natur des Menschen entspricht. Weil eine bestimmte Gruppe über das Monopol des Eigentums an den Produktionsmitteln verfügt, kann sie anderen in der Gesellschaft ihren Willen aufzwingen und sie dazu zu nötigen, Aufgaben und Tätigkeiten zu übernehmen, die nicht deren Bedürfnissen entsprechen. Damit wird die Einheit einer Gesellschaft zerstört und das Leben beider Klassen in eine falsche Richtung gelenkt. Die Mehrheit der Bevölkerung – das heißt die besitzlosen Proletarier – arbeitet nun nur noch für den Vorteil und entsprechend den Wünschen anderer: Sie werden sowohl der Früchte ihrer Arbeit als auch der hierfür notwendigen Instrumente beraubt. Ihre Lebensweise, ihre Ideen und Ideale passen nicht mehr länger zu ihrer tatsächlichen Notlage – nämlich dem von Menschen, die künstlich davon abgehalten werden, so zu leben, wie es ihre Natur verlangt (und zwar als Angehörige einer vereinten Gesellschaft, die die Gründe für das, was sie tun, verstehen, und die Früchte des gemeinsamen, freien und vernünftigen Handelns genießen können) –, sondern entsprechen den Interessen ihrer Unterdrücker. Man könnte sagen, ihr Leben beruht auf einer Lüge.

Ihren Herren wiederum bleibt nichts anderes übrig, als ihre eigene parasitäre Existenz bewusst oder unbewusst sowohl als natürlich wie auch als sinnvoll für die Gesellschaft darzustellen. Zu diesem Zweck erfinden sie bestimmte Ideen, Werte und Gesetze, entwickeln Lebensgewohnheiten und Institutionen (ein Komplex, den Marx mitunter »Ideologien« nennt), dessen ganzer Zweck darin besteht, ihren privilegierten, unnatürlichen und daher ungerechtfertigten Status und die damit einhergehende Macht zu erklären, zu stützen und zu verteidigen. Solche Ideologien – nationaler, religiöser oder ökonomischer Natur – sind Formen des kollektiven Selbstbetrugs. Die Opfer der herrschenden Klasse – die Proletarier und Kleinbauern – saugen sie auf als Teil ihrer gängigen Erziehung oder der allgemeinen Einstellung der unnatürlichen Gesellschaft, in der sie leben. Auf diese Weise werden sie dazu gebracht, diese Ideologien als objektive Tatsachen zu begreifen und zu akzeptieren, als notwendigen Teil der natürlichen

Ordnung. Es entstehen Pseudowissenschaften, um diese zu erhärten. Damit, so hat bereits Rousseau gelehrt, wird der Mensch immer mehr in die Irre geführt, die Konflikte und Enttäuschungen werden immer größer.

Das Symptom der Entfremdung ist die Zuschreibung endgültiger Autorität, entweder an eine anonyme Macht – etwa die Gesetze von Angebot und Nachfrage –, von der sich die Vernunft des Kapitalismus angeblich logisch ableiten lässt, oder an imaginäre Personen oder Kräfte – Gottheiten, Kirchen, die mystische Person eines Königs oder eines Priesters – oder an andere verschleierte Formen von Mythen, die der Unterdrückung dienen. Damit versuchen die Menschen, die ihrer »natürlichen« Lebensweise (die allein es Gesellschaften ermöglicht, als Ganzes die Wahrheit zu erkennen und in Harmonie zu leben) beraubt sind, sich ihre unnatürlichen Lebensbedingungen zu erklären. Eine Selbstbefreiung der Menschen ist deswegen nur dann möglich, wenn den Menschen beigebracht wird, diese Mythen zu durchschauen. Nach Marx und seiner Dämonologie ist das Schlimmste jedoch die bürgerliche Wirtschaftswissenschaft, mit der die Bewegung von Waren oder von Geld, also der ganze Prozess von Produktion, Konsumtion und Distribution, als ein unpersönlicher, gleichsam natürlicher Prozess dargestellt wird, als ein nicht zu beeinflussendes Wirken objektiver Kräfte, dem die Menschen sich nur beugen können. Jeder Versuch, sich ihm entgegenzustellen, wäre widersinnig.

Obwohl Marx deterministisch dachte, war er fest entschlossen, nachzuweisen, dass die Vorstellung von einer vorgegebenen ökonomischen oder sozialen Struktur als Teil einer unverrückbaren Weltordnung nichts weiter als eine Illusion ist, hervorgerufen durch die Entfremdung des Menschen von seiner ihm natürlichen Lebensform, eine typische Mystifizierung, ein Produkt menschlichen Tuns, verkleidet als Naturgesetz. Nur durch anderes menschliches Tun, durch die gezielte Anwendung von entmystifizierender Vernunft und Wissenschaft, könne diese Illusion entlarvt und beseitigt werden. Dies allein erschien Marx allerdings nicht ausreichend. Solche Täuschungen würden so lange weiterwirken, wie die Produktionsverhältnisse – einschließlich der gesellschaftlichen und ökonomischen Strukturen, die sie erzeugten – so blieben, wie sie sind. Dieser Zustand könne nur mit der Waffe der Revolution verändert werden. Auch wenn davon auszugehen sei, dass selbst solche Akte der Befreiung von objektiven Gesetzen bestimmt sind, so dann doch wenigstens vom Denken und Willen der Menschen (insbesondere, wenn sie in Massen auftreten) und nicht lediglich von der Bewegung materieller Körper, die ihren eigenen unerbittlichen Regeln gehorchten, völlig unabhängig von menschlichen Entscheidungen und menschlichem Handeln. Wenn es zutrifft, dass menschliche Entscheidungen den Gang der Dinge beeinflussen können, wovon Marx überzeugt war, dann können – auch wenn diese Entscheidungen selbst letztendlich vorherbestimmt und wissenschaftlich vorhersehbar sind – durchaus Situationen entstehen, in denen es sowohl für Hegelianer als auch für Marxisten angebracht erscheint, von der Freiheit der Menschen zu sprechen – da deren Entscheidungen nicht wie der Rest der Natur auf mechanische Weise festgelegt sind.

Die Gesetze der Geschichte sind also nicht mechanischer Natur: Geschichte ist von Menschen gemacht worden, wenn auch nicht ganz »aus freien Stücken«,[1] sondern bedingt durch die gesellschaftliche Lage, in der sie sich befanden. Wie verhalten sich nun aus der Sicht von Marx diese Gesetze zur individuellen oder kollektiven menschlichen Freiheit? Offensichtlich verband er gesellschaftlichen Fortschritt mit der fortschreitenden Eroberung der Freiheit und verstand darunter die zunehmende Kontrolle der Menschen über die Natur durch gezielte, abgestimmte, rational geplante und daher har-

1 Marx, Karl: Der achtzehnte Brumaire des Louis Bonaparte, MEW 8, S. 115.

monische gesellschaftliche Aktivitäten. Oder wie Engels es, einen Brief von Marx zitierend, formulierte:

> Darwin wußte nicht, welch bittre Satire er auf die Menschen und besonders auf seine Landsleute schrieb, als er nachwies, daß die freie Konkurrenz, der Kampf ums Dasein, den die Ökonomen als höchste geschichtliche Errungenschaft feiern, der Normalzustand des Tierreichs ist. Erst eine bewußte Organisation der gesellschaftlichen Produktion, in der planmäßig produziert und verteilt wird, kann die Menschen ebenso in gesellschaftlicher Beziehung aus der übrigen Tierwelt herausheben, wie dies die Produktion überhaupt für die Menschen in spezifischer Beziehung getan hat.[1]

Und:

> Die eigene Vergesellschaftung der Menschen, die ihnen bisher wie als von Natur und Geschichte aufgezwungen gegenüberstand, wird jetzt ihre eigene freie Tat. […] Es ist der Sprung der Menschheit von dem Reich der Notwendigkeit in das Reich der Freiheit.[2]

Doch welche Art von Freiheit ist damit gemeint? Marx spricht grundsätzlich von der gesellschaftlichen Entwicklung als einem objektiven Prozess. In seinem Vorwort zur ersten Auflage des »Kapitals« fasst er »die Entwicklung der ökonomischen Gesellschaftsformation als einen naturgeschichtlichen Prozeß«[3] auf. In seinem Nachwort zur zweiten Auflage des »Kapitals« von 1873 zitiert er einen russischen Rezensenten,

1 Engels, Friedrich: Dialektik der Natur (1873–1882; veröffentlicht 1925), Einleitung, MEW 20, S. 324.
2 Engels, Friedrich: Anti-Dühring, MEW 20, S. 264. [Engels erinnert sich hier möglicherweise an ein Manuskript von Marx zu diesem Thema, posthum veröffentlicht als »Das Kapital«, Bd. 3, Kap. XLVIII, erschienen 1894.]
3 Marx, Karl/Engels, Friedrich: Das Kapital. Kritik der politischen Ökonomie, Bd. 1, Vorwort, MEW 23, S. 16.

der anlässlich des Erscheinens der Erstausgabe geschrieben hatte:

> Marx betrachtet die gesellschaftliche Bewegung als einen naturgeschichtlichen Prozeß, den Gesetze lenken, die nicht nur von dem Willen, dem Bewußtsein und der Absicht der Menschen unabhängig sind, sondern vielmehr umgekehrt deren Wollen, Bewußtsein und Absichten bestimmen.[1]

Marx erklärte dies zur korrekten Deutung seiner Absicht – nämlich die Gesetze aufzudecken, die die gesellschaftliche Entwicklung lenken.

Es sind Passagen wie diese, die eine strenge deterministische Auslegung von Marx' Verständnis der menschlichen Geschichte und der Gesetze, die sie mit »eherner Notwendigkeit«[2] lenken, bestärkt haben. Dieser Prozess könne, wenn überhaupt, nur verlangsamt oder beschleunigt werden, aber

> auch wenn eine Gesellschaft dem Naturgesetz ihrer Bewegung auf die Spur gekommen ist, [...] kann sie naturgemäße Entwicklungsphasen weder überspringen, noch wegdekretieren. Aber sie kann die Geburtswehen abkürzen und mildern.

Deswegen zeige

> das industriell entwickeltere Land [...] dem minder entwickelten nur das Bild der eignen Zukunft.[3]

1 K[aufman]n, I. [I.]: Tochka zreniya politiko-ekonomicheskoi kritiki u Karl Marksa, in: Vestnik Evropy, Nr. 5, 1872, S. 427–436, hier 429; zit. nach Marx, Karl: Nachwort zur zweiten Auflage des Kapitals, MEW 23, S. 26.

2 Marx, Karl/Engels, Friedrich: Das Kapital, Bd. 1 (1867), Vorwort, MEW 23, S. 12.

3 Ebd., S. 15–16.

Das ist genau das, was Engels ausdrücken wollte, als er in seiner Grabrede für Marx davon sprach, dessen größte Errungenschaft sei die Enthüllung »jenes grundlegenden Gesetzes« gewesen, »das den Gang und die Entwicklung der menschlichen Geschichte bestimmt«[1] – wobei die Widersprüche, so Engels weiter, die sich dabei zwischen den Produktivkräften und den Produktionsverhältnissen auftun, zu einer unabänderlichen Abfolge von wirtschaftlichen Verhältnissen führen, die alle sozialen und politischen und letztendlich alle anderen Aspekte des Gemeinschaftslebens bestimmen.

Aber der Gedanke von der »freien Entwicklung« der Menschen – von einer Stufe der Vergesellschaftung, in der »die freie Entwicklung eines jeden die Bedingung für die freie Entwicklung aller ist« (um das Kommunistische Manifest zu zitieren)[2] – ist prima facie nicht eindeutig. Wenn es stimmt, dass der Mensch selbst das Produkt von objektiven Bedingungen ist, nicht nur von ökonomischen, sondern auch von denen seiner Umwelt – das heißt von geografischen, klimatischen, biologischen, physiologischen etc. Verhältnissen –, und wenn es stimmt, dass diese Kräfte nicht nur »auf« die Menschen, sondern auch »durch« sie wirken (entsprechend den Gesetzmäßigkeiten, auf die Marx während seiner Studien für das »Kapital« gestoßen ist), und wenn das Wissen darum im besten Fall die »Geburtswehen, die der klassenlosen Gesellschaft vorausgehen, abkürzen« kann, und nicht dazu befähigt, Einfluss auf den Prozess an sich zu nehmen – dann bleibt diese Vorstellung von menschlicher Freiheit sowohl in individueller als auch in gesellschaftlicher Hinsicht ganz offensichtlich erklärungsbedürftig.

Es ist eine Sache, zu sagen: Solange die Menschen nicht die Gesetze verstehen, die ihr Leben lenken, werden sie mit die-

1 Engels, Friedrich: Entwurf zur Grabrede für Karl Marx, MEW 19, S. 333.

2 Marx, Karl/Engels, Friedrich: Manifest der Kommunistischen Partei, MEW 4, S. 482.

sen in Konflikt geraten und Opfer von Mächten und Kräften bleiben, die sie nicht begreifen. Es ist eine andere Sache, zu sagen: Alles, was Menschen sind und tun, ist diesen Gesetzen unterworfen, und alle Freiheit ist lediglich die Anerkennung der Notwendigkeit dieser Gesetze und selbst ein Faktor in diesem unveränderlichen Prozess, in dem menschliche Entscheidungen, seien sie individuell oder kollektiv, vollends von Ursachen bestimmt werden, die im Prinzip von einem ausreichend informierten externen Beobachter gänzlich vorhersehbar sind. Für beide Aussagen lassen sich bei Marx passende Zitate finden. Es gibt eine umfängliche und gerade in der heutigen Zeit stetig anschwellende Fachliteratur, die diese offensichtlich widersprüchlichen Auffassungen zu deuten versucht, zum Teil mit der Absicht, den Widerspruch noch weiter zuzuspitzen, zum Teil mit der Absicht, beide Positionen miteinander zu versöhnen.

Wenn die historische Funktion des Kapitalismus und sein Verhältnis zu den Interessen einer spezifischen Klasse nicht richtig verstanden werden, dann wird dies das Leben von Millionen von Arbeitern nicht reicher machen, sondern es zerstören und deformieren, genauso wie das Leben ihrer Unterdrücker und wie alles, was nicht mit dem Verstand erfasst wird, sondern dem blind als Fetisch gehuldigt wird. Geld zum Beispiel, das früher einmal bei der Befreiung vom Tauschhandel eine fortschrittliche Rolle gespielt hat, ist heute zu einem Objekt der absoluten Anbetung geworden, dem alle hinterherjagen. Heute verroht es die Menschen und richtet sie zugrunde, obwohl es ursprünglich zu ihrer Befreiung erfunden wurde. Die Menschen werden von den Produkten ihrer eigenen mühsamen Arbeit und von ihren Produktionsmitteln abgespalten. Diese verselbstständigen sich. Mit der Begründung, diese zu schützen oder verbessern zu wollen, werden menschliche Wesen unterdrückt und wie Vieh oder verkäufliche Waren behandelt.

Das trifft auf alle Institutionen zu: Kirchen, Wirtschaftssysteme, Regierungsformen, Moralvorstellungen etc. Indem diese systematisch und auf bestimmten Stufen des Klassenkampfes notwendigerweise missverstanden werden, werden sie mächtiger als ihre Erfinder. Sie entwickeln sich zu von ihren Schöpfern verehrten Monstern, zu blinden und unglücklichen Frankensteinen, die das Leben ihrer Erzeuger durchkreuzen und verschlingen. Aufklärung und Kritik werden jedoch nicht ausreichen, um diese Monster zu vernichten, so wie sich die Junghegelianer das vorstellten. Um wirksam zu sein, müssen die Waffen, mit denen man kämpft – darunter auch Ideen –, der historischen Situation angemessen sein. Es dürfen weder die Waffen aus einer vorangegangenen Epoche sein, noch solche, für die der historische Prozess noch nicht reif ist. Die Menschen müssen sich zuallererst danach fragen, welche Stufe der Klassenkampf – die Dialektik in ihrem Prozess – erreicht hat, und dementsprechend handeln. Dieses Handeln muss »konkret« sein, weder zeitlos noch idealistisch oder »abstrakt«.

Die Entfremdung – die Verehrung von leblosen Gegenständen oder Ideen oder das Ersetzen von wahren menschlichen Beziehungen (und dem damit einhergehenden Respekt) durch imaginäre Beziehungen zwischen leblosen Gegenständen und Ideen – wird erst dann ein Ende finden, wenn die unterste Klasse, das Proletariat, das Bürgertum niedergerungen hat. Dann werden die von diesem Sieg beflügelten Ideen automatisch die Interessen der klassenlosen Gesellschaft – und damit der ganzen Menschheit – zum Ausdruck bringen und befördern. Weder Institutionen noch Vorstellungen, die auf der Verfälschung des Charakters eines Teils der menschlichen Rasse beruhen und zu einer Gegnerschaft zu dieser führen (oder Ausdruck davon sind), werden fortbestehen. Der Kapitalismus, in dem die menschliche Arbeitskraft verkauft und gekauft wird und die Menschen lediglich wie potenzielle Arbeitskräfte behandelt werden, ist ein System, das dazu tendiert, die Wahrheit über das, was der Mensch ist und was er sein könnte, zu unterdrücken und die Geschichte einem partikularen Klasseninteresse unterzuordnen. Deshalb ist dieses System dazu verurteilt, von der wachsenden Wut und Macht seiner sich zusammenschließenden Opfer (deren Existenz erst das Ergebnis der vielfältigen Siege des Kapitalismus ist) hinweggefegt zu werden. Alle Enttäuschung ist nach Marx das Produkt von Entfremdung, also den durch unausweichlichen Klassenkampf errichteten Hindernissen und sich daraus ergebenden Verzerrungen, mit der verschiedene Bevölkerungsgruppen von der harmonischen Zusammenarbeit, nach denen sich das Wesen des Menschen so sehr sehnt, ausgeschlossen werden.

In ihrem Werk »Die deutsche Ideologie« nehmen sich Marx und Engels nacheinander alle Junghegelianer vor und unterziehen deren Positionen einer kritischen »Würdigung«. Mit den Gebrüdern Bruno, Edgar und Egbert Bauer wird hier kurz und unnachgiebig abgerechnet genauso wie in der veröffentlichten, aber kaum gelesenen Schrift »Die Heilige Familie«. Für Marx und Engels sind sie erbärmliche Krämer, die mit minderwertiger metaphysischer Ware hausieren gehen und sich als Teil einer anspruchsvollen kritischen Elite gerieren, die sich aufgrund ihrer großen intellektuellen Begabung über den spießbürgerlichen Mob erheben zu können glaubt. Sie meinten, allein die Existenz einer solchen Elite würde genügen, um die Emanzipation derjenigen Teile der Menschheit, die dieses verdienen, zu bewirken. Anzunehmen, man könne sich von allen realen sozialen und ökonomischen Kämpfen fernhalten und zugleich die Gesellschaft transformieren, hielten Marx und Engels für akademische Verblendung, für eine Vogel-Strauß-Haltung. Diese würde genauso wie der Rest der Welt, zu der sie zählen, mit der wahren Revolution hinweggefegt werden, die, so viel war klar, nicht mehr lange auf sich warten lassen würde.

Die Abhandlung zu Stirner fällt wesentlich umfassender aus. Marx hatte ihm den Spitznamen »Sankt Max« verpasst und widmete ihm mehrere hundert Seiten voller unbarmherziger Schmähungen und Beleidigungen. Stirner betrachtete alle Lehren, Ideale und Theorien, aber auch alle politischen, sozialen und gesellschaftlichen Ordnungen als künstliche Gefängnisse, geschaffen, um den Verstand und den Geist der Menschen zu knebeln, Mittel zur Zähmung des Willens und um zu verbergen, dass jeder Einzelne über unbegrenzte schöpferische Kräfte verfüge. Alle Systeme müssten vernichtet werden, nicht weil sie schlecht waren, sondern einfach weil sie Systeme waren und von daher die Unterwerfung unter eine neue Form des Götzendienstes bedeuteten. Erst wenn diese Systeme alle beseitigt seien, könne, so Stirner, der Mensch seine unnatürlichen Ketten abwerfen, wahrhafter Herr seiner selbst werden und seine volle Größe als menschliches Wesen entfalten. Marx und Engels taten so, als handele es sich bei Stirners Lehre, die einen großen Einfluss auf Nietzsche und vermutlich auch auf Bakunin ausgeübt hat, um ein pathologisches Phänomen (vielleicht gerade, weil sie Marx' eigene ökonomische Theorie von der Entfremdung zu sehr vorweggenommen hat), ja um den gequälten Schrei eines unter Verfolgungswahn leidenden Neurotikers – eher ein Fall für die Medizin als für die politische Theorie.

Feuerbach wurde freundlicher behandelt. Ihm wird zugutegehalten, ein wesentlich nüchterner Autor zu sein und den ehrlichen, wenn auch unausgegorenen Versuch unternommen zu haben, die Mystifikationen des Idealismus aufzudecken. In seinen »Elf Thesen über Feuerbach«, die er etwa zur gleichen Zeit verfasst hat, schreibt Marx: Bereits frühere materialistische Denker hätten richtig erkannt, dass der Mensch zu einem Großteil das Produkt äußerer Umstände sowie seiner Erziehung und Bildung ist. Allerdings hätten sie übersehen, dass diese Umstände und Bedingungen selbst dem Handeln der Menschen unterlägen und Erzieher und Lehrer ebenfalls Kinder ihrer Zeit seien. Diese Lehre (Marx dachte dabei wohl vornehmlich an Robert Owen) habe die Gesellschaft willkürlich in zwei Lager eingeteilt: in die Massen, die allen möglichen Einflüssen hilflos ausgesetzt sind und deswegen befreit werden müssen; und die Erzieher und Lehrer, denen es wie auch immer gelinge, sich den Umwelteinwirkungen zu entziehen. Aber das Verhältnis zwischen Geist und Materie, zwischen Mensch und Natur sei ein wechselseitiges. Ansonsten würde man die Geschichte auf Physik reduzieren. Marx lobte Feuerbach dafür, deutlich gemacht zu haben, dass die Religion die Menschen in die Irre führe, indem sie eine Fantasiewelt erschaffe, eine Art Kompensation für das menschliche Elend in der realen Welt. Religion fördere die Weltflucht, sei ein goldener Traum oder »Opium des Volkes«, um die viel zitierte Aussage von Marx zu verwenden.[1] Von daher müsse die Religionskritik anthropologisch vorgehen, um die säkularen Wurzeln von Religionen aufzudecken und zu analysieren.

Marx warf Feuerbach aber auch vor, sich der eigentlich anstehenden Aufgabe nicht gestellt zu haben. Zwar habe er richtig erkannt, dass die Religion eine Art Arznei sei, mit dem die Unglückseligen ihr Leiden an den Widersprüchen der materiellen Welt zu lindern suchten. Feuerbach sei aber an diesem Punkt stehengeblieben, er habe übersehen, dass in diesem Fall die Widersprüche aus dem Weg geräumt werden müssten, wenn aus ihnen keine Trost versprechenden und verhängnisvollen Täuschungen entstehen sollen. Allein die Revolution sei hierzu in der Lage, dürfe aber nicht nur den Überbau – die Welt der Gedanken – betreffen, sondern auch ihren materiellen Nährboden, die wirkliche Welt der Menschen und Dinge. Nach Marx hatte die Philosophie bis dahin Ideen und religiöse Überzeugungen so behandelt, als hätten sie an sich einen Wert, was ihm zufolge aber niemals der Fall gewesen sei. Marx sah den wahren Inhalt eines Glaubens in den Taten, in denen

1 Marx, Karl: Zur Kritik der Hegelschen Rechtsphilosophie, Einleitung, MEW 1, S. 378.

er zum Ausdruck komme. Die wahren Überzeugungen und Prinzipien von Menschen oder einer Gesellschaft zeigten sich in ihrem Handeln und nicht in ihren Worten. Glaube und Taten seien eins: Drücke sich im Handeln nicht der erklärte Glauben aus, dann handele es sich bei diesen religiösen Überzeugungen um Lügen, um bewusste oder unbewusste »Ideologien«, die das Gegenteil von dem verfolgten, zu dem sie sich bekennen. Theorie und Praxis seien eins oder sollten zusammenfallen. »Die Philosophen haben die Welt nur verschieden *interpretiert;* es kömmt drauf an, sie zu *verändern.*«[1]

Die sogenannten wahren Sozialisten, namentlich Grün und Heß, kommen bei Marx und Engels nicht viel besser weg. Obwohl sie sich in ihren Schriften mit den aktuellen gesellschaftlichen Verhältnissen befassten, beschuldigte man sie, Ideale für wichtiger als Interessen zu halten und damit ähnlich weit entfernt von einer klaren Analyse der Fakten zu sein. Sie hätten die politische Ungleichheit und das allgemeine Unbehagen ihrer Generation zu Recht auf die ökonomischen Widersprüche zurückgeführt und erkannt, dass diese sich nur über die vollständige Abschaffung des Privateigentums beseitigen ließen. Sie betrachteten allerdings den technologischen Fortschritt, der dies erst ermöglicht habe, nicht als Ziel, sondern nur als ein Mittel, glaubten, Taten ließen sich nur unter Berufung auf moralische Ideale rechtfertigen und die Anwendung von Gewalt schade dem eigentlichen Zweck (auch wenn dieser noch so ehrenwert sei), weil in gewaltförmigen Auseinandersetzungen beide Seite brutalisiert würden und nach Beendigung des Kampfes nicht wirklich frei sein könnten. In den Augen der »wahren Sozialisten« musste deshalb die Emanzipation der Menschheit allein mit friedlichen und zivilisierten Mitteln erfolgen, die möglichst rasch, ohne große Schmerzen zu verursachen, zur Anwendung kommen soll-

1 Marx, Karl: Elf Thesen über Feuerbach (1845; veröffentlicht 1888), MEW 3, S. 535.

ten. Denn wenn die Industrialisierung erst einmal einen bestimmten Punkt erreicht habe, sei ein blutiger Klassenkampf unvermeidbar. Unterlasse man diese Schritte, bliebe am Ende nur noch die Gewalt, womit am Ende die eigene Niederlage besiegelt werde. Eine Gesellschaft, die durch das Schwert errichtet wurde, werde sich, selbst wenn sie am Anfang auf der Seite der Gerechtigkeit gestanden habe, früher oder später in eine Tyrannei der siegreichen Klasse – auch wenn dies die Arbeiterklasse sein sollte – über den Rest der Bevölkerung verwandeln. Und dies sei nicht zu vereinbaren mit dem Prinzip der Gleichheit der Menschen, das der wahre Sozialismus verwirklichen wolle.

Die »wahren Sozialisten« lehnten die These von der Notwendigkeit eines offenen Klassenkampfes mit der Begründung ab, dieser versperre den Arbeitern den Blick für den Wert der Rechte und Ideale, derenthalber sie überhaupt den Kampf aufgenommen hätten. Nur indem man die Menschen von Anbeginn als gleichwertige und als menschliche Wesen behandelt – das heißt auf Gewalt verzichtet, an Solidarität, Gerechtigkeitssinn und Großmut der Menschheit appelliert –, kann ein dauerhafter Einklang von Interessen erzielt werden. Vor allem aber waren die »wahren Sozialisten« dagegen, die Lasten des Proletariats von deren Schultern einfach auf die einer anderen Klasse zu verlagern. Marx und seinen Anhängern warfen sie vor, diese seien nur auf einen Rollentausch der existierenden Klassen aus, sie wollten der Bourgeoisie ihre Macht entreißen, nur um diese zugrunde zu richten und zu unterjochen. Dies sei nicht nur aus moralischen Gründen inakzeptabel, sondern würde auch den Klassenkampf auf Dauer stellen. Damit würde die Chance vertan, die bestehenden Widersprüche in der einzigen denkbaren Form aufzuheben, nämlich durch die Verschmelzung von widerstreitenden Interessen in einem gemeinsamen Ideal.

Marx erachtete dies alles als Idiotie oder hohle Phrasen. Die ganze Argumentation – so wurde Marx nicht müde zu betonen – beruhe auf der Voraussetzung, dass selbst Kapitalisten vernünftigen Argumenten zugänglich seien und unter bestimmten Umständen sogar bereit sein könnten, ihre Macht, die ihnen qua Geburt, qua ihres Vermögens oder bestimmten Fähigkeiten zugefallen sei, zugunsten eines moralischen Gebots – eine gerechtere Welt zu schaffen – freiwillig aufzugeben. Für Marx war dies der älteste, geläufigste und am häufigsten widerlegte Irrtum unter allen Trugschlüssen der Rationalisten. Er war diesem in seiner schlimmsten Form bereits bei seinem Vater und dessen Zeitgenossen begegnet, hatten diese doch fest daran geglaubt, am Ende würden zwangsläufig Vernunft und moralische Größe triumphieren. Spätestens die bestürzenden Entwicklungen im Zuge der Französischen Revolution hatten diese Theorie in Marx' Augen jedoch vollends diskreditiert. Wer sie immer noch pathetisch vertrat, so als lebte man weiterhin im 18. Jahrhundert, machte sich in seinen Augen entweder maßloser Dummheit schuldig, suchte sein Heil in bloßen Worten oder hatte sich bewusst auf die Seite der Utopisten geschlagen. Dabei hielt es Marx damals für die dringlichste Aufgabe, die gesellschaftliche Lage mit aller Nüchternheit und gebotener Wissenschaftlichkeit zu analysieren.

Marx war es wichtig klarzustellen, dass er nicht den umgekehrten Fehler beging. Er widersprach nicht einfach nur der These, dass der Mensch von Natur aus prinzipiell gut und gerecht sei, indem er behauptete, er sei im Gegenteil gierig, selbstsüchtig und unfähig zu uneigennützigem Handeln. Dies wäre eine genauso subjektive und ahistorische Hypothese wie die seiner Widersacher gewesen. Beiden, so Marx, lag die irrtümliche Annahme zugrunde, menschliches Handeln werde letztendlich durch den jeweiligen moralischen Charakter des Einzelnen bestimmt, der sich relativ unabhängig von seiner Umwelt beschreiben lasse. Getreu der Hegel'schen Methode, wenn auch konträr zu dessen Schlussfolgerungen, behauptete Marx, die Zwecke eines Menschen ergäben sich aus den sozialen, das heißt den wirtschaftlichen Verhältnissen, in die er hineingeworfen ist, ganz gleich, ob er sich dessen bewusst sei oder nicht. Unabhängig von seinen Ansichten würde sein Handeln unweigerlich seinen wahren Interessen und den Anforderungen, die sich aus seiner materiellen Lage ergeben, folgen. Bei den meisten Menschen kollidierten ihre bewussten Zielsetzungen nicht mit ihren wahren Interessen, das heißt den Interessen der Klasse, der sie angehören, obwohl diese bisweilen nicht wie so viele unabhängige, objektive und uneigennützige Zwecke politischer, moralischer, ästhetischer oder emotionaler Natur auf den ersten Blick deutlich zu erkennen seien. Die meisten Menschen tendierten dazu, ihre eigene Abhängigkeit von ihrer Umgebung und Situation, insbesondere von ihrer Klassenzugehörigkeit, derart wirkungsvoll vor sich selbst zu verschleiern, dass sie am Ende ernsthaft davon überzeugt waren, dass ein Sinneswandel eine völlig andere Lebensweise nach sich ziehen würde.

Dies war für Marx der größte Irrtum, dem moderne Denker jemals aufgesessen waren. Er führte ihn zum Teil auf den protestantischen Individualismus zurück, der als das »ideologische« Gegenstück zum Freihandel und der ungezügelten Produktion entstanden war und die Menschen glauben machte, jeder sei seines eigenen Glückes Schmied, Glaube und Willenskraft seien ausreichend dafür, es stehe in der Macht jedes Einzelnen, geistigen und materiellen Wohlstand zu erringen, und schließlich sei am Ende jeder für seine Schwächen und sein Elend selbst verantwortlich. Marx' Erwiderung darauf lautete: Die Freiheit des Handelns und die Optionen, zwischen denen die Menschen wählen können, hängen davon ab, welche Position sie im sozialen Gefüge einnehmen. Alle Vorstellungen von Recht und Unrecht, von Gerechtigkeit und Ungerechtigkeit, Selbstlosigkeit und Egoismus würden an der Sache vorbeigehen, da sie sich ausschließlich auf die Befindlichkeiten ihrer Subjekte beziehen. Sie könnten niemals mehr als Symptome ihres tatsächlichen Zustands sein, auch wenn sie authentisch erscheinen mögen. Was allein zähle, waren Taten, insbesondere das objektive Gruppenverhalten, unabhängig von den subjektiven Motivationen ihrer Mitglieder.

In manchen Fällen, in denen Patienten selbst mit der Wissenschaft der Pathologie vertraut sind, gelingt es ihnen, ihren eigenen Zustand präzise zu diagnostizieren. Das ist genau das, was die Gesellschaftsphilosophen mit Einsicht gemeint haben. Aber in der Regel stellten sich die Symptome als die einzig wahre Wirklichkeit dar und beanspruchten die ganze Aufmerksamkeit des Leidenden. Da es sich bei den Symptomen in diesem Fall um geistige Zustände handelt, mündete dies in dem ansonsten unerklärlichen Irrtum, dass die Realität von ihrem Wesen her geistig oder spirituell sei, und daraus folgend: Geschichte ließe sich ändern durch die Entscheidungen Einzelner und deren ungebremste Willenskraft. Wenn Prinzipien und ideelle Anliegen nicht mit den realen Interessen, die das Handeln verursachen, zusammenkommen, blieben sie nichts als hohle Phrasen. In ihrem Namen Menschen zum Kampf aufzurufen, bedeute nichts anderes, als sie in eine Sackgasse zu führen und sie in eine Lage zu bringen, in der die Unfähigkeit, die eigene wahre Situation zu erkennen, sie in Chaos und Unglück stürze.

Um die Welt verändern zu können, bedarf es zunächst eines Verständnisses des Gegenstands der Gesellschaft, mit der man es zu tun hat. Die Bourgeoisie hat kein Interesse daran, die herrschende Ordnung zu ändern, sondern will den *Status quo* erhalten. Sie handelt und denkt in Begrifflichkeiten, die, weil sie selbst Ausdruck einer bestimmten Entwicklungsstufe sind, als Mittel ihrer vorübergehenden Erhaltung dienen, unabhängig davon, was sie vorgeben zu sein. Das Proletariat wiederum hat ein Interesse an Gesellschaftsveränderung, übernimmt aber blindlings das gesamte intellektuelle Rüstzeug des Denkens der Mittelschicht – selbst ein Ergebnis der Bedürfnisse und Bedingungen des Bürgertums – obgleich zwischen den Interessen beider Klassen ein Abgrund klafft. Aus dem Mund von bürgerlichen Liberalen stammend, beziehen sich Aussagen zu Gerechtigkeit oder zur Freiheit immer mehr oder weniger auf etwas Bestimmtes. Auch wenn sie sich dabei häufig etwas vormachen, geht es um ihre Haltung zu ihrem eigenen Lebensstil oder darum, wie sie sich ihre Beziehung zu Angehörigen anderer sozialer Klassen wünschen. Wenn sie vom »entfremdeten« Proletariat nachgeplappert werden, tönen sie jedoch einfach nur hohl, da sie keine Verbindung zu seinem wirklichen Leben haben und nur seinen verwirrten Geisteszustand verraten. Sie sind Ausdruck der hypnotischen Kraft von Worten, die Sachverhalte durcheinanderbringen und damit versäumen, die Handlungsmacht des Proletariats zu stärken, sie vielmehr behindern und lähmen.

Marx betrachtete daher die Mutualisten, die »wahren Sozialisten« und die mystischen Anarchisten als Feinde des Proletariats, auch wenn deren Beweggründe noch so rein sein sollten. Sie waren letztendlich noch gefährlicher als die Bourgeoisie, da die Letztere zumindest als offener Gegner auftrat und man den Arbeitern beibringen konnten, ihren Worten und Taten zu misstrauen. All die anderen hingegen, die sich mit der Arbeiterklasse solidarisch erklärten und unterstellten, es gebe so etwas wie universelle Interessen, die alle Menschen teilten, Interessen, unabhängig von Klassenzugehörigkeiten bzw. solche, die diese überstiegen, stifteten im Lager der Arbeiter nur Verwirrung und geistige Umnachtung, womit ihre Kampfkraft für die bevorstehenden Kämpfe nur geschwächt werde. Die Arbeiter müssten verstehen lernen, dass das moderne industrielle System genauso wie der Feudalismus davor oder jedes andere gesellschaftliche System von einer Klasse dominiert werde. Solange die herrschende Klasse es für die Aufrechterhaltung der eigenen Klasse als Klasse benötige, werde das kapitalistische System der Produktion und Verteilung mit eisernem Despotismus einhergehen, dem sich niemand – sei er Herr oder Knecht – entziehen könne. Alle visionären Träume von der Freiheit der Menschen, von einer

Zeit, in der die Menschen ihre natürlichen Talente vollends entfalten können, in der sie spontan leben und Dinge erschaffen können, ohne länger von anderen, die ihnen sagen, was sie denken oder tun sollen, abhängig zu sein, müssen eine unerreichbare Utopie bleiben, solange der Kampf um die Kontrolle der Produktionsmittel anhält.

Nun geht es in diesem Kampf nicht länger nur um die Kontrolle über die Subsistenzmittel, da die modernen Erfindungen und Entdeckungen die natürliche Knappheit zu überwinden vermochten. Es handelt sich nun um einen künstlich erzeugten Mangel, der mit dem Kampf um die Kontrolle über neue Maschinen und Instrumente zusammenhängt. Dieser Prozess führe zwangsläufig zu einer Zentralisierung von Macht und zur Errichtung von Monopolen an dem einen Ende der sozialen Skala und zu wachsender Not und Erniedrigung an ihrem anderen Ende. Der Krieg zwischen ökonomisch bestimmten Gruppen allein trennt die Menschen voneinander, trübt ihren Blick für die wahren Ursachen ihrer Lage und macht sie zu Sklaven von Gewohnheiten und Regeln. Dieses Regelwerk trauen sie sich nicht zu hinterfragen, weil es beim ersten Kontakt mit historischen Erklärungen sofort in sich zusammenfallen würde. Letztlich gibt es nur ein Heilmittel: Nur die Überwindung des Klassenkampfs vermag diese sich vertiefende Kluft zu beseitigen. Aber das Wesen einer Klasse besteht darin, mit anderen Klassen zu konkurrieren. Von daher kann das Ziel nicht dadurch erreicht werden, dass eine Gleichheit zwischen den Klassen hergestellt wird – das ist eine utopische Vorstellung –, sondern nur durch die völlige Abschaffung der Klassen an sich.

Genauso wie frühere Rationalisten sah Marx den Menschen als potenziell vernünftig, schöpferisch und frei an. Dass diese Grundzüge seines Charakters heute kaum mehr zu erkennen sind, führte er auf den langen und grausamen Krieg zurück, den er und seine Vorfahren gezwungen waren zu führen, seitdem die Gesellschaft nicht mehr in Form eines primitiven Kommunismus organisiert ist, aus dem heraus sich der herrschenden Anthropologie zufolge alle folgenden Gesellschaften entwickelt haben. Bis dieser Zustand des Kommunismus wiederhergestellt ist – der dann aber von all den technologischen und geistigen Errungenschaften profitieren würde, welche die Menschheit im Laufe ihres Umherirrens durch die Wüste erreicht haben, kann weder Frieden noch Freiheit herrschen. Die Französische Revolution war ein Versuch, diesen Zustand der Gesellschaft nur über die Veränderung der politischen Form herbeizuführen, was der Bourgeoisie in die Hände spielte, weil diese bereits das wirtschaftliche Leben beherrschte. Daher war das Einzige, was die Revolution (entsprechend ihres historischen Auftrages auf der gesellschaftlichen Entwicklungsstufe, auf der sie stattfand) erreichte, das Bürgertum in den politischen Sattel zu heben, indem sie die korrupten Überbleibsel eines überholten feudalen Regimes hinwegfegte. Napoleon, von dem niemand jemals erwartet hatte, er würde sich zum Befreier der Menschheit aufschwingen, kam nicht umhin, diesen Auftrag zu Ende zu führen. Welche persönlichen Beweggründe ihn dabei auch immer angetrieben haben mögen: Die Anforderungen seiner historischen Bedingungen machten ihn unweigerlich zu einem Instrument des gesellschaftlichen Wandels. Durch sein Handeln, darauf hat insbesondere Hegel hingewiesen, kam Europa der Verwirklichung seines Schicksals einen Schritt näher.

Die allmähliche Befreiung der Menschheit hat eine bestimmte und unumkehrbare Richtung eingeschlagen: Jede neue Epoche wird eingeleitet durch die Befreiung einer bis dahin unterdrückten Klasse. Eine einmal vernichtete Klasse kann nie wieder ihre ehemalige Position einnehmen. Die Geschichte bewegt sich nicht rückwärts oder kreisförmig, alle ihre Errungenschaften sind endgültig und unumstößlich. Die Mehrheit der vorangegangenen vorbildlichen Verfassungen war wertlos, weil sie die gegebenen Gesetzmäßigkeiten der historischen Entwicklung ignorierte und sich stattdessen nach den subjektiven Launen und Fantasien von einzelnen Denkern richtete. Man muss diese Gesetzmäßigkeiten kennen, um politisch wirksam sein zu können. Das Mittelalter löste die Antike ab, der Feudalismus die Sklaverei und das industrielle Bürgertum wiederum den Feudalismus. Diese Übergänge verliefen nicht friedlich, sondern waren begleitet von Kriegen und Revolutionen. Keine einmal etablierte Ordnung räumt ihrer Nachfolgerin kampflos das Feld.

Heute ist nur noch eine Klasse versklavt und wird von allen anderen am Boden gehalten: das land- und eigentumslose Proletariat, ein Geschöpf des technischen Fortschritts. Es hat den über ihm stehenden Klassen unablässig dabei geholfen, das Joch des gemeinsamen Unterdrückers abzuschütteln, aber nach jedem gemeinsam errungenen Sieg sah es sich immer wieder dazu verurteilt, von seinen ehemaligen Verbündeten erneut unterworfen und unterdrückt zu werden, von der siegreichen Klasse, von Herren, die bis vor Kurzem selbst noch Knechte waren. Das Proletariat befindet sich auf der denkbar niedrigsten sozialen Stufe der gesellschaftlichen Ordnung, es gibt unter ihm keine Klasse mehr. Mit seiner eigenen Emanzipation wird es daher auch gleich die ganze Menschheit befreien. Es hat – im Gegensatz zu anderen Klassen – keine eigenen Ansprüche, keine eigenen Interessen, die es nicht mit den Menschen an sich teilen würde: Man hat ihm alles genommen, bis auf seine bloße Humanität. Sein ganzes Elend bringt das Proletariat dazu, menschliche Wesen an sich zu verkörpern. Was ihm zusteht, ist das Minimum, das allen zusteht. Sein Kampf ist daher nicht ein Kampf um die natürlichen Rechte eines bestimmten Teils der Gesellschaft, da Naturrechte nur der ideelle Ausdruck der Haltung der bürgerlichen Klasse gegenüber dem Privateigentum sind, das sie für heilig erklärt hat. Die einzigen wahren Rechte sind jene, die von der Geschichte verliehen werden, etwa das Recht, als Klasse die Rolle einzunehmen, die historisch für sie vorgesehen ist. Der Bourgeoisie kommt in diesem Sinne jedes Recht zu, seinen letzten Kampf gegen die Massen zu führen, aber das Ganze ist letztlich aussichtslos. Sie wird auf jeden Fall besiegt werden, genauso, wie es zuvor dem Feudaladel ergangen ist.

Was die Massen anbelangt, so kämpfen diese nicht um ihre Befreiung, weil sie das wollen, sondern weil sie es müssen. Oder andersherum: Sie entscheiden sich zu kämpfen, weil sie müssen. Der Kampf ist die Bedingung für ihr Überleben. Ihnen gehört die Zukunft. Und indem sie für diese Zukunft kämpfen, kämpfen sie wie jede aufstrebende Klasse gegen einen Gegner, der dem Untergang geweiht ist, und damit für die gesamte Menschheit. Aber während alle früher erfochtenen Siege jeweils nur eine neue Klasse an die Macht gebracht haben, die selbst wieder zu alsbaldigem Verschwinden historisch verurteilt war, wird dieser Konflikt der letzte in seiner Art sein. Durch die Abschaffung aller Klassen und des Staates selbst, bis dahin das Instrument einer bestimmten Klasse, ist das Proletariat dazu ausersehen, die Voraussetzungen solcher Kämpfe ein für alle Mal zu beseitigen, um eine freie, weil klassenlose Gesellschaft zu errichten. Dem Proletariat muss begreiflich gemacht werden, dass es keinen wirklichen Kompromiss mit dem Feind geben kann. Zwar lassen sich zeitlich begrenzte Bündnisse mit ihm eingehen, um einen anderen gemeinsamen Gegner niederzuringen. Am Ende aber muss es sich entschieden gegen ihn stellen.

In rückständigen Ländern, in denen die Bourgeoisie weiterhin darum kämpft, an die Macht zu gelangen, muss das Proletariat ganz klar auf deren Seite stehen, ohne sich zu fragen, wie die Ideale der bürgerlichen Klasse aussehen mögen. Es ist nur *gezwungen,* sich zu fragen, welche Aufgabe ihm in einer spezifischen historischen Situation zufällt, und dementsprechend seine Taktik daran anpassen. Obwohl die Geschichte vorherbestimmt ist und daher feststeht, dass die aufstrebende Klasse unabhängig von dem Willen Einzelner am Ende gewinnen wird, ist die menschliche Initiative in dieser

Situation durchaus von Belang. Wie schnell der Sieg errungen wird, wie effektiv oder schmerzlos er vor sich gehen wird, wie sehr er im Einklang ist mit dem bewussten Volkswillen ist, all das hängt von dem Grad des Verständnisses ab, den die Massen für ihre historische Aufgabe aufbringen, und von dem Mut wie der Wirkungskraft ihrer Anführer.

Nach Marx besteht die Pflicht des zeitgenössischen Philosophen gerade darin, dies deutlich zu machen und den Massen beizubringen, worin ihre Bestimmung besteht. Wie aber lässt sich, so ist immer wieder gefragt worden, aus der Wahrheit einer Geschichtstheorie ein solches Gebot oder ein solcher Befehl, dieses oder jenes zu tun, ableiten? Der historische Materialismus vermag vielleicht zu erklären, was sich tatsächlich ereignet, aber kann nicht – eben, weil er sich allein mit dem befasst, was ist – Antworten auf Wertefragen geben. Das heißt, er kann uns nicht sagen, wie die Dinge sein sollten. Marx hat diese Unterscheidung, die Hume und Kant ins Zentrum der philosophischen Aufmerksamkeit gerückt hatten, selbst nicht explizit getroffen. Aber für Marx schien es offensichtlich unmöglich (und hier folgt er erneut Hegel), die Beurteilung von Fakten eindeutig von Werturteilen abzugrenzen. Für ihn sind alle unsere Urteile von praktischen Erfahrungen in einem gegebenen sozialen Milieu bestimmt, wobei dies wiederum eine Funktion des Stadiums ist, das die eigene Klasse in der historischen Evolution erreicht hat. Unsere Ansichten darüber, was unserer Überzeugung nach existiert, und unsere Wünsche, was wir damit anfangen wollen, bedingen und beeinflussen sich gegenseitig. Wenn moralische Urteile Anspruch auf objektive Gültigkeit erheben, müssen sie in Begriffen empirischer Tätigkeiten definierbar und mit Bezug darauf auch verifizierbar sein.

Marx bestritt die Existenz einer nicht empirischen, rein kontemplativen oder spezifisch moralischen Intuition oder so etwas wie einer moralischen Vernunft. Will man etwas als gut oder schlecht, als richtig oder falsch kennzeichnen, so besteht ihm zufolge der einzige Weg in dem Nachweis, dass etwas dem historischen Prozess, dem kollektiven fortschrittlichen Tun der Menschen, entspricht oder widerspricht, ihn fördert oder hemmt, ihn selbst überleben oder unweigerlich verschwinden wird. Alle Anliegen, die unentwegt in dem komplexen, aber historisch vorbestimmten Aufstieg der Menschheit verlieren oder zum Scheitern verurteilt sind, gelten allein deswegen als schlecht oder falsch – das ist es, was die Bedeutung solcher Begriffe ausmacht. Aber dabei handelt es sich um ein gefährliches empirisches Kriterium, weil es passieren kann, dass bestimmte Anliegen, die zunächst als überholt erschienen sein mögen, nur einen vorübergehenden Rückschlag erlitten haben und sich am Ende doch durchsetzen können.

Marx' Verständnis von Wahrheit lässt sich im Allgemeinen direkt aus dieser Position ableiten. Bisweilen hat man ihn beschuldigt, die Ansicht zu vertreten, weil das Denken des Menschen völlig von seinem gesellschaftlichen Umfeld abhänge, könne er, selbst wenn einige seiner Aussagen objektiv wahr sein sollten, dies nicht wissen, da er dazu konditioniert sei, sie aufgrund von materiellen Gründen für wahr zu halten und nicht deswegen, weil sie der Wahrheit entsprechen. Marx' Ausführungen zu dieser Frage sind in gewisser Weise vage geblieben. Aber prinzipiell kann davon ausgegangen werden, dass er der gängigen Interpretation zugestimmt hätte, was gemeint ist, wenn gesagt wird, eine Theorie oder eine These trifft zu oder ist falsch, sei es in den Naturwissenschaften oder im Bereich der Alltagserfahrungen. Allerdings war er an dieser Frage, die wahrscheinlich zu den am meisten diskutierten in der modernen Philosophie zählt, so gut wie gar nicht interessiert.

Vielmehr beschäftigte ihn die Frage, warum bestimmte soziale, moralische oder historische Urteile für wahr oder für falsch gehalten werden. Der diesbezügliche Streit zwischen Kontrahenten lässt sich nämlich nicht so einfach durch den unmittelbaren Bezug auf für beide zugängliche empirische

Fakten beilegen. Marx hätte vermutlich zugestimmt, dass sowohl ein bürgerlicher als auch ein sozialistischer Historiker die schlichte Aussage akzeptieren könnte, Napoleon sei im Exil gestorben. Dennoch, so hätte er hinzugefügt: Kein Historiker beschränkt sich auf eine Aufzählung von Ereignissen und Daten. Zumindest hängt die Glaubwürdigkeit seiner Darstellung der Vergangenheit, des Anspruchs, mehr als eine reine Chronik zu liefern, am Ende von der Wahl seiner grundlegenden Konzepte und Begrifflichkeiten ab sowie von seiner Fähigkeit, seine Darstellung gut zu strukturieren und zu konturieren. Bereits die Auswahl des Materials gibt schon einen Hinweis auf die Neigung des Verfassers, bestimmte Ereignisse als wichtig hervorzuheben oder als belanglos abzutun, als für den Fortschritt der Menschheit ab- oder zuträglich, als gut oder als schlecht zu beurteilen. Und an dieser Neigung lassen sich ganz deutlich seine soziale Herkunft, das gesellschaftliche Umfeld sowie seine Klassenzugehörigkeit und seine Klasseninteressen ablesen.

Diese Haltung scheint seiner hegelianischen Vorstellung von der Vernunft als Kenntnis von den Gesetzen der Notwendigkeit zu unterliegen. Marx hat sich ganz selten auf irgendeine Form der philosophischen Analyse eingelassen. Die allgemeine Linie seiner Theorie über das Wissen, die Moral oder die Politik muss man sich aus verstreuten Beobachtungen und Ausführungen erschließen und aus dem, was er als selbstverständlich erachtet und fraglos akzeptiert hat. Seine Verwendung von Begriffen wie Freiheit oder Vernunft, seine ganze ethische Terminologie scheint auf den folgenden Ansichten zu beruhen (für die keine einzelnen Kapitel oder Absätze als Quelle angegeben werden können, die jedoch Marx' orthodoxe Jünger wie Plechanow, Kautsky, Lenin oder Trotzki genauso wie seine unabhängigeren Anhänger wie Lukács und Gramsci in ihrem Denken verkörpern). Wenn man weiß, in welche Richtung sich der Weltprozess entwickeln wird, ist einem freigestellt, sich mit diesem Prozess zu identifizieren oder nicht. Wenn man sich nicht damit identifiziert, nimmt man damit automatisch seinen eigenen Untergang in Kauf, wird man von der fortschreitenden Geschichte zwangsläufig besiegt. Sich bewusst für den Untergang zu entscheiden bedeutet, sich vernunftwidrig zu verhalten. Nur ein vollauf vernünftiges Wesen verfügt über die Freiheit, zwischen Alternativen auszuwählen: Wenn die eine unweigerlich zur eigenen Vernichtung führt, kann der Mensch sich unmöglich frei dafür entscheiden. Denn so, wie Marx freies Handeln verstand, kann dies nicht gegen die Vernunft verstoßen. Obwohl das Bürgertum als Klasse dazu verurteilt ist unterzugehen, mögen einzelne Bürger der Vernunft folgen und sich zu retten versuchen (wie Marx von sich selbst hätte behaupten können), indem sie sich von ihrer Klasse loslösen, bevor diese von der Bühne endgültig abtreten muss.

Solange die Gesellschaft nicht vernünftig gestaltet ist, das heißt, nicht die Widersprüche überwunden hat, die Illusionen schüren und das Verständnis von Herr und Knecht verschleiern, solange kann es keine wahre Freiheit geben. Aber die Menschen können auf eine freie Welt hinwirken, indem sie den wahren Status des Gleichgewichts der Kräfte entdecken und dementsprechend handeln. Der Weg hin zum Frieden erfordert das Wissen von historischen Notwendigkeiten. Die von Marx verwendeten Begriffe wie »Recht«, »frei« oder »vernünftig« – solange er damit nicht unmerklich in den alltagssprachlichen Gebrauch abgleitet – verdanken ihren exzentrischen Klang dem Umstand, dass sie aus seinen metaphysischen Überlegungen hervorgegangen sind. Von daher weichen sie stark von der umgangssprachlichen Verwendung ab, wo die Begriffe weitgehend dazu dienen, Sachverhalte festzuhalten und zu kommunizieren, die Marx nur ganz am Rande interessierten – nämlich die subjektiven Erfahrungen von klassenwidernatürlichen Individuen, ihrer geistigen und körperlichen Verfassung, wie sie sich in ihren Sinneswahrnehmungen oder in ihrem Selbstbewusstsein enthüllen.

So sieht ganz grob skizziert die Geschichts- und Gesellschaftstheorie aus, die die häufig ›implizite‹ metaphysische Grundlage des Kommunismus bildet. Es ist eine weitreichende und umfassende Lehre, deren Struktur und grundlegenden Begriffe auf Hegel und die Junghegelianer zurückgehen. Ihre dynamischen Prinzipien stammen von Saint-Simon, der Glaube an das Primat der Materie geht auf Feuerbach zurück und Marx' Perspektive auf das Proletariat ist in der französischen kommunistischen Tradition verankert. Und trotzdem stellt diese Lehre etwas ganz Eigenes dar. Die Kombination verschiedener Elemente führte in ihrem Fall nicht zu einer Art Synkretismus, sondern zu einem kühnen und schlüssigen Gedankengebäude mit einem enormen Geltungsanspruch und einer beeindruckenden architektonischen Qualität, zugleich größter Stolz und verheerende Schwäche jeglichen hegelianischen Denkens. Aber man kann Marx nicht die unverantwortliche und verächtliche Haltung vorwerfen, die Hegel gegenüber den Ergebnissen der wissenschaftlichen Forschung seiner Zeit an den Tag gelegt hat. Im Gegenteil: Marx hat sich bemüht, der von den empirischen Wissenschaften vorgegebenen Richtung zu folgen und ihre allgemeinen Resultate in seine Lehre zu integrieren.

Marx' eigene Praxis stimmte nicht immer mit diesem theoretischen Ideal überein, die seiner Anhänger bisweilen noch weniger. Die Fakten werden, wenn schon nicht unmittelbar verzerrt, dann doch im Zuge ihrer Einpassung in das komplexe dialektische Modell mitunter sonderbaren Umgestaltungen unterzogen. Bei Marx' Lehre haben wir es mit mehr als einer rein empirischen Theorie zu tun, da sie sich nicht auf die Beschreibung von beobachtbaren Phänomenen und die Formulierung von Hypothesen zu deren Struktur und Verhalten beschränkt. Die marxistische Lehre von der Bewegung in dialektischen Kollisionen ist keine Hypothese, die durch faktische Beweise mehr oder minder glaubhaft wird, sondern ein Modell, das Ergebnis einer nicht empirischen historischen

Methode, deren Gültigkeit nicht infrage gestellt wird. Dies zu verneinen wäre für Marx gleichbedeutend mit einer Rückkehr zu einem vulgären Materialismus, der die entscheidenden Entdeckungen von Hegel und auch Kant ignoriert und nur die Verbindungen als real betrachtet, für die es überprüfbare Beweise durch die physischen Sinne gibt.

Diese Theorie ist in mehrfacher Hinsicht einzigartig, in ihrer Schärfe und Klarheit, mit der sie ihre Fragen formuliert, in der methodischen Rigorosität, mit der sie nach Antworten auf ihre Fragen sucht, sowie in der Kombination aus Detailversessenheit und großem Verallgemeinerungspotenzial. Selbst wenn sich all ihre einzelnen Schlussfolgerungen als falsch herausstellen sollten, bliebe ihre Errungenschaft, eine völlig neue Einstellung zu sozialen und historischen Fragen befördert und damit neue Wege des menschlichen Wissens eröffnet zu haben, völlig unberührt. Die wissenschaftliche Erforschung von historisch entstandenen wirtschaftlichen Verhältnissen und ihres Einflusses auf andere Aspekte des Lebens von Gemeinschaften und Individuen nahm ihren Beginn mit der Anwendung marxistischer Interpretationsansätze. Frühere große Denker wie etwa Vico, Hegel oder Saint-Simon haben allgemeine Schemata entworfen, aber deren direkte Ergebnisse, wie sie etwa in den gigantischen Systemen von Comte oder Spencer enthalten sind, waren zugleich zu abstrakt und zu vage, sodass sie heute meist nur noch von Historikern und denjenigen, die sich mit Ideengeschichte beschäftigen, erinnert werden. Der wahre Vater der modernen Wirtschaftsgeschichte, ja der modernen Soziologie – insofern irgendein Wissenschaftler Anspruch auf diesen Titel erheben kann –, ist Karl Marx. Wenn es ein Anzeichen für Genialität ist, aus ehemaligen Paradoxa Gemeinplätze gemacht zu haben, dann war Marx reichlich damit gesegnet. Seine Leistungen auf diesem Gebiet sind in dem Maße immer mehr in Vergessenheit geraten, wie ihre Folgen zum selbstverständlichen Bestandteil des zivilisierten Denkens geworden sind.

7 1848

> Gegen Demokraten helfen nur Soldaten.
> *Wilhelm von Merckel*[1]

> Ihre Aufschrift liberté, égalité, fraternité ersetzen durch die unzweideutigen Worte: Infanterie, Kavallerie, Artillerie!
> *Karl Marx*[2]

Auf Drängen Preußens, das ein Veröffentlichungsverbot des sozialistischen *Vorwärts* verlangt hatte, wurde Marx zu Beginn des Jahres 1845 von der Regierung Guizot des Landes verwiesen und musste Paris verlassen. Die Begründung lautete, der preußische König sei in einigen Kommentaren der Zeitung beleidigend dargestellt worden. Ursprünglich sollte

1 Schlussvers von »Die fünfte Zunft«, in: Zwanzig Gedichte, Berlin 1850, S. 58 ff. [Das Zitat wurde weithin bekannt, weil es als Titel eines Flugblatts verwendet wurde, das der reaktionäre preußische Schriftsteller Karl Gustav Julius von Griesheim Ende November 1848 anonym veröffentlichte. Marx zitiert diese Zeile auch in einem Brief an Engels vom 18. November 1861, MEW 30, S. 200.]

2 Marx, Karl: Der achtzehnte Brumaire des Louis Bonaparte, MEW 8, S. 148.

I. Berlin, *Karl Marx: Sein Leben und sein Werk*, Edition Theorie und Kritik,
https://doi.org/10.1007/978-3-658-13586-7_7

sich der Ausweisungsbefehl auf die gesamte Redaktion beziehen, einschließlich Heine, Bakunin, Ruge und weiteren, weniger bekannten Exilanten. Am Ende kam Ruge, der ein Bürger Sachsens war, ungeschoren davon. Auch gegen Heine wagte es die französische Regierung nicht, den Befehl zu vollstrecken, wohl weil Heine sich damals überall in Europa großer Beliebtheit erfreute und auf dem Höhepunkt seiner Schaffenskraft wie seines geistigen Einflusses stand. Bakunin und Marx dagegen wurden trotz heftiger Proteste in der radikalen Presse kurzerhand ausgewiesen. Während Bakunin in die Schweiz ging, begab sich Marx mit seiner Frau und der damals einjährigen Tochter Jenny zunächst nach Brüssel, wo kurz darauf auch Engels eintraf, der eigens von England dorthin reiste.

Marx machte sich in Brüssel unverzüglich daran, Kontakt mit verschiedenen deutschen kommunistischen Arbeiterorganisationen aufzunehmen, in deren Reihen sich Angehörige der »Liga der Gerechten« befanden. Dabei handelte es sich um eine internationale Vereinigung proletarischer Revolutionäre, die zuvor in Deutschland aufgelöst worden war und die ein vages, doch eindeutig auf Gewalt setzendes Programm vertrat, das von Weitling beeinflusst war. Die Liga unterhielt Ableger in verschiedenen europäischen Städten. Marx knüpfte ferner Beziehungen zu belgischen Sozialisten und Radikalen, korrespondierte eifrig mit Mitgliedern ähnlicher Gruppierungen in anderen Ländern und organisierte den regelmäßigen Austausch von Informationen über die politische Lage in der Welt. Seine wichtigste Aufgabe jedoch sah Marx in der Agitation der in Brüssel im Exil lebenden deutschen Arbeiter. Mit Vorträgen und der Veröffentlichung von Aufsätzen in deren Presseorgan, der *Deutschen-Brüsseler-Zeitung*, versuchte er sie über ihre Rolle in der kommenden Revolution – die nach Ansicht von Marx (und dem Gros der radikalen Denker im damaligen Europa) kurz bevorstand – aufzuklären und sie darauf einzuschwören.

Nachdem Marx zu der Einsicht gelangt war, der Kommunismus könne nur durch einen Aufstand des Proletariats herbeigeführt werden, widmete er seine ganze Existenz dem Ziel, die Arbeiterschaft für diese Aufgabe zu organisieren und zu disziplinieren. Seine persönliche Lebensgeschichte, die bis zu diesem Zeitpunkt als eine Reihe von Ereignissen im Leben eines Einzelnen betrachtet werden kann, ist von nun an nicht mehr loszulösen von der allgemeinen Geschichte des Sozialismus in Europa. Eine Schilderung der einen ist bis zu einem gewissen Grad zwangsläufig mit der Darstellung der anderen verbunden. Versuchte man, zwischen der Führungsrolle, die Marx in der sozialistischen Bewegung einnahm, und der Bewegung selbst zu trennen, würde man damit der Geschichte beider nicht gerecht. Marx sah in seiner Verpflichtung, die Arbeiterschaft auf die Revolution vorzubereiten, eine Aufgabe, an die man wissenschaftlich herangehen musste, etwas, das man routiniert, möglichst gründlich und effizient zu erledigen hatte. Für ihn ging es dabei keineswegs um persönliche Selbstentfaltung. Von daher waren die äußeren Umstände seines Lebens ähnlich eintönig wie die von anderen Gelehrten, man denke etwa an Darwin oder Pasteur, und hatten so gar nichts gemein mit dem rastlosen und gefühlsbetonten Leben anderer Revolutionäre seiner Zeit.

Die mittleren Jahrzehnte des 19. Jahrhunderts war eine Phase, in der Empfindsamkeit ganz allgemein hoch im Kurs stand. Was zunächst nur die Erfahrung von einigen wenigen außergewöhnlichen Individuen wie Rousseau, Chateaubriand, Schiller, Jean Paul, Byron oder Shelley gewesen war, fand irgendwann unmerklich Eingang in die allgemeine Geisteshaltung der europäischen Welt. Zum ersten Mal zeigte sich eine ganze Generation fasziniert von den persönlichen Erfahrungen einzelner Männer und Frauen, im Unterschied zur äußeren, vom Zusammenspiel des Lebens ganzer Gruppen oder Gesellschaften geprägten Welt. Diese Tendenz fand ihren öffentlichen Ausdruck im Leben und in den Lehren großer demokratischer Revolutionäre wie Mazzini, Kossuth, Garibaldi,

Bakunin oder Lassalle sowie in der leidenschaftlichen Bewunderung, die ihre Anhänger ihnen entgegenbrachten. Man verehrte sie nicht nur als heroische Freiheitskämpfer, sondern ebenso aufgrund ihrer persönlichen romantischen und poetischen Züge. Ihre Taten und Leistungen verstand man als Ausdruck tiefer innerer Erfahrungen. Deren Intensität verlieh ihren Worten und Gesten eine ergreifende individuelle Note, womit sie sich fundamental von dem nüchternen und eher unpersönlichen Heldentum der Männer von 1789 unterschieden. Dieser besondere Gemütszustand und die damit verbundenen Einstellungen sollten zum bestimmenden Merkmal dieser Epoche werden.

Was seine Geisteshaltung betraf, so gehörte Marx der vorherigen Generation an bzw. hatte mehr mit der nachfolgenden gemeinsam. Ihm fehlte es an psychologischem Interesse und Verständnis. Armut und harte Arbeit dürften seine emotionale Aufnahmebereitschaft und Sensibilität auch nicht gerade gesteigert haben. Diese extreme Blindheit gegenüber den Erfahrungen und dem Charakter von Menschen jenseits seines unmittelbaren Lebenszusammenhangs machte seinen Umgang mit der äußeren Welt eigenartig ungeschlacht, ja zuweilen rüpelhaft. Als Student in Berlin hatte er eine kurze sentimentale Phase durchlaufen, aber die lag schon lange unwiderruflich hinter ihm. In Zeiten des Krieges hielt er moralisches oder emotionales Leiden und geistige Krisen für genauso unverzeihlich wie bürgerliche Nabelschau. Marx hatte, so wie später auch Lenin, nichts als Verachtung für Menschen übrig, die in der Hitze des Gefechts, während der Feind eine Stellung nach der anderen erobert, vor allem um das eigene Seelenheil bangen.

Marx begann damals mit dem Aufbau einer internationalen revolutionären Organisation. Den größten Zuspruch erhielt er hierfür aus London, und zwar von einer Vereinigung, die sich »Deutscher Arbeiterbildungsverein« nannte und angeführt wurde von einer kleinen Gruppe aus ihrer Heimat vertriebenen Handwerker, deren revolutionäre Gesinnung über jeden Zweifel erhaben war. Ein Schriftsetzer namens Schapper, ein Uhrmacher namens Moll sowie ein Schuster namens Bauer wurden zu Marx' ersten verlässlichen politischen Verbündeten. Sie hatten sich mit ihrer Vereinigung dem »Bund der Kommunisten« angeschlossen, der die Nachfolge der aufgelösten »Liga der Gerechten« angetreten hatte. Marx hatte diese Männer auf einer Reise mit Engels nach England kennen und schätzen gelernt, er hielt sie für entschlossen, fähig und willensstark, sie waren daher ganz nach seinem Geschmack. In den ersten Jahren war deren Beziehung zu dem Journalisten und Intellektuellen Marx von einem gewissen Misstrauen geprägt, sodass sie eher distanziert und geschäftsmäßig miteinander verkehrten. Die gemeinsame Organisation verfolgte vor allem praktische Zwecke, womit Marx sehr einverstanden war. Unter seiner Führung nahm der »Bund der Kommunisten« rasch an Größe zu und begann damit, andere Gruppen von radikalen Arbeitern einzubeziehen, darunter vor allem solche aus den Industriezentren Deutschlands, sowie, wenn auch in deutlich geringerem Maße, Armeeangehörige und selbstständig Tätige. Engels schrieb euphorisch über die wachsende Zahl von im »Bund der Kommunisten« organisierten Arbeitern in seiner Heimatregion und über deren revolutionäre Entschlossenheit.

Endlich hatte Marx in seinem Leben eine Position inne, die er sich schon lange herbeigesehnt hatte: Er war zum zentralen Organisator und Anführer einer aktiven und expandierenden revolutionären Partei geworden. Bakunin, der inzwischen auch nach Brüssel übergesiedelt war und dort sowohl mit den ausländischen Radikalen als auch mit Angehörigen der lokalen Aristokratie freundschaftliche Beziehungen unterhielt, lästerte über Marx: Dieser würde die Gesellschaft von Handwerkern und Arbeitern der von intelligenten Menschen vorziehen. Mit seinen abstrakten Theorien und seiner obskuren Wirtschaftslehre, die er diesen guten, aber schlichten Männern einzuhämmern versuche, würde er diese verderben, weil sie wenig von alldem begriffen, zugleich aber immer eingebildeter würden. Bakunin erachtete es als sinnlos, vor kleinen Gruppen von ungebildeten und hoffnungslos beschränkten Handwerkern aus Deutschland Vorträge zu halten und sich darum zu bemühen, diese zu organisieren. Diese Männer verstünden kaum etwas von dem, was mit solch großem Aufwand versucht werde, ihnen näher zu bringen. Für Bakunin waren sie trostlose, unterernährte Geschöpfe, denen man unmöglich zutrauen könne, in entscheidenden Konfliktsituationen das Ruder herumzureißen. Ganz offensichtlich hatte die harsche Kritik von Marx an Proudhon Bakunin noch weiter gegen Marx aufgebracht. Proudhon war ein enger Freund und Jünger von Bakunin, wenn es um Hegel'sche Fragen ging. Von daher hatte sich Marx' Angriff auf Proudhon ebenso gegen Bakunin gerichtet, insbesondere gegen dessen Angewohnheit, sich in vagen, wenn auch äußert eloquenten Ausführungen und Betrachtungen zu verlieren, statt eine genauere politische Analyse vorzunehmen.

Die Ereignisse von 1848 veränderten, wie Marx und Bakunin über das strategische Vorgehen bei der anstehenden Revolution dachten, wobei sich ihre Vorstellungen in völlig entgegensetzte Richtungen entwickelten. Bakunin sollte sich in späteren Jahren klandestinen terroristischen Gruppen anschließen. Marx dagegen konzentrierte sich auf die Gründung einer offenen, explizit revolutionären Partei, die mit legalen Methoden politisch tätig sein wollte. Er nahm sich vor, gegen den unter Deutschen weit verbreiteten Hang zu schwammigem Pathos und Unentschlossenheit anzugehen, durchaus mit einem gewissen Erfolg: In den ersten beiden Jahren der Revolution und auch danach erwiesen sich die Mitglieder seiner Organisation in Deutschland als besonders effizient und diszipliniert.

1847 hatte die Londoner Führung des »Bundes der Kommunisten« Marx und Engels damit beauftragt, ein Dokument zu verfassen, in dem sie die maßgeblichen Überzeugungen und Ziele ihrer kommunistischen Bewegung darlegen sollten. Damit hatte die Organisation den beiden ihr besonderes Vertrauen ausgesprochen. Marx ergriff mit großem Eifer diese Gelegenheit, um eine Zusammenfassung seiner neuen Lehre, die erst unlängst in seinem Kopf klare Konturen angenommen hatte, aufs Papier zu bringen. Er lieferte das gewünschte Dokument zu Beginn des Jahres 1848 ab. Es wurde nur wenige Wochen vor dem Ausbruch der Revolution in Paris unter dem Titel »Manifest der Kommunistischen Partei« veröffentlicht.

Den ersten Entwurf dazu hatte Engels in Form von einer Reihe von Fragen und Antworten vorgelegt, den Marx dann allerdings vollkommen umschrieb, weil er ihm nicht eindringlich genug erschienen war. Nach Aussage von Engels ist der Urheber des Manifests Marx gewesen, sein eigener Anteil daran sei eher zu vernachlässigen. Allerdings neigte Engels, was die gesamte Zusammenarbeit mit Marx anbelangt, zu allzu großer Bescheidenheit. Sein erster Entwurf beweist vielmehr, dass er erheblichen Einfluss auf die Komposition und den Inhalt des Manifests genommen hat. Das Ergebnis der gemeinsamen Anstrengungen ist die brillanteste sozialistische Streitschrift, die jemals geschrieben worden ist. Keine andere moderne politische Bewegung, kein anderes politisches Anliegen kann von sich behaupten, etwas vergleichbar Eloquentes und Wirkmächtiges hervorgebracht zu haben. Es handelt sich um ein Dokument von erstaunlicher dramatischer Ausdruckskraft. Es ist ein Werk, das aus einer Reihe von kühnen und faszinierenden allgemeinen Thesen zum Verlauf der Geschichte besteht, die darin gipfeln, die herrschende Ordnung im Namen der nach Rache gierenden Mächte der Zukunft anzuprangern. Das Meiste ist in einer Sprache verfasst, die die lyrischen Qualitäten einer großen revolutionären Hymne besitzt, deren Wirkung damals, als sie zum ersten Mal erschien, noch überwältigender gewesen sein muss als heute. Am Anfang des Manifests steht eine Drohung, die einen bestimmten Ton setzt und die Absicht hinter dem Dokument deutlich macht: »Ein Gespenst geht um in Europa – das Gespenst des Kommunismus. Alle Mächte des alten Europa haben sich in einer heiligen Hetzjagd gegen dieses Gespenst verbündet: der Papst und der Zar, Metternich und Guizot, französische Radikale und deutsche Polizisten. [...] Der Kommunismus wird bereits von allen europäischen Mächten als eine Macht anerkannt.«[1] Die darauffolgenden, kunstvoll miteinander verbundenen Thesen sind alle genial hergeleitet und ausgeführt. Das Manifest endet mit dem berühmt gewordenen und berührenden Aufruf an die Proletarier dieser Welt, sich zu vereinen.

Bereits im einleitenden Satz des ersten Absatzes steckt die erste zentrale These: »Die Geschichte aller bisherigen Gesellschaft ist die Geschichte von Klassenkämpfen.«[2] Seit Menschheitsgedenken ist die Gesellschaft gespalten in Ausbeuter und Ausgebeutete, in Herr und Knecht, in Patrizier und Plebejer und gegenwärtig in Proletarier und Kapitalisten. Durch die gewaltigen, von Entdeckungen und Erfindungen ermöglichten Fortschritte hat sich das Wirtschaftssystem moderner Gesellschaften immer weiterentwickelt: Die Zünfte mussten lokalen Manufakturen weichen und diese später wiederum großen Industrieunternehmen. Jede dieser Stufen ist von ganz spezifischen politischen und kulturellen Entwicklungen begleitet worden und hat ganz eigene Formen hervorgebracht. In der Struktur des modernen Staates spiegelt sich die Herrschaft der Bourgeoisie wider – in der Tat agiert der Staat hier wie eine Art Verwalter der Gesamtbelange der bürgerlichen Klasse. Früher einmal kam der bürgerlichen Klasse eine zentrale revolutionäre Rolle zu. Sie überwand die feudale Ordnung und beseitigte damit die alten, nicht mehr zeitgemäßen patriarchalen Verhältnisse, die den Menschen an seine »na-

1 Marx, Karl/Engels, Friedrich: Manifest der Kommunistische Partei, Präambel, MEW 4, S. 461.

2 Ebd., S. 462.

türlichen Herren« banden. Sie ließ nur noch eine Beziehung zwischen beiden gelten: das Band der klingenden Münze, des bloßen Eigennutzes. Damit wurde die persönliche Würde zu einer handelbaren Ware, die verkauft und gekauft werden kann. An die Stelle von alten Privilegien, geschützt durch Verordnungen und Verträge, ist der Freihandel getreten. Die Bourgeoisie hat religiös und politisch verschleierte Formen der Ausbeutung durch eine Ausbeutung ersetzt, die direkt, zynisch und ohne jegliche Scham zu Werke geht. Sie hat ehemals als ehrwürdig erachtete Berufe, mit denen man früher der Gemeinschaft diente, zu reiner Lohnarbeit degradiert und mit ihrer Raffgier jede Lebensform herabgesetzt.

Ermöglicht wurde all dies durch die Nutzung enormer Naturressourcen, die vorher nicht zur Verfügung standen. Das Feudalsystem konnte dieser Entwicklung nicht standhalten und brach in der Folge zusammen. Nun ist der Prozess dabei, sich zu wiederholen. Die anhaltenden, von der Überproduktion verursachten Wirtschaftskrisen sind ein Hinweis darauf, dass auch der Kapitalismus heute nicht mehr dazu in der Lage ist, seine eigenen Ressourcen hinreichend zu beherrschen. Wenn eine Gesellschaft dazu gezwungen ist, die von ihr hergestellten Produkte zu vernichten, damit sich die eigenen Fertigkeiten und Strukturen nicht zu schnell und nicht zu stark ausbreiten, dann ist dies ein untrügliches Zeichen für ihren bevorstehenden Bankrott und Niedergang. Aus der bürgerlichen Ordnung ist das Proletariat hervorgegangen, zugleich ihre ureigenste Kreatur und ihr Henker. Die Bourgeoisie hat es geschafft, alle anderen rivalisierenden gesellschaftlichen Gruppierungen – den Adel, die kleinen Handwerker und Händler – niederzuringen. Aber das Proletariat kann sie nicht einfach vernichten, weil es die Voraussetzung für die eigene Existenz wie organischer Bestandteil des kapitalistischen Systems ist und zudem das große Heer der Besitzlosen stellt, das durch den Akt der Ausbeutung nicht nur diszipliniert, sondern unweigerlich auch zur Organisation gedrängt wird.

Mit der unausweichlichen Internationalisierung des Kapitalismus, die mit seiner Ausdehnung einhergeht, wächst auch der internationale Organisierungsgrad der Arbeiter sowie deren Einheit und Solidarität, die den Kapitalismus am Ende stürzen werden. Die Internationale der Kapitalisten bringt zwangsläufig als ihr Pendant die Internationale der Arbeiterklasse hervor. Dieser dialektische Prozess ist unaufhaltsam, keine Macht kann ihn stoppen oder kontrollieren. Deshalb ist auch jeder Versuch, die frühere mittelalterliche Idylle wiederherzustellen, nach der sich die Ideologen und Anführer der Kleinbauern, Handwerker und Kleinhändler so sehr sehnen, zum Scheitern verurteilt; ist das Streben nach utopischen Systeme und besseren alten Zeiten nichts anderes als Nostalgie. Die Vergangenheit ist für immer vorbei, die ihr angehörenden Klassen haben sich längst dem Lauf der Geschichte endgültig beugen müssen. Bei ihrer Gegnerschaft zum Bürgertum, oftmals fälschlich Sozialismus genannt, handelt es sich um eine reaktionäre Haltung. Es ist das vergebliche Bemühen, den Fortschritt der menschlichen Evolution umzukehren. Ihre einzige Hoffnung, den Feind zu besiegen, besteht in der Aufgabe der eigenständigen Existenz und der Verschmelzung mit dem Proletariat, das immer größer wird und die Bourgeoisie von innen heraus zersetzt. Aufgrund zunehmender Krisen und wachsender Arbeitslosigkeit erschöpft sich das Bürgertum dadurch, dass es seine Diener durchfüttern muss, anstatt sich von diesen – was ihrer natürlichen Funktion entspräche – ernähren zu lassen.

Das »Kommunistische Manifest« geht von einem direkten Angriff zur Verteidigung über. Marx und Engels greifen das Argument der Feinde des Sozialismus auf, die davor warnen, die Abschaffung des Privateigentums zerstöre die Freiheit und untergrabe die Grundlagen von Religion, Moral und Kultur. Sie heben hervor, dass die Werte, die mit dem Sozialismus tatsächlich beseitigt würden, nur jene seien, die direkt mit der alten Ordnung in Verbindung stünden, also die bürgerliche

Freiheit und die bürgerliche Kultur. Diese Werte reklamieren zwar absolute Gültigkeit in Zeit und Raum. Aber das ist eine Illusion; vielmehr müssten sie in erster Linie in ihrer Funktion als Waffe im Klassenkampf betrachtet werden. Wahre persönliche Freiheit, so das Manifest, existiert nur für diejenigen, die es sich leisten können, unabhängig zu agieren. Dieser Fähigkeit seien die Handwerker, Kleinhändler und Kleinbauern durch den Kapitalismus aber schon längst beraubt worden. »Die Bildung, deren Verlust er [der Bourgeois] bedauert, ist für die enorme Mehrzahl die Herausbildung zur Maschine.«[1] Mit dem Ende der Klassenkämpfe würden diese illusorischen Ideale folgerichtig verschwinden und von einer neuen und umfassenderen Lebensform, basierend auf einer klassenlosen Gesellschaft, abgelöst werden. Ihren Verlust zu beklagen sei so, wie sich über das Verschwinden einer alten, vertrauten Krankheit zu beschweren.

Die Revolution wird entsprechend der verschiedenen Umstände nicht überall gleich ablaufen, aber es gibt einige Maßnahmen, die überall zuallererst ergriffen werden müssen. Dazu gehören die Verstaatlichung des Grundbesitzes sowie des Finanz- und Transportwesens, die Abschaffung des Erbrechts, eine Erhöhung der Besteuerung, die Steigerung der Produktion, die Aufhebung der Barrieren zwischen Stadt und Land, die Einführung einer Arbeitsverpflichtung und eine kostenlose Bildung für alle. Erst danach kann ernsthaft mit dem Neuaufbau der Gesellschaft begonnen werden.

In den übrigen Teilen des Manifests greifen die Autoren verschiedene Formen des Pseudosozialismus an: unter anderen den Versuch von Gegnern der Bourgeoisie – der Aristokratie und der Kirche –, über die Vorspiegelung gemeinsamer Interessen das Proletariat für ihre Sache zu gewinnen. Auch die Wortführer des in den Ruin getriebenen Kleinbürgertums seien versiert darin, das Chaos der kapitalistischen Produk-

1 Ebd., S. 477.

tionsweise, die Pauperisierung sowie die Erniedrigung der Handwerker und Arbeiter durch die Einführung von Maschinen und darüber hinaus die gewaltigen Vermögensunterschiede anzuprangern. Die von ihnen angebotenen Gegen- und Heilmittel, da in obsoleter Weise gefasst, fallen jedoch utopisch aus.

Noch nicht einmal das könne man von den deutschen »wahren Sozialisten«[1] sagen. Ihnen wird im Manifest vorgeworfen, durch die Übertragung von französischen Allgemeinplätzen in die Sprache des Hegelianismus eine Sammlung von sinnlosen Phrasen hervorgebracht zu haben, von denen sich die Welt aber nicht lange habe blenden lassen. Diese Anhänger von Proudhon, Fourier oder Owen hätten Pläne entworfen, wie die Bourgeoisie zu retten sei, so als würde das Proletariat überhaupt nicht existieren oder als könne es einfach irgendwann in der kapitalistischen Ordnung aufsteigen und auf eine höhere gesellschaftliche Stufe gelangen, sodass am Ende nur noch Ausbeuter und gar keine Ausgebeuteten mehr übrigblieben. Nach Ansicht von Marx und Engels spiegelte sich in diesen vielfältigen Anschauungen die verzweifelte Lage der Bourgeoisie wider, die unfähig oder unwillig war, ihrem drohenden Untergang ins Auge zu blicken, und daher – wenn auch vergeblich – alles daransetzte, im Namen eines vagen und opportunistischen Sozialismus als Klasse zu überleben.

Die Kommunisten dagegen seien keine Partei oder Sekte, sondern verstünden sich selbstbewusst als Avantgarde des Proletariats. Sie seien nicht länger von theoretischen Überlegungen und Absichten besessen, sondern fest davon über-

1 Damit sind unter anderem Heß, Grün und deren Anhänger gemeint. Marx und Engels warfen ihnen vor, den Sozialismus nicht deswegen zu propagieren, weil er eine historische Notwendigkeit war, sondern weil sie ihn für gerecht hielten und weil ihrer Meinung nach die menschliche Natur – verstanden als ein unveränderliches Wesen, eine Einheit, die weder von der Geschichte noch vom Klassenkampf radikal transformiert wird – danach verlangte.

zeugt, eine historische Bestimmung zu erfüllen. Dabei würden sie keineswegs ihre Ziele verbergen. Vielmehr erklärten sie offen, diese könnten nur erreicht und verwirklicht werden, nachdem die gesamte bestehende gesellschaftliche Ordnung durch Waffengewalt niedergerungen worden sei und sie selbst alle politische und ökonomische Macht übernommen hätten. Das »Kommunistische Manifest« endet mit den beiden berühmt gewordenen Sätzen: »Die Proletarier haben nichts zu verlieren als ihre Ketten. Sie haben dafür eine Welt zu gewinnen. Proletarier aller Länder vereinigt euch!«[1]

Es sind, wie später verschiedene Wissenschaftler überzeugend nachgewiesen haben, viele Punkte aus früheren politischen Programmen – insbesondere aus denen von Babeuf und seinen Anhängern – in das »Kommunistische Manifest« eingeflossen. Und doch lag seine besondere Qualität darin, dass hier alles zu einer unverbrüchlichen Einheit zusammengefügt worden war. Keine Zusammenfassung vermag einen adäquaten Eindruck von der besonderen Qualität der ersten Seiten oder der Schlusspassage zu vermitteln. Das Manifest sucht als Instrument zerstörerischer Propaganda seinesgleichen. Die Wirkung, die es auf nachfolgende Generationen hatte, war – sieht man einmal von der Religionsgeschichte ab – einmalig. Selbst wenn dessen Autor danach nichts anderes mehr geschrieben hätte, so wäre ihm gleichwohl ewiger Ruhm beschieden gewesen. Unmittelbar am stärksten wirkte sich die Veröffentlichung dieses Dokuments auf das persönliche Schicksal seines Verfassers aus. Die belgische Regierung, die sich bis dahin vergleichsweise großzügig gegenüber politischen Exilanten verhalten hatte, kam nicht umhin, das Erscheinen dieser beeindruckenden Publikation zur Kenntnis zu nehmen, und verwies Marx und dessen Familie auf der Stelle des Landes. Am nächsten Tag brach in Paris bekannt-

1 Marx, Karl/Engels, Friedrich: Manifest der Kommunistisches Partei, MEW 4, S. 493.

lich die schon lang erwartete Revolution aus. Flocon, ein Radikaler und Mitglied der neuen französischen Regierung, lud Marx in einem ihm schmeichelnden Brief dazu ein, in die Stadt der Revolutionäre zurückzukehren. Dieser überlegte nicht lange und traf bereits einen Tag später in Paris ein.

Die Stimmung, die Marx damals in der Stadt vorfand, war von Euphorie und ungebremster Zuversicht gezeichnet. Es schien so, als seien diesmal die Klassenschranken ein und für allemal gefallen. Der König war geflohen und hatte verkündet, von amoralischen Kräften vertrieben worden zu sein. Man hatte eine neue Regierung eingesetzt, die sich aus allen erdenklichen Anhängern des Humanismus und Fortschritts zusammensetzte: Dem großen Physiker Arago und dem Dichter Lamartine waren Ressorts übertragen worden, die Arbeiter wurden von Louis Blanc und Albert repräsentiert. Lamartine hatte ein sprachgewaltiges Manifest verfasst, das überall gelesen, zitiert und deklamiert wurde. Die Straßen hallten wider von den Gesängen und dem Jubel riesiger Menschenmassen, in die sich Demokraten jeglicher Couleur und aus allen Herren Länder mischten. Die Opposition rührte sich nicht. Die Kirche hatte eine Erklärung veröffentlicht, in dem sie versicherte, das Christentum sei kein Gegner individueller Freiheiten, sondern vielmehr ihr natürlicher Verbündeter und Verteidiger. Das christliche Königreich sei nicht von dieser Welt, von daher rühre die Unterstützung für die Reaktion, dessen die Kirche bezichtigt wurde, weder aus ihren Grundsätzen noch aus ihrer historischen Stellung in den Gesellschaften Europas her. Vielmehr könne deren Position, ohne dem Kern ihrer Lehre Gewalt anzutun, grundsätzlich geändert werden. In der leichtgläubigen Bevölkerung stieß diese Erklärung der Kirche auf große Zustimmung und Begeisterung.

Die deutschen Exilanten wetteiferten mit ihren polnischen und italienischen Genossen in Vorhersagen über den unmittelbar bevorstehenden allgemeinen Niedergang der Reaktion und den Aufstieg einer neuen gerechteren Welt auf den Trümmern der alten. Zudem trafen Nachrichten über einen Aufstand in Neapel ein, gefolgt von ähnlichen Meldungen aus Mailand, Rom, Venedig und anderen italienischen Städten. Auch in Berlin, Wien und Budapest hatte man zu den Waffen gegriffen. Endlich stand Europa in Flammen. Die Begeisterung unter den radikalen Deutschen in Paris war grenzenlos. Zur Unterstützung der aufständischen Republikaner wurde unter der Führung des Dichters Georg Herwegh und eines ehemaligen preußischen Soldaten und Kommunisten namens Willich eine »Deutsche Legion« aufgestellt, die auf der Stelle ausrücken sollte. Die französische Regierung, die vermutlich nicht ganz unglücklich darüber war, dass sich so viele ausländische Aufwiegler anschickten, Frankreich zu verlassen, unterstützte dieses Vorhaben. Auch Engels war davon sehr angetan und hätte sich höchstwahrscheinlich für die Legion anwerben lassen, wäre nicht Marx gewesen, der die ganze Planung mit Misstrauen und Argwohn beäugte und seinen Freund davon abhielt.

Marx konnte in Deutschland keinerlei Hinweis auf den Aufstand der Massen erkennen. Zwar waren hier und da autokratische Regierungen abgesetzt worden und hatten einige Fürsten unter Druck versprechen müssen, sich für eine Verfassung einzusetzen und halbwegs liberale Regierungen zu ernennen. Allerdings verhielt sich das preußische Militär dem König gegenüber immer noch loyal, derweil die demokratischen Kräfte überall im Land verstreut waren, eine miserable Führung hatten und sich selbst bei den lebenswichtigsten Punkten uneins zeigten. Die gewählte Nationalversammlung, die in Frankfurt am Main zusammenkam, um über die zukünftige Regierung Deutschlands zu entscheiden, war von Anfang an zum Scheitern verurteilt. Von daher erschien Marx die Entsendung einer Truppe von emigrierten Intellektuellen, die völlig unausgebildet an der Waffe nun plötzlich auf deutschem Boden auftauchen würden, als eine unsinnige Verschwendung revolutionärer Energie. Er befürchtete, das ganze

Unternehmen könnte nur lächerlich oder erbärmlich enden und werde lähmende Gefühle von Scham und Enttäuschung nach sich ziehen.

Dementsprechend sprach sich Marx ausdrücklich gegen die Formierung einer solchen Legion aus und interessierte sich nicht mehr für deren Schicksal, nachdem sie Paris verlassen hatte und ihrer unvermeidlichen Niederlage gegen die königliche Armee entgegenmarschierte. Stattdessen begab er sich nach Köln, um dort zu erkunden, welche Art von Propagandatätigkeit in seiner Heimat, dem Rheinland, möglich und sinnvoll war. Es ist nicht zuletzt seinem herausragenden Einsatz zu verdanken, dass sich dort eine Gruppe von liberal gesinnten Fabrikanten und Sympathisanten des Kommunismus zusammenfand und überreden ließ, Geld in die *Neue Rheinische Zeitung* zu stecken und Marx zu deren Chefredakteur zu machen. Dabei handelte es sich um eine Tageszeitung, die 1848 die Nachfolge der fünf Jahr zuvor verbotenen gleichnamigen Zeitung antrat. Köln war damals der Schauplatz eines sich zuspitzenden Machtkampfes zwischen lokalen demokratischen Kräften, denen die kommunalen Milizen unterstanden, und einer Garnison unter dem Befehl Berlins. Im Auftrag des »Bundes der Kommunisten« sandte Marx seine Leute aus, um unter den Massen der deutschen Industriearbeiter Stimmung zu machen. Deren Berichte nutzte er als Grundlage für seine Leitartikel. Zu diesem Zeitpunkt gab es im Rheinland formal keine Pressezensur, sodass Marx' provokante und aufstachelnde Beiträge ein immer größeres Publikum erreichten. Die *Neue Rheinische Zeitung* erwies sich als besonders gut informiert und vertrat damals als einzige linke Zeitung in Deutschland eine klare politische Position. Deshalb konnte sie recht schnell ihre Auflage steigern und wurde zudem von immer mehr Menschen in anderen deutschen Provinzen und Ländern gelesen.

Marx verfügte zum damaligen Zeitpunkt bereits über einen kompletten politischen und ökonomischen Aktionsplan, der auf einer von ihm selbst in den Jahren zuvor sorgfältig ausgearbeiteten theoretischen Grundlage beruhte. So befürwortete er zum Zweck des Sturzes der herrschenden reaktionären Regierung die Bildung eines temporär bedingten Bündnisses zwischen der Arbeiterklasse und radikalen Teilen des Bürgertums. Denn die Franzosen hatten es 1789 geschafft, sich selbst vom Joch des Feudalismus zu befreien, und waren deswegen 1848 imstande gewesen, den nächsten Schritt zu tun. Anders die Deutschen. Diese hatten ihre Revolutionen bislang allein im Reich der Gedanken gemacht. Auch wenn die Deutschen in der Radikalität ihres Denkens und ihrer Gesinnung den Franzosen durchaus voraus waren, lebten sie, politisch betrachtet, weiterhin im 18. Jahrhundert. Als die politisch rückständigste unter allen westlichen Nationen hatte Deutschland noch zwei weitere Stufen zu erklimmen, bevor es hoffen konnte, den Stand einer voll entwickelten Industrienation zu erreichen und dadurch mit den Demokratien in den benachbarten Ländern gleichzuziehen. Nach Marx gestattet es die dialektische Bewegung der Geschichte nicht, bestimmte Entwicklungsstufen zu überspringen. Die Anführer des Proletariats waren, so seine Mahnung, schlecht beraten, die Forderungen des Bürgertums einfach zu ignorieren. Zum einem war er überzeugt davon, dass die Bourgeoisie mit ihrem Kampf um die eigene Emanzipation die gemeinsame Sache ein Stück weit voranbringen würde. Zum anderen war sie in wirtschaftlicher, politischer und organisatorischer Hinsicht seiner Ansicht nach weitaus besser darauf vorbereitet, die Macht zu übernehmen, als die ungebildeten, versprengten und schlecht organisierten Massen der Arbeiterklasse. Von daher sollte sich die Arbeiterklasse in einem nächsten Schritt erst einmal mit den Teilen der bürgerlichen Schichten zusammenschließen, die ebenfalls unter dem herrschenden System zu leiden hatten. Allein durch ihre schiere Zahl und die damit verbundene ökonomische Macht könnten die Arbeiter dann später nach dem gemeinsamen Sieg dazu übergehen, die Aktivitäten ihrer neuen Verbündeten (die zu diesem Zeitpunkt zweifelsohne bestrebt sein würden, ihre kompromittierende Verbindung mit dem Proletariat aufzukündigen) zu kontrollieren und notfalls zu unterbinden.

Marx befand sich mit dieser Position in Opposition zu den radikalen Kölner Demokraten Anneke und Gottschalk, die von solch einem opportunistischen Verhalten rein gar nichts hielten und dazu aufriefen, von allen politischen Schritten abzusehen, mit denen das Hauptanliegen der Arbeiterklasse infrage gestellt oder geschwächt werden könnte. Für Marx war dies eine typische Fehleinschätzung der herrschenden Kräfteverhältnisse vonseiten der deutschen Linken. Er befürwortete als die einzigen wirkungsvollen praktischen Maßnahmen direkte Interventionen und die Entsendung von Delegierten nach Frankfurt. Politische Zurückhaltung erachtete er in dieser Situation als die größtmögliche taktische Torheit, weil man damit die Arbeiter alleinlassen und der siegreichen Klasse ausliefern würde. Was außenpolitische Fragen anbelangt, so vertrat Marx ausgesprochen großdeutsche Positionen und erwies sich als ein fanatischer Gegner Russlands. Russland hatte sich gegenüber demokratischen und fortschrittlichen Kräften viele Jahre hindurch extrem feindselig verhalten und damit ähnlich negative emotionale Reaktionen hervorgerufen wie später die faschistischen Mächte im 20. Jahrhundert. Demokraten unterschiedlicher Herkunft hassten und fürchteten das Russische Reich, weil sie in ihm den einflussreichsten Fürsprecher der Reaktion sahen, imstande und fest entschlossen, alle Freiheitsbestrebungen inner- und außerhalb seiner Grenzen abzuwürgen.

Wie bereits im Jahr 1842 vertrat Marx die Forderung, Russland auf der Stelle den Krieg zu erklären. Er hatte hierfür mehrere Gründe. Erstens war er überzeugt davon, dass jeglicher Versuch einer demokratischen Revolution in Deutschland allein deswegen zum Scheitern verurteilt sei, weil Russland dagegen intervenieren würde. Zweitens sah er in der Kriegserklärung eine Möglichkeit, die deutschen Fürstentümer zu einem demokratischen Ganzen zusammenzuschweißen als Gegengewicht zu einer Macht, die sich ganz auf die Seite des dynastischen Elements in der europäischen Politik geschlagen hatte. Vermutlich erhoffte sich Marx von einer Kriegserklärung darüber hinaus die Stärkung der vielen vereinzelten revolutionären Kräfte in Russland, auf deren Existenz Bakunin in seiner typischen mysteriösen Art und Weise immer wieder anspielte. Da Marx ebenso wie Hegel und Bismarck in Deutschlands Zersplitterung die Ursache für dessen Schwäche, Ohnmacht und politische Rückständigkeit sah, hatte er keine Skrupel, noch andere Werte und Überlegungen dem Ziel der deutschen Einheit zu opfern. Er war weder Romantiker noch Nationalist, vielmehr vertrat er die Überzeugung, kleine Nationen würden wie so viele andere von der Geschichte überholte Phänomene den gesellschaftlichen und wirtschaftlichen Fortschritt blockieren. Von daher war es eher konsequent, als er sich wenig später zustimmend zu der skrupellosen deutschen Besatzung der damals zu Dänemark gehörenden Region Schleswig-Holstein äußerte. Während Marx und andere führende deutsche Demokraten öffentlich ihre Unterstützung für diese Militäroffensive kundtaten, löste dies bei ihren Verbündeten in liberalen Kreisen und unter Verfassungsbefürworten in anderen Ländern beträchtliches Unbehagen und Verwirrung aus.

Marx beklagte, dass sich die in immer kürzeren Abständen aufeinanderfolgenden liberalen Regierungen in Preußen viel zu schnell die Macht aus ihren Händen reißen ließen, um diese fast mit Erleichterung zurück an den König und dessen Getreue zu geben. Er wetterte wütend gegen das leere Geschwätz und den »Kretinismus«[1] in Frankfurt und steigerte sich in einen Sturm der Entrüstung hinein, der nicht einmal im »Kapi-

1 Revolution und Konterrevolution in Deutschland, Kap. XV, Preußens Triumph, MEW 8, S. 87. [Seit 1913 ist bekannt, dass dieser unter dem Namen von Marx veröffentlichte Text tatsächlich von Engels stammte.]

tal« seinesgleichen findet. Man kann nicht sagen, dass Marx am letztendlichen Ausgang dieses Konflikts verzweifelt ist, es lässt sich jedoch festhalten, dass sich damals seine Ansichten über die richtige revolutionäre Taktik sowie der Intelligenz und Zuverlässigkeit der Massen und deren Anführer grundlegend verändert haben: Er verkündete, dass die unheilbare Dummheit der Massen ein größeres Hindernis für deren Emanzipation darstelle als der Kapitalismus selbst. Seine eigenen politischen Vorstellungen und Vorschläge erwiesen sich freilich als genauso unpraktikabel wie die der kompromisslosen Radikalen, die er so verächtlich verurteilte. In seiner Analyse von 1848 schrieb er den desaströsen Ausgang der Revolution der Schwäche der Bourgeoisie sowie der Wirkungslosigkeit der Liberalen im Parlament zu, aber vor allem führte er ihn auf die politische Blindheit der gutgläubigen Massen zurück. Er warf ihnen vor, den Umschmeichlungs- und Täuschungsversuchen der Agenten ihrer Erzfeinde, die sie ins Verderben stürzten, nur allzu leichtfertig aufgesessen zu sein. Dass Marx den Rest seines Lebens neben der Analyse der realen gesellschaftlichen Verhältnisse hauptsächlich mit Überlegungen zu taktischen Problemen und der Frage verbrachte, welche Methode die revolutionären Anführer im Interesse ihrer begriffsstutzigen Schäfchen am besten anwenden sollten, ist im Großen und Ganzen den Lehren aus der Revolution von 1848 in Deutschland geschuldet.

Nach gescheiterten Aufständen in Wien und Dresden verfasste Marx im Jahr 1849 ungestüme Schmähartikel gegen Liberale aller Schattierungen, die er als Feiglinge und Saboteure beschimpfte. Er warf ihnen vor, noch immer im Bann des Königs und dessen Feldwebel zu stehen. Der Gedanke an einen endgültigen Sieg jage ihnen einen maßlosen Schrecken ein. Aufgrund der Furcht vor den bedrohlichen Kräften, die damit entfesselt würden, seien sie bereit, die Revolution zu verraten, bevor diese überhaupt eine Chance gehabt hätte, sich zu entfalten. Er schrieb: Selbst wenn der Bourgeoisie dieser schändliche Deal mit dem Feind zulasten ihrer Verbündeten im Kleinbürgertum und unter den Arbeitern gelingen sollte, würde sie damit im besten Falle nicht mehr gewinnen als die französischen Liberalen unter der Juli-Monarchie in Frankreich. Im schlimmsten Falle würde der König den Handel widerrufen und die Situation als Auftakt für eine neue Phase des monarchistischen Terrors nutzen. Keine andere Zeitung in Deutschland wagte es damals, in ihrer Kritik an der Regierung so weit zu gehen wie die *Neue Rheinische Zeitung*. Die Kompromisslosigkeit und Direktheit von Marx' Analysen und die waghalsigen Schlüsse, die er daraus zog, faszinierten deren Leser wider Willen. Währenddessen zeichneten sich unter den Zeitungsteilhabern damals erste untrügliche Anzeichen von Panik ab.

Im Juni 1848 neigte sich die heroische Phase der Pariser Revolution ihrem Ende zu und die Konservativen begannen damit, ihre Reihen zu schließen und ihre Kräfte zu sammeln. Die radikalen Regierungsmitglieder Louis Blanc, Albert und Flocon wurden zum Rücktritt gezwungen. Die Arbeiter revoltierten gegen die an der Macht verbliebenen rechten Republikaner, errichteten Barrikaden und wurden nach einem dreitätigen Straßenkampf Mann gegen Mann von der Nationalgarde und regierungstreuen Truppen aufgerieben und in die Flucht geschlagen. Die Juni-Revolte kann als der erste rein sozialistische Aufstand in der Geschichte Europas betrachtet werden. Sie richtete sich bewusst gegen die Liberalen wie auch gegen die Legitimisten. Die Anhänger von Blanqui (der damals im Gefängnis saß) riefen das Volk dazu auf, die Macht zu ergreifen und eine bewaffnete Diktatur zu errichten. Das Gespenst des »Kommunistischen Manifests« nahm Gestalt an. Zum ersten Mal offenbarte der revolutionäre Sozialismus seine brutale und bedrohliche Seite, mit der er seinen Gegnern seitdem in allen Ländern gegenüberzutreten pflegt.

Marx reagierte unverzüglich. Trotz aufgeregter Proteste der Zeitungseigentümer, die jede Form des Blutvergießens und der Gewalt zutiefst verabscheuten, veröffentliche er einen langen und mit viel Leidenschaft geschriebenen Leitartikel, der das Staatsbegräbnis für die während der Aufstände in Paris getöteten Soldaten zum Gegenstand hatte:

Die Fraternité, die Brüderlichkeit der entgegengesetzten Klassen, von denen die eine die andere exploitiert, diese Fraternité, im Februar proklamiert, mit großen Buchstaben auf die Stirne von Paris geschrieben, auf jedes Gefängnis, auf jede Kaserne – […] währte grade so lang, als das Interesse der Bourgeoisie mit dem Interesse des Proletariats verbrüdert war. Pedanten der alten revolutionären Überlieferung von 1793, sozialistische Systematiker, die bei der Bourgeoisie für das Volk bettelten und denen erlaubt wurde, lange Predigten zu halten und sich so lange zu kompromittieren, als der proletarische Löwe in Schlaf gelullt werden mußte, Republikaner, welche die ganze alte bürgerliche Ordnung mit Abzug des gekrönten Kopfes verlangten, […] Legitimisten, welche die Livrée nicht abwerfen, sondern ihren Schnitt verändern wollten, das waren die Bundesgenossen, womit das Volk seinen Februar machte. Was es in Louis-Philippe instinktmäßig haßte, war nicht Louis-Philippe, sondern die gekrönte Herrschaft einer Klasse, das Kapital auf dem Throne. Aber wie immer großmütig, wähnt es seinen Feind vernichtet zu haben, nachdem es den Feind seiner Feinde, den *gemeinschaftlichen* Feind gestürzt hat.

[…] Die Kollisionen, welche aus den Bedingungen der bürgerlichen Gesellschaft selbst hervorgehen, sie müssen durchkämpft, sie können nicht wegphantasiert werden. Die beste Staatsform ist die, worin die gesellschaftlichen Gegensätze nicht verwischt […] werden, […] worin sie zum freien Kampf und damit zur Lösung kommen.

Man wird uns fragen, ob wir keine Träne, keinen Seufzer, kein Wort für die Opfer haben, welche vor der Wut des Volkes fielen […]?

Der Staat wird ihre Witwen und Waisen pflegen, Dekrete werden sie verherrlichen, feierliche Leichenzüge werden ihre Reste zur Erde bestatten […].

Aber die Plebejer, vom Hunger zerrissen, von der Presse geschmäht, von den Ärzten verlassen, von den Honetten Diebe gescholten, Brandstifter, Galeerensklaven, ihre Weiber und Kinder in noch grenzenloseres Elend gestürzt, ihre besten Lebenden über die See deportiert – ihnen den Lorbeer um die drohend finstere Stirn zu winden, das ist das *Vorrecht,* das ist das *Recht der demokratischen Presse.*[1]

Dieser Artikel löste (ähnlich wie die zwanzig Jahre später erschienene Hommage von Marx an die Pariser Kommune) unter den Abonnenten und Finanziers beträchtliche Unruhe aus. Die Zeitschrift verlor an Geld. Kurz darauf ordnete die preußische Regierung – die sich anscheinend nicht länger vor dem Volkszorn fürchtete – die Auflösung der Nationalversammlung an. Diese erklärte daraufhin alle von der Regierung auferlegten Steuerforderungen für illegal. Marx unterstütze diese Position ausdrücklich und forderte das Volk dazu auf, gegen Versuche der Steuereintreibung Widerstand zu leisten. Diesmal reagierte die Regierung prompt und befahl die sofortige Einstellung der *Neuen Rheinischen Zeitung.* Die letzte Ausgabe wurde in roter Schriftfarbe gedruckt und enthielt einen weiteren flammenden Leitartikel von Marx sowie ein düsteres und sprachgewaltiges Gedicht von Freiligrath. Am Ende kauften Sammler die letzten Exemplare auf. Marx, der vorübergehend festgenommen wurde, musste sich später vor einem Kölner Gericht wegen Anstiftung zum Aufruhr verantworten. Er nahm diese Gelegenheit wahr, um im Gerichtssaal eine lange und faktenreiche Erklärung abzugeben, in der er sich ausführlich der sozialen und politischen Situation in Deutschland sowie der Lage im Ausland widmete. Das Verfahren endete überraschenderweise mit einem Freispruch. Der Vorsitzende Richter bedankte sich persönlich im Namen aller Geschworenen bei Marx sogar für dessen außerordentlich erhellenden und interessanten Vortrag, von dem alle hätten etwas lernen können. Da die preußische Regierung, die

1 Marx, Karl: Die Junirevolution (29. Juni 1848), MEW 5, S. 134, 136–137.

Marx bereits vier Jahre zuvor seine preußische Staatsbürgerschaft aberkannt hatte, dieses Urteil nicht einfach aufheben konnte, wies sie ihn im Juli 1849 aus dem Rheinland aus.

Er ging daraufhin nach Paris, wo die politische Lage noch unübersichtlicher geworden war. Die Bonapartisten unterstützten inzwischen den ersten Neffen von Napoleon. Es lag das Gefühl in der Luft, jeden Moment könne etwas Entscheidendes passieren. Marx' Mitstreiter hatte es mittlerweile in alle Himmelsrichtungen verschlagen. Engels, der schlecht untätig herumsitzen konnte, erklärte, er habe nichts zu verlieren, und schloss sich schließlich doch noch der von Willich befehligten Pariser Legion an. Während Engels den überzeugten Kommunisten und kompetenten Kommandanten Willich für seine Ernsthaftigkeit, seine Abgebrühtheit und seinen persönlichen Mut schätzte, tat Marx ihn als einen romantischen Abenteurer ab. Nachdem sie von den königstreuen Truppen in Baden mühelos geschlagen worden waren, zogen sich die deutschen Legionäre geordnet an die Grenze des Schweizerischen Bundesstaates zurück und lösten dort ihre Formation auf. Die Mehrheit der Überlebenden entkam in die Schweiz, darunter auch Engels, der sich später mit großem Vergnügen an diese Aktion zu erinnern pflegte und von diesem militärischen Unterfangen so erzählte, als habe es sich dabei um eine eher unwichtige, aber recht amüsante und erfreuliche Episode in seinem Leben gehandelt.

Marx, dem es schwerer fiel, sich zu amüsieren, empfand Paris als einen Ort voller Melancholie. Die Revolution war ganz offenkundig gescheitert. Alles, was von den demokratischen Errungenschaften und Strukturen noch übrig war, wurde durch die Intrigen der Legitimisten, Orleanisten und Bonapartisten zerstört. Diejenigen Sozialisten und Radikalen, die nicht geflohen waren, saßen entweder bereits im Gefängnis oder mussten befürchten, jeden Augenblick inhaftiert zu werden. Die französische Regierung zeigte sich von Marx' Auftauchen in Paris – der inzwischen überall in Europa bekannt war und verehrt wurde – alles andere als entzückt. Kurz nach seiner Ankunft stellte sie Marx vor die Wahl, Frankreich entweder wieder zu verlassen oder sich stillschweigend nach Morbihan in der Bretagne zurückzuziehen. Er überlegte, welches der freien Länder ihn wohl aufnehmen würde. Belgien war ihm versperrt, auch bei den Schweizer Behörden, die inzwischen Weitling ausgewiesen hatten und sich gegenüber Bakunin nicht besonders großzügig verhielten, schien es unwahrscheinlich, dass sie Marx einen längeren Aufenthalt gewähren würden. Es blieb nur ein einziges Land in Europa, von dem Marx annehmen konnte, dass es ihm keine größeren Hindernisse in den Weg legen würde. Im Juli hatte Marx das Rheinland verlassen und war nach Paris gereist. Einen Monat später reichte das Geld, das Freunde für ihn gesammelt hatten (in diesem Zusammenhang taucht zum ersten Mal der Name Lassalle auf), endlich aus, um sich damit ein Schiffsticket nach England zu kaufen.

Marx kam am 24. August 1849 in London an, seine Familie folgte ihm einen Monat später. Engels, der sich eine Zeitlang in der Schweiz umgetan und sich dann für eine längere, vergnügliche Schiffspassage von Genua aus entschieden hatte, traf Anfang November desselben Jahres in London ein. Er fand dort einen Marx vor, der vollends davon überzeugt war, die Revolution könne jeden Moment von Neuem ausbrechen, und der bereits mit der Abfassung einer Streitschrift gegen die konservative französische Republik begonnen hatte.

8 Die erste Zeit im Londoner Exil

Gegen Gemütsleiden gibt es nur ein wirksames Antidot, und das ist körperlicher Schmerz.
Karl Marx[1]

Als Marx 1849 in London ankam, ging er davon aus, er würde dort nur einige Wochen, eventuell ein paar Monate bleiben. Tatsächlich sollte er in London mit wenigen kürzeren Unterbrechungen den Rest seines Lebens verbringen. Er starb 1883. England war von den das Leben im kontinentalen Europa bestimmenden geistigen und gesellschaftlichen Strömungen schon immer relativ abgeschottet gewesen. Die Mitte des 19. Jahrhunderts bildete hier keine Ausnahme. Die Fragen und Themen, die die Menschen auf dem Kontinent bewegten, brauchten gewöhnlich viele Jahre, bis sie den Ärmelkanal überquerten, und sie tendierten dazu, im Laufe dieses Prozesses eine neue, spezifisch anglisierte Form anzunehmen. Die in England lebenden ausländischen Revolutionäre ließ man im Großen und Ganzen in Ruhe, vorausgesetzt, sie verhielten sich gesittet und unauffällig. Man zeigte auch sonst kaum

1 Marx an Jenny Longuet, 7. Dezember 1881, MEW 35, S. 240.

I. Berlin, *Karl Marx: Sein Leben und sein Werk*, Edition Theorie und Kritik,
https://doi.org/10.1007/978-3-658-13586-7_8

Interesse an ihnen. Dass ihre Gastgeber sie korrekt und mit einer ausgesprochenen Höflichkeit behandelten, in die sich eine Spur Gleichgültigkeit gegenüber ihren Anliegen mischte, führte aufseiten der Exilanten zu einer gewissen Irritation, amüsierte sie aber zugleich.

Viele der Revolutionäre und Schriftsteller, die lange Zeit ihres Lebens im Gärkessel geistiger und politischer Auseinandersetzungen gelebt hatten, empfanden die Atmosphäre in London jedoch als extrem kühl und abweisend. Ihr Gefühl der Isolation und Verbannung verstärkte sich noch durch die wohlwollende, zugleich aber distanzierte und manchmal gar bevormundende Art und Weise, mit der sie von den wenigen Engländern, mit denen sie in Kontakt kamen, behandelt wurden. Während deren Toleranz und Höflichkeit einen sicheren Rückzugsraum schufen, in dem man sich von dem Albtraum von 1849 sowohl körperlich als auch psychisch erholen konnte, erzeugten genau diese Distanz zu den Ereignissen, der sich dieses Gefühl des Zur-Ruhe-Kommens verdankte, sowie die erstaunliche Stabilität, die das kapitalistische System in England damals auszuzeichnen schien und der Umstand, dass es hier kein einziges Anzeichen für ein revolutionäres Aufbegehren gab, zuweilen eine Stimmung absoluter Hoffnungslosigkeit und Stagnation. Dieser Stimmung konnten sich nur wenige dieser Männer, die ihr ganzes Leben der Revolution gewidmet hatten, entziehen, die anderen wurden zunehmend demoralisiert und verbittert. Bei Marx kamen noch schlimmste Armut und miserable Lebensbedingungen hinzu, was seinen nie übermäßig romantischen oder weichen Charakter noch trockener machte. Obschon er als Denker und Revolutionär in vielerlei Hinsicht von dieser langen Phase des Exils profitierte, zog er sich fast vollständig in einen kleinen Kreis von Vertrauten zurück, bestehend aus seiner Familie, Engels und einigen wenigen weiteren engen Freunden wie Liebknecht, Wolff und Freiligrath.

Mit den Jahren nahmen Marx' natürliche Schroffheit im

öffentlichen Auftreten zu, ebenso seine Aggressivität, seine Missgunst sowie sein Verlangen, jeden Rivalen auszustechen. Seine Ablehnung gegenüber der Gesellschaft, in der er lebte, trat immer deutlicher zutage, sein persönliches Verhältnis zu einzelnen Angehörigen dieser Gesellschaft gestaltete sich zusehends komplizierter. Mit ›bürgerlichen‹ Fremden ging er häufig freundlicher um als mit Sozialisten, die nicht zu seinem unmittelbaren Dunstkreis zählten. Rasch geriet er in Streit und verabscheute Versöhnungen. Solange es Engels als zuverlässige Stütze gab, schien er keine weitere Hilfe zu brauchen. Gegen Ende seines Lebens, als Marx mehr Respekt und Bewunderung erfuhr als jemals zuvor, gab es niemanden, der ihm nahe zu kommen wagte. Alle hatten Angst davor, von Marx eine demütigende Abfuhr zu erhalten. Wie viele andere große Männer und Denker mochte Marx Schmeicheleien, aber noch mehr schätzte er völlige Unterwerfung. In seinen letzten Jahren genoss er beides in hohem Maße. Kurz vor seinem Tod erfreute sich Marx größerer Wertschätzung und höheren materiellen Komforts als in irgendeinem anderen Abschnitt seines Lebens.

Dies waren die Jahre, in denen romantische Patrioten wie Kossuth oder Garibaldi auf den Straßen von London frenetisch gefeiert und bejubelt wurden. Sie waren sagenumwobene Gestalten, von denen die Menschen heroische Taten und erhabene Worte erwarteten. Sie galten weniger als interessante oder renommierte Männer, zu denen man eine menschliche Beziehung entwickeln konnte. Das Gros ihrer Anhängerschaft schätzte man als harmlose Exzentriker ein, was in der Tat auch auf viele zutraf. Marx, der selbst weder über hinlängliche Berühmtheit noch über den nötigen Charme verfügte, um eine derartige Aufmerksamkeit auf sich zu ziehen, fand sich auf einmal weitgehend mittellos und mit nur einigen wenigen Freunden in einem Land wieder, das ihm trotz eines drei Jahre zuvor stattgefundenen Besuchs im Großen und Ganzen fremd blieb. Obwohl Marx damals in eine ungeheuer vielfältige und dynamische Gesellschaft hineingeriet, die kurz vor dem Höhepunkt ihrer außergewöhnlichen wirtschaftlichen und politischen Macht stand, verbrachte er den Rest seines persönlichen Lebens in merkwürdiger Abgeschiedenheit von ihr und behandelte das meiste um ihn herum einzig als Gegenstand wissenschaftlicher Betrachtung.

Der Niedergang militanter radikaler Bewegungen überall in Europa ließ ihm auch zumindest für eine Zeitlang keine andere Wahl, als in die Rolle des Beobachters und Forschenden zu schlüpfen. In dieser Phase griff Marx deshalb bei seiner Beweisführung, bei seinen Hypothesen und Verallgemeinerungen vorwiegend auf englische Autoren und Erfahrungen zurück, weil das empirische Material, zu dem er zu diesem Zeitpunkt Zugang hatte, zum Großteil englischen Quellen entstammte. Damals sind ausführliche gesellschaftliche und historische Studien entstanden, auf denen die besten und originellsten Kapitel von Marx' Hauptwerk »Das Kapital« beruhen. Sie befassen sich in erster Linie mit Zeitabschnitten und Ereignissen, die Marx studieren konnte, ohne London oder den Lesesaal des British Museum jemals verlassen zu müssen. Die meisten Informationen, die er hierfür verwendete, hatte er dem Finanzteil des *Economist* entnommen sowie Büchern zur Wirtschaftsgeschichte einzelner Länder und Statistiken der »Blue Books«, die die englische Regierung herausgab und die Marx als erster Wissenschaftler systematisch ausgewertet hat. All dies tat Marx, der sich gelegentlich noch der Agitation und praktischer Organisationsarbeit widmete, auf eine extrem reservierte Art und Weise, als wäre der Autor meilenweit von dem Schauplatz dessen, was er beschrieb und analysierte, entfernt gewesen. Das hat hin und wieder zu dem falschen Schluss geführt, Marx sei in den Jahren seines Exils in England zu einem versponnenen und weltfremden Gelehrten geworden, der sich bereits im Alter von 32 Jahren aus der realen Welt verabschiedet und nur noch mit rein theoretischen Fragen beschäftigt habe.

Marx war in England zu einem Zeitpunkt eingetroffen, der aus revolutionärer Perspektive kaum deprimierender hätte sein können. So hatte der Chartismus in England – dem damals am stärksten industrialisierten und damit sozial fortschrittlichsten Land in ganz Europa – kurz zuvor eine vernichtende Niederlage erlitten. Diese Massenbewegung hatte Sozialisten überall auf dem Kontinent als Vorbild für die Organisierung des Proletariats gedient. Ausländische Beobachter wie Engels hatten die Kraft und das Potenzial dieser Bewegung allerdings bei Weitem überschätzt. Sie war nie über eine lockere Allianz heterogener Interessen und Personen hinausgekommen, darunter romantische Tories, moderne, von europäischen Ideen und Vorbildern beeinflusste Radikale, evangelikale Reformer, philosophische Radikale, enteignete Bauern und Handwerker sowie apokalyptische Visionäre. Was sie verband, war die gemeinsame Furcht vor Pauperisierung und sozialer Degradierung der unteren Mittelschichten, die mit dem Fortschreiten der industriellen Revolution immer stärker wurde. Für viele war eine gewaltförmige Umwälzung der Gesellschaft undenkbar, gehörten sie doch der Klasse an, die im »Kommunistischen Manifest« so verächtlich beschrieben wird: »Ökonomisten, Philanthropen, Humanitäre, Verbesserer der Lage der arbeitenden Klassen, Wohltätigkeitsorganisierer, Abschaffer der Tierquälerei, Mäßigkeitsvereinsstifter, Winkelreformer der buntscheckigsten Art.«[1]

Die Bewegung war schlecht organisiert. Ihre Anführer waren sich uneinig, sie hatten weder als Individuen und noch weniger als Kollektiv eine klare Vorstellung davon, welche Ziele sie und ihre Anhänger verfolgen sollten und mit welchen Mitteln diese zu erreichen waren. Die verlässlichsten Träger dieser Bewegung waren Gewerkschafter eines bestimmten

1 Marx, Karl/Engels, Friedrich: Manifest der Kommunistische Partei, MEW 4, S. 488.

Typus, dem die Zukunft gehören sollte und die vor allem bestrebt waren, die Arbeitsbedingungen und Löhne der Proletarier zu verbessern. Für weiterreichende Fragen interessierten sich diese Gewerkschafter nur dann, wenn sie ihre besonderen Anliegen berührten. Es ist zweifelhaft, ob unter diesen Umständen jemals eine ernsthafte revolutionäre Bewegung aus einer solch sonderbaren Gemengelage hätte hervorgehen können. So wie die Dinge damals lagen, geschah jedenfalls in dieser Hinsicht nichts. Vielleicht hatte dies mit den sozialen Errungenschaften und Erleichterungen zu tun, die der *Great Reform Act* von 1832 mit sich gebracht hatte, vielleicht war es auch die Macht der Nichtkonformität, die den Lauf der Dinge aufhielt. Jedenfalls war die große Krise, die 1847 begonnen hatte, 1850 schon wieder vorbei.

Es folgte der erste bewusst wahrgenommene ökonomische Boom in der europäischen Geschichte, mit dem eine gewaltige Beschleunigung der industriellen und kommerziellen Entwicklung verbunden war und der die letzte Glut des chartistischen Flächenbrands auslöschen sollte. Nach wie vor setzten sich Gewerkschaftsfunktionäre und politische Agitatoren für eine Verbesserung der Lebensbedingungen der Arbeiter ein. Doch die Jahre der absoluten Verzweiflung, die Jahre von Peterloo und der Märtyrer von Tolpuddle, die durch die düsteren, aber bewegenden Pamphlete von Hodgskin und Bray wie die grausame Ironie eines William Cobbett Eingang in die Geschichte gefunden haben und für brutale Unterdrückung und weit verbreiteten sozialen Untergang stehen, gehörten indes der Vergangenheit an. Es begann damals eine neue, eine etwas freundlichere Epoche, die stark von John Stuart Mill und den englischen Positivisten, die mit dem Sozialismus sympathisierten, beeinflusst war. Der christliche Sozialismus der 1860er Jahre und die im Kern unpolitische Gewerkschaftsbewegung, in denen kluge und bedächtige Opportunisten wie Cremer oder Lucraft das Sagen hatten, misstrauten ausländischen Doktrinären und deren

Bemühungen, sie zu belehren und über ihre eigenen Belange aufzuklären.

Als Erstes suchte Marx in London den Kontakt mit deutschen Exilanten. Die Stadt erlebte damals einen Zustrom von Emigranten aus Deutschland. Darunter befanden sich ehemalige Angehörige der inzwischen aufgelösten Revolutionskomitees, exilierte Dichter und Intellektuelle, in diffuser Weise radikalisierte Handwerker, die sich schon lange vor der Revolution in England niedergelassen hatten. Hinzu kamen aktive Kommunisten, die kurz zuvor aus Frankreich oder aus der Schweiz ausgewiesen worden waren und nun versuchten, den »Kommunistischen Bund« neu aufzubauen und Beziehungen zu sympathisierenden Radikalen in England zu knüpfen. Marx folgte seiner üblichen Taktik und beschränkte sich zunächst recht konsequent auf die Gesellschaft der deutschen Exilanten. Er war fest davon überzeugt, dass die Revolution noch nicht vorbei war und man gerade nur eine Feuerpause erlebte. Und er blieb dieser Überzeugung treu, bis zu dem Staatsstreich, der Louis Bonaparte in Frankreich auf den Thron hieven sollte. Bis dahin verbrachte Marx seine Zeit damit, seinen üblichen Exiltätigkeiten nachzugehen: Er nahm an Treffen von Flüchtlingen teil und stritt sich mit denjenigen, die sein Missfallen erregten. Der kultivierte und anspruchsvolle Alexander Herzen, zu der Zeit in London, sollte eine tiefe Abneigung gegen Marx entwickeln. In seinen Erinnerungen findet sich eine boshafte, aber glänzende Beschreibung der Stellung, die Marx und seine Anhänger zu diesem Zeitpunkt und auch noch später unter den anderen politischen Emigranten innehatten.

Man sagte den Deutschen zum Beispiel nach, dass sie mit den anderen Emigrantengruppen – Italienern, Russen, Polen und Ungarn – nicht zusammenarbeiten konnten, weil sie angeblich über deren unmethodisches Vorgehen entsetzt waren und sich von deren Leidenschaft für intensive persönliche Beziehungen abgestoßen fühlten. Auf die anderen Exilanten wiederum wirkten die Deutschen mindestens genauso unsympathisch. Ihnen missfiel die Steifheit der Deutschen, ihre ungehobelten Manieren, ihre extreme Selbstgefälligkeit, aber vor allen anderen Dingen ihre unermüdlichen Intrigen und Fehden, die sie untereinander ausfochten und in deren Verlauf es nicht unüblich war, intime Details aus dem Privatleben der Gegner in die Öffentlichkeit zu zerren und in der Presse schonungslos über sie herzuziehen.

Das Debakel von 1848 hatte Marx theoretische Überzeugungen nicht erschüttert, aber es hatte ihn dazu gezwungen, sein politisches Programm ernsthaft zu überdenken. In den Jahren 1847/48 hatte er derart unter dem Einfluss von Weitlings und Blanquis Propaganda gestanden, dass er entgegen seiner natürlichen Hegel'schen Neigung begonnen hatte zu glauben, die Revolution könne mittels eines Staatsstreiches gelingen, ausgeführt von einer kleinen eingeschworenen Truppe von geschulten Revolutionären, die nach der Machtergreifung eine Art Exekutivkomitee bilden und im Namen der Massen die Regierungsaufgaben übernehmen würden. Dieses Komitee würde als die Speerspitze des Angriffs des Proletariats fungieren. Es konnte nämlich nicht erwartet werden, dass die große Masse der Arbeiterklasse nach so langen Jahren der Unterjochung und Finsternis reif genug sein würde, um sich selbst zu regieren oder die Mächte zu steuern bzw. zu zerstören, die sie zuvor abgelöst hatte. Deshalb müsse eine Partei gegründet werden, die als politische und geistige Elite des Volkes fungieren und gesetzgeberische Kompetenzen haben sollte. Die Mitglieder dieser Partei würden das Vertrauen des Volkes genießen und seien aufgrund ihrer Selbstlosigkeit, ihrer besseren Ausbildung und ihres praxisnahen Einblicks in die Erfordernisse der unmittelbaren Situation am besten dazu in der Lage, die ersten unsicheren Schritte des Volkes zu Beginn seiner neu gewonnenen Freiheit zu lenken.

Diese aus seiner Sicht notwendige Zwischenstufe bezeichnete Marx als »Revolution in Permanenz«,[1] während derer die Klassendiktatur des revolutionären Proletariats über den Rest der Gesellschaft herrsche, »als notwendiger Durchgangspunkt zur *Abschaffung der Klassenunterschiede überhaupt,* zur Abschaffung sämtlicher Produktionsverhältnisse, worauf sie beruhen, zur Abschaffung sämtlicher gesellschaftlichen Beziehungen, die diesen Produktionsverhältnissen entsprechen, zur Umwälzung sämtlicher Ideen, die aus diesen gesellschaftlichen Beziehungen hervorgehen«.[2] Aber obwohl die Ziele hier klar benannt werden, ließ Marx es weitgehend offen, mit welchen Mitteln diese erreicht werden sollten. Die »permanente Revolution« sollte durch die Diktatur des Proletariats bestimmt sein, aber wie sollte diese Stufe erreicht werden und welche Form sollte sie annehmen? Zweifelsohne schwebte Marx 1848 eine selbsternannte Elite vor, um all dies zu bewerkstelligen, aber keine klandestin agierende Gruppe, wie von Blanqui vorgesehen, oder eine, die einem einzelnen diktatorischen Führer unterstand, wie es Bakunin hin und wieder propagiert hatte. Vielmehr kamen Marx' Vorstellungen wohl eher denen von Babeuf nahe, der 1796 vorgeschlagen hatte, ein kleiner Zusammenschluss von überzeugten und skrupellosen Individuen solle die diktatorische Macht an sich reißen und solange erzieherisch auf das Proletariat einwirken, bis dieses das benötigte Niveau erreicht habe, um seine historische Aufgabe wirklich zu begreifen und angemessen wahrnehmen zu können.

Aus diesem Grund hatte Marx in den Jahren 1848/49 in Köln eine temporäre Allianz mit den Anführern des radikalen Bürgertums befürwortet. Marx betrachtete auf dieser historischen Entwicklungsstufe das Kleinbürgertum, das damals gegen die Vorherrschaft der direkt über ihr stehenden Klas-

1 Marx, Karl: Ansprache der Zentralbehörde an den Bund vom März, März 1850, MEW 7, S. 254.

2 Marx, Karl: Die Klassenkämpfe in Frankreich 1848–1850 (1850), MEW 7, S. 90.

sen kämpfte, als natürlichen Verbündeten der Arbeiter. Da es unfähig sei, aus eigener Kraft den Kampf zu gewinnen, würde es immer abhängiger werden von der Unterstützung der Arbeiter, bis der Moment komme, an dem die Arbeiter, die bis dahin schon die wirtschaftliche Macht errungen hätten, auch die offiziellen Institutionen der politischen Macht erobern würden – entweder durch einen gewaltsamen Umsturz oder durch eine allmähliche Steigerung des Drucks. Die Welt ist mit dieser Doktrin (deren klarste Ausformulierung in der Ansprache der Zentralbehörde an den Bund vom März, verfasst von Marx und Engels im Jahr 1850, zu finden ist) ziemlich vertraut: 1905 hat sie Trotzki (nachdem sie vom russischen Agitator Parvus wiederentdeckt worden war) propagiert, später ist sie so von Lenin übernommen und in Russland 1917 fast buchstabengetreu dann in die Praxis umgesetzt worden.

In Anbetracht der Ereignisse von 1848 beschloss Marx hingegen, zentrale Bestandteile davon wenigstens in der Praxis zu verwerfen. Nach und nach nahm er gänzlich von dem Konzept Abstand, wonach die Machtübernahme durch eine kleine Elite zu erfolgen habe. Er war zu dem Schluss gelangt, dass eine solche Elite gegenüber einer feindselig gesonnenen regulären Armee und einem trägen und unvorbereiteten Proletariat nicht wirklich etwas würde ausrichten können. Den Arbeiterführern fehlte es zwar weder an persönlichem Mut noch an praktischem Sinn, aber es wäre für sie in einer Situation wie im Jahr 1848 einfach unmöglich gewesen, sich gegen die vereinte Kraft der Royalisten, der Armee und der oberen Mittelschichten an der Macht zu behaupten. Solange das Proletariat in seiner Gesamtheit sich seiner historischen Aufgabe nicht bewusst werde, so Marx, seien seine Anführer zur Ohnmacht verurteilt. Sie konnten zwar einen bewaffneten Aufstand anzetteln, durften aber nicht darauf hoffen, dessen Früchte zu ernten, solange eine bewusste und intelligente Unterstützung durch die Mehrheit der Arbeiterklasse ausblieb.

Folglich zog Marx aus den Ereignissen von 1848 eine entscheidende Lehre: Die erste Pflicht eines jedes revolutionären Anführers ist es, unter den Massen das Bewusstsein über ihre Bestimmung und ihre historische Aufgabe zu stärken. Selbst wenn sich dies als ein langwieriger und anstrengender Prozess herausstellen sollte, seien diese Bemühungen die notwendige Voraussetzung dafür, dass sich wirklich etwas ändert. Ansonsten, so Marx' Warnung, würde nur viel revolutionäre Energie in von Abenteurern und Hitzköpfen angeführten sporadischen Aufständen vergeudet. Denn Erhebungen, die keine reale Basis im Volk haben, seien zwangsläufig dazu verurteilt, nach einer kurzen Phase des Triumphs von den Kräften der Reaktion, die sich schnell erholen konnten, niedergeschlagen zu werden, gefolgt von brutalen Repressionen, die das Proletariat auf viele Jahre zu lähmen drohten. Aus diesen Gründen verweigerte Marx am Vorabend ihres Ausbruchs seine Unterstützung für die Revolution, die 1871 zur Ausrufung der Pariser Kommune führen sollte; später hat er dann – vermutlich hauptsächlich aus taktischen Gründen – einen bewegenden und wortgewaltigen Nachruf auf diese verfasst.

Der zweite Punkt, bei dem Marx seine Ansichten im Laufe der Zeit grundlegend änderte, betraf die Zusammenarbeit mit der Bourgeoisie. Nach seiner Theorie erforderte die Dialektik der Geschichte weiterhin, dass das Bürgertum zunächst die Herrschaft übernahm, als Vorstufe für den totalen Kommunismus. Aber die besondere Stärke dieser Klasse in Deutschland und Frankreich sowie ihre offen zur Schau getragene Entschlossenheit, sich vor ihren proletarischen Verbündeten zu schützen, überzeugten Marx davon, dass sich ein Pakt mit dem Bürgertum am Ende gegen die Arbeiter wenden würde, weil die Letzteren als Klasse so viel schwächer waren. Der Plan, hinter den Kulissen die Macht zu ergreifen und von dort aus zu regieren, ließ sich noch nicht verwirklichen. Das war der zentrale Streitpunkt zwischen ihm und den Kölner Kommunisten gewesen, die sich mit der Begründung, dies sei nichts als selbstmörderischer Opportunismus, gegen ein

Bündnis mit den Liberalen ausgesprochen hatten. Nun machte sich Marx deren Standpunkt zu eigen, wenngleich nicht mit der gleichen Begründung. Opportunismus war nicht das Problem, da er nach Marx nicht unbedingt ehrenrührig oder kontraproduktiv sein musste. Vielmehr befürchtete er in diesem spezifischen Fall das Scheitern eines solchen Bündnisses, weil es in der noch nicht besonders gefestigten Partei nur Verwirrung stifte und damit zu ihrer Schwächung wie auch zu einer Niederlage führen müsse. Von daher erklärt sich, warum Marx in späteren Jahren so sehr darauf bedacht war, die Reinheit der Partei zu bewahren und sie von jeglichen kompromittierenden Verwicklungen fernzuhalten. Aus Marx' Analyse der Gründe für die Katastrophe im Revolutionsjahr 1848 ließen sich einige Erkenntnisse ableiten, die in die Taktik der sozialistischen Parteien im späten 19. und frühen 20. Jahrhundert einfließen sollten. Es ging darum, eine Politik der allmählichen Expansion und der schrittweisen Eroberung der politischen Macht mittels anerkannter parlamentarischer Institutionen zu verfolgen, begleitet von dem systematischen Aufbau von weltweitem Druck auf die Arbeitgeber durch starke Gewerkschaften und ähnliche Organisationen, um damit bessere ökonomische Bedingungen für die Arbeiter durchzusetzen.

Marx' vorrangiges Ziel – die Schaffung von Verhältnissen, in denen die Diktatur des Proletariats, die »permanente Revolution«, verwirklicht werden kann – blieb davon unberührt. Die Bourgeoisie und alle ihre Institutionen waren zum Untergang verurteilt. Das war ein unaufhaltsamer Prozess, auch wenn er vielleicht etwas mehr Zeit in Anspruch nehmen würde, als Marx ursprünglich angenommen hatte. Dementsprechend musste das Proletariat zur Geduld erzogen werden. Erst wenn die Lage reif war, durften die Arbeiterführer zum Handeln aufrufen. Bis dahin sollten die proletarischen Massen mit ihren Kräften haushalten, sich in Disziplin üben und sich organisieren, um für die entscheidende Krise vorbereitet zu sein.

Die Geschichte hat hierzu einen ironischen Kommentar

beigesteuert: Den Machern der kommunistischen Revolution in Russland (wobei erwähnt werden sollte, dass Marx seine Theorie auf Russland nicht für anwendbar hielt) blieben die fatalen Konsequenzen von 1848 und 1871 erspart, obwohl sie sich entsprechend der später verworfenen Auffassung von 1850 verhielten und zuschlugen, noch bevor die Volksmassen die notwendige Reife für die Übernahme ihrer historischen Aufgabe erreicht hatten. Anders erging es den orthodoxen deutschen und österreichischen Sozialdemokraten, die sich treu an die später von ihrem Meister entwickelte Lehre hielten. Sie, die mit betonter Zurückhaltung vorgingen, einen Großteil ihre Energie auf die Bildung und Erziehung der Massen verwendeten und dies als Teil ihrer Mission betrachteten, wurden von den neu organisierten, reaktionären Kräften einfach hinweggefegt. Dabei hätte die Reaktion durch den Fortgang der Geschichte und die unablässige Unterminierungsarbeit des Proletariats bereits schon längst derart geschwächt sein müssen, dass von ihr keine Gefahr mehr hätte ausgehen können.

Mittlerweile war nirgendwo mehr ein Anzeichen für eine bevorstehende Revolution zu entdecken. Die Stimmung, die zuvor durch einen überbordenden Optimismus geprägt war, hatte sich in eine tiefe Depression verwandelt.

> Wenn ich an jene Zeit zurückdenke, wird mir weh zumute [schreibt Herzen in seinen persönlichen Erinnerungen]. […] Frankreich trieb mit der Schnelligkeit einer Sternschnuppe dem 2. Dezember zu. Deutschland lag zu Nikolaus Füßen, wohin es von dem unglücklichen, verratenen Ungarn gerissen worden war. […] Die Revolutionäre setzten ihre vergebliche Agitation fort. […]
>
> Selbst die allerernsthaftesten Leute verfallen leicht einem Formalismus und reden sich ein, sie täten etwas, wenn sie periodische Versammlungen abhalten, Stöße von Papieren und Protokollen haben, Beratungen pflegen, Stimmen abgeben, Beschlüsse fassen, Proklamationen […] drucken und dergleichen mehr. Die revolutionäre Bürokratie löst genauso Taten in Worte und Formen auf wie unsere

> Kanzleibürokratie. In England gibt es eine Unmenge verschiedener Assoziationen, die ihre feierlichen Versammlungen haben, zu denen Herzöge und Lords, clergymen und Sekretäre erscheinen. Die Kassenführer sammeln Geld ein, die Literaten schreiben Artikel, und alle zusammen tun absolut nichts. Diese Versammlungen, die größtenteils philanthropischen und religiösen Charakter tragen, dienen einerseits der Zerstreuung, andererseits aber beruhigen sie das christliche Gewissen von Menschen [...]. Das war eine Verschwörung in aller Öffentlichkeit, eine Verschwörung bei offenen Türen, und folglich eine unmögliche Verschwörung.[1]

Marx verbrachte seine beiden ersten Jahre in London in einer bedrückenden Atmosphäre voller Intrigen, Verdächtigungen und Beschuldigungen – typische Begleiterscheinungen jeder größeren politischen Exilgemeinde, deren Angehörige gerade in der ersten Zeit eher durch die schwierigen Umstände miteinander verbunden sind als durch ein positiv formuliertes, gemeinsames Anliegen. Marx lehnte es dezidiert ab, irgendetwas mit Herzen, Mazzini und deren Mitstreitern zu tun zu haben, aber er verharrte nicht in Passivität. Er verwandelte die *Neue Rheinische Zeitung* in eine Rundschau, organisierte Hilfskomitees für Geflüchtete und prangerte in einem Aufsatz die Methoden der Kölner Polizei bei den Gerichtsprozessen gegen seine ehemaligen Zeitungskollegen an. Er warf den polizeilichen Ermittlern und Zeugen grobe Falschaussagen und Meineide vor. Obwohl seine Genossen am Ende verurteilt wurden, sorgte Marx mit seinem Engagement dafür, dass solche abgekarteten Gerichtsverfahren in der Zukunft nicht mehr so einfach stattfinden konnten. Ferner führte er seine Fehde gegen Willich im »Kommunistischen Bund« fort, der der Überzeugung war, eine Organisation, die Halbwahrheiten verbreite, würde der Sache mehr schaden als deren komplette

1 Herzen, Alexander: Mein Leben. Memoiren und Erinnerungen, Bd. 2, 1847–1852, Berlin 1963, S. 189–191.

Untätigkeit oder Auflösung, und machte mit seinen unerbittlichen Angriffen so lange weiter, bis sich der Bund tatsächlich auflöste. Nach der völligen Demontage seiner früheren Mitstreiter ging Marx, der gegenüber dem Rest der Emigranten nichts als Verachtung übrighatte und sie für einen Haufen von harmlosen wie nichtsnutzigen Schwätzern hielt, dazu über, sich und Engels zu einer Art unabhängigem Propagandazentrum zu machen, zu einer Personalunion, um die herum sich die verstreuten Überreste der zerschlagenen deutschen kommunistischen Bewegung nach und nach sammeln und noch einmal zu einer Macht formieren sollten. Dieser Plan sollte tatsächlich aufgehen.

Marx' bedeutsamste Schriften aus dieser Zeit befassen sich mit dem, was kurz zuvor in Frankreich geschehen war. Wenn er über abstrakte Themen schrieb, waren seine Formulierungen häufig eher verworren und schwer verständlich, aber bei der Beschreibung von Fakten bestach sein glasklarer Stil. Seine Aufsätze über »Die Klassenkämpfe in Frankreich« und seine Artikel, die unter dem Titel »Der achtzehnte Brumaire des Louis Bonaparte« zusammengefasst später neu veröffentlicht wurden, sind eindrucksvolle Beispiele für die scharfen und schonungslosen Schmähschriften, die er damals verfasste. Diese beiden Texte beschäftigen sich im Wesentlichen mit denselben Ereignissen. Sie liefern eine glänzende und polemische Beschreibung der Revolution und der Zweiten Republik sowie eine detaillierte Betrachtung des Zusammenspiels von verschiedenen politischen, ökonomischen und persönlichen Faktoren bei der Formierung von Klassen und den Interessen und Bedürfnissen, die diese verkörpern.

In ihnen findet sich ebenfalls eine hervorragende Analyse der Rolle des französischen Staates, der weniger als ein Organ der herrschenden Klasse (diese Formulierung stammt aus dem »Kommunistischen Manifest«), sondern vielmehr als eine unabhängige Quelle der Macht dargestellt wird, unterstützt von der Bourgeoisie, über deren Wünsche er sich aber auch zuweilen hinwegsetzte, um den gesellschaftlichen und politischen Status quo zu verteidigen. In einer Reihe von scharfsinnigen und epigrammatischen Skizzen werden die führenden Repräsentanten der verschiedenen Parteien vorgestellt und denjenigen Klassen zugeordnet, von deren Unterstützung sie abhängig waren. Die politischen Entwicklungen – von einem vagen Liberalismus über die konservative Republik hin zu einem in nacktem Despotismus gipfelnden offenen Klassenkampf – stellte Marx hier als Farce der Ereignisse von 1789 dar. Jede neue Phase erwies sich demnach als gewalttätiger und revolutionärer als die vorausgegangene. 1848 war hingegen genau das Gegenteil geschehen: Im Juni wurde das Proletariat von dem mit ihm verbündeten Teil des Kleinbürgertums verraten und im Stich gelassen, wenig später ließ die Mittelschicht das Kleinbürgertum hängen. Am Ende waren sie beide den Großgrundbesitzern und Kapitalisten ausgeliefert, die sie in die Fänge der Armee und von Louis Bonaparte trieben. Dieser Verlauf der Geschichte entsprach nach Ansicht von Marx der historischen Entwicklungsstufe, die die französische Gesellschaft damals erreicht hatte, und hätte auch nicht mit einer anderen Strategie einzelner Politiker verhindert werden können.

Ansonsten verbrachte Marx seine erste Zeit in London mit öffentlichen Vorträgen zu Fragen der politischen Ökonomie, die er vor dem »Deutschen Arbeiterbildungsverein« hielt, sowie mit einer beeindruckenden Korrespondenz, die er mit verschiedenen, inzwischen in alle Winde zerstreuten deutschen Revolutionären führte, insbesondere mit Engels. Dieser hatte aufgrund des Fehlens anderer Einkommensquellen eher widerwillig vorübergehend Frieden mit seinen Eltern geschlossen und sich in Manchester niedergelassen, um dort in dem Büro der väterlichen Baumwollfabrik zu arbeiten. Die damit einhergehende relative materielle Sicherheit erlaubte es ihm, Marx für den Rest seines Lebens finanziell und intellektuell zu unterstützen.

Marx befand sich über Jahre in hoffnungslosen Geldnöten: Er hatte keinerlei regelmäßigen Einkünfte, musste aber eine immer größer werdende Familie ernähren. Kein Unternehmen, das etwas auf sich hielt, war bereit, Marx aufgrund des ihm vorauseilenden Rufs eine Anstellung zu bieten. Es gibt viele Schilderungen von den äußerst ärmlichen Lebensumständen und den damit einhergehenden unvorstellbaren Demütigungen, mit denen Marx und seine Familie in den folgenden zwanzig Jahren zu kämpfen hatten. Zunächst einmal war die Familie gezwungen, ständig eine billige Unterkunft gegen die nächste einzutauschen: Sie zog von Chelsea zum Leicester Square und von dort aus in die von Krankheiten geplagten Slums von Soho. Oftmals reichte das Geld nicht aus, um die Lebensmittelhändler zu bezahlen, und die Familie musste buchstäblich hungern, bis ein Kredit die Lage vorübergehend etwas linderte oder Engels ihnen ein paar englische Pfund zukommen ließ. Manchmal ging die gesamte Familie in Lumpen, weil sie ihre ganze Kleidung verpfändet hatte, oder sie saß stundenlang ohne Nahrung im Dunkeln, wobei sie hin und wieder lediglich von Gläubigern gestört wurde, die an ihre Tür klopften, um die Rückzahlung von Schulden anzumahnen. Jenny Marx erinnerte sich später daran, wie ihr damals sechsjähriger Sohn Edgar einmal dem Bäcker die Haustür geöffnet und diesem entgegnet habe: »Nein, er ist nicht zu Hause.«[1]

Dem Bericht eines für den preußischen Staat tätigen Spions verdanken wir eine anschauliche Beschreibung der Verhältnisse, unter denen Marx in den ersten sieben Jahres seines Londoner Exils lebte. Dieser Spitzel hatte es anscheinend bewerkstelligt, bis in die Marx'sche Behausung in der Dean Street vorzudringen:

Marx wohnt in einem der schlechtesten, folglich auch billigsten Quartiere von London. Er bewohnt zwei Zimmer; [...] in der gan-

1 Jenny Marx an Engels, 27. April 1953, MEW 28, S. 645.

zen Wohnung ist nicht ein reines und gutes Stück Möbel zu finden: alles ist zerbrochen, zerfetzt und zerlumpt; überall klebt fingerdicker Staub, überall die größte Unordnung; in der Mitte des Salons steht ein altväterlicher großer Tisch […]; auf diesem liegen seine Manuskripte, Bücher und Zeitungen, dann die Spielereien der Kinder; das Fetzenwerk des Nähzeugs der Frau, daneben einige Teetassen mit abgebrochenen Rändern, schmutzige Löffel, Messer, Gabeln, Leuchter, Tintenfaß, Trinkgläser, holländische Tonpfeifen, Tabakasche, mit einem Wort alles Graffelwerk darunter- und darübergehäuft, und alles dies auf dem einzigen Tisch […]. Wenn man bei *Marx* eintritt, werden die Augen vor dem Steinkohlen- und Tabaksqualm derart umflort, daß man im ersten Augenblick wie in einer Höhle umhertappt, bis sich der Blick mit diesen Dünsten allmählich befreundet und man wie im Nebel einige Gegenstände ausnimmt. Alles ist schmutzig, alles voll Staub; mit dem Niedersetzen ist es eine wahrhaft gefährliche Sache. Da steht ein Stuhl nur auf drei Füßen, dort spielen die Kinder und machen ihre Küche auf einem andern Stuhl, der zufällig noch ganz ist; richtig den trägt man dem Besucher an, aber die Kinderküche wird nicht weggeputzt: setzen Sie sich, so riskieren Sie ein Paar Beinkleider. Alles dies aber bringt *Marx* und seine Gattin durchaus in keine Verlegenheit; man empfängt auf das freundlichste, man trägt Pfeife, Tabak und was eben da ist mit Herzlichkeit an; eine geistreiche, angenehme Konversation ersetzt endlich teilweise die häuslichen Mängel, macht das Ungemach erst erträglich; dann söhnt man sich mit der Gesellschaft sogar aus, findet diesen Zirkel interessant, sogar originell.[1]

1 Mayer, Gustav: Neue Beiträge zur Biographie von Karl Marx, in: Archiv für die Geschichte des Sozialismus und der Arbeiterbewegung 10 (1922), S. 54–66, hier 58. [Die von Mayer angegebene Archivsignatur lautet »Akten des kgl. Polizeipräsidiums zu Berlin, betreffend die neuerdings bemerkbar werdenden Bestrebungen der Kommunisten 1853« (Pr. Br. Rep. 30. Berlin C. Pol.Präs. Tit. 94, Geheime Präsidial-Registratur Lit. C. Nr. 286).]

Ein Genie, das gezwungen ist, in einer Dachkammer zu hausen, sich zu verstecken, wenn seine Gläubiger ihm auf den Pelz rücken, oder sich ins Bett zu verziehen, weil seine Kleider wieder einmal verpfändet sind – das ist geeigneter Stoff für eine Komödie oder eine Tragikomödie. Marx verstand sich nicht als Bohemien und er litt sehr unter seinem traurigen Schicksal. Er war ein stolzer und dünnhäutiger Mensch und hatte hohe Erwartungen an die Welt. Die vielen kleinen Demütigungen und Gehässigkeiten, denen er aufgrund seiner Umstände ausgesetzt war, seine Enttäuschung darüber, dass er nicht die Rolle eines Anführers einnahm, die ihm seiner Ansicht nach zustand, die Unmöglichkeit, seine unbändige Vitalität in vollem Umfang zu nutzen – all das führte zu Selbsthass und heftigen Wutausbrüchen. Ein Ventil fand diese Bitterkeit im Schreiben, sie kam aber auch in seinen nie enden wollenden und schonungslos persönlichen Rachefeldzügen zum Ausdruck. Überall sah er Komplotte, Verfolgung und Verschwörungen am Werk. Je stärker die Opfer seiner Angriffe ihre Unschuld beteuerten, desto mehr war Marx von deren Unaufrichtigkeit und Schuld überzeugt.

Fast täglich suchte er den Lesesaal des British Museum auf, wo er üblicherweise von 9 Uhr morgens bis abends um 7 Uhr blieb, und erst ging, wenn das Museum geschlossen wurde. Es folgten lange Stunden der Nachtarbeit, während der er ununterbrochen rauchte. Aus dem Luxusgut Tabak war für ihn längst ein unabkömmliches Beruhigungsmittel geworden. Das beeinträchtigte auf Dauer seine Gesundheit, sodass er unter häufigen Lebererkrankungen litt, manchmal noch begleitet von Geschwüren und Augenentzündungen, die ihn bei der Arbeit störten, ihn erschöpften, verdrießten und es ihm außerdem erschwerten, den Lebensunterhalt für sich und seine Familie zu verdienen. »Ich bin geplagt wie Hiob, wenn auch nicht so gottesfürchtig,« schrieb Marx 1858. »Alles, was die Herrn [die Ärzte] sagen, kömmt darauf hinaus, daß man *Rentner* sein müßte, um ihren Vorschriften gemäß zu leben, statt wie ich ein kirchenmausarmer Teufel.«[1] Manchmal schwor er voller Grimm, die Bourgeoisie müsse eines Tages für jeden einzelnen seiner Karbunkel bezahlen.[2]

Engels, dessen Jahreseinkommen während dieser Zeit wohl nie 100 Pfund überschritt und der damit in Manchester als Repräsentant seines Vaters unter anderem eine ansehnliche Wohnung unterhalten musste, konnte trotz seiner Großzügigkeit der Familie Marx in London zu Beginn nur hin und wieder finanziell unter die Arme greifen. Marx erhielt von seinen Kölner Freunden, die für ihn sammelten, oder freigiebigen deutschen Sozialisten wie Liebknecht oder Freiligrath ab und an kleinere Beträge, die es ihm zusammen mit Honoraren für sporadische journalistische Tätigkeiten, gelegentlichen »Darlehen« von seinem reichen Onkel Lion Philips aus Holland und anderen kleineren Hinterlassenschaften seiner Verwandten erlaubten, am Rand des Existenzminimums seine Arbeit fortzusetzen. Von daher mag es kaum verwundern, dass Marx' Armut und die damit verbundene Fronarbeit und Erniedrigung genauso leidenschaftlich verabscheute wie Unterwürfigkeit.

Den in seine Werke vereinzelt eingeflochtenen Schilderungen von den Lebensumständen der Arbeiter und ihren Familien in den Armutsvierteln der Industriestädte, in den vom Bergbau abhängigen Dörfern oder auf den Plantagen der Großgrundbesitzer merkt man eine große Empörung und Verbitterung an, genauso wie seinen Beschreibungen davon, wie die gesittete öffentliche Meinung auf dieses Elend reagierte. Zugleich sind sie in einem unterkühlten, gar nicht hysterischen Ton gehalten. Immer dann, wenn Marx sich betont ruhig und sachlich Einzelheiten widmete, erhielten seine Beschreibungen etwas Beängstigendes und riefen bei vielen Lesern Zorn und Scham hervor, die die glühende Rhetorik eines

1 Marx an Engels, 8. Januar 1868, MEW 32, S. 14.
2 Marx an Engels, 22. Juni 1867, MEW 31, S. 305.

Thomas Carlyle genauso kalt gelassen hatte wie das Plädoyer von John Stuart Mill für Menschenwürde und Humanität oder die wortgewaltigen Schriften von William Morris und den christlichen Sozialisten.

In den ersten Jahren des Londoner Exils starben drei von Marx' Kindern: seine Söhne Guido und Edgar sowie seine Tochter Franziska. Dies war im Wesentlichen den miserablen Lebensbedingungen der Familie geschuldet. Als Franziska ihrer Krankheit erlag, hatte Marx noch nicht einmal Geld genug, um für sie einen Sarg zu kaufen. Nur die Großzügigkeit eines aus Frankreich geflohenen Anhängers rettete ihn aus dieser Verlegenheit. Seine Frau Jenny hat diesen Vorfall in einem ihrer Briefe an eine befreundete deutsche Exilantin in quälenden Details festgehalten. Sie selbst war damals oft krank, sodass sich immer öfters Helene (»Lenchen«) Demuth um die Kinder kümmerte, die als Hausmädchen bis zum Ende der Familie Marx beistand.

Marx schrieb in einer dieser extrem schwierigen Situationen an Engels: »Den Doktor kann und konnte ich nicht rufen, weil ich kein Geld für Medizin habe. Seit 8–10 Tagen habe ich die family mit Brod und Kartoffeln durchgefüttert, von denen es noch fraglich ist, ob ich sie heute auftreiben kann.«[1]

Marx war von Natur aus kein besonders gesprächiger Mensch und wie kaum ein anderer hasste er Selbstmitleid. In seinen Briefen an Engels machte er sich manchmal in einem makabren Ton selbst über sein ganzes Unglück lustig, sodass sich dem oberflächlichen Leser die verzweifelte Lage, in der sich Marx ganz häufig befand, nicht immer gleich erschließen mag. Als 1855 jedoch sein besonders geliebter Sohn Edgar im Alter von acht Jahren verstarb, war es mit seiner eisernen Selbstbeherrschung vorbei. Damals schrieb er an seinen Freund Engels:

1 Marx an Engels, 8. September 1852, MEW 28, S. 128.

> Ich habe schon allerlei Pech durchgemacht, aber erst jetzt weiß ich, was ein wirkliches Unglück ist. […] Unter all den furchtbaren Qualen, die ich in diesen Tagen durchgemacht habe, hat mich immer der Gedanke an Dich und Deine Freundschaft aufrechtgehalten und die Hoffnung, daß wir noch etwas Vernünftiges in der Welt zusammen zu tun haben.[1]

Und an Lassalle schrieb er:

> Bacon sagt, daß wirklich bedeutende Menschen so viel Relationen zur Natur und der Welt haben, so viel Gegenstände des Interesses, daß sie jeden Verlust leicht verschmerzen. Ich gehöre nicht zu diesen bedeutenden Menschen. Der Tod meines Kindes hat mir Herz und Hirn tief erschüttert, und ich fühle den Verlust noch so frisch wie am ersten Tag. Meine Frau ist auch völlig downbroken.[2]

Das einzige Vergnügen, das sich die Familie hin und wieder gönnte, war ein Picknick im Park Hampstead Heath während der Sommermonate. Sonntagmorgens machten sich alle von ihrer Wohnung in der Dean Street aus zu Fuß auf den Weg nach Hampstead, meist in Begleitung von Lenchen (für die Marx eine besondere Zuneigung hegte)[3] sowie ein oder zwei Freunden, ausgestattet mit einem Korb voll Lebensmitteln und Zeitungen, die sie unterwegs kauften. Dort setzten sie sich unter einen Baum, und während die Kinder spielten oder Blumen pflückten, unterhielten sich die Erwachsenen, lasen oder ruhten. Mit dem Fortschreiten des Nachmittags wurde die Stimmung in der Regel immer vergnügter, insbesondere wenn der meist fröhliche Engels zugegen war. Man scherzte, sang und

1 Marx an Engels, 12. April 1855, MEW 28, S. 444.
2 Marx an Lassalle, 28. Juli 1855, MEW 28, S. 617.
3 1851 brachte sie einen Jungen zur Welt [dessen Vater einigen Darstellungen zufolge Marx war], der Frederick (»Freddy«) Demuth hieß, später als Handwerker in London arbeitete und 1929 dort auch verstarb.

Marx — London Library vol X I

Marx Dana on N.R. Zeitung (late 1848?), squeezed out of N.Y. Tribune by Gurowski, (not Pulszky), paper Protectionist, anti-slavery, Fourierist etc, got Engels to write till 1853, then very nothing heinously till Aug 1852. Had to write on semi-sage subjects. First lot Revolution & Counter-revolution (Engels) Then brilliant analysis of English pol. parties — Ernest Jones movingly quoted.

The Cologne Trial (7th Oct – 12 Nov 1852) interrupted then dissolved Communist League, wrote account of trial which finally frightened off Swiss publishers, terrific letter about Duchess of Sutherland.

The Eastern Question. Palmerston. English in India. Gladstone's budget. Articles cut, turned into leaders, foisted on to Gurowski or anybody ("annexationist policy")

Military Stuff on Russo-Turkish war etc. by Engels, mistaken for Winfield Scott (friend of Mr. Seeley(?))

Engels in charge of War Ministry, M of Foreign Office & Exchequer.

Deposed by Dana, whose own position not too good vis a vis Greeley. Also Gurowski began extruding him. Dana told Marx, Marx told Engels to write article (The Armies of Europe) for Putnam's Monthly. Done.

1855 terrible shock of death of his little son (Musche) worked for Neue Oder Zeitung.

Newly lost connection with N.Y. Tribune, but for Crimean War + American Civil War.

Notizen von Berlin aus der London Library[1]

1 Oxford, Bodleian Library, MS. Berlin 412, fol. 174v: Scan © Bodleian Library 2013.

lief um die Wette. Marx rezitierte Gedichte, was ihm besondere Freude bereitete, nahm die kleinen Kinder Huckepack und sorgte für jedermanns Unterhaltung. Manches Mal bestieg er am Ende seiner Vorstellung mit gespielter Feierlichkeit einen Esel und ritt auf diesem vor der versammelten Ausflugsgesellschaft auf und ab, ein Anblick, der immer große Heiterkeit verbreitete. Meist brachen sie bei Einbruch der Dunkelheit wieder auf und sangen auf dem Heimweg nach Soho oftmals patriotische deutsche und englische Lieder. Von diesen angenehmen Unterbrechungen des Alltags gab es leider jedoch nicht viele und sie trugen nur wenig dazu bei, die von Engels in einem Brief erwähnten »schlaflosen Nächte des Exils« zu erhellen.[1]

Unter diesen Umständen bedeutete für Marx das Angebot, regelmäßig in Artikeln für die *New York Daily Tribune* über das Geschehen in Europa zu berichten, eine gewisse Erleichterung. Es ging auf den Auslandskorrespondenten der Zeitung, Charles Augustus Dana, zurück, den Freiligrath Marx 1849 in Köln vorgestellt hatte und der von dessen politischem Scharfsinn sehr beeindruckt gewesen war. Die *New York Daily Tribune* war eine radikale Tageszeitung, gegründet von einer Gruppe amerikanischer Fourier-Anhänger, die mit einer Auflage von über 200 000 Exemplaren damals wahrscheinlich die weltweit am meisten gelesene Zeitung war. Ihre Weltanschauung war weitgehend fortschrittlich: Innenpolitisch verfolgte sie einen Kurs, der sich gegen die Sklavenhaltung richtete und den Freihandel unterstützte, auf dem Feld der internationalen Beziehungen lehnte sie jede Form von Autokratie ab, wodurch sie in Opposition zu buchstäblich allen Regierungen in Europa geriet. Marx, der sich zuvor hartnäckig geweigert hatte, für europäische Zeitungen zu arbeiten, die er mehrheitlich für reaktionär hielt, nahm dieses Angebot aus den USA bereitwillig an. Als neuer Korrespondent erhielt er ein Pfund Sterling pro Artikel. Fast zehn Jahre lang sollte Marx wöchentli-

1 Engels an Karl Friedrich Köppen, 1. September 1848, MEW 27, S. 484.

che Depeschen für die *New York Daily Tribune* verfassen, die ein weites Themenfeld abdeckten und auch heute noch von gewissem Interesse sind.

Danas erster Auftrag an Marx lautete, eine Artikelserie über die Strategien und Taktiken der österreichischen und der deutschen Armee während der Bürgerkriege in beiden Ländern zu schreiben sowie einen allgemeinen Kommentar zur Kunst der modernen Kriegsführung. Für Marx, der sich auf diesem Gebiet so gut wie gar nicht auskannte und zu diesem Zeitpunkt über nur leidliche Englischkenntnisse verfügte, war dies alles andere als eine einfache Aufgabe. Aber etwas abzulehnen, was ein regelmäßiges, wenn auch mageres Einkommen versprach, war für ihn damals unvorstellbar. In seiner Ratlosigkeit wandte er sich deshalb an Engels, der sich – was sich später noch etliche Male wiederholen sollte – auf der Stelle verbindlich bereiterklärte, einzuspringen und den angeforderten Beitrag für Marx in dessen Namen zu verfassen. Von nun an bat Marx immer dann Engels um Hilfe, wenn ihm ein Thema nicht vertraut war oder ungelegen kam oder wenn er aufgrund von Abwesenheit oder Erkrankungen einen Auftrag nicht annehmen konnte. Dieser erledigte die ihm übertragenen Pflichten mit solcher Effizienz, dass sich der Europa-Korrespondent der *New York Daily Tribune* in Amerika schnell den Ruf als außergewöhnlich vielseitiger und hervorragend unterrichteter Journalist erwarb, immer beliebter wurde und eine eigene Leserschaft an sich band.

Engels' Artikel über die Revolution in Deutschland wurden unter Marx' Namen und unter dem Titel »Revolution und Gegenrevolution« als Broschüre nachgedruckt und endeten mit der Beteuerung, die Revolution werde in naher Zukunft mit noch größerer Heftigkeit ausbrechen. Später gestanden sich die beiden Freunde ein, an diesem Punkt wohl allzu optimistisch gewesen zu sein. Aus dieser Zeit stammt die berühmt gewordene, allgemeine These von Marx, wonach einer erfolgreichen Revolution ein wirtschaftlicher Abschwung vorausgehen müsse. Demnach hatte der Wirtschaftseinbruch von 1847 die Revolution von 1848 genährt, während der Boom von 1851 alle Hoffnungen auf einen bevorstehenden politischen Flächenbrand zunichtemachte.

Fortan konzentrierten sich beide Männer darauf, mögliche Anzeichen für eine größere Wirtschaftskrise aufzuspüren. Engels' Briefe, die in der Regel in seinem Fabrikbüro in Manchester entstanden, waren voller Informationen über den Zustand der Weltmärkte. Er frohlockte über goldpreisbedingte Verluste der Bank von England, über den Zusammenbruch einer Hamburger Bank und über eine Missernte in Frankreich oder den USA, weil dies für ihn alles Vorboten der ersehnten großen Krise des Kapitalismus waren, die nicht mehr lange auf sich warten lassen würde. Im Jahr 1857 kam es dann endlich zu einem wirtschaftlichen Konjunktureinbruch, der in etwa den Vorstellungen von Engels und Marx entsprach. Aber abgesehen vom ländlichen Italien blieben die erwünschten revolutionären Entwicklungen in der Folge aus. Danach ist in den Schriften der beiden nur noch selten von unvermeidlichen Krisen die Rede, dafür umso mehr von der Notwendigkeit, eine revolutionäre Partei aufzubauen. Die Enttäuschung, die das Ausbleiben der Revolution bei Marx und Engels hinterlassen hatte, reichte tief.

Während sich Engels – dem Interesse des amerikanischen Publikums entsprechend – mit militärischen Strategiefragen beschäftigte, befasste sich Marx in einer Reihe von schnell aufeinanderfolgenden Artikeln mit der englischen Innen- und Außenpolitik, dem Chartismus und dem Charakter verschiedener englischer Ministerien und Institutionen, wobei er eine gewisse Versiertheit darin erlangte, deren Politik mit ein paar wenigen hämischen Bemerkungen zusammenzufassen. Meist richteten sich diese auch gegen die renommierte Tageszeitung *The Times*, die Marx bis zum Schluss als eine Art Popanz bekämpfte. Er äußerte sich unter anderem recht ausführlich zur britischen Herrschaft in Indien und in Irland. Indien, so schrieb Marx 1853, sei auf jeden Fall dazu bestimmt, von einer noch größeren Macht erobert zu werden.

> Die Frage ist daher nicht, ob die Engländer ein Recht hatten, Indien zu erobern, sondern ob ein von den Türken, den Persern, den Russen erobertes Indien dem von den Briten eroberten vorzuziehen wäre. […] Alle Maßnahmen, zu denen die englische Bourgeoisie möglicherweise genötigt sein wird, werden der Masse des Volkes weder die Freiheit bringen noch seine soziale Lage wesentlich verbessern, denn das eine wie das andere hängt nicht nur von der Entwicklung der Produktivkräfte ab, sondern auch davon, daß das Volk sie selbst in Besitz nimmt. Auf alle Fälle aber wird die Bourgeoisie die materiellen Voraussetzungen für beides schaffen.[1]

Und im selben Jahr schrieb er:

> Sosehr es nun auch dem menschlichen Empfinden widerstreben mag, Zeuge zu sein, wie Myriaden betriebsamer patriarchalischer und harmloser sozialer Organisationen zerrüttet und in ihre Einheiten aufgelöst werden, […] wie zu gleicher Zeit ihre einzelnen Mitglieder ihrer alten Kulturformen und ihrer ererbten Existenzmittel verlustig gehen, so dürfen wir doch darüber nicht vergessen, daß diese idyllischen Dorfgemeinschaften […] seit jeher die feste Grundlage des orientalischen Despotismus gebildet haben, daß sie den menschlichen Geist auf den denkbar engsten Gesichtskreis beschränkten, ihn zum gefügigen Werkzeug des Aberglaubens, zum unterwürfigen Sklaven traditioneller Regeln machten und ihn jeglicher Größe und geschichtlicher Energien beraubten. Wir dürfen nicht die barbarische Selbstsucht vergessen, die, an einem elenden Stückchen Land klebend, ruhig dem Untergang ganzer Reiche, der Verübung unsäglicher Grausamkeiten, der Niedermetzelung der Einwohnerschaft großer Städte zusah, ohne sich darüber mehr Gedan-

1 Marx, Karl: Die künftigen Ergebnisse der britischen Herrschaft in Indien, MEW 9, S. 221, 224.

ken zu machen als über Naturereignisse, dabei selbst jedem Angreifer, der sie auch nur eines Blickes zu würdigen geruhte, hilflos als Beute preisgegeben. […]

Gewiß war schnödester Eigennutz die einzige Triebfeder Englands, als es eine soziale Revolution in Indien auslöste, und die Art, wie es seine Interessen durchsetzte, war stupid. Aber nicht das ist hier die Frage. Die Frage ist, ob die Menschheit ihre Bestimmung erfüllen kann ohne radikale Revolutionierung der sozialen Verhältnisse in Asien. Wenn nicht, so war England, welche Verbrechen es auch begangen haben mag, doch das unbewußte Werkzeug der Geschichte, indem es diese Revolution zuwege brachte.[1]

In Bezug auf Irland vertrat Marx die Auffassung, die Sache der englischen Arbeiter sei untrennbar mit dem Anliegen der Befreiung Irlands verbunden, weil dessen billige Arbeitskräfte für die englischen Gewerkschaften eine beständige Bedrohung bedeuteten. Bevor die englische Arbeiterklasse, die Marx zu denjenigen zählte, die auf die Iren herabschauten (sie behandele diese ähnlich wie die »armen Weißen« die Schwarzen in den Konföderierten Staaten von Amerika), auf ihre eigene Befreiung hoffen dürfe, um eine neue freie Gesellschaft zu errichten, müsse die wirtschaftliche Unterwerfung Irlands beendet werden, so wie in Russland zuerst die Leibeigenschaft oder in den USA zuerst die Sklaverei abgeschafft werden müsse. In beiden Fällen unterschätzte Marx immer wieder die Kräfte des erstarkenden Nationalismus. Sein Hass auf alle separatistischen Bestrebungen und seine Ablehnung jeglicher Institutionen, die auf einer rein traditionellen oder emotionalen Grundlage beruhen, machten Marx gegenüber deren realem Einfluss blind. Engels, der in einem ähnlichen Geiste über die Tschechen schrieb, bezeichnete den Nationalismus der westlichen Slaven als ein künstlich aufrechterhaltenes und wirklichkeitsfremdes Phänomen, das sich nicht mehr

1 Marx, Karl: Die britische Herrschaft in Indien, MEW 9, S. 132–133.

lange dem Einfluss der überlegenen deutschen Kultur werde entziehen können.

Für Marx und Engels bestand das Schicksal aller kleinen und lokalen Kulturen darin, aufgesogen zu werden, und zwar aufgrund der Macht der historischen Gravitation, die die Kleineren in einem größeren Ganzen zwangsläufig aufgehen lasse. Dies sei eine Tendenz, die alle fortschrittlichen Parteien aktiv befördern sollten. Marx wie Engels waren davon überzeugt, dass der Nationalismus genauso wie die Religion, der Militarismus und so viele andere Anachronismen zugleich Nebenfolge und Bollwerk des kapitalistischen Systems seien. Diese irrationalen und gegenrevolutionären Kräfte würden mit dem Wegfall ihrer materiellen Grundlage ganz von selbst verschwinden. Marx selbst hatte entschieden, mit ihnen taktisch umzugehen, je nachdem, ob sie sich in einer spezifischen Situation gegen die Sache des Proletariats richteten oder diese unterstützten. Dies war für Marx das einzige Kriterium, von dem er seine Haltung abhängig machte. Dementsprechend befürwortete er im Fall von Indien und Irland die nationalistischen Befreiungsbewegungen, weil diese eine Waffe im Kampf gegen den Imperialismus darstellten, während er den demokratischen Nationalismus eines Mazzini oder Kossuth scharf attackierte, weil dieser in Ländern wie Italien, Ungarn oder Polen nur dafür sorge, dass die Kontrolle über das System der kapitalistischen Ausbeutung von ausländischen auf einheimische Kräfte überging, was die Aussichten auf eine soziale Revolution nur schwächen konnte.

Von den englischen Politikern griff Marx vor allem Russell an. Er beschimpfte ihn als Pseudoradikalen und warf ihm vor, auf Schritt und Tritt das revolutionäre Anliegen zu verraten. Aber Marx' allerliebster Prügelknabe in England war fraglos Palmerston, den er beschuldigte, ein verdeckter russischer Agent zu sein. Außerdem machte er sich über dessen sentimentale Ader für kleine europäische Nationen lustig. Marx hatte jedoch eine gewisse Kennerschaft für Fähigkeiten und Fertigkeiten des politischen Spiels in allen seinen Facetten entwickelt. Deswegen kam er nicht umhin, den besonderen Elan und die außergewöhnliche Geschicklichkeit anzuerkennen, mit der dieser zynische und leichtsinnige Staatsmann die skrupellosesten Maßnahmen umsetzte.

Marx' öffentliche Kritik an Palmerston brachte ihn mit einer äußerst eigenartigen und bemerkenswerten Persönlichkeit in Kontakt. David Urquhart hatte als junger Mann in diplomatischen Diensten gestanden und war, nachdem er in Athen zu einem großen Griechenlandliebhaber geworden war, nach Konstantinopel versetzt worden, wo er eine lebenslange Leidenschaft für den Islam und die Türken entwickelte. Er bewunderte die »Reinheit« der türkischen Verfassung, aber auch die geistig und körperlich anregenden Wirkungen des türkischen Dampfbades, mit dem er seine Landsleute bekannt machte. Er war ein ebenso großer Bewunderer der katholischen Kirche, mit der er ausgezeichnete Kontakte unterhielt, obwohl er als Calvinist geboren worden war und als solcher auch verstarb. Er verband all dies mit einer ähnlich intensiven Abscheu gegenüber den Whigs, dem Freihandel, der Kirche von England sowie der industriellen Revolution. Sein Hass galt darüber hinaus insbesondere dem russischen Zarenreich, dessen Heimtücke und dessen allgegenwärtigen Einfluss er für alle Übel in Europa verantwortlich machte.

Diese exzentrische und schillernde Figur, pittoreskes Überbleibsel einer anderen weitläufigeren Zeit, saß viele Jahre als unabhängiger Kandidat im britischen Parlament und brachte eine Zeitung sowie zahlreiche Traktate heraus, die nur einem einzigen Zweck dienten: nämlich Palmerston bloßzustellen. Urquhart hielt Palmerston für einen vom Zaren gedungenen Agenten, der es sich zur Lebensaufgabe gemacht habe, die moralische Ordnung Europas im Auftrag seines Auftraggebers zu zersetzen. Selbst Palmerstons Haltung während des Krim-Kriegs konnte ihn nicht davon abbringen: Urquhart erklärte sie sich als eine schlaue Finte, mit der Palmerston das Wesen seines wirklichen Treibens zu verschleiern suchte. Seine vorsätzliche Sabotage des gesamten Feldzugs habe den alleinigen Zweck verfolgt, Schaden von Russland abzuwenden. Marx, der aus welchen Gründen auch immer zu einer ähnlich eigentümlichen Schlussfolgerung gelangt war, schien genauso hartnäckig von der Bestechlichkeit Palmerstons überzeugt.

Als die beiden Männer aufeinandertrafen, schlossen sie eine Art Pakt: Urquhart willigte ein, die gegen Palmerston gerichteten Streitschriften von Marx zu veröffentlichen, während Marx sich zu einem Anhänger von Urquhart bekannte und von nun an regelmäßig Beiträge für dessen Zeitschrift verfasste sowie bei dessen Veranstaltungen auf dem Podium saß. Seine Artikel erschienen später in Form von Flugschriften. Die beiden merkwürdigsten waren »The Story of the Life of Lord Palmerston« und »Secret Diplomatic History of the Eighteenth Century«. Sie sollten den Nachweis führen, dass Russland hinter jeder größeren Katastrophe stand, die sich in jüngster Zeit in Europa ereignet hatte. Beide Männer bildeten sich ein, den anderen für die jeweils eigenen Zwecke geschickt zu instrumentalisieren: Marx hielt Urquhart für einen harmlosen Monomanen, der ihm in verschiedener Hinsicht noch nützlich sein könnte. Urquhart wiederum schätzte vor allem Marx' propagandistische Fähigkeiten und beglückwünschte ihn bei einer Gelegenheit zu seiner besonderen Intelligenz, die eines Türken würdig sei. Diese bizarre, gleichwohl harmonische Verbindung zwischen den beiden Männern hatte mit kurzen Unterbrechungen über viele Jahre Bestand. Nach dem Tod von Palmerston und Zar Nikolaus I. wurde sie allmählich schwächer. Marx hatte an der Beziehung mit diesem seltsamen Mäzen, den er alsbald zu schätzen lernte, nicht nur großes Vergnügen, sondern zog zudem noch, soweit möglich, einen beträchtlichen finanziellen Vorteil daraus. Urquhart war insofern eine Ausnahme unter Marx' politisch Verbündeten, als dass ihr Verhältnis bis zum Ableben von Urquhart von keinerlei größeren Streitigkeiten geprägt war.

Unter den englischen Gewerkschaftsführern fand Marx dagegen nur wenige Anhänger. Die Fähigsten unter ihnen vertraten entweder ähnliche Ansichten wie Owen, der bestrebt war, mit dem leuchtenden Beispiel der eigenen Errungenschaften zu belegen, dass die boshafte Lehre von der Notwendigkeit des Klassenkampfes keinerlei wirkliche Grundlage habe. Oder sie waren äußerst emsige lokale Arbeiterführer, die sich für die unmittelbaren Bedürfnisse der Beschäftigten in diesem oder jenem Gewerbe oder Industriezweig einsetzten, aber kaum Interesse an übergreifenden Fragen hatten. Sie riefen alle Radikalen dazu auf, Mitglied in einer Vereinigung namens »Die brüderlichen Demokraten« zu werden, deren Namen allein schon Marx rasend machte. Er tolerierte Radikale wie den redegewandten und tatkräftigen George Harney, den Engels und er meist »Citizen Hipphipphurra« nannten.[1] Der einzige Engländer, dem Marx in den damaligen Tagen halbwegs nahestand, war Ernest Jones, ein Revolutionär und Mitglied der im Niedergang begriffenen chartistischen Bewegung, die dieser vergeblich versucht hatte, neu zu beleben. Jones war in Hannover geboren und dort auch aufgewachsen; er ähnelte mehr als sonst jemand, den Marx in England kennenlernte, dem Typus des ihm vertrauten europäischen Sozialisten. Jones' Auffassungen kamen in seinen späteren Jahren denen der »wahren Sozialisten«, also Heß und Grün, für Marx' Geschmack zu nahe. Da Marx in London aber dringend auf politische Bündnispartner angewiesen war und es keine große Auswahl gab, hielt er sich an Jones und akzeptierte diesen als das Beste und Progressivste, was England anzubieten hatte. Von Jones, der ein großer Bewunderer von Marx war und zu einem guten Freund der Familie wurde, lernte er sehr viel über die Verhältnisse in England. Jones war es auch, der Marx' Aufmerksamkeit auf das Thema der Umwandlung von Gemeindeland in Privateigentum lenkte, das damals in Schottland besonders

1 Marx an Engels, 18. März 1852, MEW 28, S. 40.

virulent war, wo Hunderte von Kleinpächtern und Subsistenzbauern von kollektiv genutztem Grund und Boden vertrieben wurden, um Platz für Wildparks und Weideland zu machen.

Das Ergebnis war ein bissiger Artikel von Marx über die Privatangelegenheiten der Herzogin von Sutherland in der *New York Daily Tribune,* die ihre Sympathie für das Anliegen der »Negersklaven« in Amerika bekundet hatte. Der Beitrag, der als Grundlage für eine längere Passage im »Kapital« diente, ist ein wortgewaltiges und scharfzüngiges Meisterwerk, das in direkter Nachkommenschaft der Philippika von Voltaire und Marat steht und zum Vorbild für viele spätere sozialistische Schmähschriften wurde. Marx' Kritik an Sutherland war weniger persönlich gemeint, sie richtete sich vielmehr gegen das System, das es einer launischen alten Frau erlaubte, die nicht geistig verwirrter, herzloser und rachsüchtiger war als die meisten anderen in ihrer unmittelbaren Umgebung, mit dem vollen Einverständnis ihrer Klasse und der öffentlichen Meinung eine große Bevölkerungsgruppe von ehrlichen und arbeitsamen Männern und Frauen zu demütigen, zu entwurzeln und über Nacht vollkommen mittellos zu machen: Man vertrieb sie von ihrem Land, das von Rechts wegen ihnen gehörte und wo alles von Menschenhand Geschaffene ihrer eigenen Arbeit oder der ihrer Vorfahren zu verdanken war.

Solche Kostproben polemischer Gesellschaftsanalyse waren ganz und gar nach dem Geschmack der amerikanischen Leserschaft genauso wie Marx' trockene und ironische Kommentare zum Stand der internationalen Beziehungen. Er beeindruckte durch seine sachkundigen und scharfsinnigen, vom Ton her jedoch eher distanzierten Beschreibungen. Seine Artikel setzten keine großen Vorkenntnisse voraus, sie hatten aber auch nicht den Anspruch, einen vollständigen Überblick zu den zeitgeschichtlichen Ereignissen zu liefern. Auch wenn die Briefe, die der Autor damals an seinen Freund Engels schrieb, offenherzigere und interessantere Kommentare zum damaligen Weltgeschehen beisteuerten, war er mit seiner Art von Journalismus der damaligen Zeit weit voraus. Seine Methode war die folgende: Seine Artikel begann Marx gewöhnlich mit einer kurzen Schilderung von Ereignissen und Persönlichkeiten. Dabei betonte er fast immer ihre verborgenen Interessen und leitete daraus ihre unheilvollen Taten ab. Er befasste sich weniger mit den von den Akteuren selbst angeführten Motive für ihr Handeln oder damit, wie bestimmte politische Entscheidungen oder Maßnahmen in der Gesellschaft bewertet wurden. Noch viel eindrücklicher als in seinen theoretischen Schriften zeigt sich in seinem journalistischen Werk, wie sehr sich Marx' Einstellung – seine realistische, bissige, von Misstrauen und Skepsis geprägte Grundhaltung – von dem Gros der humanistisch und idealistisch gesinnten Sozialhistoriker und Gesellschaftskritiker seiner Epoche abhob.

Etwa zur gleichen Zeit hatte Marx damit begonnen, Material für eine wirtschaftliche Abhandlung zusammenzutragen, die ihm als eine Art Waffe dienen sollte, um damit gegen den diffusen Idealismus der Radikalen, deren Organisationen nur sehr locker miteinander in Verbindung standen, zu Felde zu ziehen. Marx war der Ansicht, dass die Positionen der Radikalen nur das Denken und Handeln der Arbeiterklasse verwirrte und lähmte, insbesondere die der wenigen hellen Köpfe, die diese hervorgebracht hatte. Er widmete sich daher der Aufgabe, diesen eine unmissverständlich und sorgfältig ausformulierte Lehre entgegenzusetzen, deren Befolgung sofort, ob Marx wollte oder nicht, zum Testfall, zur Begründung und zur Garantie einer aktiven sozialrevolutionären Vereinigung wurde. Deren Stärke sollte sich aus ihrer Geschlossenheit ableiten und diese wiederum aus der Stimmigkeit der gemeinsamen praktischen Überzeugungen.

Die Grundlagen dieser Lehre hatte Marx bereits in seinen vorherigen Schriften gelegt, insbesondere im »Kommunistischen Manifest«. In einem seiner Briefe aus dem Jahr 1852 findet sich eine präzise Erläuterung, was diese aus seiner Sicht einzigartig machte:

> Was ich neu tat, war 1. nachzuweisen, daß die Existenz der Klassen bloß an *bestimmte historische Entwicklungsphasen der Produktion* gebunden ist; 2. daß der Klassenkampf notwendig zur *Diktatur des Proletariats* führt; 3. daß diese Diktatur selbst nur den Übergang zur *Aufhebung aller Klassen* und zu einer *klassenlosen Gesellschaft* bildet.[1]

Auf diesem Fundament sollte die neue Bewegung entstehen.

In gewisser Hinsicht erreichte Marx sein Ziel viel schneller, als er selbst wohl zu hoffen gewagt hatte. Die neue und militante Partei der sozialistischen Arbeiter in Deutschland, die auf den Ruinen von 1848 entstand, wuchs und erstarkte rasch und bescherte Marx eine neue praktische Aufgabe, die die zweite Hälfte seines Lebens ausfüllen sollte. Die Gründung der Partei ging nicht unmittelbar auf ihn zurück, aber er hatte mit seinen Ideen und vor allem mit seinem ausgearbeiteten politischen Programm ihre Führer dazu inspiriert. Bei allen anstehenden Entscheidungen wurde er von der Parteispitze konsultiert, und alle wussten, dass Marx, und nur er, die Bewegung zum Leben erweckt und die hierfür benötigten Grundlagen geschaffen hatte. Instinktiv war er bei allen wichtigen theoretischen und praktischen Fragen die maßgebliche Ansprechperson. Marx wurde bewundert, und man befolgte in der Regel seinen Rat, er war aber auch gefürchtet und nicht wenige misstrauten ihm. Das galt zum Teil auch für die Arbeiter in Deutschland, die einen anderen als ihren wichtigsten Interessenvertreter und Vorkämpfer betrachteten, einen Mann, der die Partei zusammengeführt hatte und diese mit absoluter Autorität beherrschte. Er war einige Jahre jünger als Marx, war in ähnlichen Verhältnissen groß geworden, unterschied sich aber von seinem Temperament und seinen Anschauungen her viel stärker von Marx, als beide damals wohl in der Öffentlichkeit zugegeben hätten.

1 Marx an Joseph Weydemeyer, 5. März 1852, MEW 28, S. 508.

Ferdinand Lassalle, Gründungsvater und unangefochtener Anführer der deutschen Sozialdemokratie während der ersten heroischen Jahre, war eine der leidenschaftlichsten öffentlichen Persönlichkeiten des 19. Jahrhunderts. Von Geburt her schlesischer Jude, von Beruf her Rechtsanwalt und vom Temperament her ein romantischer Revolutionär, zeichnete sich dieser Mann durch eine besonders scharfe Intelligenz, erstaunliches Organisationstalent, unbändige Energie, maßloses Selbstvertrauen, aber auch Eitelkeit aus. Da ihm die meisten üblichen beruflichen Karrierewege aufgrund seiner Abstammung und Religion versperrt waren, hatte er sich mit großer Begeisterung der revolutionären Bewegung angeschlossen, die ihm aufgrund seiner außergewöhnlichen Fähigkeiten, seines Enthusiasmus und vor allem wegen seiner Eigenschaft als begnadeter Massenagitator und Redner rasch eine entscheidende Führungsrolle übertrug.

Während der deutschen Revolution hatte er die Regierung in aufrührerischen Reden attackiert, wofür er verurteilt und ins Gefängnis geworfen wurde. In den auf die Phase des Abschwörens und der Schande folgenden Jahre, als Marx und Engels bereits im Exil lebten und Liebknecht unter den noch in Deutschland verbliebenen revolutionären Anführern der einzige war, der weiterhin treu zur Sache des Sozialismus hielt, machte sich Lassalle an die Aufgabe, auf den Trümmern von 1848 eine neue und besser organisierte proletarische Partei aufzubauen. Sich selbst hatte er dabei die Rolle des alleinigen Vorsitzenden und Ideengebers zugedacht, des intellektuellen, moralischen und politischen Alleinherrschers.

Lassalle meisterte diese Aufgabe mit Bravour. Seine Ansichten gingen gleichermaßen auf Hegel und auf Marx zurück. Von Marx hatte er den ökonomischen Determinismus übernommen, die Lehre von der Notwendigkeit des Klassenkampfes sowie die Überzeugung, dass kapitalistische Gesellschaften zwangsläufig auf Ausbeutung beruhen. Aber er teilte nicht Marx' Haltung gegenüber dem Staat, den dieser im Namen der Gesellschaft verdammte und den er ähnlich wie Proudhon lediglich als ein Zwangsmittel der herrschenden Klasse begriff. An diesem Punkt war er ein Anhänger von Hegel, für den der Staat selbst in der gegenwärtigen Verfassung die fortschrittlichste und dynamischste Funktion einer menschlichen Gemeinschaft war, die ein gemeinsames Leben führen wollte. Lassalle war ein großer Befürworter der Zentralisierung und bis zu einem bestimmten Punkt des Prinzips der nationalen Einheit. In späteren Jahren begann er sogar, auf ein antibürgerliches Bündnis von Königshaus, Adel, Armee und Arbeitern zu setzen, das in einen autoritär regierten kollektivistischen Staat mit dem König an der Spitze münden sollte, und das alles im Interesse der einzig produktiven, also der arbeitenden Klasse.

Seine Beziehungen zu Marx und Engels gestalteten sich niemals ganz einfach. In theoretischer Hinsicht hatte Lassalle Marx zu seinem Meister erklärt, dem er immer mit leicht unterwürfigem Respekt begegnete. Überall pries er Marx als geistiges Genie, er kümmerte sich ferner um die Veröffentlichungen von dessen Büchern in deutscher Sprache und bemühte sich auch ansonsten, ihm in allerlei Dingen zu Diensten zu sein. Marx kam nicht umhin, Lassalles besondere Tatkraft und außergewöhnliche Organisationsfähigkeit anzuerkennen. Persönlich jedoch fühlte er sich von ihm in gewisser Weise abgestoßen und hegte ihm gegenüber ein tiefgehendes politisches Misstrauen. Er mochte vieles an Lassalles Charakter nicht, darunter sein prahlerisches, extravagantes, eitles und theatralisches Auftreten sowie seinen Hang, alles, was seine Vorlieben, Ansichten und Bestrebungen anging, in der Öffentlichkeit freimütig auszubreiten. Er konnte Lassalles impressionistische Betrachtungen zu gesellschaftlichen und politischen Themen, die andere für brillant hielten, nicht ausstehen. Sie kamen ihm im Vergleich mit seiner eigenen qualvollen und mühsamen Gründlichkeit fadenscheinig, oberflächlich und abwegig vor. Darüber hinaus missfiel ihm die temperamentvolle und launische Art und Weise, wie Lassalle die Arbeiter unter Kontrolle hielt und beeinflusste, aber mit noch größerem Unwillen und Misstrauen beobachtete er Lassalles Versuche der Annäherung an den Feind. Schließlich war Marx auf Lassalle eifersüchtig und befürchtete, sein eigener Einfluss auf die Bewegung könne schwinden, obwohl diese ihm doch sowohl ihre praktische politische Ausrichtung als auch ihr geistiges Fundament zu verdanken hatte. Marx kam es so vor, als sei die Bewegung dabei, sich von ihm abzuwenden, als habe sie sich von einer politischen *Femme fatale* betören lassen und laufe nun mit Lassalle einem suspekten und schillernden Abenteurer hinterher, einem bekennenden Opportunisten, was sein Privatleben und die öffentliche Politik anging, dessen Handeln von keinem festen Plan bestimmt war, der sich keinen Grundsätzen verpflichtet fühlte und auch kein klares Ziel verfolgte.

Und trotzdem bestand zwischen den beiden Männern eine gewisse Vertrautheit, oder wenn schon keine Vertrautheit dann doch eine gegenseitige Wertschätzung. Lassalle war in ähnliche Verhältnisse hineingeboren und in einem vergleichbaren geistigen Milieu erzogen worden wie Marx. Sie kämpften gegen denselben Feind und nutzten in Bezug auf alle grundlegenden Dinge die gleiche Sprache, eine Sprache, die nie die von Proudhon, Bakunin und den englischen Gewerkschaftern gewesen war und die die Junghegelianer längst gegen eine andere ausgetauscht hatten. Darüber hinaus war Lassalle ein Mann der Tat, ein wirklicher Revolutionär und absolut furchtlos. Beide Männer erkannten an, dass der jeweils andere über mehr politische Intelligenz, über mehr Verstand und praktischen Schneid verfügte als jedes andere Mitglied ihrer Partei (Marx hätte vermutlich Engels davon ausgenommen). Sie verstanden einander instinktiv und genossen ihre Unterhaltungen, die sie als entspannt und anregend wahrnahmen. Wenn Marx in Berlin war, übernachtete er selbstverständlich bei Lassalle.

Als Lassalle einmal nach London kam, wohnte er ebenfalls bei Marx, was seinen stolzen und leicht zu erregenden Gastgeber wohl schier verrückt gemacht haben muss, weil er, so Lassalle, nicht länger die eigenen miserablen materiellen Verhältnisse verheimlichen konnte, in denen er damals lebte. Hinzu kam, dass Lassalle mit seinen heiteren Sprüchen und seinem offen zur Schau getragenen verschwenderischen Lebensstil Marx verärgerte. Während seines Aufenthalts in London gab Lassalle in einer Woche wohl mehr für Zigarren und Manschetten aus, als der gesamten Familie Marx für ihren Lebensunterhalt zur Verfügung stand. Es muss zudem noch Unstimmigkeiten wegen einer Summe Geld gegeben haben, die Marx sich wohl von Lassalle geliehen hatte. Letzterer scheint von all dem nicht viel bemerkt zu haben, da er für alles in seiner näheren Umgebung eher unempfindlich war, wie es für so energische und extravagante Charaktere häufig typisch ist. Marx jedoch vergaß diese Demütigung sein ganzes Leben lang nicht mehr. So kam es, dass sich nach dem London-Besuch von Lassalle die Beziehung zwischen den beiden Männern zusehends verschlechterte.

Lassalle baute die neue Partei in einer Art und Weise auf, die später üblich werden sollte, zum damaligen Zeitpunkt aber noch ziemlich neu war und bis dahin nur sporadisch bei den englischen Chartisten zur Anwendung gekommen war. Er unternahm eine Reihe von äußerst werbewirksamen politischen Vortragsreisen durch die deutschen Industriegebiete, bei denen er mit seinen leidenschaftlichen und aufwieglerischen Reden sein proletarisches Publikum aufrüttelte und regelrecht zu Begeisterungsstürmen hinriss. An Ort und Stelle rekrutierte er seine Zuhörer und machte sie zu Sektionen der neuen Arbeiterbewegung, die sich nun in Form einer offiziellen und legalen Partei organisierte. Das war ein eindeutiger Bruch mit der alten Methode, kleine revolutionäre Zellen zu bilden, die sich im Geheimen trafen und aus dem Untergrund heraus Propaganda betrieben. Seine letzte Reise zu seinen

Anhängern wurde zu einem regelrechten Triumphzug durch bereits erobertes Gebiet. Sie festigte seinen schon einzigartigen Einfluss auf die Arbeiterschaft in Deutschland, auf Menschen ganz unterschiedlichen Charakters, Alters und Berufs.

Die theoretischen Grundlagen seines politischen Programms stammten zu einem großen Teil von Marx und zu einem gewissen Teil vermutlich von Rodbertus-Jagetzow, einem radikalen preußischen Nationalökonomen. Aber es gab auch eine Reihe von bedeutsamen nicht marxistischen Einflüssen. So war die Partei nicht ausdrücklich auf eine Revolution ausgerichtet, sondern suchte Allianzen mit anderen antibürgerlichen Kräften und Parteien. Zudem schien sie eine Art Staatskapitalismus anzustreben, war in weiten Teilen nationalistisch gesinnt und konzentrierte sich auf die Verhältnisse und Bedürfnisse der Arbeiter in Deutschland. Eines ihrer vordringlichsten Ziele war der Aufbau eines Systems von Arbeitergenossenschaften, nicht als Alternative zu anderen politischen Aktivitäten, sondern als wesentliches Element davon. Diese Genossenschaften sollten vom Staat organisiert oder zumindest von diesem finanziert werden, ein Konzept, das Marx grundlegend ablehnte und offen attackierte, weil es für ihn zu große Ähnlichkeiten mit dem von Proudhon propagierten antipolitischen Mutualismus und dem politisch unbestimmten englischen Gewerkschaftsverständnis aufwies. Überdies zeichnete sich das Programm dadurch aus, dass es durch die Vormachtstellung eines einzigen Mannes zustande gekommen war. Es gab ein starkes emotionales Element in der unbestrittenen Alleinherrschaft, die Lassalle in seinen letzten Jahren über die Partei ausübte, eine Form von Heldenkult, die Marx, der alles Unvernünftige hasste und allen begnadeten Rednern unter den Politikern misstraute, instinktiv verachtete.

Lassalle hat in der sozialistischen Bewegung Deutschlands die These hoffähig gemacht, wonach es unter bestimmten Bedingungen geboten ist, ungewöhnliche Bündnisse zu schließen. So schlug er zum Beispiel eine Allianz mit der preußischen absolutistischen Regierung vor, um gemeinsam gegen die Bourgeoisie vorzugehen. Dies war eine Art von Opportunismus, die Marx damals als der denkbar verheerendste Fehler erschienen sein muss. Wenn überhaupt Lehren aus den Erfahrungen von 1848 zu ziehen waren, dann diese, dass das Zusammengehen mit einer etablierten älteren Partei oder Fraktion, die den eigenen Anliegen grundsätzlich feindlich gesinnt ist, fatale Konsequenzen für eine recht junge und verhältnismäßig wehrlose Partei haben kann. Denn in einem Bündnis, in dem jede Seite versucht, die andere auszunutzen und über den Tisch zu ziehen, wird am Ende zwangsläufig die Partei gewinnen, die über die besseren Ressourcen verfügt. Marx, das ist in der von ihm und Engels stammenden »Ansprache der Zentralbehörde an den Bund vom März 1850« nachzulesen, war sich zu diesem Zeitpunkt bereits sicher, sich mit seiner früheren Annahme politisch geirrt zu haben, wonach ein temporäres Zusammengehen mit radikalen Teilen des Bürgertums sinnvoll, wenn nicht gar die Voraussetzung dafür ist, dass das Proletariat irgendwann den endgültigen Sieg davontragen kann. Es wäre Marx aber selbst früher niemals in den Sinn gekommen, ein Bündnis mit dem Feudaladel anzustreben und mit diesem zusammen gegen das individualistische Gewinnstreben anzukämpfen, nur um damit irgendeine Form der Kontrolle über den Staat zu erhalten. Solch ein Schachzug entsprach vielmehr der Karikatur, die Bakunin von Marx' politischen Strategien und Zielsetzungen gezeichnet hatte.

Beide, Marx und Engels, waren, was ihre Haltung gegenüber den Massen anging, im Grunde solide deutsche Demokraten. Dementsprechend wendeten sie sich fast instinktiv gegen den romantischen Elitismus, der sich heute so deutlich in Lassalles Überzeugungen, Handlungen und Reden erkennen lässt, in seinem leidenschaftlichen Patriotismus, in seinen dramatischen Selbstinszenierungen als der hingebungsvolle Anführer der Partei sowie in seinem Glauben an eine staatlich gelenkte Planwirtschaft, die zumindest vorübergehend vom bewaffneten Adel hätte kontrolliert werden müssen. Hinzu kamen Lassalles Befürwortung einer militärischen Intervention an der Seite des französischen Kaisers im Konflikt mit Italien (die er Marx und Engels gegenüber mit dem Argument rechtfertigte, dass nur über einen Krieg die Revolution in Deutschland rasch herbeigeführt werden könne) und seine unverhohlene Sympathie für Mazzini und die polnischen Nationalisten. Und schließlich war Lassalle auch noch überzeugt davon, dass der Apparat des preußischen Staates genutzt werden könne, um das Kleinbürgertum und das Proletariat vor dem aggressiven Zugriff der Händler, Fabrikanten und Bankiers zu schützen.

Lassalle ging tatsächlich so weit, über all dies mit Bismarck Verhandlungen aufzunehmen, wobei beide Gesprächspartner wohl davon ausgingen, man könne den anderen zu gegebener Zeit als Büttel für seine eigenen Zwecke gebrauchen. Beide würdigten und bewunderten jedoch die Kühnheit, Klugheit und Skrupellosigkeit des anderen und konkurrierten darum, wer von ihnen einen freimütigeren politischen Realismus vertrat. Sie teilten zudem ihre Verachtung für das Mittelmaß ihrer Anhänger und für deren naives Verhältnis zu Macht und Erfolg. Bismarck gefielen schillernde Persönlichkeiten und in seinem späteren Leben sollte er sich mit Vergnügen an seine Unterhaltungen mit Lassalle erinnern. Angeblich soll er gesagt haben, er habe kaum Hoffnung, noch einmal auf einen ähnlich interessanten Mann zu treffen. Dass Lassalle damals bereit gewesen war, in diesen Verhandlungen weitreichende Zugeständnisse zu machen, brachten die im Jahr 1928 entdeckten privaten Aufzeichnungen von Bismarck ans Licht.

Der frühe Tod von Lassalle, den er aufgrund einer flüchtigen Liebesaffäre bei einem Duell fand, beendete den Gedankenaustausch. Hätte Lassalle länger gelebt und hätte Bismarck weiterhin Gefallen daran gefunden, sich der fast schon an Größenwahn grenzenden Eitelkeit seines Gegenübers zu bedienen, wäre Lassalle am Ende mit großer Sicherheit der Verlierer gewesen und die von ihm gegründete Partei wäre wahrscheinlich schon viel früher auseinandergefallen. Es spricht vieles dafür, an Lassalle nicht nur als einen Vertreter der Theorie von der Überlegenheit des Staates und als geschickten Demagogen zu erinnern, als einen der wichtigsten Gründerväter des europäischen Sozialismus, sondern auch als einen Begründer des Führerkults und des romantischen Autoritarismus. Es war wahrscheinlich dieser faschistische Zug an ihm, der Bismarck für ihn eingenommen hat.

In dem nachfolgenden Konflikt zwischen Marxisten und Lassalleanern errang Marx einen formalen Sieg, der die Reinheit seiner eigenen Lehre und politischen Methode bewahren sollte. Dies galt sonderbarerweise nicht für Deutschland, an dem sich Marx' Denken überwiegend orientiert hatte, sondern für ihre Anwendung in viel primitiveren Ländern, mit denen sich Marx nur am Rande befasst hatte: Russland, China und bis zu einem bestimmten Punkt auch Spanien, Mexiko und Kuba. Die Nachricht von Lassalles Tod im Frühjahr 1864 löste weder bei Marx noch bei Engels zunächst größere Anteilnahme aus. Beiden erschien die Art seines Dahinscheidens als das unrühmliche Ende eines Lebens, das von irrwitziger Eitelkeit und einem ungeheuren Drang zur Selbstinszenierung gekennzeichnet gewesen war. Hätte Lassalle länger gelebt, so hätte er für Marx zu einem ernsthaften Problem werden können. Es mischte sich in die Erleichterung zumindest bei Marx aber auch ein gewisses sentimentales Bedauern angesichts des Hinscheidens eines so vertrauten Menschen, der trotz seiner vielen Schwächen einer der wenigen war, für die er fast so etwas wie Zuneigung empfunden hatte. Lassalle war ein Deutscher und ein Hegelianer gewesen, für immer verbunden mit den Ereignissen von 1848 und seiner eigenen revolutionären Vergangenheit: ein Mann, der trotz seiner gewaltigen Makel und Fehler den kleinmütigen Menschen, unter denen er sich bewegte, haushoch überlegen gewesen war; diesen Kreaturen, die er nur für einen kurzen Augenblick mit seiner eigene Vitalität angesteckt hatte und die nun nach seinem Tod erschöpft in ihre alten Zustand der Apathie zurückfallen und noch kleiner, unbedeutender und kläglicher erscheinen würden als jemals zuvor.

Er war doch noch immer einer von der vieille souche [schrieb Marx über Lassalle] und der Feind unsrer Feinde. Dabei kam die Sache so überraschend, daß es schwierig ist zu glauben, daß ein so geräuschvoller, stirring, pushing Mensch nun maustot ist und altogether das Maul halten muß. Der Teufel mag wissen, der Haufen wird immer kleiner, neu kommt nichts zu.[1]

Von daher löste die Kunde von Lassalles Tod bei Marx einen seiner seltenen Anfälle von Melancholie, ja fast Verzweiflung aus, eine Stimmung, die sich sehr von der Wolke aus Zorn und Ressentiment unterschied, in der er normalerweise lebte. Er fühlte sich auf einmal überwältigt im Angesicht der eigenen totalen Isolation sowie der Hoffnungslosigkeit aller individuellen Bemühungen, etwas gegen den Siegeszug der Reaktion in Europa auszurichten. Dies war eine Empfindung, die die Beschaulichkeit und die Monotonie ihres Lebens in England früher oder später bei allen Revolutionären hervorrief, die hierher geflohen waren. Die Achtung oder gar Bewunderung, mit der manche über das Leben in England und englische Institutionen sprachen, kam gewissermaßen der stillschweigenden Anerkennung ihres eigenen persönlichen Scheiterns gleich, ihres verlorengegangenen Glaubens in die Fähigkeit der Menschheit, sich selbst zu befreien. Sie beobachteten sich selbst dabei, wie sie allmählich immer mehr in einer Art zynischem Quietismus versanken. Sie wussten genau, dass damit das Eingeständnis ihrer Niederlage einherging und ihr ganzes vorheriges Leben, das sie in einem permanenten Kriegszustand verbracht hatten, nichts mehr wert

1 Marx an Engels, 7. September 1964, MEW 30, S. 432.

sein würde. Sie sahen sich mit dem endgültigen Zusammenbruch der von ihnen angestrebten idealen Welt konfrontiert, der sie alles geopfert hatten, was sie selbst besessen hatten, und vieles, was einmal anderen gehört hatte.

Diese Stimmung, die Männer wie Herzen, Mazzini und Kossuth häufig befiel und ihnen daher durchaus vertraut war, war für Marx außergewöhnlich. Er war nämlich wirklich zutiefst davon überzeugt, dass der Lauf der Geschichte sowohl unaufhaltsam als auch – trotz zahlreicher Rückschläge – fortschrittlich sei. Und dieser feste Glaube schloss Zweifel oder Enttäuschungen in Bezug auf grundlegende Fragen aus. Marx hatte sich nie auf die Klugheit oder den Idealismus Einzelner oder der Massen als einen entscheidenden Faktor in der gesellschaftlichen Entwicklung verlassen. Und da er sich in dieser Hinsicht keinerlei Illusionen hingegeben hatte, blieb er von dem großen intellektuellen und moralischen Bankrott der 1860er und 1870er Jahre eher unberührt. Sein Leben lang war er bestrebt gewesen, den Einfluss von denjenigen Volkshelden und Demagogen zu brechen oder zumindest zu schmälern, die verkündeten, dass Einzelne die Geschicke einer ganzen Nation lenken könnten. Seine ungezügelten Attacken gegen Proudhon und Lassalle oder sein späterer Zweikampf mit Bakunin lassen sich nicht nur damit erklären, dass Marx ein ehrgeiziger und tyrannischer Mensch war, der sich gern mit anderen maß, um dabei seine persönliche Überlegenheit zu beweisen und alle möglichen Rivalen aus dem Weg zu räumen. Es trifft zu, dass Marx von Natur aus fast krankhaft eifersüchtig war. Und trotzdem mischte sich unter seine persönlichen Motive eine wahrhafte und sachlich begründete Empörung über die groben Fehleinschätzungen, der sich diese Männer seiner Meinung nach zu oft schuldig gemacht hatten. Noch heftiger war Marx' Ablehnung (was grotesk klingen mag, bedenkt man seine eigene Stellung in der sozialistischen Bewegung), wenn einzelne dominante Persönlichkeiten einen zu großen politischen Einfluss errangen, wenn das Element der persönlichen

Macht zu stark wog. Er befürchtete nämlich, dass mit diesem ungesunden Verhältnis zwischen der Führer- und der Anhängerschaft der Blick beider Seiten für die Erfordernisse der objektiven Lage getrübt werden könne.

Und doch lässt sich nicht leugnen, dass die einzigartige Autorität und herausragende Position, die Marx selbst im letzten Jahrzehnt seines Lebens in der internationalen sozialistischen Bewegung genoss, viel zur Konsolidierung und zur Verbreitung seines Theorie- und Denksystems beigetragen hat, vielleicht sogar mehr, als das Interesse an seinem schriftlichen Werk oder die Betrachtung der Geschichte vor dessen Hintergrund. Die Lektüre einiger seiner Beiträge, die während seiner letzten Jahre in London entstanden, ist eher deprimierend. Abgesehen von manchen journalistischen Aufsätzen für deutsche oder amerikanische Publikationen und schriftstellerischen Routinearbeiten, zu denen er aus Gründen der Armut gezwungen war, konzentrierte sich Marx zum Schluss auf das Verfassen polemischer Traktate. Das längste davon mit dem Titel »Herr Vogt« schrieb er 1860 mit der Absicht, seinen Namen von der Anschuldigung reinzuwaschen, er habe seine Freunde mit seinen Äußerungen während der Kommunistenprozesse in Köln unnötig in Gefahr gebracht. Darüber hinaus diente es zu einem Gegenangriff auf denjenigen Mann, der diese Behauptung in die Welt gesetzt hatte. Dabei handelte es sich um Karl Vogt, einen bekannten Schweizer Naturforscher und politischen Radikalen. Diesem warf Marx in seiner Schmähschrift vor, ein gedungener Agent des französischen Kaisers zu sein.[1] Die Schrift ist eigentlich nur deswegen von Interesse, weil sie eine Vorstellung von den zehn langen Jahren voller Enttäuschung, Querelen und Intrigen vermittelt, die auf das heroische Zeitalter folgten. Im Jahr 1859 veröffent-

1 [Tatsächlich fand sich Vogts Name nach dem Zusammenbruch des Zweiten Kaiserreichs 1870 auf einer Liste von Empfängern geheimer Gelder aus dem Jahr 1859.]

lichte Marx endlich seine »Kritik der politischen Ökonomie«. Obwohl die einführenden Seiten die klarste Formulierung seiner Geschichtstheorie enthalten, fand sie nur wenige Leser. Ihre Hauptthesen sollte Marx dagegen wesentlich eindrucksvoller im ersten Band des »Kapitals« darlegen, der acht Jahre später erschien.

Selbst während der dunkelsten Jahre der Reaktion blieb Marx' Glaube an den letztendlichen Sieg seiner Sache unerschüttert. In einer Rede anlässlich eines Dinners zu Ehren der Schriftsetzer und anderer Mitarbeiter der Zeitschrift *People's Paper* erklärte er in Anspielung auf den Trinkspruch »Auf das Wohl aller Proletarier in Europa«:

> In unsern Tagen scheint jedes Ding mit seinem Gegenteil schwanger zu gehen. Wir sehen, daß die Maschinerie, die mit der wundervollen Kraft begabt ist, die menschliche Arbeit zu verringern und fruchtbarer zu machen, sie verkümmern läßt und bis zur Erschöpfung auszehrt. […] Die Siege der Wissenschaft scheinen erkauft durch Verlust an Charakter. […] Selbst das reine Licht der Wissenschaft scheint nur auf dem dunklen Hintergrund der Unwissenheit leuchten zu können. […] Dieser Antagonismus zwischen moderner Industrie und Wissenschaft auf der einen Seite und modernem Elend und Verfall auf der andern Seite, dieser Antagonismus zwischen den Produktivkräften und den gesellschaftlichen Beziehungen unserer Epoche ist eine handgreifliche, überwältigende und unbestreitbare Tatsache. Einige Parteien mögen darüber wehklagen; andere mögen wünschen, die modernen technischen Errungenschaften loszuwerden, um die modernen Konflikte loszuwerden. […] Wir für unsern Teil verkennen nicht die Gestalt des arglistigen Geistes, der sich fortwährend in all diesen Widersprüchen offenbart. […] wir erkennen unsern wackern Freund Robin Goodfellow, den alten Maulwurf, der so hurtig wühlen kann […] – die Revolution.[1]

1 Marx, Karl: Rede auf der Jahresfeier des *People's Paper* am 14. April 1856 in London, MEW 12, S. 3–4.

Diese These muss den meisten Zuhörern vollkommen abwegig erschienen sein. Auf jeden Fall trugen die Ereignisse in den folgenden Jahren wenig dazu bei, seine Prophezeiung zu bewahrheiten.

Im Jahr 1860 war Marx' Ruhm und Einfluss nur noch auf einen überschaubaren Kreis von Menschen beschränkt: Das Interesse am Kommunismus hatte seit den Prozessen von Köln im Jahr 1851 deutlich nachgelassen. Mit der phänomenalen industriellen Weiterentwicklung und dem Anwachsen des Welthandels gewannen wieder mehr Menschen Zutrauen in den Liberalismus, in die Macht der Wissenschaft und in die Möglichkeit eines sich friedlichen vollziehenden Fortschritts. Marx selbst erschien fast schon als eine Figur von lediglich historischem Interesse: ein beeindruckender Theoretiker und Agitator einer früheren Generation, der mittellos war und in einer obskuren Ecke Londons lebte und sich mit gelegentlichen journalistischen Auftragsarbeiten im Exil über Wasser hielt.

Nur fünfzehn Jahre später hatte sich das Bild komplett gewandelt. Zu diesem Zeitpunkt war Marx zwar noch immer relativ unbekannt in England, in vielen anderen Ländern galt er jedoch als eine berühmt-berüchtigte Persönlichkeit. Manche schrieben ihm die Verantwortung für alle revolutionären Ereignisse zu und erklärten ihn zum Anstifter und fanatischen Anführer einer weltweiten Bewegung, die sich geschworen hatte, die moralische Ordnung, den Frieden, das Glück und den Wohlstand der Menschheit zu untergraben und zu zerstören. Für diejenigen, die das behaupteten und schrieben, war Marx ein bösartiges Genie, der die Arbeiterklasse aufwiegelte. Sein Ziel sei es, die Ordnung und Sittlichkeit der zivilisierten Gesellschaften zu schwächen und zu zerstören, die schlimmsten Leidenschaften des Pöbels systematisch auszuschlachten, Missstände zu schaffen, wo vorher keine bestanden hatten, Salz in die Wunden der Unzufriedenen zu streuen und ihr Verhältnis zu ihren Arbeitgebern zu verderben, um dadurch ein allgemeines Chaos zu stiften, unter dem alle zu leiden hätten. Am Ende würden alle auf dieselbe Stufe gestellt: die Reichen und die Armen, die Schlechten und die Guten, die Fleißigen und die Faulen, die Gerechten und die Ungerechten.

Andere sahen in Marx den unermüdlichsten und aufopferungsvollsten Strategen, Taktiker und Vorkämpfer der Arbeiterklasse, den es jemals gegeben hatte. Für sie war er eine unfehlbare Autorität in allen theoretischen Fragen, der Schöpfer einer nicht mehr aufzuhaltenden Bewegung, dazu auserkoren, das Ungerechtigkeit und Ungleichheit reproduzierende Herrschaftssystem durch die Kraft der Überzeugung oder mittels Gewalt hinwegzufegen. Für sie war Marx ein unbezähmbarer moderner und zorniger Moses, Anführer und Erretter aller Erniedrigten und Unterdrückten, mit einem milder gestimmten und konventionelleren Engels an seiner Seite, einem Aaron, allzeit dazu bereit, seine Lehre den zum Teil umnachteten und ahnungslosen Arbeitermassen nahezubringen. Das Ereignis, das mehr als jedes andere für diesen Wandel in der öffentlichen Wahrnehmung verantwortlich zeichnet, war die Gründung der ersten Internationalen Arbeiterassoziation im Jahr 1864, die Wesen und Geschichte des Sozialismus in Europa für immer verändern sollte.

9 Die Internationale

> Die Französische Revolution war nur der Vorläufer einer anderen, weitaus großartigeren und grandioseren Revolution, die die letzte sein wird.
> *Sylvain Maréchal*[1]

Die Erste Internationale kam auf ganz beiläufige Art und Weise zustande. Es hatten sich bereits mehrere Organisationen und Komitees bemüht, die Aktivitäten der Arbeiter in verschiedenen Ländern zu koordinieren, trotzdem hatten sich zwischen ihnen keine echten Bindungen ergeben. Das hatte mehrere Gründe. Da die meisten dieser Vereinigungen konspirativen Charakters waren, sprachen sie nur eine kleine Minderheit der Arbeiter an, nämlich die radikal Gesinnten, die Furchtlosen und »Fortschrittlichen« unter ihnen. Überdies fielen viele der existierenden geheimen Komitees, bevor sie etwas Konkretes erreichen konnten, dem Ausbruch eines Krieges oder staatlicher Repression zum Opfer. Eine weitere

1 ›Manifeste des égaux‹, 1796, in: Buonarroti, Philippe: Histoire de la conspiration pour l'égalité dite de Babeuf, suivie du procès auquel elle donna lieu, Paris 1850, S. 70–74, hier 71.

I. Berlin, *Karl Marx: Sein Leben und sein Werk*, Edition Theorie und Kritik,
https://doi.org/10.1007/978-3-658-13586-7_9

Schwierigkeit bestand darin, dass es unter den Arbeitern verschiedener Nationen mit ganz unterschiedlichen Erfahrungen und Organisationsbedingungen häufig an Verständnis und Vertrauen mangelte. Und schließlich führte der wachsende wirtschaftliche Wohlstand, der auf die Jahre des Hungers und der Revolten gefolgt war und den allgemeinen Lebensstandard angehoben hatte, zwangsläufig zu einem größeren Individualismus und regte den persönlichen Ehrgeiz des selbstbewussteren und politischeren Teils der Arbeiterschaft an, kleinere Verbesserungen vor Ort selbst durchzusetzen und sich auf unmittelbare Ziele zu konzentrieren. Dies erschien vielen attraktiver als das vergleichsweise nebulöse Ideal eines internationalen Zusammenschlusses des Proletariats gegen die Bourgeoisie.

Die Entwicklung der von Lassalle angeführten Arbeiterbewegung in Deutschland ist hierfür ein typisches Beispiel. Sie war strikt zentralistisch organisiert, auf ein Land beschränkt und beflügelt von der optimistischen Hoffnung, den kapitalistischen Feind durch das schiere zahlenmäßige Übergewicht irgendwann einmal niederringen zu können, ohne auf das Mittel einer revolutionären Erhebung und gewaltsamen Machtergreifung zurückgreifen zu müssen. Bismarcks Politik, die sich gegen das Bürgertum richtete und das Kräfteverhältnis zugunsten der Arbeiterklasse zu verschieben schien, nährte diese Hoffnung zusätzlich. In Frankreich wiederum hatte die schreckliche Niederlage von 1848/49 dem städtischen Proletariat das Rückgrat gebrochen, sodass es über Jahre nicht mehr zu größeren Aktionen und Kämpfen imstande war. Stattdessen suchte es sein Heil in der Gründung von vielen kleineren lokalen Vereinigungen, die alle mehr oder weniger von Proudhons Lehre inspiriert waren. Die Regierung unter Napoleon III. tat im Wesentlichen nichts, um diese Entwicklung zu unterbinden. Der Kaiser selbst hatte sich in seiner Jugend gern als Freund der Kleinbauern, Handwerker und Fabrikarbeiter und als Gegner der kapitalistischen Bürokratie ausgegeben und verspürte nun den Wunsch, seine Monarchie als eine gänzlich neuartige und überaus raffinierte Regierungsform darzustellen, als eine einzigartige Kombination aus Monarchismus, Republikanimus und Tory-Demokratie, als eine Art neue Ordnung, in der der Wirtschaftsliberalismus den politischen Absolutismus zähmen würde. Obwohl die Regierung zentralistisch organisiert und allein dem Kaiser rechenschaftspflichtig war, sollte sie zumindest theoretisch letztendlich auf dem Willen des Volkes beruhen. Sie sei eine völlig neue und ganz und gar moderne Institution, offen gegenüber neuen Bedürfnissen und in der Lage, auf die kleinsten Nuancen gesellschaftlicher Veränderungen zu reagieren.

Teil von Napoleons klug eingefädelter Politik der gesellschaftlichen Versöhnung war, das komplizierte Machtverhältnis zwischen den verschiedenen Klassen auszutarieren, indem er sie gegeneinander ausspielte. Man erlaubte den Arbeitern, sich unter strikter Polizeiüberwachung in Gewerkschaften zusammenschließen, damit sie der bedrohlich anwachsenden Macht des Finanzadels, dem man eine Verbundenheit mit den Orléanisten unterstellte, Grenzen setzten. Da sie kaum eine andere Wahl hatten, ergriffen die französischen Arbeiter die von Regierungsseite halbherzig ausgestreckte Hand und begannen mit dem Aufbau von Gewerkschaftsverbänden, was von den Behörden teils ermutigt, teils behindert wurde.

Als die Weltausstellung in London 1863 eröffnet wurde, ermöglichte man französischen Arbeitern dort einen Besuch. Eine ausgewählte Delegation, die das französische Proletariat repräsentieren sollte, absolvierte eine Mischung aus Urlaubs- und Studienreise nach England, um dort die neuesten industriellen Entwicklungen in Augenschein zu nehmen. In diesem Zusammenhang wurde auch ein Treffen mit englischen Gewerkschaftsvertretern organisiert, dessen Zielsetzung wahrscheinlich, wie bei vergleichbaren Zusammenkünften zuvor, zunächst eher vage blieb, hinter dem anscheinend aber vor allem der Wunsch stand, die nach dem gescheiterten Aufstand in Polen nach England geflohenen Arbeiter zu unterstützen. Dort kamen dann verschiedene Dinge zur Sprache wie die Unterschiede zwischen den in Frankreich und England geltenden Arbeitszeiten und Stundenlöhne sowie die Frage, wie verhindert werden könne, dass die Arbeitgeber billige Arbeitskräfte aus dem Ausland als Streikbrecher nutzten, wenn lokale Gewerkschaften Aufstände organisierten.

Man beschloss daraufhin, auf einem weiteren Treffen eine Vereinigung ins Leben zu rufen, deren Aufgabe es sein sollte, nicht nur Diskussionen zu führen und Erfahrungen auszutauschen, sondern eine praktische Kooperation in wirtschaftlicher und politischer Hinsicht und unter Umständen auch eine internationale demokratische Revolution voranzutreiben. Die Initiative dazu ging nicht von Marx aus, sondern von englischen und französischen Arbeiterführern. Sie zog an ihren Rändern Radikale unterschiedlichster Couleur an, darunter polnische Demokraten, italienische Anhänger von Mazzini, Jünger Proudhons, Blanquisten und Neo-Jakobiner aus Frankreich und Belgien. Alle, die für den Sturz der bestehenden Verhältnisse eintraten, waren zumindest zu Beginn willkommen.

Die vereinbarte Versammlung fand am 28. September 1864 in der St. Martin's Hall in London unter dem Vorsitz von Edward Beesly statt, Professor für Geschichte des Altertums an der University of London, ein Positivist und Radikaler mit einem einnehmenden und gütigen Wesen, der zu der kleinen, aber namhaften Gruppe von Frederic Harrison und Crompton gehörte, die stark von Comte und den frühen französischen Sozialisten beeinflusst war. Auf die Mitglieder dieser Gruppe war Verlass, wenn es darum ging, die Sache der Aufklärung voranzubringen. Sie gehörten zu den wenigen Intellektuellen, die damals zusammen mit Mill die unpopulären Anliegen der Gewerkschaften verteidigten, zu einem Zeitpunkt, als man im Unterhaus Gewerkschaften noch als ein Instrument anprangerte, das nur dazu da sei, gezielt Zwietracht zwischen den Klassen zu säen.

Die Versammlung fasste den Beschluss, eine internationale Arbeitervereinigung zu gründen, deren Hauptaufgabe darin bestehen sollte, das herrschende System der Wirtschaftsbeziehungen nicht zu reformieren, sondern es zu zerstören und durch ein System zu ersetzen, in dem die Arbeiter selbst über die Produktionsmittel verfügen würden. Das erklärte Ziel war die Beendigung jeglicher ökonomischer Ausbeutung und eine Gesellschaft, in der die Früchte ihrer Arbeit allen gleichermaßen zugutekommen würden. Vorgesehen war zudem die Abschaffung jeglicher Form von Privateigentum. Marx, der sich zuvor von anderen demokratischen Anführern distanziert und sich von deren Zusammenkünften ferngehalten hatte, war von der Ernsthaftigkeit dieses Organisationsversuchs ziemlich angetan. Ihm gefiel, dass das Ganze von Leuten in Angriff genommen wurde, die tatsächlich für sich beanspruchen konnten, die Arbeiter zu repräsentieren, und dass es hier um konkrete und fest umrissene Zielsetzungen ging, bei denen sein eigener Einfluss deutlich zu erkennen war. Normalerweise beteiligte er sich nicht an Bewegungen oder Initiativen, die er nicht selbst ins Leben gerufen hatte. Diesmal machte er jedoch eine Ausnahme. Die in London lebenden deutschen Handwerker ernannten ihn zu ihrem Vertreter im Exekutivkomitee. Als die Vereinigung das zweite Mal tagte, um über ihr Programm und ihre Satzung abzustimmen, hatte Marx bereits das Kommando über das gesamte Verfahren übernommen.

Man hatte zunächst die französischen und italienischen Delegierten mit der Ausarbeitung der Statuten beauftragt. Nachdem diese nichts Besseres als die üblichen kraftlosen demokratischen Gemeinplätze zu Papier gebracht hatten, übernahm Marx diese Aufgabe selbst und schrieb für die Gründungssitzung der Vereinigung auch noch eine Inauguraladresse. War das ursprüngliche Programm in seiner ersten Fassung des Internationalen Komitees noch recht schwammig formuliert, von humanistischen Ideen geprägt, zum Teil auch liberal eingefärbt, verlieh ihm Marx eine ganz neue Note und verwandelte es in ein scharfsinniges, kühnes und kämpferisches Dokument, das die Grundlage abgeben sollte für den Aufbau einer äußerst disziplinierten Körperschaft. Deren Mitglieder mussten sich nicht nur verpflichten, sich gegenseitig zu unterstützen, um die eigene Lage zu verbessern, sie mussten darüber hinaus geloben, alles zu tun, um das herrschende kapitalistische System durch offene politische Aktionen systematisch zu zersetzen und wenn möglich zu stürzen.

Es war ausdrücklich vorgesehen, dass die Mitgliedsorganisationen sich an demokratischen Wahlen beteiligen und versuchen sollten, in die Parlamente zu gelangen. Dies war eine Strategie, die die Anhänger von Lassalle bereits in den deutschen Ländern verfolgten. Der Forderung, in das Programm Phrasen wie »duty« und »right« aufzunehmen oder »truth, morality and justice«, kam Marx nach, aber dies geschah, wie Marx an Engels schrieb, in einem Zusammenhang, in dem sie seiner Meinung nach »kaum Schaden anrichten konnten«.[1] Das neue Programm wurde verabschiedet, woraufhin Marx sich mit seinem gewohnt fieberhaften Eifer in die Arbeit stürzte und ins internationale Rampenlicht trat – und dies nach 15 Jahren, die er zwar nicht in völliger Finsternis, aber doch in einem Wechsel von Licht und Schatten verbracht hatte.

Die »Inauguraladresse der Internationalen Arbeiter-Assoziation« ist nach dem »Kommunistischen Manifest« das bemerkenswerteste Dokument der sozialistischen Bewegung. Es umfasst kaum mehr als zwölf Oktavseiten, ergänzt durch die »Provisorischen Statuten der Internationalen Arbeiter-Assoziation«, die mit den Worten beginnen:

> In Erwägung,
> daß die Emanzipation der Arbeiterklasse durch die Arbeiterklasse selbst erobert werden muß; [...] daß die ökonomische Unterwerfung

1 Marx an Engels, 4. November 1864, MEW 31, S. 15.

des Arbeiters unter den Aneigner der Arbeitsmittel […] in allen ihren Formen zugrunde liegt, allem gesellschaftlichen Elend, aller geistigen Verkümmerung und politischen Abhängigkeit;
daß die ökonomische Emanzipation der Arbeiterklasse daher der große Endzweck ist, dem jede politische Bewegung, als Mittel, unterzuordnen ist;
daß alle auf dieses Ziel gerichteten Versuche bisher gescheitert sind aus Mangel an Einigung unter den mannigfachen Arbeitszweigen jedes Landes und an der Abwesenheit eines brüderlichen Bundes unter den Arbeiterklassen der verschiedenen Länder; […] aus diesen Gründen haben die unterzeichneten Mitglieder des Komitees, welches am 28. September 1864 auf der öffentlichen Versammlung in St. Martin's Hall, London, gewählt wurde, die notwendigen Schritte zur Gründung der Internationalen Arbeiter-Assoziation getan.[1]

Die Inauguraladresse beinhaltet eine Studie der ökonomischen und sozialen Lebensbedingungen der Arbeiterklasse im Jahr 1848 und stellt dem rapide wachsenden Wohlstand der besitzenden Klassen den elenden Zustand der Arbeiter gegenüber. Die Ereignisse von 1848 beschreibt Marx zwar auch hier als eine vernichtende Niederlage der Arbeiterklasse, aber immerhin hatte sie den Nutzen, unter den Arbeitern das Gefühl von internationaler Solidarität geweckt zu haben. Vor diesem Hintergrund war auch die Agitation für ein Gesetz zur Beschränkung der zulässigen Arbeitszeit nicht vollkommen erfolglos gewesen, vielmehr habe man hier einen ersten Sieg über die vorherrschende Politik des extremen *Laissez-faire* errungen. Zudem habe die Genossenschaftsbewegung nachweisen können, dass hohe industrielle Effizienz auch ohne kapitalistische Sklaventreiber möglich sei, ja ohne sie sogar noch gesteigert werden könne. Lohnarbeit, so Marx, hatte sich somit nicht als ein immer notwendiges, sondern als vorüber-

1 Marx, Karl: Provisorische Statuten der Internationalen Arbeiter-Assoziation, MEW 16, S. 14.

gehendes und ausrottbares Übel erwiesen. Endlich begännen die Arbeiter zu begreifen, dass sie nichts zu gewinnen, aber alles zu verlieren haben, wenn sie weiterhin den kapitalistischen Beratern folgten, die immer – wenn sie keine direkte Gewalt anwenden konnten – versuchen würden, nationalistische und religiöse Ressentiments sowie persönliche und lokale Interessen ins Spiel zu bringen oder die ausgeprägte politische Ignoranz der Massen auszunutzen. Wer auch immer der Sieger in diesen nationalistischen oder dynastischen Kriegen war: Die Arbeiter, egal auf welcher Seite sie standen, zählten immer zu den Verlierern. Sie hatten nach Ansicht von Marx unterdessen aber eine derartige Stärke erreicht, dass sie mit vereinter Kraft und gemeinsamen Aktionen dieser Ausbeutung ein Ende bereiten konnten, sei es in Friedens- oder in Kriegszeiten. Dies habe nicht zuletzt das Aufbegehren der Arbeiterklasse in England gegen die Entsendung von Truppen zur Unterstützung der konföderierten Staaten im Amerikanischen Bürgerkrieg gezeigt. Gegen die beachtliche und nach außen hin unbezwingbare Macht ihrer Gegner konnten sie nur eine Waffe in Anschlag bringen – und das war ihre große Zahl. »Aber Zahlen fallen nur in die Waagschale, wenn Kombination sie vereint und Kenntnis sie leitet.«[1]

Im politischen Feld war die Unterjochung der Arbeiter am offensichtlichsten. Sich von der Politik unter dem Vorwand fernzuhalten, es zähle allein die wirtschaftliche Schlagkraft, wie es Proudhon und Bakunin lehrten, bewertete Marx als sträfliche Kurzsichtigkeit. Die Arbeiter konnten nur auf Gerechtigkeit hoffen, wenn sie sich zu verteidigen wussten, wann immer sie sahen, dass ihre Rechte mit Füßen getreten wurden – notfalls auch mit dem Mittel der Gewalt. Selbst wenn sie nicht direkt mit Waffengewalt eingreifen konnten, so blieb ihnen immer noch die Wahl, zu protestieren und zu demons-

1 Marx, Karl: Inauguraladresse der Internationalen Arbeiter-Assoziation, MEW 16, S. 12.

trieren und solange Druck auf ihre Regierungen auszuüben, bis die höchsten Standards der Moral und Gerechtigkeit, nach denen üblicherweise die Beziehungen zwischen Menschen beurteilt werden, auch zu den Gesetzen werden, die das Verhältnis zwischen den Nationen regeln. Aber dies konnte nur dann gelingen, wenn die bestehenden ökonomischen Strukturen der Gesellschaft grundlegend verändert würden. Denn trotz einiger weniger Verbesserungen dienten diese zwangsläufig dazu, die Arbeiterklasse zu erniedrigen und zu versklaven. Es gab nur eine einzige Klasse, die ein wirkliches Interesse daran hatte, diesen Abwärtstrend zu stoppen und dafür zu sorgen, dass er sich nicht wiederholt: Und das war die besitzlose Klasse, die durch keinerlei Bindung, keinerlei Interesse oder Gefühl an die alte Welt der Ungerechtigkeit oder des Elends gebunden war, die Klasse, die genauso eine Erfindung des neuen Zeitalters war wie die Maschinen. Die Inauguraladresse endete ebenso wie das »Kommunistische Manifest« mit den Worten: »Proletarier aller Länder, vereinigt euch.«[1]

In diesem Dokument werden als die zentralen Aufgaben der neu gegründeten Organisation genannt: der Aufbau enger Beziehungen zwischen den Arbeitern verschiedener Länder und Branchen; das Zusammentragen von relevanten Informationen und Statistiken, um damit über die unterschiedlichen Lebensbedingungen, Nöte, Bedürfnisse und Strategien der Arbeiter in anderen Ländern aufzuklären; die Erörterung von Fragen gemeinsamen Interesses; die Organisation und Koordinierung von zeitgleichen Aktionen in verschiedenen Ländern anlässlich internationaler Krisen; die regelmäßige Veröffentlichung von Berichten über die Tätigkeiten der Vereinigung und Ähnliches. Die Organisation sollte jährliche Versammlungen abhalten, einberufen von einem demokratisch gewählten Generalrat, in dem alle Ländersektionen repräsentiert waren. Marx hatte sich darum bemüht, die Sta-

1 Ebd., S. 13.

tuten so allgemein zu halten, dass möglichst viele aktive Arbeitervereinigungen, unabhängig von ihrer konkreten Ausrichtung und Funktionsweise, Mitglied werden konnten.

Marx hatte zudem beschlossen, zu Beginn mit Bedacht und Maß vorzugehen, um so zunächst die Bindung der Mitglieder und die Einheit der Organisation zu stärken. Erst nach und nach, wenn ein größeres Maß an Übereinstimmung und Einverständnis erzielt wäre, könnten Dissidenten dann ausgeschlossen werden. Er hielt sich genau an diese Politik, so wie er es geplant hatte. In der Konsequenz sollte sie sich als selbstzerstörerisch erweisen. Offen bleibt freilich, welche andere Taktik Marx hätte verfolgen können, die nicht völlig seinen Prinzipien zuwidergelaufen wäre.

Die Internationale wuchs rasch zu einer großen Organisation heran. Angelockt von der Aussicht, mit gemeinsamer Schlagkraft wirkungsvoller für höhere Löhne, kürzere Arbeitszeiten und eine bessere politische Repräsentation der Arbeiter streiten zu können, folgten in den entscheidenden europäischen Ländern die Gewerkschaften reihenweise diesem Zusammenschluss. Die Internationale war wesentlich besser organisiert als zuvor die chartistische Bewegung oder die früheren Kommunistischen Bünde, zum Teil weil man bestimmte taktische Lektionen gelernt hatte. Nicht abgesprochene Initiativen Einzelner ließ man nicht zu, auch populistische Rhetorik war nicht gern gesehen, stattdessen herrschte in alle Gliederungen eine strikte Disziplin, und das vor allem deswegen, weil die Organisation von einer einzigen Persönlichkeit geführt und dominiert wurde. Der einzige Mann, der sich in den ersten Jahren vielleicht getraut hätte, Marx Paroli zu bieten, wäre Lassalle gewesen. Aber der war inzwischen tot. Wie stark Lassalles Einfluss aber immer noch war, lässt sich daran ablesen, dass es die deutsche Sektion immer ablehnte, sich voll und ganz hinter die Zentrale der Internationale in London zu stellen. Liebknecht, ein Mann von eher durchschnittlichem Talent, der Marx ohne Einschränkungen ergeben war, vertrat das neue Credo mit großer Begeisterung und viel Geschick. Da Bismarck in Deutschland allerdings weiterhin eine antisozialistische Politik verfolgte und die deutsche Arbeiterbewegung, Lassalles Vermächtnis folgend, eher nationalistisch eingestellt war, blieben deren Aktivitäten weitgehend auf das eigene Land beschränkt und konzentrierten sich im Wesentlichen auf interne Organisationsfragen.

Der große Unruhestifter Bakunin, der sämtliche Gemüter erhitzte, war damals nach einer abenteuerlichen Flucht aus Sibirien gerade nach Westeuropa zurückgekehrt. Er genoss sowohl innerhalb als auch außerhalb der Internationale persönlich außerordentliches Ansehen, verfügte jedoch nicht über eine organisierte Gefolgschaft. Er war von Alexander Herzen und von der von den russischen Emigranten unterstützten liberalen Agrarpartei abgerückt, und niemand konnte damals genau sagen, in welche Richtung er tendierte, am allerwenigsten vermutlich er selbst. Genauso wie die große Mehrheit der Proudhon-Anhänger traten Bakunin und seine Genossen der Internationalen bei, obwohl sie mit diesem Schritt – da die Internationale offen politische Aktionen und Interventionen propagierte – gegen ihre vage formulierten anarchistischen Grundsätze verstießen.

Die eifrigsten Mitglieder der Internationale waren zu diesem Zeitpunkt die englischen und französischen Gewerkschafter, die vorübergehend unter dem Bann des neuen Wohlstand und Macht verheißenden Experiments standen. Sie waren keine Theoretiker, wollten es auch nicht sein, und überließen alle diesbezüglichen Entscheidungen dem Generalrat der Internationalen. Solange diese Stimmung anhielt, gab es in der Organisation für Marx keine ernsthaften Rivalen. Er war diesem seltsamen Amalgam aus Handwerkern, Fabrikarbeitern, vagabundierenden Ideologen und dem einen oder anderen Abenteurer, aus dem sich die erste Internationale Arbeiterassoziation zusammensetzte, nicht nur in intellektueller Hinsicht haushoch überlegen, er brachte auch eine größere

Willenskraft mit und hatte mehr Erfahrungen mit revolutionären Situationen als alle anderen.

Marx war nun 46 Jahre alt, wirkte aber insgesamt aufgrund seines Aussehens und seines Verhaltens frühzeitig gealtert. Von seinen sechs Kindern waren drei gestorben, im Großen und Ganzen infolge des materiellen Elends, unter dem die Familie in ihrer engen Behausung in Soho litt. Irgendwann konnte Marx' Familie, obgleich immer noch bettelarm, in eine größere Wohnung in Kentish Town umziehen. Hatten Marx und Engels 1857 den Beginn der schlimmsten Wirtschaftskrise, die Europa bis dahin erlebt hatte, noch begrüßt, weil sie sich davon wachsende Unzufriedenheit und Unruhen versprachen, zehrte diese zugleich an Engels' Einkommen. Dann musste Marx in einer Situation, in der er es am allerwenigsten gebrauchen konnte, einen weiteren harten Schlag einstecken. Seine regelmäßigen Beiträge für die *New York Daily Tribune* sowie seine gelegentlichen Artikel für radikale deutsche Zeitungen hatten ihn längere Zeit buchstäblich vor dem Verhungern gerettet. Die Mittel, mit denen Marx seine Familie über zwanzig Jahre lang durchbringen musste, reichten immer nur für das Nötigste. Umso schlimmer war es, als 1860 die Einkommensquelle in Amerika zu versiegen drohte, weil dem Herausgeber der *New York Daily Tribune,* Horace Greeley, der ein glühender Verfechter des demokratischen Nationalismus war, die geharnischten Ansichten seines Europa-Korrespondenten Marx immer mehr missfielen. Die Wirtschaftskrise und dazu noch die durch den Amerikanischen Bürgerkrieg entstandenen Verluste brachten die Zeitung dazu, sich von vielen ihrer Mitarbeiter in Europa zu trennen. Dana setzte sich vergeblich dafür ein, Marx weiter zu beschäftigten. Zu Beginn des Jahres 1861 wurde dieser nach und nach von seinem Posten verdrängt, die Zusammenarbeit mit der *New York Daily Tribune* endete etwa ein Jahr später.

Was die Internationale anbelangt, so brachte sie für Marx neue Aufgaben und Pflichten mit sich und erfüllte ihn mit neuer Energie, sie trug aber nichts zu seinem Lebensunterhalt bei. In seiner Verzweiflung bewarb sich Marx um eine Stelle als Fahrkartenverkäufer bei der Eisenbahn, aber mit seinen verschlissenen Kleidern und seinem insgesamt einschüchternden Aussehen muss er bei seinem Vorstellungstermin keinen guten Eindruck hinterlassen haben. Am Ende begründete man die Ablehnung seiner Bewerbung damit, seine Handschrift sei unleserlich. Es ist schwer vorstellbar, wie es Marx und seiner Familie ohne die Unterstützung von Engels in all diesen schrecklichen Jahren ergangen wäre.

Mittlerweile hatten sich auch in Italien und Spanien Sektionen der Internationalen gegründet. Mitte der 1860er Jahre wurden die ersten Regierungen ihrethalber langsam nervös. Man munkelte von bevorstehenden Verhaftungen und Verboten. Der französische Kaiser unternahm einen halbherzigen Versuch, die Mitglieder der Internationale in Frankreich politisch verfolgen zu lassen, was nur dazu beitrug, den Bekanntheitsgrad der neu gegründeten Organisation unter der Arbeiterschaft zu erhöhen und ihre Reputation zu stärken. Für Marx bedeutete dies nach den dunklen 1850er Jahren eine große Bereicherung seines Lebens und Tuns. Die Arbeit für die Internationale beanspruchte ihn Tag und Nacht. Mit voller Unterstützung des gewohnt zuverlässigen und aufopferungsbereiten Engels übernahm er die Leitung des Büros der internationalen Zentrale in London, wobei er sich nicht nur in der Rolle des gebieterischen Ratgebers gefiel, sondern auch die Verantwortung für das Schreiben aller wichtigen Entwürfe an sich riss sowie sämtliche Korrespondenz übernahm. Alles ging durch seine Hände, und er sorgte dafür, dass sich die Dinge in die von ihm gewünschte Richtung entwickelten. In manchen Sektionen, vor allem in der französischen und in einem Teil der schweizerischen, im geringerem Maße in der belgischen und später auch in der italienischen Sektion, die alle von den antiautoritären Lehren Proudhons und Bakunins beeinflusst waren, regte sich dagegen Protest, der zunächst jedoch diffus und wirkungslos blieb. Vielmehr konnte Marx, der im Generalrat die absolute Oberhand hatte, seine herausgehobene Position noch weiter festigen. Er bestand auf die strikten Einhaltung jedes einzelnen Punktes des ursprünglichen Programms der Internationalen. Seine alte Willens- und Tatkraft schien zurückgekehrt. Er schrieb begeisterte, fast schon ausgelassene Briefe an Engels, selbst seine damals verfassten theoretischen Werke tragen Spuren dieses wiedergefundenen Elans. Sehr oft weckt die intensive Arbeit in einem Bereich schlummernde Potenziale in einem anderen. So war im Jahr 1859 bereits eine Skizze von Marx' Wirtschaftstheorie erschienen, aber die Arbeit an seinem Hauptwerk hatte er aufgrund seiner schwierigen Lebensverhältnisse und der vielen gesundheitlichen Probleme immer wieder unterbrechen müssen. Nun schien sie kurz vor dem Abschluss zu stehen.

Marx trat nur wenige Male persönlich auf den Kongressen und Konferenzen der Internationalen auf. Er zog es vor, deren Aktivitäten von London aus zu steuern, wo er regelmäßig an den Sitzungen des Generalrats teilnahm und bei diesen Gelegenheiten seinen Anhängern ausführliche Weisungen erteilte. Auch dabei verließ er sich fast nur auf Deutsche. In Eccarius, einem älteren Schneider, der schon lange in England lebte, fand er einen treuen Anhänger, den er als Sprachrohr nutzen konnte. Dabei handelte es sich um einen nicht gerade mit besonderer Intelligenz oder Vorstellungskraft gesegneten Mann, doch schien er Marx ausreichend zuverlässig und präzise. Eccarius sollte wie die meisten anderen von Marx' untergeordneten Vertrauten später gegen ihn aufbegehren und sich den Sezessionisten anschließen. Acht Jahre lang hielt er sich als Sekretär des Generalrats der Internationalen jedoch wortgetreu an die Anordnungen von Marx.

Die Jahresversammlungen der Internationalen wurden in London, Genf, Lausanne, Brüssel und Basel abgehalten. Auf ihnen erörterten die Teilnehmer allgemeine Probleme, zudem stimmten sie über konkrete Maßnahmen ab. Zu den Themen, zu denen dort Beschlüsse getroffen wurden, zählten Arbeitszeiten und Stundenlöhne; behandelt wurden die Stellung von Frauen und Kindern in der Arbeitswelt, die Frage, wie man, angepasst an die unterschiedlichen Verhältnisse in Europa, am besten politischen und wirtschaftlichen Druck aufbauen konnte, sowie die Zusammenarbeit mit anderen Organisationen und Bewegungen. Marx' zentrales Anliegen war es, sich auf eine konkrete politische Strategie bei der Zusammenarbeit zu einigen, das heißt, bestimmte Forderungen gut aufeinander abzustimmen und für die nötige Disziplin zu sorgen, um diese tatsächlich durchsetzen zu können. Von daher lehnte er erfolgreich alle Bündnisangebote vonseiten rein humanistisch ausgerichteter Organisationen ab, wie etwa dem »Bund für Frieden und Freiheit«, der sich unter der Leitung von Mazzini, Bakunin und John Stuart Mill gerade neu gegründet hatte.

Marx' herrisches Auftreten musste früher oder später für größeren Unmut und Rebellion sorgen. Die Unzufriedenen scharten sich um Bakunin, dessen Vorstellung von der Internationalen als einem losen Verbund von mehr oder minder unabhängigen Organisationen in den Sektionen der Schweiz und Italien zunehmend an Anhängerschaft gewann, zum Teil auch in der französischen Sektion. Schließlich beschloss man, sich unter Bakunins Führung in einer Organisation mit dem Namen »Demokratische Allianz« zusammenzuschließen, die zwar der Internationalen angehören, aber eigene Strukturen aufbauen sollte. Man gelobte, jegliche weitere Zentralisierungsbestrebungen zu bekämpfen und sich für ein System föderativer Selbstbestimmung einzusetzen. Das stellte einen Akt der Häresie dar, den selbst tolerantere Menschen als Marx auf keinen Fall hätten ignorieren können. Die Internationale war nicht als ein reiner Korrespondenzverein nur locker miteinander vernetzter Komitees und Vereinigungen der Radikalen gegründet worden. Vielmehr war sein ursprünglicher Zweck, eine politische Partei zu schaffen, die überall dort, wo sie vertreten war, mit einer Stimme sprechen und auf ein gemeinsames Ziel hinwirken sollte.

Marx war fest davon überzeugt, dass jegliche Zusammenarbeit mit Bakunin – oder mit irgendwelchen anderen Russen – am Ende mit einem schlimmen Verrat an der Arbeiterklasse enden müsse. Zu dieser Auffassung war er gelangt, nachdem er sich in den 1840er Jahren auf einen kurzen Flirt mit radikalen russischen Adligen eingelassen hatte und bitter von ihnen enttäuscht worden war. Bakunin wiederum hatte – obgleich er ehrlich genug war, um Marx' persönliches Genie anzuerkennen – nie einen Hehl daraus gemacht, dass er ihn als Menschen einfach nicht leiden konnte. Er verabscheute Marx' autoritäre Neigungen zutiefst, die sich sowohl in seinen Theorien als auch in seinen Vorstellungen vom praktischen Aufbau einer revolutionären Partei widerspiegelten. Bakunin erklärte:

> Wir revolutionären Anarchisten […], die wir eben deshalb Feinde des Staates und jeglicher Verstaatlichung sind, behaupten […], da […] jede Regierung ihrem Wesen […] nach außerhalb des Volkes […] steht […], unbedingt danach streben muss, es einer Ordnung und Zielen zu unterwerfen, die ihm fremd sind. So erklären wir uns zu Feinden […] staatlicher Ordnung überhaupt und glauben, dass das Volk nur dann glücklich und frei sein kann, wenn es sich selbst sein Leben schafft in einer Organisation von unten nach oben […], ohne jede offizielle Überwachung.
>
> […] Wir wissen, dass Macht ebenso zersetzend auf den wirkt, der sie hat, wie auf den, der ihr gehorchen muss. Unter ihrem verderblichen Einfluss werden die einen zu ehrgeizigen und habgierigen Despoten, Ausbeutern der Gesellschaft zum eigenen Vorteil oder dem ihres Standes, und die anderen zu Sklaven.
>
> Idealisten aller Art, Metaphysiker, Positivisten, Verfechter einer Vorherrschaft der Wissenschaft über das Leben […], sie alle zusammen verteidigen […] die Idee des Staates und der staatlichen Macht, weil sie darin […] das […] einzige Heil der Gesellschaft sehen. Voll-

kommen logisch deshalb, weil sie dann […], wenn sie von der […] völlig falschen These ausgehen, dass das Denken dem Leben und die abstrakte Theorie der gesellschaftlichen Praxis vorausgeht […], notwendigerweise zu dem Schluss kommen, dass deshalb, weil Denken, Theorie und Wissenschaft wenigstens heute der Besitz nur einiger weniger sind, eben diese wenigen die Anführer des gesellschaftlichen Lebens sein müssen und nicht nur die Initiatoren, sondern auch die Leiter aller Volksbewegungen und dass am Tag nach der Revolution die neue gesellschaftliche Ordnung nicht durch die freie Vereinigung von Volksassoziationen […] von unten nach oben […] geschaffen wird, sondern allein durch die diktatorische Gewalt dieser gelehrten Minderheit, die angeblich dem Willen des ganzen Volkes Ausdruck verleiht. […]

Der ganze Unterschied zwischen revolutionärer Diktatur und Staatlichkeit besteht nur in den äußeren Umständen. Faktisch bedeuten sie beide das Gleiche: die Verwaltung einer Mehrheit durch eine Minderheit im Namen der angeblichen Dummheit ersterer und der angeblichen Weisheit letzterer. Deshalb sind sie auch gleich reaktionär und haben, die eine wie die andere, als unmittelbares und notwendiges Ergebnis die Sicherung politischer und ökonomischer Privilegien für die herrschende Minderheit und die politische und wirtschaftliche Versklavung der Volksmassen.

Damit wird deutlich, warum die doktrinären Revolutionäre, die den Umsturz der bestehenden Machtverhältnisse anstreben, um auf ihren Trümmern ihre eigene Diktatur zu errichten, niemals Feinde, sondern im Gegenteil immer die glühendsten Verfechter des Staates gewesen sind.[1]

Bakunins Angriffe auf Marx und Lassalle konnten nicht unbeantwortet bleiben, nicht zuletzt aufgrund ihrer antisemitischen Züge, was Bakunins Freund Alexander Herzen ihm bei mehr als einer Gelegenheit vorhielt. Als Herzen ihn 1869

1 Bakunin, Michael: Staatlichkeit und Anarchie (1873). Ausgewählte Schriften, hrsg. von Wolfgang Eckhardt, Bd. 4, Berlin 1999, S. 280–283.

aufforderte, aus der Internationalen auszutreten, schrieb Bakunin daraufhin in einem für ihn typischen Anflug von Großmütigkeit, er könne sich nicht den Gegnern eines Mannes anschließen, »der der Sache [des Sozialismus] mehr als 25 Jahre lang völlig uneigennützig mit seinem ganzen Wissen und all seiner Tatkraft gedient hat, womit er uns alle zweifelsohne übertroffen hat«.[1]

Marx' Abneigung gegenüber Bakunin versperrte ihm nicht den Blick für die Notwendigkeit, den Mitgliedsorganisationen der Internationalen aus Gründen der Zweckmäßigkeit ein gewisses Maß an regionaler Eigenständigkeit zuzugestehen. Entsprechend stemmte er sich erfolgreich gegen den Plan, internationale Gewerkschaften zu gründen. Er hielt diesen Schritt für verfrüht und befürchtete, dieser würde zu einem unmittelbaren Konflikt mit den bestehenden national organisierten Gewerkschaftsverbänden führen, die zumindest in England die wichtigsten Stützen der Ersten Internationalen waren. Dieses Zugeständnis von Marx war jedoch nicht einem grundsätzlichen Gesinnungswechsel hin zum Prinzip des Föderalismus geschuldet, sondern einzig und allein dem Wunsch, das bereits Aufgebaute bloß nicht zu gefährden. Es ging Marx darum, eine schlagkräftige Organisation zu schaffen, mit derer Existenz man den Arbeitern klarmachen konnte, dass hinter ihren Forderungen nicht wie im Jahr 1848 nur verstreut Sympathisanten standen, die nichts anderes anzubieten hatten als moralische Unterstützung und im besten Fall gelegentliche Spenden, sondern eine militante Kraft, die geschworen hatte, Widerstand zu leisten und, wenn nötig, die Regierungen in ihren jeweiligen Ländern solange einzuschüchtern und zu bedrängen, bis dem Anliegen ihrer Brüder wo auch immer Gerechtigkeit widerfahren war.

1 Brief vom 28. Oktober 1869: Pis'ma M. A. Bakunin k. A. I. Gertsenu i N. P. Ogarevu, Genf 1896, S. 233–238, hier 234.

Marx hielt ein zentrales Gremium mit unangefochtener Autorität, eine Art Generalstab, der über die Strategie und Taktik bestimmte, für unverzichtbar, wollte man auf Dauer die Voraussetzungen für eine solche aktive Solidarität in Theorie und Praxis schaffen. Die Bestrebungen von Bakunin, die Strukturen der Internationale lockerer zu gestalten und eine Vielfalt von Meinungen und Ansätzen in den regionalen Sektionen zu ermutigen, schienen ihm ganz bewusst darauf hinauszulaufen, genau diese Möglichkeit zu zerstören. Sollte Bakunin damit Erfolg haben, dann würde dies den Verlust all dessen bedeuten, was man gerade aufgebaut hatte. Für Marx war das gleichbedeutend mit einem Rückfall in den Utopismus, mit dem Aufgeben einer nüchternen Betrachtung der Kräfteverhältnisse und der Erkenntnis, dass die einzige Stärke der Arbeiter in ihrer Einheit liegt und dass der Grund für ihre Niederlage 1848 damit zu tun hatte, dass sie sich verzettelt hatten. Statt sich auf eine einzige, sorgfältig vorbereitete Revolution zu konzentrieren, die zu einem bestimmten, historisch angemessenen Zeitpunkt loszubrechen hätte, gespeist aus einer gemeinsamen Quelle, zusammengehalten durch gemeinsame Ziele und zudem von Männern dirigiert, die zuvor genauestens die Lage studiert hatten und die eigene Stärke sowie die des Gegners einschätzen konnten, war es lediglich zu einer Reihe von versprengten Aufständen und sporadischen Gewaltausbrüchen gekommen. Bakunianismus musste den eigenen revolutionären Impuls in Luft auflösen und mithin zu dem alten romantischen, edlen, wenn auch sinnlosen Heroismus zurückführen, der zwar reich an Heiligen und Märtyrern sei, dafür aber allzu leicht von dem realistischer gesinnten Feind zerschlagen werden könne. Die zwangsläufige Folge davon müsste eine Phase der Schwäche und Enttäuschung sein, die die Bewegung vermutlich viele Jahrzehnte zurückwerfen würde.

Marx wusste, dass Bakunin reichlich revolutionäre Energie besaß und in der Lage war, die Fantasie der Menschen zu beflügeln. Genau aus diesem Grund sah er in ihm eine gefährlich destruktive Kraft, die dazu neigte, Chaos zu verbreiten, wo auch immer er auftrat. Ließ man es zu, dass Bakunin und seine Anhänger in die Reihen derjenigen eindrangen, die sich der Sache der Arbeiter verpflichtet hatten, dann käme es eines Tages zu einer unvorhersehbaren Explosion. Darum beschloss er, nachdem es in der Vergangenheit immer wieder zu vereinzelten Zusammenstößen gekommen war, in die Offensive zu gehen und anzugreifen. Am Ende stand der Ausschluss von Bakunin und seinen Anhängern aus der Ersten Internationale.

10 »Der Doktor des Roten Terrors«

> Was wir alle sind, wir sind es durch ihn […] ohne ihn säßen wir immer noch im Unrat der Konfusion.
> Friedrich Engels, 1883[1]

Der erste Band des »Kapitals« erschien schließlich im Jahr 1867. Die Veröffentlichung dieses Buches war ein epochales Ereignis in der Geschichte des internationalen Sozialismus und im Leben von Marx selbst. Das komplette Werk war als eine umfassende Abhandlung zu den Gesetzmäßigkeiten und zur Morphologie der wirtschaftlichen Organisation moderner Gesellschaften angelegt. Es erhob den Anspruch, die Produktionsprozesse sowie die ökonomischen Austausch- und Verteilungsprozesse, wie sie tatsächlich stattfinden, zu beschreiben. Zugleich sollte ihr gegenwärtiger Stand als eine spezifische Entwicklungsstufe und eine Konsequenz des Klassenkampfes begreiflich werden. In Marx' eigenen Worten: Es ging darum, »das ökonomische Bewegungsgesetz der moder-

1 Engels an Wilhelm Liebknecht, 14. März 1883, MEW 35, S. 136.

I. Berlin, *Karl Marx: Sein Leben und sein Werk*, Edition Theorie und Kritik,
https://doi.org/10.1007/978-3-658-13586-7_10

nen Gesellschaft zu enthüllen«,[1] indem man die natürlichen Gesetze herausarbeitet, die die Geschicke der Klassen lenken. Das Ergebnis war ein einzigartiges Amalgam aus ökonomischer Theorie, geschichtswissenschaftlichen und soziologischen Betrachtungen sowie Propaganda; etwas, das in keine der gängigen Kategorien passt.[2]

Für Marx allerdings stellte das »Kapital« in erster Linie eine wirtschaftswissenschaftliche Studie dar. Denn die frühen Nationalökonomen hatten ihm zufolge das Wesen der ökonomischen Gesetzmäßigkeiten völlig missverstanden, indem sie diese mit physikalischen oder chemischen Formeln gleichsetzten und fälschlicherweise annahmen, die Gesetze, denen die sich ständig wandelnden gesellschaftlichen Verhältnisse unterliegen, würden immer dieselben sein. Deswegen ließen sich ihre Lehren nur auf Fantasie- oder untergegangene Welten anwenden: solche, die von Menschen bevölkert wurden, die dem von den Nationalökonomen idealisierten Typus des Homo Oeconomicus entsprachen und denen sie gewöhnlich Charaktereigenschaften zusprachen, die erst im 18. und 19. Jahrhundert in den Vordergrund gerückt waren. Oder sie betrafen Gesellschaften, die – falls sie überhaupt jemals in der vorgestellten Form existiert hatten – schon lange der Vergangenheit angehörten. Marx sah es daher als seine vordringlichste Aufgabe an, eine neue Theorie zu entwerfen. Mit deren Begrifflichkeiten und Definitionen sollten sich nicht nur die vergangenen und gegenwärtigen Wirtschaftsverhältnisse angemessen analysieren lassen, sondern auch die zukünftige Entwicklung ökonomischer Strukturen.

1 Marx, Karl: Das Kapital, Bd. 1, Einleitung zur ersten deutschen Ausgabe von 1867, MEW 23, S. 15–16.

2 Insbesondere dann, wenn man den ersten Band des »Kapital« zusammen mit den nach dem Tod von Marx herausgegebenen Bänden liest, die Engels und später Kautsky auf Grundlage von Marx' zum Teil nur in Form von Notizen vorliegenden ökonomischen Schriften für die Veröffentlichung überarbeitet haben.

Im ersten Band des »Kapitals« unternahm Marx den Versuch, systematisch zentrale Theoreme der Wirtschaftswissenschaft darzulegen und zugleich genauer den Siegeszug des neuen industriellen Systems zu beschreiben. Dieses System sei auf ein verändertes Verhältnis zwischen Arbeit und Kapital zurückzuführen, das sich durch den technischen Fortschritt in den Produktionsmethoden ergeben habe. Der erste Band befasst sich daher mit dem Produktionsprozess, das heißt zum einen mit der Beziehung zwischen Maschine und Arbeit und zum anderen mit dem Verhältnis zwischen den tatsächlichen Produzenten, den Arbeitern, und denjenigen, die sie beschäftigen und anleiten. Die übrigen Bände, die erst nach Marx' Tod erschienen und von seinen Nachlassverwaltern herausgegeben wurden, behandeln im Wesentlichen den Einfluss der Warenzirkulation auf die Werttheorie (da die Warenzirkulation Voraussetzung für die Realisierung des Werts ist). Unter »Zirkulation« versteht Marx das System des Warenaustausches, den Finanzapparat, auf den das System angewiesen ist, sowie die Beziehungen zwischen Produzenten und Konsumenten – alles Faktoren, die zusammen entscheidend sind für den Prozess der Festlegung von Preisen, Zinssätzen und Profitraten.

Die übergreifende These, die sich durch das gesamte Werk zieht, ist bereits im »Kommunistischen Manifest« und in Marx' früheren ökonomischen Schriften angedeutet.[1] Sie stützt sich auf drei zentrale Annahmen: erstens, dass mit dem Ansatz der politischen Ökonomie erklärt werden kann, wer Zugang zu bestimmten Waren, Dienstleistungen und gesellschaftlichen Positionen erhält und warum. Zweitens, dass es sich bei der politischen Ökonomie um eine Wissenschaft han-

1 [Vgl. zu Marx' ökonomischer Lehre die gut verständliche, jedoch ausführliche Darstellung von David Harvey: Marx' »Kapital« lesen. Ein Begleiter für Fortgeschrittene und Einsteiger, übers. Christian Frings, Hamburg 2011.]

delt, die sich nicht vornehmlich mit leblosen Dingen bzw. Waren befasst, sondern mit Personen und ihrem Handeln. Dieses Handeln ist auf die in der kapitalistischen Marktwirtschaft herrschenden Regeln zurückzuführen und nicht auf pseudoobjektive Gesetze jenseits menschlicher Kontrolle. Wie etwa das Gesetz von Angebot und Nachfrage, das angeblich die Welt natürlicher Objekte regiert; Objekte, deren Verhalten dem Leben der Menschen äußerlich seien und die deshalb diesen Prozess als Teil einer ewigen natürlichen Ordnung betrachten, der sie sich zu beugen haben, weil sie außerstande sind, sie zu verändern. Diese Illusion oder dieses »falsche Bewusstsein«[1] hat Marx als »Fetischcharakter der Ware« bezeichnet.[2] Die dritte Annahme lautet, der entscheidende Faktor für das Verhalten gesellschaftlicher Gruppen in modernen Zeiten sei die Industrialisierung der Wirtschaft. Wobei Marx hinzufügte, dass ihre früheste und vollständigste Form – die industrielle Revolution in England – das beste Anschauungsmaterial für das Studium eines Prozesses biete, der am Ende überall auf der Welt stattfinden werde.

Marx beschreibt die Entstehung des modernen Proletariats, indem er einen Zusammenhang zwischen dessen Aufstieg und der allgemeinen Entwicklung der technischen Produktionsmittel herstellte. Wenn im Laufe ihrer schrittweisen Herausbildung diese Produktionsmittel nicht länger von jedermann hergestellt und für sich selbst genutzt werden könnten, schlage die Stunde der Arbeitsteilung. Dann würden (wie Saint-Simon vorausgesagt hatte) diejenigen, die über bessere Fertigkeiten, mehr Macht und besonderen Unternehmergeist verfügen, die alleinige Kontrolle über diese Instrumente und Werkzeuge an sich reißen. Das versetzt sie in die Lage, die Arbeitskraft anderer zu kaufen. Diese Position der Macht gewinnen sie durch eine Kombination, mit der sie ihnen zum einen

1 Engels an Franz Mehring, 14. Juli 1893, MEW 39, S. 97.
2 Marx, Karl: Das Kapital, Bd. 1, MEW 23, S. 85.

mit dem Entzug des Lebensnotwendigen drohen und sie zum anderen mit einer regelmäßigen Vergütung locken können, die höher liegt als das, was sie als eigenständige Produzenten mit ihren veralteten Produktionsmitteln jemals erzielen würden. Mit dem Verkauf ihrer Arbeitskraft an andere würden diese Männer und Frauen selbst zu marktförmigen Waren, ihre Arbeitskraft würde mit einem bestimmten Preis versehen, der genauso wie der Preis von anderen Waren von den Schwankungen des Markts abhängig sei.

Als Ware bezeichnet Marx alle Gegenstände in einer Marktwirtschaft, in die menschliche Arbeitskraft eingeflossen ist und für die es eine gesellschaftliche Nachfrage gibt. Es handelt sich um ein Konzept, das – wie Marx hervorhebt – erst auf einer relativ späten Stufe der gesellschaftlichen Entwicklung angewendet werden könne und genauso wenig wie alle anderen ökonomischen Kategorien Anspruch auf ewige Gültigkeit habe. Der Tauschwert einer Ware gehe direkt – und das ist die Schlussfolgerung seiner Argumentation – auf den Umfang der Stunden gesellschaftlich notwendiger Arbeit zurück, die der Herstellung zugrunde liegen. Das heißt, der Preis hängt davon ab, wie lange ein durchschnittlicher Produzent braucht, um ein durchschnittliches Exemplar dieser Ware herzustellen (eine These, die vor Marx bereits in ähnlicher Weise David Ricardo und die klassischen Nationalökonomen aufgestellt hatten). Der Wert eines Gegenstands, der aus der Tagesleistung eines Arbeiters resultiert, kann durchaus höher sein als der Wert der Waren, die dieser benötigt, um damit seinen eigenen Lebensunterhalt zu bestreiten. Auf diese Weise erzeugt er etwas, das auf dem Markt mehr wert ist als das, was er verbraucht. Wäre dies nicht der Fall, so gäbe es für seine Gebieter keinen ökonomischen Anreiz, ihn einzustellen. Stellen wir uns vor: Auf dem Markt kann die Ware menschliche Arbeitskraft für X Pfund erworben werden. Dies ist der Minimalbetrag, der notwendig ist, um die Gesundheit und damit die Leistungsfähigkeit des Arbeiters sowie seine Reproduktion und die seiner Familie sicherzustellen. Die von ihm hergestellten Produkte verkaufen sich für einen Preis von Y Pfund. Y minus X Pfund drückt aus, wie stark er mit seiner Arbeitskraft das Gesamtvermögen der Gesellschaft vergrößert hat, was also der Überschuss ist, den sich sein Arbeitgeber in die eigene Tasche steckt. Selbst wenn man die Leistungen des Arbeitgebers als die des Organisators und Verwalters des ganzen Warenproduktions- und Verteilungsprozesses in einem vernünftigen Umfang in Rechnung stellt, verbleibt nach Marx ein bestimmter Rest des gesellschaftlichen Einkommens, der in Form von Renten, Zinsen auf Investitionen oder wirtschaftlichen Profiten nicht der ganzen Gesellschaft zugutekommt. Vielmehr wird er unter den Angehörigen derjenigen Klasse aufgeteilt, die Marx kapitalistisch oder bürgerlich nennt. Sie unterscheiden sich vom Rest der Bevölkerung dadurch, dass sie die alleinigen Besitzer der wichtigsten Produktionsmittel sind und sich daher unverdient diesen überschüssigen Wert aneignen und anhäufen können.

Die Theorie von der auf der Aneignung des Mehrwerts basierenden Ausbeutung bleibt relativ unberührt davon, wie Marx' Wertbegriff im Einzelnen gedeutet wird: als ein Durchschnittswert, um den herum die tatsächlichen Warenpreise oszillieren; als eine ideale Grenze, auf die sie zustreben; als Vorgabe dafür, wie hoch die Preise in einem nicht näher bezeichneten Sinne sein sollten; als Bestandteil soziologischer Erklärungen davon, was die materiellen Bedürfnisse der Menschen in einer Gesellschaft ausmachen und wie diese befriedigt werden können; als etwas eher Metaphysisches – eine nicht zu fassende Essenz, implantiert in die bloße Materie durch die Schaffenskraft der menschlichen Arbeit; oder – wie missgünstige Kritiker behauptet haben – als eine verwirrende Gemengelage aus alldem. Es ist in diesem Zusammenhang auch unwichtig, ob die Vorstellung, es gebe eine homogene Einheit, die undifferenziert als Arbeitskraft bezeichnet werden könne (und die nach der Marx'schen Theorie ökonomischen Wert schafft), und die Ansicht, deren verschiedene Manifestationen seien nur in quantitativer Hinsicht miteinander vergleichbar, zutrifft oder nicht. Gegen beide Behauptungen von Marx lassen sich zahlreiche Einwände erheben. Was die Arbeiter – die mit der Komplexität des Hauptarguments von Marx über das Verhältnis des Tauschwertes zu den tatsächlichen Preisen mehrheitlich eher wenig anfangen konnten – am stärksten ansprach und mitriss, war die These: Es gibt nur eine gesellschaftliche Klasse, und zwar die ihre, die mehr Reichtum produziert, als sie konsumiert. Und dass sich andere den von den Arbeitern erzeugten Überschuss allein aufgrund ihrer strategischen Position als die alleinigen Eigentümer der Produktionsmittel aneignen können. Während die Arbeiter ohne diese Mittel nichts herstellen können, verleiht die Kontrolle über natürliche Ressourcen, Maschinen, Transportmittel, Kapital zur Vergabe von Krediten usw. einigen wenigen die Macht, dem Rest der Menschheit mit dem Hungertod zu drohen und so unter die von ihnen gesetzten Konditionen zu zwingen.

Marx beschreibt die politischen, sozialen, religiösen und rechtlichen Institutionen der kapitalistischen Epoche in erster Linie als moralische und geistige Waffen, die sich die Arbeitgeber zugelegt hätten, um damit die Gesellschaft in ihrem eigenen Interesse zu steuern. Die Unternehmer beschäftigten zusätzlich zu den Warenproduzenten, das heißt zusätzlich zum Proletariat, noch eine ganze Armee von Ideologen: Propagandisten, Interpreten und Apologeten, die das kapitalistische System verteidigten, es schönredeten und ihm literarische und andere künstlerische Denkmäler setzten. Diese seien vor allem dazu da, das Selbstvertrauen und den Optimismus derjenigen zu steigern, die von diesem System profitieren, und es seinen Opfern schmackhafter zu machen. Oder um es in den Worten von Rousseau zu umschreiben, um »über die ihnen angelegten Ketten Blumenkränze auszubreiten«.[1] Aber da die Großgrundbesitzer, Industriellen und Bankiers diese einzigartige Macht von der technologischen Entwicklung nur für eine bestimmte Dauer verliehen bekommen hätten, wie bereits Saint-Simon richtig erkannt habe, würde der unaufhaltsame Fortschritt sie irgendwann einmal genauso unweigerlich hinwegfegen.

Bereits Fourier (und nach ihm Proudhon) hatte das Vorgehen der Banker und Fabrikanten scharf kritisiert, die ihre Überlegenheit an Ressourcen in der Regel dazu nutzten, die kleineren Händler und Handwerker aus dem Markt zu drängen. Damit schufen sie eine Masse an unzufriedenen und deklassierten Individuen, denen nichts anderes übrigblieb, als sich in das Proletariat einzureihen. Aber der Kapitalist, so Marx, war zu seiner Zeit eine historische Notwendigkeit. Dass er sich den Mehrwert der menschlichen Arbeit aneignet und damit zur Kapitalakkumulation beiträgt, war eine unabdingbare Voraussetzung für die Industrialisierung und entsprach dem Stand des historischen Fortschritts. »Als Fanatiker der Verwertung des Werts zwingt er [der Kapitalist] rücksichtslos die Menschheit zur Produktion um der Produktion willen.«[2] Selbst wenn er dabei brutal vorgehe und dies aus rein egoistischen Motiven tue, erzeuge er im Zuge dessen die »materiellen Produktionsbedingungen, welche allein die reale Basis einer höheren Gesellschaftsform bilden können, deren Grundprinzip die volle und freie Entwicklung jedes Individuums ist«.[3] Marx hatte bereits im »Kommunistischen Manifest« die fortschrittliche Rolle der Industrialisierung hervorgehoben.

1 Rousseau, Jean-Jacques: Abhandlung über die Wissenschaften und die Künste (1750), in: ders.: Schriften, Bd. 1, hrsg. von Henning Ritter, Berlin 1981, S. 34.
2 Marx, Karl: Das Kapital, Bd. 1, MEW 23, S. 618.
3 Ebd.

> Die Bourgeoisie kann nicht existieren, ohne die Produktionsinstrumente, also die Produktionsverhältnisse, also sämtliche gesellschaftlichen Verhältnisse fortwährend zu revolutionieren. […] Die Bourgeoisie hat in ihrer kaum hundertjährigen Klassenherrschaft massenhaftere und kolossalere Produktionskräfte geschaffen als alle vergangenen Generationen zusammen. Unterjochung der Naturkräfte, Maschinerie, Anwendung der Chemie auf Industrie und Ackerbau, Dampfschiffahrt, Eisenbahnen, elektrische Telegraphen, Urbarmachung ganzer Weltteile, Schiffbarmachung der Flüsse, ganze aus dem Boden hervorgestampfte Bevölkerungen – welches frühere Jahrhundert ahnte, daß solche Produktionskräfte im Schoß der gesellschaftlichen Arbeit schlummerten.[1]

Aber irgendwann, so Marx, wird der Kapitalist seine Aufgabe erfüllt haben und selbst von der Bühne verschwinden. Seine »Liquidation« gehe auf die ihm wesenseigenen Züge als Schatzbildner zurück.

Die rücksichtlose Konkurrenz zwischen den einzelnen Kapitalisten, die alle darauf aus seien, den Umfang des Mehrwerts zu erhöhen, sowie der damit verbundene Sachzwang, die Produktionskosten immer weiter zu senken und neue Absatzmärkte aufzutun, führten zwangsläufig dazu, dass immer mehr rivalisierende Unternehmen miteinander fusionierten. Dieser unermüdliche Verschmelzungsprozess werde solange anhalten, bis am Ende nur noch die größten und mächtigsten übrigblieben und alle anderen in eine Position der teilweisen oder völligen Abhängigkeit gedrängt seien. In der neuen zentralisierten industriellen Hierarchie herrschten die Mächtigsten über eine immer weiter und schneller wachsende Konzentration von produktiven und distributiven Maschinen. Zentralisierung sei die direkte Konsequenz von Rationalisierung, das Ergebnis eines leistungsfähigeren Transport- und

1 Marx, Karl/Engels, Friedrich: Manifest der Kommunistische Partei, MEW 4, S. 465 u. 467.

Produktionssystems, ermöglicht durch die Bündelung von Ressourcen sowie durch die Herausbildung von großen monopolistischen Trusts und Konzernen, die zu einer koordinierten Planung fähig seien.

Aus den Reihen der zuvor auf viele kleine Unternehmen verstreuten Arbeiter wächst – verstärkt noch durch den steten Zustrom der Söhne und Töchter der in den Ruin getriebenen kleinen Händler und Handwerker – im Zuge dieser Integrations- und Konzentrationsprozesse im kapitalistischen Lager eine vereinte und immer größer werdende Armee des Proletariats heran. Deren politische und ökonomische Schlagkraft nimmt aufgrund des wachsenden Bewusstseins der Arbeiter über ihre historische Aufgabe und ihre Ressourcen gleichfalls zu. Allein mit den Gewerkschaften, die sich im Schatten des Fabriksystems herausgebildet haben, verfügt das Proletariat über eine Waffe, die schärfer ist als alle ihre vorherigen Kampfmittel. Der Prozess der industriellen Ausdehnung tendiert dazu, die Gesellschaft immer mehr in Richtung einer ausgeprägten Pyramide zu entwickeln: Eine stets kleiner werdenden Gruppe von immer mächtigeren Kapitalisten steht an der Spitze und eine riesige Masse von unzufriedenen und ausgebeuteten Arbeitern und Kolonialsklaven bildet einen breiten unteren Sockel. Je mehr die menschliche Arbeitskraft durch Maschinen ersetzt wird, desto niedriger fällt die Profitrate aus, weil die Profitrate von menschlicher Arbeitskraft und nicht von Maschinen abhängt. Die Auseinandersetzung zwischen den Kapitalisten und den von ihnen letztendlich kontrollierten Ländern wird immer mörderischere Züge annehmen, begleitet von einem System ungezügelter Konkurrenz, in dem nur noch derjenige überleben kann, der seine Rivalen übervorteilt und auslöscht.[1]

1 Wenn dem wirklich so wäre: Warum sollte sich der Kapitalist überhaupt mit Maschinen abgeben und nicht lieber versuchen, den Mehrwert mit der Rückkehr zur Sklavenarbeit zu erhöhen? In den nach dem Tod von Marx veröffentlichen Bänden des »Kapitals«, die

Im Rahmen des kapitalistischen Systems und des ungehinderten privaten Unternehmertums können all diese Prozesse nicht rational gestaltet werden. Denn die maßgeblichen Interessen und Akteure der kapitalistischen Gesellschaft sind auf Wettbewerbsfreiheit angewiesen, wenn sie überleben wollen, wobei diese nicht unbedingt zwischen einzelnen Produzenten bestehen muss, sehr wohl aber zwischen Kartellen und Monopolen. Die unaufhaltsame Tendenz des technischen Fortschritts hin zu zunehmend kollektiven Formen der Produktion wird immer öfter und immer stärker mit individuellen Formen der Distribution in Konflikt geraten, das heißt mit privater Verfügungsgewalt und privatem Eigentum. Marx war einer der wenigen, die vorausgesehen haben, dass das Großkapital zusammen mit seinen Verbündeten aufseiten des Militärs *Laissez-faire* und Individualismus bekämpfen würde. Was er indes nicht gesehen hat, waren die widersprüchlichen Auswirkungen wachsender Staatskontrolle, demokratischen Widerstand und die Heraufkunft des Nationalismus auf die Entwicklung des Kapitalismus. Diese Kräfte fungierten zum Teil als Hindernis für unkontrollierte Ausbeutung, zum Teil als Bollwerk für die schrittweise verarmten Segmente der Bourgeoisie, die, wie von Marx und seinen Anhängern prophezeit, vor lauter Angst ins Proletariat abzugleiten eine Allianz mit den Mächten der Reaktion schließen sollten. Mit

von Engels editierte Manuskripte von Marx enthalten, wird die These aufrechterhalten, dass der Einsatz von Maschinen weder die relative noch die absolute Profitrate wirklich erhöht. Aber kurzfristig betrachtet, ist das für den einzelnen Kapitalisten durchaus der Fall, weswegen er aus Konkurrenzgründen auch dazu tendiert, diese einzuführen. Darüber hinaus hilft diese Vorgehensweise dabei, leistungsschwächere Konkurrenten vom Markt zu verdrängen. Zwar sinkt damit langfristig weiterhin die Profitrate, aber die Profite teilen sich nun eine immer kleiner werdende Zahl von Kapitalisten – die »fittesten« in diesem Dschungelkrieg. Die Leser mögen selbst einschätzen, ob und inwieweit diese Einschätzung zutrifft.

anderen Worten: Marx hat weder den Faschismus noch den später entstandenen Wohlfahrtsstaat vorausgesehen.

Seine Aufteilung der Gesellschaft in Klassen – der überflüssig gewordene Feudal- und Militäradel, das Industriebürgertum, das Kleinbürgertum, das Proletariat und das Gesindel am Rand der Gesellschaft, das Marx als das »Lumpenproletariat« bezeichnete – mag für seine Zeit eine nützliche und originelle Klassifizierung gewesen sein. Wenn sie jedoch zu mechanistisch auf die Verhältnisse im 20. Jahrhundert übertragen wird, führt dies ganz offensichtlich zu unzulässigen Vereinfachungen. Es bedarf eines ausgefeilteren Instrumentariums, um das unabhängige Verhalten bestimmter Klassensegmente zu erfassen, man denke nur an das deklassierte Kleinbürgertum, die wachsende Gruppe von Angestellten in der unteren Mittelschicht und vor allem an die riesige Landbevölkerung. Das alles waren Klassen, die Marx von ihrem Wesen her als reaktionär einschätzte. Ihm zufolge waren sie aufgrund der wachsenden Pauperisierung dazu verurteilt, entweder auf die Stufe des Proletariats abzusinken oder sich als Söldner ihrem Gegner, dem Industriebürgertum, anzudienen. Die Nachkriegsgeschichte in Europa, zumindest in seinem westlichen Teil, muss dann schon arg verzerrt werden, um diesem Entwicklungsmodell und Marx' Hypothese zu entsprechen.

Nach Marx war es auch ausgemacht, dass sich die periodisch auftretenden Krisen aufgrund fehlender Planwirtschaft und unkontrollierbarer Konflikte im industriellen Kapitalismus häufen und immer schlimmer werden würden. Kriege von einem bis dahin unbekannten Ausmaß würden die zivilisierte Welt zu verwüsten drohen, bis schließlich die Hegel'schen Widersprüche eines Systems, dessen Fortbestand von immer destruktiveren Konflikten zwischen seinen Bestandteilen abhängig sei, eine gewaltsame Lösung erzwingen würden. Die unaufhörlich wachsende Gruppe von Kapitalisten an der Macht wird von den Arbeitern hinweggefegt, also von den Kräften, die die Kapitalisten selbst zuvor so wirkungsvoll zu einer kompakten und disziplinierten Einheit zusammengeschweißt hatten. Mit dem Verschwinden der letzten Besitzklasse wird der Klassenkampf zu seinem endgültigen Abschluss kommen. Damit kann auch das letzte Hindernis, das der Überwindung des ökonomischen Mangels entgegengestanden hat, aus dem Weg geräumt werden. Soziale Unruhen, menschliches Elend und Erniedrigung finden ein Ende.

In einer berühmten und viel zitierten Passage im 24. Kapitel des ersten Bandes des »Kapitals« heißt es hierzu:

> Mit der beständig abnehmenden Zahl der Kapitalmagnaten, welche alle Vorteile dieses Umwandlungsprozesses usurpieren und monopolisieren, wächst die Masse des Elends, des Drucks, der Knechtschaft, der Entartung, der Ausbeutung, aber auch die Empörung der stets anschwellenden und durch den Mechanismus des kapitalistischen Produktionsprozesses selbst geschulten, vereinten und organisierten Arbeiterklasse. Das Kapitalmonopol wird zur Fessel der Produktionsweise, die mit und unter ihm aufgeblüht ist. Die Zentralisation der Produktionsmittel und die Vergesellschaftung der Arbeit erreichen einen Punkt, wo sie unverträglich werden mit ihrer kapitalistischen Hülle. Sie wird gesprengt. Die Stunde des kapitalistischen Privateigentums schlägt. Die Enteigner werden enteignet.[1]

Der Staat, das Instrument zur künstlichen Aufrechterhaltung der Macht der herrschenden Klasse, wird seine Funktion verlieren und verschwinden. Im 1847/48 entstandenen »Kommunistischen Manifest« und noch einmal später in den Jahren 1850 und 1852 wies er allerdings darauf hin, dies werde nicht auf einen Schlag geschehen. Zwischen dem Kapitalismus und dem Kommunismus werde es eine Phase des revolutionären Übergangs geben. In dieser Phase muss die Autorität des Staates nicht nur erhalten bleiben, sondern vielmehr sogar bewusst erzwungen werden. Aber dieses Mal sollte der

1 Marx, Karl: Das Kapital, Bd. 1, MEW 23, S. 790–791.

Staat ganz unter der Kontrolle der Arbeiter stehen, sobald diese zur dominanten Klasse geworden seien. In der ersten Phase der Revolution kommt es zur »revolutionären Diktatur des Proletariats« (um eine Formulierung aus einer seiner späteren Schriften zu benutzen).[1] In dieser Phase, in der der ökonomische Mangel noch nicht überwunden ist, muss sich die Vergütung der Menschen nach der von ihnen geleisteten Arbeit richten. Aber sobald »die allseitige Entwicklung der Individuen« eine Gesellschaft geschaffen habe, in der »die Springquellen des genossenschaftlichen Reichtums voller fließen«,[2] sei das kommunistische Ziel erreicht.

Erst dann wird man die angestrebte Form von Gemeinschaft verwirklichen, die von den Utopisten in der Vergangenheit in viel zu bunten Farben gemalt und von den Anforderungen her unterschätzt worden sei. Dabei wird es sich um eine Gemeinschaft handeln, in der es weder Herren noch Sklaven gibt, weder Reiche noch Arme; eine Gemeinschaft, in der die Güter – hergestellt entsprechend den sozialen Bedürfnissen und unabhängig von individuellen Launen – nicht einfach gleichmäßig verteilt werden. Denn dies wäre eine liberale Kategorie, die sich die Arbeiter von den bürgerlichen Ideologen mit ihrer utilitaristischen Vorstellung von Gerechtigkeit als arithmetische Gleichheit aus Verlegenheit nur geborgt hätten. Vielmehr solle es vernünftig zugehen und das heißt durchaus ungleich. Da die Fähigkeiten und Bedürfnisse der Menschen variieren, muss sich die Entlohnung, soll sie gerecht sein, nach dem Prinzip »Jeder nach seinen Fähigkeiten, jedem nach seinen Bedürfnissen!« richten, um eine spätere Formulierung aus Marx' »Kritik am Gothaer Programm« von 1875 zu verwenden.[3] Erst wenn sich die Menschen von der Tyrannei der Natur und der Tyrannei ihrer selbst ge-

1 Marx, Karl: Kritik am Gothaer Programm (1875; veröffentlicht 1891), MEW 19, S. 28.
2 Ebd., S. 21.
3 Ebd.

schaffenen, aber schlecht angepassten wie schlecht zu kontrollierenden und deshalb unterdrückerischen Institutionen befreit haben, werden sie dazu in der Lage sein, ihre Potenziale in vollem Umfang zu nutzen. Die Geschichte wird nicht länger eine Abfolge der Herrschaft von Klassen sein, die andere ausbeuten. Die Menschen müssen sich auch nicht länger dem System der Arbeitsteilung unterordnen. Die von Hegel so vage umrissene wahre Freiheit wird endlich verwirklicht sein. Erst dann wird die Geschichte der Menschheit in ihrem eigentlichen Sinne beginnen.

Die Veröffentlichung von »Das Kapital« verschaffte dem internationalen Sozialismus endlich eine klare intellektuelle Grundlage, wo zuvor nur eine Vielfalt unverbundener, undeutlich formulierter und manchmal gar sich widersprechender Ideen existiert hatte. In diesem monumentalen Konvolut offenbarte sich die wechselseitige Abhängigkeit der von Marx und Engels vertretenen historischen, wirtschaftlichen und politischen Thesen und Überzeugungen. Es wurde von allen möglichen Seiten aufs Heftigste attackiert und genauso leidenschaftlich verteidigt. Alle folgenden sozialistischen Strömungen definierten sich danach, welche Haltung sie zu der im »Kapital« vorgelegten Analyse einnahmen, und wurden danach beurteilt und eingeordnet, inwieweit sie diese teilten oder von ihr abwichen. Nach einer kurzen Phase der Ungewissheit nahm sein Ruhm außergewöhnliche Ausmaße an. Es erhielt eine symbolische Bedeutung, die weit über das hinausging, was jemals seit dem Zeitalter des Glaubens geschrieben worden war. »Das Kapital« war Gegenstand blinder Verehrung und blinden Hasses, wobei sich Millionen Menschen ereiferten, von denen viele nicht eine einzige Zeile davon gelesen hatten oder es zwar gelesen, aber aufgrund der streckenweise verwirrenden und gewundenen Sprache so gut wie gar nichts verstanden hatten. In seinem Namen wurden und werden weiterhin Revolutionen angezettelt; vielerorts konzentrierten (und konzentrieren) sich Konterrevolutionen auf seine Unterdrückung, weil sie in ihm eine der wirkungsvollsten und heimtückischsten Waffen ihrer Feinde erkannten. Eine neue Gesellschaftsordnung wurde errichtet, die sich zu den Grundsätzen des »Kapitals« bekennt und darin den endgültigen und unumstößlichen Ausdruck ihrer Überzeugungen sieht. Das »Kapital« hat zudem eine Armee aus Interpreten und Wortklaubern auf den Plan gerufen, deren unermüdliche Anstrengungen seit mehr als einem Jahrhundert das Werk unter einem gewaltigen Berg von Kommentaren fast haben verschwinden lassen und deren Einfluss inzwischen vermutlich größer ist als der des heiligen Texts.

Auch für Marx selbst war die Publikation ein entscheidender Moment in seinem Leben. Für ihn war »Das Kapital« sein größter Beitrag zur Emanzipation der Menschheit, er hatte ihm fünfzehn Jahre seines Lebens und einen Großteil seines öffentlichen Strebens geopfert. Eine unglaubliche Menge an Arbeit war darin eingeflossen. Dem Buch zuliebe hatte er Armut, Krankheiten und Schikanen sowohl im öffentlichen als auch im privaten Leben in Kauf genommen. Und obwohl Marx sicherlich keinen großen Gefallen an all diesen Prüfungen gefunden hat, legte er bei der Niederschrift einen unbeirrbaren Stoizismus an den Tag. Dessen Strenge und Härte beeindruckte alle, vermochte aber auch denen gehörige Angst einzujagen, die damals mit dem Buch Bekanntschaft machten.

Marx widmete sein Buch Wilhelm Wolff, einem Kommunisten aus Schlesien, der seit 1848 ein treuer Anhänger von ihm gewesen und kurz vor der Veröffentlichung des »Kapitals« in Manchester gestorben war. Der 1867 erschienene Band war nur der erste von einer ganzen Reihe, die Marx zu veröffentlichen beabsichtigte, für die aber nur eine Unmenge an ungeordneten Notizen, Verweisen und Skizzen vorlag. Er schickte Exemplare des ersten Bandes an einige seiner alten Gefährten, unter anderem an Freiligrath, der ihm dazu gratulierte, ein nützliches Nachschlagewerk verfasst zu haben, und an Feuerbach, der erklärte, es handele sich um eine »an unbestreitbaren Thatsachen interessantester, aber auch schauerlichster Art reiche Schrift«.[1] Ruges Lob geriet etwas distanzierter. In England erschien mindestens eine kritische Besprechung in der *Saturday Review,* in der kurioserweise der »Charme« von Marx hervorgehoben wird, »mit dem er die trockensten Probleme der politischen Ökonomie« behandeln würde.[2] In Deutschland, wo Marx' Freunde Liebknecht und Kugelmann, ein Arzt aus Hannover und großer Bewunderer von Marx, eifrig die Werbetrommel rührten, erhielt das Werk mehr öffentliche Aufmerksamkeit. Insbesondere Joseph Dietzgen, ein in St. Petersburg lebender Schuster, der sich das Handwerk selbst beigebracht hatte und einer der glühendsten Anhänger von Marx war, trug viel dazu bei, um es unter den Massen in Deutschland bekannt zu machen.

Marx' Forschungsdrang war seit seinen Pariser Tagen nicht kleiner geworden.[3] Er besuchte populärwissenschaftliche Vor-

1 Zur Moralphilosophie (1968), in: Grün, Karl (Hg.): Ludwig Feuerbach in seinem Briefwechsel und Nachlass sowie in seiner Philosophischen Charakterentwicklung, Leipzig/Heidelberg 1874, Bd. 2, S. 285.

2 [Ohne Autor: German Literature, in: Saturday Review of Politics, Literature, Science and Art, 18. Januar 1868, S. 97. Zitiert von Marx in seinem Nachwort zur zweiten deutschen Auflage des ersten Bandes des »Kapitals«, Berlin 1873, MEW 23, S. 22, Anm. 1. Was Marx nicht erwähnte, ist, dass diese Äußerung Teil des folgenden Satzes ist: »Die Ansichten des Autors mögen so perniziös sein, wie wir diese wahrgenommen haben, aber es steht außer Frage, dass seine Logik über eine gewisse Plausibilität verfügt, seine Rhetorik voller Elan ist und er viel Charme in die trockensten Probleme der politischen Ökonomie investiert hat.«]

3 Er war sehr beeindruckt von Darwins Forschungsergebnissen und schickte diesem ein Exemplar vom ersten Band des »Kapitals«. Aber die Geschichte (die buchstäblich jeder Marx-Biograph im 20. Jahrhundert, einschließlich des Verfassers der vorliegenden, aufgegriffen und wiedergegeben hat), wonach Marx Darwin anbot, ihm den zweiten Band zu widmen, scheint fragwürdig und auf einen Fehler bei der lange Zeit nicht erfolgten Identifikation eines Briefes zurückzugehen, den Darwin vermutlich an Marx' Schwiegersohn

lesungen, insbesondere die seines Freundes Ray Lankester. Er hielt viel auf wissenschaftliche Genauigkeit und Objektivität und war bekannt dafür, seine widerspenstigen Jünger mit der ihm eigenen Strenge in den Lesesaal des British Museum zu zitieren. In seinem Buch über Marx erinnert sich Liebknecht daran, wie man Tag für Tag den »Abschaum der Welt«[1] unter der Aufsicht ihres Meisters an den Schreibtischen des Lesesaals voller Demut studieren sehen konnte. Es gibt tatsächlich keine andere soziale oder politische Bewegung, die derart großen Wert auf Forschung und Bildung gelegt hat. Die Quellenangaben in Marx' Veröffentlichungen, insbesondere die vielen ungewöhnlichen Exkurse in die antike, mittelalterliche und moderne Literatur, vermitteln einen ungefähren Eindruck davon, wie viel Marx selbst gelesen hat. Seine Texte sind buchstäblich gespickt mit ellenlangen und bissigen Fußnoten, in denen er vernichtende Urteile über andere fällte, was an Gibbons klassischen Gebrauch dieser Waffe erinnert. Die Namen derjenigen, gegen die sich diese Fußnoten richteten, sind heute mehrheitlich vergessen, aber gelegentlich nahm Marx auch recht populäre Persönlichkeiten ins Visier. So waren seine boshaften Angriffe auf Macaulay, Gladstone und ein, zwei bekannte Wirtschaftswissenschaftler der damaligen Zeit derart massiv, dass er damit eine neue Epoche der öffentlichen Schmähkritik einleitete und einen polemischen Schreibstil unter Sozialisten begründete, der den allgemeinen Charakter politischer Kontroversen verändern sollte. Es gibt auffällig wenig Lob im »Kapital«. Die Gruppe, die dort die größte Anerkennung erhält, sind die britischen Fabrikinspektoren, deren unerschrockenen und unvoreingenommenen Berichte über die von ihnen vorgefundenen schrecklichen Ar-

Edward Aveling geschrieben hat. [Vgl. dazu auch Berlin, Isaiah: Marx' Kapital and Darwin, in: Journal of the History of Ideas 39, 1978, S. 519.]

1 Liebknecht, Wilhelm: Karl Marx zum Gedächtniß: Ein Lebensabriß und Erinnerungen, Nürnberg 1896, S. 47.

beitsbedingungen und die von den Fabrikanten angewandten Methoden, um die Gesetze zu umgehen, Marx als besonders ehrenwert und einmalig in der Geschichte der bürgerlichen Gesellschaft hervorhob. Mit seiner beispielhaften Nutzung und Auswertung der »Blauen Bücher« und offizieller Berichte revolutionierte er die Technik der Sozialforschung. Marx behauptete, ein Großteil seiner faktenreichen Anklage des modernen Industrialismus basiere darauf.

Nach Marx' Tod fand Engels, der den zweiten und dritten Band des »Kapitals« bearbeitet und herausgegeben hat, Marx' Aufzeichnungen in einem viel chaotischeren Zustand vor, als er vermutet hatte. Das Jahr, in dem der erste Band erschien, markierte keinen Wende-, sondern einen Bruchpunkt im Leben von Marx. In den ihm noch verbleibenden 16 Jahren sollten sich seine Ansichten kaum noch verändern. Er ergänzte, überabeitete und korrigierte einige seiner Streitschriften, schrieb ein paar neue, verfasste weiterhin etliche Briefe, veröffentlichte aber im Grunde nichts mehr Neues. Unermüdlich wiederholte er seine bereits bekannten Positionen, wobei sein Ton mit der Zeit etwas milder wurde. Zu diesem Zeitpunkt lassen sich bei Marx erste vage Anzeichen einer gewissen Verdrossenheit und des Selbstmitleids ausmachen, was zuvor undenkbar gewesen wäre. Sein Glaube schwand, dass die Revolution bald bevorstehe, gar dass sie letztendlich unvermeidlich sei. Seine Vorhersagen waren zu oft enttäuscht worden. So hatte Marx 1842 mit großer Zuversicht darauf gesetzt, dass ein Weberaufstand in Schlesien zu einer größeren Erhebung führen würde, was sogar Heine zu seinem berühmten Gedicht inspirierte, das dann in seiner Pariser Zeitschrift erschien. Auch für die Jahre 1851, 1857 und 1872 hatte Marx revolutionäre Umsturzversuche prophezeit, zu denen es dann bekanntlich aber nicht kam. Auch seine Ausführungen und Vorhersagen zum Fall der Profitrate, zu Konzentrationsprozessen in der Industrie und im Grundbesitz, zur Verelendung des Proletariats oder zur engen Verbindung zwischen Kapitalismus und Nationalismus haben sich im Laufe des 20. Jahrhunderts mehrheitlich nicht bewahrheitet, zumindest nicht in der Form, in der Marx diese Entwicklungen antizipierte.[1]

Andererseits hat Marx viele Dinge erkannt, die andere nicht bemerkten: die Konzentration und Zentralisierung der Verfügungsgewalt über ökonomische Ressourcen, die wachsende Inkompatibilität zwischen den Produktionsmethoden in der Großindustrie und älteren Verteilungsmethoden sowie die damit verbundenen sozialen und politischen Folgen, die Auswirkungen der Industrialisierung – und der Naturwissenschaften – auf die Kriegsführung sowie die rasche und radikale Veränderung von Lebensweisen, die mit all dem einhergeht. Marx war darüber hinaus einer der scharfsinnigsten politischen Beobachter seiner Zeit. Nach der Annektierung von Elsass-Lothringen durch Preußen im Jahr 1871 sagte er voraus, dass dies Frankreich in die Arme von Russland treiben und darüber der erste große Weltkrieg ausbrechen würde. Zum Ende seines Lebens hin war er bereit zuzugeben, dass die Revolution wahrscheinlich doch noch länger auf sich warten lassen würde, als Engels und er das früher einmal angenommen hatten. Er räumte ferner ein, dass in einigen Ländern, namentlich England, wo es zu seiner Zeit keine große stehende Armee und kein ausgeprägtes Beamtentum gab, die Revolution nicht unvermeidlich, sondern nur »möglich« sei. Eventuell würde sie dort überhaupt nicht ausbrechen (und der Kommunismus könne sich dort vielleicht mit evolutionären Mitteln durchsetzen lassen). Allerdings verweise die Geschichte auf einen anderen Verlauf, fügte er rätselhaft hinzu.[2]

1 [1938 geschrieben und danach möglicherweise nicht mehr auf Richtigkeit hin überprüft. Die Leser mögen daher ihr eigenes Urteil darüber fällen, ob diese Aussage (1938, 1948, 1963, 1978, 2013 usw.) zutrifft.]

2 »Wenn Sie sagen, daß Sie die Ansichten meiner Partei betreffs England nicht teilen, so kann ich nur erwidern, daß diese Partei eine englische Revolution nicht für *notwendig* hält, aber – nach den his-

Marx war noch keine fünfzig Jahre alt, als er sich bewusst auf seinen Lebensabend vorzubereiten begann. Seine heroische Phase war damit endgültig vorbei.

Die Veröffentlichung des »Kapitals« bedeutete für seinen Autor ein ganz neues Ansehen. Selbst in den deutschsprachigen Ländern hatte man das Erscheinen seiner vorherigen Schriften kaum zur Kenntnis genommen. »Das Kapital« jedoch wurde sogar in weit entfernten Ländern wie Russland oder in Spanien massenhaft gelesen und diskutiert. In den folgenden zehn Jahren sollte es in verschiedene Sprachen übersetzt werden, darunter ins Französische, Englische, Russische und Italienische. Selbst Bakunin hatte Marx angeboten, dessen Buch persönlich ins Russische zu übertragen, aber dieses Vorhaben, wenn es denn überhaupt jemals ernsthaft in Angriff genommen wurde, scheiterte an einem jämmerlichen persönlichen Streit zwischen beiden sowie an einem finanziellen Skandal. Beides war teilweise für den Niedergang der Ersten Internationale fünf Jahre später verantwortlich. Der kurzfristige Ruhm dieser Organisation ging auf ein wichtiges Ereignis zurück, das sich zwei Jahre zuvor zugetragen hatte. Es sollte den Lauf der Geschichte in Europa sowie die Richtung der damaligen Arbeiterbewegung grundlegend verändern.

Marx und Engels sagten nicht nur hin und wieder Ereignisse voraus, die niemals eintraten, es passierte ihnen auch mehr als einmal, dass sie eindeutige Hinweise auf Entwicklungen übersahen, die dann ihren Lauf nahmen. So war sich Marx zum Beispiel sicher gewesen, dass es niemals zum Krimkrieg kommen würde, und er hatte sich im Krieg zwischen Österreich und Preußen auf die falsche Seite geschlagen. Auch der französisch-deutsche Krieg war für Marx und Engels völlig unerwartet ausgebrochen, über Jahre hatten sie die Stärke Preußens unterschätzt. Für sie repräsentierte der französi-

torischen Präzedenzfällen – für *möglich.*« Marx an Hyndman, 8. Dezember 1880, MEW 34, S. 482.

sche Kaiser die Verbindung von Zynismus und brutaler Gewalt. In ihren Augen war Bismarck ein überaus kompetenter Junker, der nur seinem König und seiner Klasse diente. Selbst nach dem Sieg über Österreich hielten sie an ihrer Position fest und ignorierten dessen wahre Eigenschaften und Absichten. Marx war wohl zumindest teilweise auf die Täuschungsversuche Bismarcks hereingefallen, der versucht hatte, den Krieg als eine reine Verteidigungsmaßnahme der preußischen Seite darzustellen. Marx setzte seinen Namen erst dann unter das Protestschreiben, das der Generalrat der Internationalen sofort nach Kriegsbeginn aufgesetzt hatte, nachdem eine Änderung vorgenommen worden war, die diese defensive Ausrichtung klarstellte. Viele Sozialisten in den romanischen Ländern haben ihm das niemals verziehen. Später äußerten sie den Vorwurf, hinter diesem Schritt habe deutscher Patriotismus gestanden, dem beide – Marx und Engels – ihr Leben lang offen zugeneigt hätten.

Während der kurzen Anti-Kriegs-Kampagne verhielten sich die Internationale und insbesondere ihre deutschen Mitglieder allerdings untadelig. In einer vom Generalrat mitten im Krieg herausgegebenen Proklamation warnte man die deutschen Arbeiter davor, die von Bismarck verfolgte Annexionspolitik zu unterstützen. In deutlichen Worten erklärte man, dass die Interessen des französischen und deutschen Proletariats identisch seien, dass die Bedrohung für beide von einem gemeinsamen Feind ausgehe – und zwar von der kapitalistischen Bourgeoisie in beiden Ländern, die den Krieg um ihrer eigenen Ziele willen begonnen hatten und entschlossen waren, dafür in Deutschland und Frankreich gleichermaßen das Leben und die Kräfte der Arbeiter aufs Spiel zu setzen. Die Internationale rief die französischen Arbeiter dazu auf, zu gegebener Zeit eine Republik auf breiter demokratischer Basis zu errichten. Während der chauvinistischen Welle, die zu diesem Zeitpunkt ganz Deutschland überrollte und mit seiner Kriegsbegeisterung selbst den linken Flügel der Lassalle-Anhänger mit sich riss, bewahrten lediglich die Marxisten Liebknecht und Bebel ihren klaren Verstand. Sie weigerten sich, für die Kriegskredite zu stimmen, und sprachen sich im Reichstag mit Nachdruck gegen den Krieg und insbesondere gegen die Annektierung von Elsass-Lothringen aus, womit sie im ganzen Land für massive Empörung sorgten. Man beschuldigte sie daraufhin des Hochverrats und sperrte sie ins Gefängnis.

In einem berühmt gewordenen Brief an Engels gab Marx zu bedenken, dass eine Niederlage Deutschlands in diesem Krieg nur den Bonapartismus stärken und die deutsche Arbeiterklasse auf Jahre hin schwächen würde. Das wäre vielleicht noch verheerender als ein deutscher Sieg.[1] Mit der Verlegung des Gravitationszentrums von Paris nach Berlin habe Bismarck der Sache der Arbeiter wie unbewusst auch immer in die Hände gespielt. Die deutschen Arbeiter seien nämlich besser organisiert und disziplinierter als die französischen und deswegen ein mächtigeres Bollwerk der Sozialdemokratie, als es die Franzosen hätten jemals sein können. Außerdem sei Europa mit der Niederlage des Bonapartismus von einem Albdruck befreit worden.

Im Herbst 1870 wurde die französische Armee in Sedan vernichtend geschlagen, der Kaiser gefangen genommen und Paris belagert. Der preußische König, der zuvor feierlich geschworen hatte, der Krieg sei lediglich ein Verteidigungskrieg und richte sich nicht gegen Frankreich, sondern nur gegen Napoleon III., änderte daraufhin seine Taktik und forderte unter enthusiastischer Zustimmung seines Volkes die Abtretung von Elsass-Lothringen an Preußen und die Zahlung einer Entschädigungssumme von fünf Milliarden Francs. Die bis dahin mehrheitlich gegen den Bonapartismus gerichtete prodeutsche Stimmung in England schlug kurz darauf auch unter dem Einfluss anhaltender Berichte über Greueltaten

1 Marx an Engels, 20. Juli 1870, MEW 33, S. 5.

preußischer Soldaten in Frankreich um. Die Internationale brachte ein zweites Manifest heraus, in dem sie ihrer Empörung über die Annexion Ausdruck verlieh, die dynastischen Ambitionen des preußischen Königs geißelte und die französischen Arbeiter beschwor, sich mit allen, die bereit waren, die Demokratie zu verteidigen, gegen den gemeinsamen preußischen Feind zu verbünden.

Wenn die Grenzen durch militärische Interessen bestimmt werden sollen, werden die Ansprüche nie ein Ende nehmen, weil jede militärische Linie notwendig fehlerhaft ist und durch Annexion von weiterm Gebiet verbessert werden kann; und überdies kann sie nie endgültig und gerecht bestimmt werden, weil sie immer dem Besiegten vom Sieger aufgezwungen wird und folglich schon den Keim eines neuen Kriegs in sich führt. […] Die Geschichte wird ihre Vergeltung bemessen nicht nach der Ausdehnung der von Frankreich abgerissenen Quadratmeilen, sondern nach der Größe des Verbrechens, daß man in der zweiten Hälfte des 19. Jahrhunderts die *Politik der Eroberungen* aufs neue ins Leben gerufen hat.[1]

Diesmal stimmten nicht nur Liebknecht und Bebel gegen die Kriegsanleihen, sondern auch Lassalles Anhänger, die sich angesichts ihres zwischenzeitlichen Anflugs von Patriotismus beschämt zeigten. Marx schrieb triumphierend an Engels, dass zum ersten Mal die Grundsätze und politischen Forderungen der Internationalen in einer gesetzgebenden Versammlung in Europa öffentlichen Ausdruck gefunden hätten.[2] Die Internationale habe sich zu einer Kraft entwickelt,

1 Marx, Karl: Zweite Adresse des Generalrats über den Deutsch-Französischen Krieg (1870), MEW 17, S. 274.

2 [Vermutlich bezieht sich Berlin hier auf Engels' Erklärung »Das Auftreten Mazzinis gegen die Internationale«, 28. Juli 1871, MEW 17, S. 390–392: »Anstatt in einem Zustand der Auflösung zu sein, wird die Internationale gegenwärtig zum ersten Mal öffentlich von der gesamten englischen Presse als eine große europäische Kraft an-

mit der man europaweit rechnen müsse. Der Traum von einer vereinten proletarischen Partei mit identischen Zielsetzungen in allen Ländern begann Gestalt anzunehmen. Derweil wurde Paris ausgehungert und zur Unterwerfung und Kapitulation gezwungen. Eine Nationalversammlung wurde gewählt, man ernannte Thiers zum Präsident der neuen Republik und setzte eine provisorische Regierung mit deutlich konservativer Ausrichtung ein. Im März wollte die Regierung die Pariser Nationalgarde entwaffnen, eine Bürgerarmee aus Freiwilligen, die Sympathie für die Radikalen zeigte. Diese weigerte sich jedoch, ihre Waffen abzugeben, erklärte ihre Unabhängigkeit, setzte die Vertreter der provisorischen Regierung ab, ließ ein revolutionäres Volkskomitee wählen und erklärte dies zur wahren Regierung Frankreichs. Die regulären Truppen wurden daraufhin nach Versailles verlegt, von wo aus sie das aufständische Paris belagerten. Dies war die erste Kampagne, die beide Seiten sofort als einen offenen Klassenkampf begriffen.

Die Pariser Kommune, wie sich die neue Regierung selbst nannte, war weder von der Internationalen geschaffen noch inspiriert worden. Sie war im strengen Sinne noch nicht einmal sozialistisch in ihrer Ausrichtung, es sei denn, man würde die Diktatur eines jeden vom Volk gewählten Organs an sich schon als sozialistisch bezeichnen. Die Kommune bestand aus einer Reihe von sehr unterschiedlichen Individuen, die meisten davon waren Anhänger von Blanqui, Proudhon und Bakunin, hinzu kamen neojakobinische Rhetoriker wie Félix Pyat, für den allein entscheidend war, dass man für Frankreich, für das Volk und die Revolution kämpfte, und der allen Tyrannen und Priestern sowie Preußen mit dem Tod drohte. Neben Arbeitern und Soldaten riss diese revolutionäre Welle

erkannt.« Wenn dem so ist, so wurden hier Marx und Engels verwechselt, die Presse und eine gesetzgebende Versammlung sowie die Jahreszahlen (1870 statt 1871).]

auch Schriftsteller und Maler wie Courbet, Wissenschaftler wie den Geographen Élisée Réclus, Kritiker wie Vallès, zwiespältige Politiker wie Rochefort, ausländische Exilanten mit eher liberalen Ansichten sowie Bohemiens und Abenteurer jeglicher Art mit.

Sie gewann an Wucht in einem Augenblick von nationaler Hysterie und Verzweiflung. Belagerung und Kapitulation hatten moralische Schmach und materielle Not über das Land gebracht. Da die nationale Revolution, die versprochen hatte, mit den letzten Relikten der bonapartistischen und orleanistischen Reaktion aufzuräumen, ihren Rückhalt in den Mittelschichten verloren hatte, sich auch Thiers und seine Minister von ihr distanziert hatten und sie sich selbst der Unterstützung der Landbevölkerung nicht mehr sicher sein konnte, kam es zu einer Situation, in der plötzlich die Rückkehr all derer drohte, die die Menschen am meisten verachteten und fürchteten: die Generäle, die Bankiers und die Priester. Es hatte das Volk große Anstrengungen gekostet, erst den Albtraum des Kaiserreichs und dann den der Belagerung abzuschütteln. Sie waren gerade daraus aufgewacht, als sich die Gespenster der Vergangenheit anschickten, sie schon wieder heimzusuchen. Dieses Grauen vor Augen ließ sie rebellieren. Allerdings war dieses allgemeine Gefühl von Entsetzen und Angst vor der Rückkehr der Vergangenheit fast das einzige Band, das die Kommunarden vereinte. Sie hatten eher diffuse Vorstellungen, was die politische Organisierung betraf (jenseits des gemeinsamen Hasses auf die zentralistische Regierung, die Marx vom Prinzip her so hochhielt). Sie erklärten, dass der Staat in seiner alten Form abgeschafft sei, und riefen das Volk dazu auf, zu den Waffen zu greifen und sich selbst zu regieren.

Als sich die Vorräte in Paris ihrem Ende zuneigten und die Situation der Belagerten immer verzweifelter wurde, setzte der Terror ein: Es wurden Verbote verhängt, immer mehr Frauen und Männer wurden abgeurteilt und hingerichtet, von denen etliche mit Sicherheit unschuldig waren und nur wenige den Tod verdienten. Unter den Hingerichteten war der Erzbischof von Paris, den man, um sich vor der in Versailles stationierten Armee zu schützen, als Geisel genommen hatte. Der Rest von Europa beobachtete die grässlichen Ereignisse in Frankreich mit zunehmender Entrüstung und Abscheu. Die Kommunarden wirkten selbst auf die Aufgeklärten und sogar auf die alten und zuverlässigen Freunde des Volkes wie Louis Blanc und Mazzini wie eine Bande von verrückt gewordenen Kriminellen, taub gegenüber jeglichen Appellen an die Menschlichkeit. Sie gebärdeten sich wie soziale Brandstifter, die sich geschworen hatten, jegliche Religion und Moral hinter sich zu lassen, wie Männer, die durch tatsächlich erfahrenes oder eingebildetes Unrecht ihren Verstand verloren hatten und daher nicht zurechnungsfähig erschienen für all die von ihnen verübten Ungeheuerlichkeiten. Praktisch die gesamte europäische Presse, sowohl die reaktionären als auch die liberalen Blätter, vermittelte einen ähnlichen Eindruck. Hier und da gab es vereinzelte radikale Zeitschriften, deren Urteil weniger vernichtend ausfiel und die zaghaft auf mildernde Umstände plädierten. Die Greueltaten der Kommune blieben jedoch nicht lange ungesühnt. Die siegreiche Armee übte Vergeltung in Form von Massenhinrichtungen. Wie so häufig hat der weiße Terror die schlimmsten Exzesse des Regimes, dessen Übel er hatte beenden wollen, mit seiner eigenen bestialischen Grausamkeit übertroffen.

Die Internationale geriet ins Wanken. Sie wurde mehrheitlich von Männern bestimmt, die explizite Gegner der Proudhonisten, Blanquisten und Neojakobiner waren, aus denen sich die Kommune im Wesentlichen zusammensetzte, und die deren vages föderatives Programm ablehnten, insbesondere die Akte des Terrors. Überdies stand sie unter dem Einfluss von Marx, der geraten hatte, den Aufstand nicht zu unterstützen. Von daher verkündete die Internationale offiziell, dass »jeder Versuch, die neue Regierung [in Frankreich] in der gegenwärtigen Krise zu überwerfen […] eine verzweifelte

Torheit« sei.[1] Vor allem die englischen Mitglieder der Internationalen waren ängstlich darauf bedacht, nicht durch eine offene Assoziierung mit einem Komitee kompromittiert zu werden, dessen Mitglieder nach Ansicht der Mehrheit ihrer Landsleute nicht besser waren als eine Zusammenrottung gemeiner Mörder. Marx vermochte es, ihre Bedenken mit einer für ihn recht typischen Initiative zu zerstreuen. Im Namen der Internationalen veröffentlichte er eine Erklärung, in der es hieß, der Moment der Analyse und Kritik sei vorbei. Er gab eine knappe, aber anschauliche Darstellung der Ereignisse, die zur Bildung der Kommune, ihrem Aufstieg sowie ihrem Niedergang geführt hatten. Er bewertete die Pariser Kommune als die erste offene und kühne Manifestation der Stärke und des Idealismus der Arbeiterklasse in der Geschichte der Menschheit. Er begrüßte sie als die erste richtige Schlacht, die die Arbeiterklasse vor den Augen der gesamten Welt gegen ihre Unterdrücker und Peiniger geschlagen hatte; als einen historischen Akt, der all ihre falschen Freunde, das radikale Bürgertum, die Demokraten und die Humanisten, dazu gezwungen habe, ihr wahres Gesicht zu offenbaren. Diese hätten sich als Feinde der übergeordneten Ziele erwiesen, für die die Arbeiter bereit seien, ihr Leben zu lassen.

Marx ging aber noch einen Schritt weiter. Er begriff die Ablösung des bürgerlichen Staates durch die Pariser Kommune als jene von ihm propagierte Übergangsform gesellschaftlicher Strukturen, die die Voraussetzung der endgültige Befreiung der Arbeiterklasse sei. Der Staat habe sich als die Verkörperung der »Zivilisation und Gerechtigkeit der Bourgeoisordnung« offenbart, die den Parlamentarismus legalisiere. »Sobald die Sklaven in dieser Ordnung sich gegen ihre Herren empören [...], stellt sich diese Zivilisation und Gerechtigkeit dar als unverhüllte Wildheit und gesetzlose Ra-

1 Marx, Karl: Zweite Adresse des Generalrats über den Deutsch-Französischen Krieg, MEW 17, S. 269.

che.«[1] Der Staat, so Marx, müsse daher mit Stumpf und Stiel ausgerottet werden. Außerdem widerrief Marx noch einmal, wie bereits 1850 und 1852, die Doktrin des »Kommunistischen Manifests«, die im Gegensatz zu den französischen Utopisten und frühen Anarchisten das unmittelbare Ziel der Revolution nicht in der Zerstörung des Staates sah, sondern in seiner Eroberung (»das Proletariat wird [...] alle Produktionsinstrumente in den Händen des Staates [...] zentralisieren«[2]), um diesen zur Liquidierung des Feindes zu nutzen.

Während Marx viele der Maßnahmen der französischen Kommunarden befürwortete, warf er ihnen zugleich vor, nicht skrupellos und radikal genug vorgegangen zu sein. Außerdem teilte er nicht ihre Zielsetzung, sofort soziale und ökonomische Gleichheit zu schaffen. »Das Recht kann nie höher sein,« schrieb er einige Jahre später, »als die ökonomische Gestaltung und dadurch bedingte Kulturentwicklung der Gesellschaft.«[3] Diese könnten nicht einfach über Nacht geändert werden.

Seine Broschüre, die später unter dem Titel »Der Bürgerkrieg in Frankreich« erschien, war nicht in erster Linie als historische Studie gedacht. Ihre Veröffentlichung war vielmehr ein für Marx typisch dreister und skrupellos taktischer Schachzug. Marx ist bisweilen von seinen Anhängern für den schlechten Ruf der Internationalen verantwortlich gemacht worden, weil er es zugelassen habe, dass diese in der Volksmeinung mit einer Horde von Verbrechern und Meuchelmördern in Verbindung gebracht wurde. Marx ließ sich von solchen Überlegungen nicht im Geringsten beeindrucken. Er war sein Leben lang ein konsequenter und überzeugter Verfechter der These, dass es einer gewalttätigen Revolution der Arbeiterklasse bedürfe. Bei der Pariser Kommune handelte es

1 Marx, Karl: Der Bürgerkrieg in Frankreich (1871), MEW 17, S. 355.

2 Marx, Karl/Engels, Friedrich: Manifest der Kommunistische Partei, MEW 4, S. 481.

3 Marx, Karl: Kritik am Gothaer Programm, MEW 19, S. 21.

sich um die erste spontane Erhebung der Arbeiter in ihrer Eigenschaft als Arbeiter, während die Juni-Revolte von 1848 seiner Ansicht nach eher ein Angriff auf die Arbeiter gewesen war und kein Angriff, der von ihnen ausgegangen war. Die Kommune war nicht direkt von Marx inspiriert worden. In Wahrheit hielt er sie für einen groben politischen Fehler. Seine Gegenspieler, die Blanquisten und Proudhonisten, waren bis zum Schluss die dominanten Kräfte in ihr. Dennoch war sie in Marx' Augen von enormer Bedeutung. Vor ihr hatte es bereits schon eine Reihe von verschiedenen, nicht miteinander verbundenen sozialistischen Lehren, Strömungen und Aktionen gegeben. Aber mit dieser Erhebung und ihrem weltweiten Nachhall, der Einfluss auf die Arbeiter in allen Ländern haben sollte, brach seiner Meinung eine völlig neue Epoche an. Die Männer, die in diesem Aufstand ihr Leben gelassen hatten, waren die ersten Märtyrer des internationalen Sozialismus. Ihr Blut sei die Saat des neuen proletarischen Glaubens. Es war egal, welche tragischen Irrtümer die Kommunarden begangen und welche Schwächen sie gezeigt hatten: Diese bedeuteten rein gar nichts im Vergleich zu der besonderen historischen Rolle und der Stellung, die diesen Männern in der Tradition der proletarischen Revolutionen zukommen sollte.

Mit dieser öffentlichkeitswirksamen Huldigung der Pariser Kommune erreichte Marx das von ihm angestrebte Ziel: Er trug dazu bei, eine heldenhafte Legende des Sozialismus zu schaffen. Als Engels einmal gebeten wurde, zu definieren, was er unter der »Diktatur des Proletariats« verstand, verwies er auf die Pariser Kommune als das, was der Verwirklichung dieser Idee am nächsten komme. Mehr als dreißig Jahre später sollte Lenin den Aufstand in Moskau während der erfolglosen Revolution von 1905 gegen die Kritik von Plechanow mit dem Verweis auf Marx' Haltung gegenüber der Pariser Kommune verteidigen. Er gab zu bedenken, dass der emotionale und symbolische Wert der Erinnerung an einen großen heroischen Aufstand – unabhängig davon, wie schlecht durchdacht und wie schädlich dieser in seinen unmittelbaren Auswirkungen auch immer gewesen sein mag – unter Umständen ein unendlich größerer und dauerhafterer Vorteil für eine revolutionäre Bewegung sein kann als die Einsicht in seine Vergeblichkeit; vor allem zu einem Zeitpunkt, an dem es weniger darauf ankomme, präzise Geschichte zu schreiben und aus dieser Lehren zu ziehen als darauf, diese zu machen.

Viele Mitglieder der Internationalen zeigten sich von Marx' Erklärung zur Pariser Kommune peinlich berührt, etliche waren schockiert, was die bereits vorhandenen Auflösungstendenzen verstärkte. Marx suchte Vorhaltungen dadurch zu begegnen, dass er sich als ihr alleiniger Verfasser zu erkennen gab. Über Nacht wurde der »Red-Terror-Doctor«,[1] wie er nun in der Öffentlichkeit manchmal genannt wurde, zur Zielscheibe von öffentlichem Hass. Marx erhielt anonyme Briefe, mehrere Male wurde er mit dem Tod bedroht. In einem Anflug von Triumph schrieb er an Kugelmann:

> Das tut einem wahrhaft wohl nach der langweiligen zwanzigjährigen Sumpfidylle. Das Regierungsorgan – ›The Observer‹ – droht mir mit gerichtlicher Verfolgung. Mögen sie es wagen. Ich pfeife auf diese Kanaillen![2]

Die Aufregung ließ nach einer Weile nach, aber der Schaden, den die Internationale dadurch erlitten hatte, war nicht wieder gut zu machen. Sowohl für die Polizei als auch für die allgemeine Öffentlichkeit blieb die Internationale auf immer unauflöslich mit den Gewalttaten der Kommune verbunden.

Auch dem Bündnis der englischen Gewerkschaftsführer mit der Internationalen hatte die ganze Angelegenheit einen herben Schlag versetzt, wobei die Gewerkschafter von Anfang

1 Marx an Friedrich Adolph Sorge, 27. September 1877, MEW 34, S. 296.

2 Marx an Ludwig Kugelmann, 18. Juni 1871, MEW 33, S. 238.

an ein rein opportunistisches Verhältnis zu der Organisation pflegten und sie danach bewerteten, inwieweit diese für ihre spezifischen Anliegen förderlich war. Damals wurden die Gewerkschaften in England sehr stark von der Liberalen Partei umworben, die ihnen versprach, sie bei bestimmten Forderungen zu unterstützen. In einer Situation, in der sich für die Arbeiterführer die Aussicht auf eine unblutige und ehrenwerte Eroberung der Macht ergab, lag ihnen nichts ferner, als mit einer für ihre revolutionären Verschwörungen berüchtigten Organisation in Zusammenhang gebracht zu werden. Ihr primäres Ziel bestand darin, den Lebensstandard und die soziale und politische Stellung der Facharbeiter, die sie hauptsächlich repräsentierten, zu verbessern. Sie verstanden sich nicht als eine politische Partei. Der Grund, warum sich die meisten hinter das Programm der Internationale gestellt hatten, hing vor allem mit ihrer politischen Unerfahrenheit zusammen und damit, dass die Statuten der Internationale so dehnbar formuliert worden waren, dass sich ihre Mitglieder nicht zu eindeutig revolutionären Zielen bekennen mussten.

Die englische Regierung hatte dies mit Wohlwollen zur Kenntnis genommen. Als die spanische Regierung in einem Rundschreiben das Verbot der Internationale forderte, erwiderte der englische Außenminister Lord Granville, dass man in seinem Land keinerlei Angst vor einem bewaffneten Aufstand habe. Die englischen Mitglieder der Internationale seien friedliche Männer, die sich nur mit Fragen der Arbeitsbeziehungen beschäftigten und der englischen Regierung keinerlei Anlass zu Befürchtungen gäben. Marx war sich leidvoll bewusst, dass sie damit Recht hatte. Selbst Harney und Jones wären in seinen Augen gegenüber Männern wie Odger, Cremer oder Applegarth, mit denen er es jetzt tun hatte, zu bevorzugen gewesen. Die Letzteren waren gestandene Gewerkschaftsfunktionäre, die Ausländern misstrauten, sich wenig um das scherten, was außerhalb ihres Landes stattfand, und wenig Interesse an Theorie hatten.

In den Jahren 1870 und 1871 fanden keine Kongresse der Internationale statt, 1872 versammelte man sich in Den Haag.[1] Der wichtigste Antrag, über den auf diesem Kongress abgestimmt wurde, forderte, dass die Arbeiterklasse in Zukunft darauf verzichten solle, sich im politischen Kampf auf die Unterstützung der bürgerlichen Parteien zu verlassen, und eine eigene Partei gründen sollte. Nach einer hitzigen Debatte wurde dieser Antrag auch von den englischen Delegierten befürwortet und damit angenommen. Marx sollte die Gründung dieser Partei in England nicht mehr erleben, aber zumindest ideell ist die Geburtsstunde der britischen Labour Party die damalige Zusammenkunft in Den Haag. Das war in gewisser Weise der größte Beitrag, den Marx zur Geschichte seiner Wahlheimat beigesteuert hat.

Auf demselben Kongress insistierten die englischen Delegierten auf ihrem Recht, eine separate lokale Sektion zu gründen, anstatt sich nur vom Generalrat vertreten zu lassen. Sie setzten sich mit diesem Anliegen durch, was Marx gar nicht gefiel und ihn beunruhigte. Er empfand das als ein Zeichen des allgemeinen Misstrauens, ja fast schon als eine gegen ihn gerichtete Rebellion. Er vermutete dahinter sofort Machenschaften von Bakunin, den die jüngsten Ereignisse in Frankreich in eine euphorische, fast schon ekstatische Stimmung versetzt hatten, da er sie weitgehend seinem persönlichen Einfluss zuschrieb. Ein Feuer hatte während der Pariser Kommune einen Großteil der Stadt zerstört. Dieses Feuer kam Bakunin wie ein Symbol für sein eigenes Leben vor. Er hielt es für eine großartige Verwirklichung seines bevorzugten Para-

1 [Es war vorgesehen, 1870 die Jahresversammlung der Internationalen in Mainz abzuhalten. Diese wurde jedoch aufgrund des französisch-preußischen Krieges abgesagt. 1871 traf man sich zu einer Konferenz in London, zu der die Presse jedoch keinen Zugang hatte, wie es auf den jährlichen Kongressen üblich war.]

doxons: »Auch die Leidenschaft für Zerstörung ist eine schöpferische Leidenschaft.«[1]

Marx verstand die emotionale Grundlage von Bakunins Handeln nicht und wollte sie auch nicht verstehen. Er sah in diesem »Mohammed ohne Koran«[2] eine ernsthafte Bedrohung für die sozialistische Bewegung, die es konsequent auszuschalten galt.

> Die Internationale wurde gestiftet [schrieb er 1871], um die wirkliche Organisation der Arbeiterklasse für den Kampf an die Stelle der sozialistischen oder halbsozialistischen Sekten zu setzen. […] Die Entwicklung des sozialistischen Sektenwesens und der wirklichen Arbeiterbewegung stehen stets im umgekehrten Verhältnis. Solange die Sekten berechtigt sind (historisch), ist die Arbeiterklasse noch unreif zu einer selbständigen geschichtlichen Bewegung. Sobald sie zu dieser Reife gelangt, sind alle Sekten wesentlich reaktionär. […] Die Geschichte der Internationalen war ein fortwährender Kampf des Generalrats gegen die Sekten und Amateurversuche. […] Ende 1868 trat der Russe Bakunin in die Internationale ein mit dem Zweck, innerhalb derselben eine zweite Internationale, mit ihm als Chef, […] zu bilden. […]
>
> Für Herrn Bakunin war und ist die Doktrin (sein aus Proudhon, St. Simon usw. zusammengebettelter Quark) Nebensache – bloß Mittel zu seiner persönlichen Geltendmachung. Wenn theoretisch Null, ist er als Intrigant in seinem Element.[3]

Und zu Bakunins Dogma, der Abstinenz von jeglicher Beteiligung am politischen System, schrieb Marx:

1 Bakunin, Mikhail: Die Reaction in Deutschland: Ein Fragment von einem Franzosen (veröffentlicht unter dem Pseudonym Jules Elysard), in: Deutsche Jahrbücher für Wissenschaft und Kunst, Nr. 247–251, 17.–21. Oktober 1842, S. 985–987, 989–991, 993–995, 998–999, 1001–1002, hier 1002.

2 Marx an Paul und Laura Lafargue, 19. April 1870, MEW 32, S. 675.

3 Marx an Friedrich Bolte, 23. November 1871, MEW 33, S. 328–329.

Andrerseits ist aber jede Bewegung, worin die Arbeiterklasse als Klasse den herrschenden Klassen gegenübertritt und sie durch pressure from without zu zwingen sucht, ein political movement. [...] Wo die Arbeiterklasse noch nicht weit genug in ihrer Organisation fortgeschritten ist, um gegen die Kollektivgewalt, i. e. die politische Gewalt, der herrschenden Klassen einen entscheidenden Feldzug [zu] unternehmen, muß sie jedenfalls dazu geschult werden durch fortwährende Agitation gegen die (und feindselige Haltung zur) Politik der herrschenden Klassen. Im Gegenfall bleibt sie ein Spielball in deren Hand, wie die Septemberrevolution in Frankreich bewiesen hat und wie zu einem gewissen Grad das Spiel beweist, das Herrn Gladstone et Co. noch bis zur Stunde in England gelingt.[4]

Zu diesem Zeitpunkt begann Bakunins letzte und befremdlichste Phase seiner insgesamt bizarren Existenz. Er hatte sich ganz in den Bann eines jungen russischen Revolutionärs namens Netschajew ziehen lassen, dessen Verwegenheit und Skrupellosigkeit er unwiderstehlich fand. Netschajew, der Erpressungen und Einschüchterungen des Gegners für legitime Vorgehensweisen hielt, hatte einen anonymen Brief an den Agenten des vorgesehenen Verlags der russischen Ausgabe des »Kapitals« geschrieben und ihm darin ganz beiläufig, aber in aller Deutlichkeit gedroht, es werde ihm nicht gut ergehen, falls er damit fortfahre, geniale Männer mit solch einem erbärmlichen Geschmiere zu belästigen und Bakunin damit zu piesacken, ihm den Vorschuss für die zugesagte Übersetzung zurückzuzahlen. Der verängstigte und wütende Agent leitete diesen Brief an Marx weiter. Es steht zu bezweifeln, ob dies als Beweis für eine von Bakunins »Demokratischer Allianz« angezettelte Intrige allein schon ausgereicht hätte, um einen Ausschluss von Bakunin aus der Internationalen zu erzwingen, konnte sich dieser auf dem Kongress von 1872 doch auf die zahlreiche Unterstützung seiner persönlichen Anhänger

4 Ebd., S. 332–333.

verlassen. Am Ende gaben der Bericht eines mit der Untersuchung des Skandals beauftragten Komitees sowie die dramatischen Umstände des Briefes von Netschajew wohl den Ausschlag. Nach langen Sitzungen und stürmischen Debatten, in deren Verlauf sich sogar die Anhänger Proudhons davon hatten überzeugen lassen, dass Bakunins Mitgliedschaft die Einheit jeder Organisation gefährde, wurde mit einer knappen Mehrheit ein Entschluss gefällt: Bakunin und seine engsten Mitstreiter hatten die Internationale zu verlassen.

Auch ein weiterer Antrag von Marx muss auf uneingeweihte Kongressteilnehmer wie ein Blitz aus heiterem Himmel gewirkt haben: Er schlug vor, den Sitz des Generalrats der Internationalen in die Vereinigten Staaten von Amerika zu verlegen. Alle Anwesenden waren sich bewusst, dass dieser Schritt gleichbedeutend mit der Auflösung der Internationalen war. Amerika war nicht nur unendlich weit von Europa und den dortigen Ereignissen entfernt, es spielte auch in den Überlegungen und Anliegen der Internationalen überhaupt keine Rolle. Die Erwiderung der französischen Delegierten lautete, man könne die Leitung der Internationalen genauso gut auf den Mond verlegen. Marx begründete seinen Vorstoß nicht, der Antrag war formal von Engels gestellt worden, aber die Motivation dahinter dürfte für alle Anwesenden offensichtlich gewesen sein. Marx konnte nicht ohne die Loyalität und die bedingungslose Gefolgschaft zumindest eines Teils der Sektionen der Organisation, über die er herrschte, agieren. Die englische Sektion hatte sich als abtrünnig erwiesen. Er hatte daraufhin erwogen, den Sitz des Generalrats nach Belgien zu verlegen, aber auch dort hatten die antimarxistischen Strömungen die Oberhand gewonnen. In Deutschland drohte ein Verbot der Organisation, aber auch Frankreich, die Schweiz und Holland boten alles andere als einen sicheren Hafen. Italien und Spanien zählten zweifelsohne zu den Hochburgen der Bakunisten. Marx hatte von daher entschieden, es sei besser, die Internationale friedlich zu Grabe zu tragen, anstatt sich früher oder später auf einen erbitterten Kampf einzulassen, der im besten Fall mit einem Pyrrhussieg enden würde und damit alle Hoffnungen auf eine Einheit des Proletariats für viele zukünftige Generationen vernichten würde. Was er auf jeden Fall verhindern wollte, war, dass die Internationale in die Hände der Bakunisten fiel.

Marx' Kritiker werfen ihm vor, dass er alle sozialistischen Organisationen immer nur danach beurteilt hat, inwieweit es ihm selbst möglich gewesen ist, sie zu kontrollieren und zu steuern. Marx und Engels haben viel dafür getan, um diesen Vorwurf zu nähren. Keiner von beiden hat sich jemals auch nur die geringste Mühe gegeben, die Empörung, die ihre eigene Haltung in großen Teilen ihrer Anhängerschaft ausgelöst hat, zu verstehen. Marx war auf dem Kongress der Internationalen in Den Haag persönlich zugegen. Er genoss ein derart hohes Ansehen, dass die Teilnehmer trotz heftigen Widerspruchs am Ende mit einer knappen Mehrheit praktisch für die eigene Auflösung votierten. Die letzten offiziellen Zusammenkünfte der Ersten Internationalen waren kaum mehr als eine Farce. Das endgültige Aus wurde 1876 in Philadelphia beschlossen. Die Organisation wurde freilich dreizehn Jahre danach noch einmal ganz neu begründet, zu einem Zeitpunkt, als die sozialistische Bewegung in allen Ländern bereits stärker Fuß gefasst hatte. Diesmal war der Charakter der Internationalen ein ganz anderer. Trotz der weiterhin explizit revolutionären Absichtserklärungen setzten ihre Mitglieder viel stärker auf den Parlamentarismus und traten seriöser, optimistischer und versöhnlicher auf. Bestimmt mehr als die Hälfte war davon überzeugt, dass die kapitalistische Gesellschaft nicht umhinkomme, sich unter stetem, aber gewaltlosen Druck von unten allmählich hin zu einem gemäßigten Sozialismus zu entwickeln.

11 Die letzten Jahre

> Ich bemerkte [zu Marx], ich würde mit zunehmenden Alter immer toleranter. »Werden Sie das, werden Sie das wirklich?«, fragte er.
> *H. M. Hyndman*[1]

Das Duell mit Bakunin war die letzte öffentliche Episode im Leben von Marx. Die Revolution schien überall erledigt zu sein, auch wenn ihre Glut in Ländern wie Russland oder Spanien noch nicht ganz erloschen war. Die Reaktion hatte wieder einmal gesiegt, auch wenn sie sich diesmal weniger triumphal als in Marx' Jugendtagen gebärdete und bereit schien, sich auf gewisse Konzessionen gegenüber dem Gegner einzulassen. Aus diesem Grund schien sie aber jetzt nur noch umso fester im Sattel zu sitzen. Die Eroberung der politischen und wirtschaftlichen Macht mit friedvollen Mitteln bot nun für die Arbeiter die beste Aussicht auf Emanzipation. Das Ansehen der Lassalle-Anhänger in Deutschland stieg ständig, und Liebknecht, der dort die marxistische Opposition in der

1 Hyndman, Henry Mayers: The Record of an Adventurous Life, London 1911, S. 271.

I. Berlin, *Karl Marx: Sein Leben und sein Werk*, Edition Theorie und Kritik,
https://doi.org/10.1007/978-3-658-13586-7_11

Arbeiterbewegung anführte, war geneigt, sich jetzt, wo es die Internationale nicht mehr gab, mit diesen zu arrangieren. Ziel war die Gründung einer gemeinsamen Partei. Liebknecht war überzeugt davon, besser als Marx und Engels, die ja weiterhin in England lebten und von Kompromissvorschlägen nichts wissen wollten, die taktischen Erfordernisse in Deutschland einschätzen zu können. Die beiden Strömungen hielten schließlich im Jahr 1875 in Gotha eine Konferenz ab, auf der sie ein Zusammengehen beschlossen und ein gemeinsames, von den Anführern beider Fraktionen erarbeitetes Programm präsentierten. Selbstverständlich war der Programmentwurf vorher Marx zur Zustimmung vorgelegt worden. Dieser ließ keinen Zweifel daran, was er davon hielt.

Er hatte Liebknecht in Berlin umgehend seine in scharfen Worten formulierte Abrechnung zukommen lassen und Engels befohlen, sich mit einem Brief seiner Kritik anzuschließen. Marx warf seinen Anhängern vor, sie seien auf Lassalle hereingefallen und hätten die irreführende, teils sinnlose Rhetorik von ihm und den »wahren Sozialisten« übernommen. Das Programm sei zudem voller vager liberaler Phrasen, die er sein halbes Leben lang versucht hatte, als solche zu entlarven und zu bekämpfen, und sei von einem Geist des Kompromisses durchdrungen – vor allem weil es davon ausging, der Sozialismus sei mit seinem schlimmsten Feind, dem Staat, auf Dauer vereinbar, und dass man soziale Gerechtigkeit durch das friedliche Eintreten für solch triviale Forderungen wie »gerechten« Arbeitslohn oder Abschaffung des Erbrechts erreichen könne. Dies seien für Denker wie Proudhon und Saint-Simon Allheilmittel für alle möglichen Missstände, am Ende würde man damit aber nur den herrschenden bürgerlichen Staat und das kapitalistische System stützen, anstatt ihren Zusammenbruch voranzutreiben. Dies war das letzte Mal, dass Marx in der Form von wütenden Randnotizen seine eigenen Vorstellungen dazu formulierte, wie das Programm einer militanten sozialistischen Partei auszusehen habe.

Der loyale Liebknecht reagierte auf diese vernichtende Kritik wie auf alles, was ihm Marx und Engels aus London zuschickten, kleinlaut, fast schon unterwürfig, zog jedoch keine Konsequenzen daraus. Das Bündnis blieb bestehen und gewann an Stärke. Zwei Jahre später musste sich Liebknecht erneut von Engels, der noch weniger von seinen politischen Fähigkeiten hielt als Marx, aufs Heftigste kritisieren lassen. Der Anlass war diesmal das Erscheinen einer Serie von Artikeln im offiziellen Organ der deutschen Sozialdemokratischen Partei von einem gewissen Eugen Dühring bzw. zugunsten von ihm – einem Dozenten für Wirtschaftswissenschaften an der Universität in Berlin, der mit seinen radikalen antikapitalistischen, aber keinesfalls sozialistischen Ansichten in den Reihen der deutschen Partei immer mehr Einfluss erlangte. Gegen diesen Mann sollte sich Engels längste und umfangreichste Publikation richten, übrigens die letzte, die er in Zusammenarbeit mit Marx verfasst hat. Darin findet sich eine maßgebende Version seiner materialistischen Geschichtsauffassung, geschrieben in diesem schonungslosen, kraftvollen und klaren Stil, den Engels mit so großer Leichtigkeit beherrschte.

Engels Streitschrift, die unter dem Titel »Anti-Dühring« bekannt geworden ist, attackiert den damals unter Wissenschaftlern und Journalisten zunehmend beliebten undialektischen positivistischen Materialismus, demzufolge sich alle natürlichen Phänomene als Bewegung von Materie im Raum erklären lassen. Dem stellt Engels die Gültigkeit eines dialektischen Prinzips entgegen, das weit über die Kategorien der menschlichen Geschichte hinaus auch auf das Feld der Biologie, der Physik oder Mathematik universell anwendbar sei. Engels war ein vielseitiger, belesener Mann und hatte sich mittels schierem Fleiß einige grundlegende Kenntnisse auf diesen Gebieten erworben, aber seine diesbezüglichen Erörterungen sind nicht wirklich erhellend. Insbesondere solche übereifrigen Bemühungen wie der Versuch, den Dreiklang der Hegel'schen Dialektik in dem mathematischen Gesetz, nach dem das Produkt zweier negativer Größen positiv ist, aufzuzeigen, brachte manch spätere Marxisten in Verlegenheit, weil sie sich vor die unmöglich zu lösende Aufgabe gestellt sahen, eine verschrobene Position verteidigen zu müssen, die sich durch nichts, was Marx jemals in seinen Schriften ausgeführt hat, bekräftigen ließ. Das, was heute unter dem Namen marxistische Biologie oder marxistische Mathematik firmiert, stellt ähnlich wie die cartesianische Physik einen eigenartigen und isolierten Fremdkörper in der Entwicklung einer großen intellektuellen Bewegung dar, die eher von antiquarischem als von wissenschaftlichem Interesse ist.

Entscheidender ist jedoch, dass Engels' materialistische Geschichtsauffassung, der in Treue zu Marx dessen Kampf gegen liberale oder idealistische Formen der Historiographie fortsetzte, noch mechanistischer und deterministischer daherkommt als das meiste, was Marx selbst dazu geschrieben hat, insbesondere in seinen jungen Jahren. Die überwältigende Mehrheit der marxistischen Denker, angeführt von Kautsky und Plechanow, sollte für mehr als ein Jahrhundert Engels' Version folgen, vermutlich weil sich dieser so verständlich auszudrücken vermochte. Wahrscheinlich hatte Marx solche Popularisierungen im Sinn (er mag dabei auch an seine französischen Anhänger gedacht haben), als er gegen Ende seines Lebens erklärte, er wäre alles Mögliche, aber bestimmt kein Marxist.[1] Die lesenswertesten Artikel von Engels sind diejenigen, die später unter dem Titel »Die Entwicklung des Sozialismus von der Utopie zur Wissenschaft« als Broschüre neu gedruckt wurden. Hier offenbart sich Engels' ganzes Talent. Er liefert darin eine fast darwinistisch anmutende Darstellung der Evolutionsgeschichte des Marxismus, der seine Ursprünge im deutschen Idealismus, in der französischen politischen Theorie und in den englischen Wirtschaftswissen-

1 Siehe S. XXVI, Anm. 1.

schaften hat. Dies ist die beste autobiographische Würdigung des Marxismus von einem seiner Begründer, die außerdem maßgeblichen Einfluss auf die sozialistische Bewegung in Russland und in Deutschland hatte.

Sein Verriss des Gothaer Programms der deutschen sozialdemokratischen Partei war Marx' letzte rabiate Einmischung in deren Angelegenheiten. Den Rest seines Lebens sollte es keine vergleichbare Krise mehr geben, sodass Marx die ihm verbleibenden Jahren nutzen konnte, um sich theoretischen Studien zu widmen und dem vergeblichen Versuch, seine angeschlagene Gesundheit wiederherzustellen. Er und seine Familie waren inzwischen von Kentish Town nach Haverstock Hill umgezogen, wo sie nacheinander in zwei verschiedenen Wohnungen logierten. Die letzte lag in der Nähe von Engels' Domizil, der inzwischen seinen Anteil am Familienunternehmen an seinen Partner verkauft und sich in Primerose Hill in einem großen komfortablen Haus niedergelassen hatte. Ein, zwei Jahre zuvor hatte er beschlossen, Marx jährlich einen festen Betrag zukommen zu lassen, was es diesem bei aller Bescheidenheit der Summe erlaubte, ungestört seiner Arbeit nachzugehen. Die beiden sahen einander nun fast täglich und führten einen beeindruckenden Briefwechsel mit Sozialisten aus aller Welt, die Marx und Engels mit zunehmendem Respekt, häufig gar Ehrfurcht begegneten.

Marx war zweifelsohne zu der höchsten moralischen und intellektuellen Instanz des internationalen Sozialismus aufgestiegen. Lassalle und Proudhon waren bereits in den 1860er Jahren gestorben, Bakunin im Jahr 1876. Der Tod seines letzten großen Intimfeindes hatte ihm keine öffentliche Stellungnahme entlockt, vielleicht auch deswegen, weil Marx' wenig schmeichelhafter Nachruf auf Proudhon, der in einer deutschen Zeitung erschienen war, unter französischen Sozialisten eine Welle der Empörung ausgelöst hatte. Vermutlich hielt Marx es einfach für taktvoller, sich nicht zum Tod von Bakunin zu äußern. Auch wenn sich seine Empfindungen gegenüber seinen politischen Gegnern, seien sie nun tot oder lebendig, kaum verändert hatten, besaß Marx irgendwann keine Kraft mehr für die vielen harschen persönlichen und politischen Auseinandersetzungen, die er in seiner jungen und mittleren Jahren geführt hatte. Er war jetzt oftmals schnell müde, noch häufiger krank und sehr mit seinen gesundheitlichen Problemen beschäftigt. Einmal im Jahr suchte er in der Regel in Begleitung von seiner jüngeren Tochter Eleanor ein Seebad an der englischen Küste oder einen Kurort in Deutschland oder Böhmen auf, wo er sich gelegentlich mit alten Freunden und Anhängern traf. Diese brachten manchmal junge Historiker oder Ökonomen mit, die versessen darauf waren, den berühmten Revolutionär kennenzulernen.

Er sprach selten über sich selbst oder sein Leben und nie über seine Herkunft. Weder er noch Engels erwähnten (solange Marx noch lebte) jemals explizit, dass Marx Jude war. Es lassen sich allenfalls zwei versteckte Hinweise darauf in Marx' Schriften finden. Wenn er sich in seinen Texten, zumal in seine Briefen an Engels, auf einzelne Juden bezog, dann tat er dies meist mit einer gewissen Giftigkeit. Seine eigene Herkunft war ganz offensichtlich ein Stigma für ihn, über das er bei anderen nicht hinwegzusehen vermochte. Seine Weigerung, die Bedeutung von nationalen oder religiösen Aspekten anzuerkennen, sowie seine Hervorhebung des internationalen Charakters des Proletariats zeichneten sich durch eine besondere Schärfe aus. Seine Ungeduld und Reizbarkeit nahmen mit steigendem Alter immer mehr zu und auch sein Bestreben, Menschen, die ihn langweilten oder die seine Ansichten nicht teilten, aus dem Weg zu gehen. Auch seine persönlichen Beziehungen gestalteten sich immer komplizierter. Mit einem seiner ältesten Freunde, dem Dichter Freiligrath, brach er 1870 jeglichen Kontakt ab, nachdem dieser seine patriotischen Gedichte veröffentlicht hatte. Seinen ergebenen Anhänger Kugelmann, an den Marx einige der interessantesten Briefe in seinem Leben geschrieben hat, beleidigte er gezielt, nur weil dieser es gewagt hatte, ihn in Karlsbad zu besuchen, obschon er ihm zuvor deutlich zu verstehen gegeben hatte, dass er dort keinerlei Gesellschaft wünsche.

Andererseits konnte Marx außergewöhnlich freundlich, gar liebenswürdig sein, wenn man ihm mit entsprechendem Takt begegnete, wie etwa die jungen Revolutionäre und radikalen Journalisten, die bald in wachsender Zahl nach London kamen, um den beiden inzwischen alt gewordenen Männern ihre Aufwartung zu machen. Solche Pilger wurden in seinem Haus aufs Herzlichste willkommen geheißen, durch sie kam Marx in seinen alten Tagen mit Anhängern aus Ländern in Kontakt, zu denen er zuvor keinerlei Verbindung gehabt hatte, darunter Russland, wo endlich eine tatendurstige und äußert disziplinierte revolutionäre Bewegung herangewachsen war. Seine ökonomischen Schriften, insbesondere »Das Kapital«, waren in Russland auf größeres Interesse gestoßen als anderswo. Ironischerweise hatte die russische staatliche Zensurbehörde die Veröffentlichung dieses Hauptwerks von Marx mit der Begründung erlaubt, das Buch zeige zwar eine ausgesprochen »sozialistische« Tendenz, sei aber in einem solch unzugänglichen Stil geschrieben, dass »nicht viele Menschen in Russland es lesen und noch viel weniger es überhaupt verstehen werden«.[1] Die Besprechungen in der russischen Presse fielen positiver und klüger aus als in vielen anderen Zeitungen. Dies überraschte Marx, gefiel ihm natürlich und trug viel dazu bei, dass seine frühere verächtliche Haltung gegenüber den russischen Bauerntölpeln einer Bewunderung wich für die neue Generation von nüchternen und furchtlosen russischen Revolutionären, die viele ihrer Erkenntnisse seinen Schriften zu verdanken hatten.

Die Geschichte des Marxismus in Russland unterscheidet sich von der in jedem anderen Land. In Deutschland und

1 Skuratov, Dmitry Petrovich: Doklad Skuratova v Petersburgskii tsenzunyi komitet 23 marta 1872 g., in: Krasnyi arkhiv 1933, Bd. I, S. 6–7.

in Frankreich war der Marxismus im Unterschied zu anderen Formen des Positivismus und Materialismus im Wesentlichen eine proletarische Bewegung. Hervorgegangen aus einer tiefen Enttäuschung über die Wirkungslosigkeit des liberalen Idealismus des Bürgertums in der ersten Hälfte des 19. Jahrhunderts, war er Ausdruck eines deflationierenden Realismus. In Russland dagegen, wo das Proletariat an westlichen Standards gemessen noch schwach und gesellschaftlich unbedeutend war, kamen nicht nur die Apostel des Marxismus aus der Mittelschicht, sondern auch die meisten Konvertiten waren bürgerliche Intellektuelle, für die der Marxismus zu einer Art Romantizismus wurde, zu einer verspäteten Artikulation demokratischer Leidenschaft. Auf dem Höhepunkt der populistischen Bewegung gewann er noch mehr Anhänger, einer Bewegung, die die persönliche Identifikation mit dem Volk und seinen materiellen Bedürfnissen predigte, mit dem Ziel, es besser zu verstehen, es zu erziehen und sein geistiges und soziales Niveau zu heben. Sie richtete sich damit einerseits gegen die reaktionäre antiwestliche Partei mit ihrem mystischen Glauben an die Autokratie, die orthodoxe Kirche und das slawische Genius und andererseits gegen den gemäßigten prowestlichen Agrarliberalismus, wie ihn Turgenjew oder Herzen vertraten.

Das war die Zeit, in der junge Leute aus wohlhabenden Familien in Moskau und St. Petersburg, im besonderen Maße die »reumütigen« jungen Adligen und Gutsherren dazu neigten, heimgesucht von sozialen Schuldgefühlen, ihre Karrieren und gesellschaftlichen Positionen aufzugeben, um sich in das Studium der Lebensbedingungen von Kleinbauern und Fabrikarbeitern zu stürzen. Sie lebten mitten unter ihnen mit demselben Eifer, mit dem ihre Väter und Großväter einst Bakunin oder den Dezembristen gefolgt waren. Mit einer selbstvergessenen Leidenschaft predigten diese jungen Leute den historischen und politischen Materialismus und betonten, die konkrete und greifbare ökonomische Wirklichkeit sei Grundlage jeglichen gesellschaftlichen und individuellen Lebens. Sie beurteilten das Verhalten von Institutionen und Einzelnen danach, welchen Einfluss es auf das materielle Wohlbefinden der Massen hatte, sie hassten und verachteten Kunst, die nur um ihrer selbst willen geschaffen wird, und Leben, das nur um seiner selbst willen geführt wird, abgeschottet in einer Art Elfenbeinturm vom Leiden in der Welt. »Ein Paar Stiefel sind in jeglicher Hinsicht besser als Puschkin«, schrieb Dostojewski in einer Parodie des radikalen Materialismus[1] und brachte damit eine weitverbreitete Stimmung zum Ausdruck.

Der Marxismus, der als erste Theorie eine systematische Darstellung des Wesens und der Gesetzmäßigkeiten der gesellschaftlichen Entwicklung in klaren und materialistischen Begriffen anbot, befreite diese Männer in gewisser Weise von ihren Zweifeln und ihrer Konfusion. Gerade aufgrund seiner ausgesprochenen Nüchternheit wirkte er auf sie erhellend und wohltuend, nach all dem romantischen Nationalismus der Slawophilen, der Mystik und Erhabenheit des hegelianischen Idealismus sowie vor allem nach dem Scheitern des revolutionären Populismus in der Praxis. Der Marxismus muss Ähnliches bei ihnen ausgelöst haben wie bei Marx die Lektüre von Feuerbach etwa vierzig Jahre zuvor. Er rief einen vergleichbaren Enthusiasmus hervor, weil die von ihm angebotenen Lösungen einen Anspruch auf Endgültigkeit erhoben und grenzenlose Handlungsmöglichkeiten versprachen. Russland hatte nicht die Schrecken von 1849 erlebt, seine Entwicklung hinkte deutlich der im Westen hinterher. Russlands Probleme in den 1870er und 1880er Jahren ähnelten in vielerlei Hinsicht denen, mit denen das restliche Europa ein halbes Jahrhundert zu-

1 [Gospodin Shchedrin ili raskol v nigilistakh (1864), Polnoe sobranie sochinenii F. M. Dostoevskogo v XVIII tomakh (Moskau, 2003–2006), Bd. 5, S. 271. Für weitere Erläuterungen zu diesem Zitat, häufig fälschlicherweise Dmitry Pisarev zugeschrieben, siehe Berlins Russische Denker, herausgegeben von Henry Hardy und Aileen Kelly, 2. Aufl., revidiert von Henry Hardy (London 2008), 237, Anm. 1.]

vor gekämpft hatte. Die russischen Radikalen lasen das »Kommunistische Manifest« und die deklamatorischen Passagen des »Kapitals« in einer Art Rausch, vergleichbar mit der Leidenschaft, mit der viele im vorangegangenen Jahrhundert Rousseau gelesen hatten. Sie fanden darin viele Ausführungen, die sich außerordentlich gut auf ihre eigenen Bedingungen übertragen ließen. Nirgends traf es mehr als in Russland zu, dass

> in der Agrikultur wie in der Manufaktur die kapitalistische Umwandlung des Produktionsprozesses zugleich als Martyrologie der Produzenten [erscheint], das Arbeitsmittel als Unterjochungsmittel, Exploitationsmittel und Verarmungsmittel des Arbeiters, die gesellschaftliche Kombination der Arbeitsprozesse als organisierte Unterdrückung seiner individuellen Lebendigkeit, Freiheit und Selbständigkeit.[1]

Mit der Einschränkung, dass in Russland – insbesondere nachdem die Befreiung der Leibeigenen das Angebot an Arbeitskräften enorm vergrößert hatte – die Methode, mit der dies geschah, nicht gerade kunstvoll, sondern einfach war.

Zu seiner eigenen Überraschung musste Marx feststellen, dass gerade aus der Nation, gegen die er dreißig Jahre lang angeschrieben und die er besonders heftig kritisiert hatte, nun seine unerschrockensten und klügsten Schüler kamen. Er empfing sie in seinem Haus in London und begann eine regelmäßige Korrespondenz mit Danielson, seinem Übersetzer, sowie Sieber, einem der fähigsten russischen Wirtschaftswissenschaftler seiner Zeit. Marx' Analysen hatten im Wesentlichen Industriegesellschaften zum Gegenstand. Russland dagegen war im Großen und Ganzen noch ein Agrarland. Jeder Versuch, die auf bestimmte Bedingungen zugeschnittene Marx'sche Lehre unmittelbar auf Länder mit anderen Voraussetzungen zu übertragen, musste zwingend zu Irrtümern in

1 Marx, Karl: Das Kapital, Bd. 1, MEW 23, S. 528 f.

Theorie und Praxis führen. Marx erreichten damals Briefe von Danielson aus Russland und von den Exilanten Lawrow und Vera Sassulitsch, die ihn dazu drängten, sich doch eingehender mit den spezifischen Problemen in Russland zu befassen, wo die Kleinbauern sich in primitiven Gemeinschaften zusammengeschlossen hatten und gemeinsam über Land verfügten. Insbesondere wollten sie von Marx wissen, wie er zu der von Herzen und Bakunin stammenden und von den meisten Radikalen in Russland geteilten Einschätzung stand, wonach ein direkter Übergang von solch einfachen Gemeinschaften zu einem entwickelten Kommunismus möglich sei, ohne dass man zuvor wie in Westeuropa die Zwischenstufe der Industrialisierung und Verstädterung durchlaufen müsse. Marx, der diese These zuvor verächtlich als Ausdruck einer sentimentalen slawophilen Idealisierung der Kleinbauern, getarnt als Radikalismus, abgetan hatte, sowie als kindischen Glauben, man könne die Dialektik mit einem gewagten Sprung übertölpeln und die natürlichen Entwicklungsstufen einfach überspringen oder über Verordnungen aus dem Weg schaffen, erklärte sich nun bereit, diese Frage neu zu überdenken – so beeindruckt war er von der Intelligenz, der Ernsthaftigkeit und vor allem von dem fanatischen und opferbereiten Sozialismus der neuen Generation russischer Revolutionäre.

Marx begann, Russisch zu lernen, um diese Herausforderung anzunehmen. Nach sechs Monaten beherrschte er die Sprache gut genug, um soziologische Werke[1] und Regierungsberichte, die ihm Freunde nach London schmuggelten, zu lesen. Engels betrachtete diese neuen Verbindungen mit einem gewissen Widerwillen. Er hatte eine unheilbare Abneigung gegen alles, was östlich der Elbe lag. Zudem hatte er Marx in Verdacht, nach neuen Aufgaben Ausschau zu halten, die er vorschieben konnte, um sich nicht mit einem chro-

1 Zum Beispiel von Nikolai Tschernyschewski, den er bewunderte, und von N. Flerowski.

nischen Problem auseinandersetzen zu müssen – nämlich dass er schon seit Längerem aufgrund von rein körperlicher Erschöpfung mit den Abschlussarbeiten für das »Kapital« in Verzug war. Nachdem er sich durch einen gewaltigen Berg statistischen und historischen Materials hindurchgekämpft hatte, machte Marx erhebliche Zugeständnisse gegenüber seiner ursprünglichen Theorie. Er gestand nun zu, es sei denkbar, ja sogar wahrscheinlich, dass der Kommunismus in Russland unmittelbar auf dem damaligen semifeudalen System von Gemeinschaftseigentum in den Dörfern aufbauen könne.[1] Die Voraussetzung hierfür sei, dass von einer Revolution in Russland das Signal für einen gemeinsamen Aufstand des Proletariats überall in Europa ausgehe. Blieben die unmittelbaren Nachbarländer weiterhin kapitalistisch, sei dies allerdings nicht möglich, weil Russland dadurch wieder unweigerlich in eine Position der puren wirtschaftlichen Selbstverteidigung gezwungen würde, auf einen Weg, den die fortgeschritteneren Länder im Westen bereits hinter sich hatten.

Die Russen waren nicht die Einzigen, die dem deutschen Exilanten in London die Ehre erwiesen. Marx erhielt ebenfalls Besuch von den jungen Anführern der neu gegründeten sozialdemokratischen Partei in Deutschland, also von Bebel, Bernstein und Kautsky, die ihn zu allen wichtigen Fragen konsultierten. Seine beiden ältesten Töchter hatten französische Sozialisten geheiratet und hielten Marx über die Entwicklungen in den romanischen Ländern auf dem Laufenden. Der Begründer der französischen Sozialdemokratie, Jules Guesde, legte Marx das Programm seiner Partei zur Begutachtung vor

1 Dies schrieb Marx in einem Brief, den Plechanow zunächst nicht publizierte, weil er darin offenkundig ein gefährliches Zugeständnis an den Populismus sah. Der Brief erblickte das Licht der Öffentlichkeit erst einige Jahre nach der Oktoberrevolution. [Dies scheint ein Verweis auf Marx' Brief an Vera Sassulitsch vom 8. März 1881 zu sein (siehe MEW 35, S. 166–167). Plechanow, der schon früher darauf gestoßen war, hat ihn erst 1924 veröffentlicht.]

und erhielt es mit erheblichen Überarbeitungen zurück. Der Marxismus begann die Vormachtstellung des bakunischen Anarchismus in Ländern wie Italien und der Schweiz zu brechen. Selbst aus den Vereinigten Staaten kamen ermutigende Berichte, aber die erfreulichsten Neuigkeiten erreichten Marx und Engels aus Deutschland, wo die Sozialdemokratie trotz Bismarcks Sozialistengesetzen in erstaunlicher Geschwindigkeit ihren Stimmenanteil erhöhen konnte. Das einzige größere Land in Europa, das abseits stand und sich von Marx' Lehren völlig unbeeindruckt zeigte, war das, in dem er selbst lebte und von dem er als seiner zweiten Heimat sprach.

Von diesem englischen Exzeptionalismus handeln eine Reihe von Briefen, die sich Marx und Engels schrieben. In England, so Engels an Marx, »hat die lange Prosperität [die Arbeiter] furchtbar demoralisiert«.[1] Er nannte England die »bürgerlichste aller Nationen«, die es schließlich dahin bringen zu wollen scheint, »eine bürgerliche Aristokratie und ein bürgerliches Proletariat *neben* der Bourgeoisie zu besitzen.«[2] Jegliche »revolutionäre Energie« sei »aus dem engl. Proletariat so gut wie vollständig verduftet«.[3] Man würde abwarten müssen, so Marx, von »wie bald [sich] die engl. Arbeiter von ihrer scheinbaren Bourgeoisansteckung befreien«.[4] Und: »Den Kerls fehlt das mettle der alten Chartisten.«[5]

Marx hatte keine engen englischen Freunde. Er war mit Ernest Jones bekannt, hat mit einer nicht unbeträchtlichen Zahl von Arbeiterführern zusammengearbeitet und Radikale wie Belfort Bax, Crompton und Henry Butler-Johnstone, den Kunsthistoriker der Antike Charles Waldstein sowie den Biologen Ray Lankester bei sich zu Hause empfangen. Er hat sogar vereinzelt die Einladung von Mitgliedern der herrschen-

1 Engels an Marx, 17. Dezember 1857, in: MEW 29, S. 231.
2 Engels an Marx, 7. Oktober 1858, in: MEW 29, S. 358.
3 Engels an Marx, 8. April 1863, in: MEGA 12, S. 354.
4 Marx an Engels, 9. April 1863, in: MEGA 12, S. 357.
5 Marx an Engels, 2. April 1866, in: MEGA digital.

den Klasse in ihre Clubs angenommen, darunter die von Sir Mountstuart Elphinstone Grant Duff, einem unabhängigen Parlamentsabgeordneten, und die von dessen Freund, dem Verleger Leonard Montefiore. Aber diese Zusammentreffen bedeuteten ihm nichts. In den letzten Jahren seines Lebens ließ er sich allerdings eine kurze Zeit von Henry M. Hyndman, dem Gründer der Sozialdemokratischen Föderation, hofieren, der viel dafür getan hat, Marx in England bekannt zu machen. Hyndman war ein angenehmer, umgänglicher und einnehmender Mensch, vom Temperament her ein wirklicher Radikaler, ein unterhaltsamer und mitreißender Redner, jemand, der sehr lebendig über politische und wirtschaftliche Themen schreiben konnte. Er, der unbeschwerte politische Dilettant, liebte es, sich mit genialen Männern zu umgeben und mit ihnen zu diskutieren. Und da er nicht besonders wählerisch war, hatte er sich zunächst Mazzini zugewandt und diesen dann für Marx aufgegeben. In seinen Erinnerungen beschreibt er Marx folgendermaßen:

> Der erste Eindruck, den ich von Marx gewann, als ich ihn das erste Mal sah, war der von einem eindringlichen, struppigen und ungebändigten alten Mann, stets bereit, fast erpicht darauf, einen Streit vom Zaun zu brechen, immer misstrauisch und auf der Hut vor Angriffen auf seine Person. Und doch war seine Begrüßung uns gegenüber herzlich. […]
>
> Als er mit großer Entrüstung über die Politik der Liberalen Partei sprach, insbesondere in Bezug auf Irland, leuchteten die kleinen tiefliegenden Augen des alten Kämpfers auf, kräuselten sich seine schweren Augenbrauen und seine breite und kräftige Nase, ja sein ganzes Gesicht verrieten seine leidenschaftliche Erregung. Aus ihm ergoß sich ein Strom von heftigen Anklagen, die sowohl sein hitziges Wesen zur Schau trugen als auch die erstaunliche Souveränität, mit der er unsere Sprache beherrscht. Der Gegensatz zwischen seinen Manieren und seiner Ausdrucksweise, wenn er wegen einer bestimmten Sache äußerst aufgebracht ist, und seinem Ton, wenn er seine Ansich-

ten zu ökonomischen Entwicklungen unserer Zeit zum Besten gibt, ist sehr markant. Er wechselt ohne größere Anstrengungen von der Rolle des Propheten und des wütenden Anklägers in die des besonnenen Philosophen. Und ich begriff von Anfang an, dass wegen Letzterem noch viele Jahre vergehen würden, bis ich aufhören würde, ein Philosophieschüler in der Gegenwart des Meisters zu sein.[1]

Hyndmans Aufrichtigkeit, seine Naivität, seine freundliche und entwaffnende Art, vor allem aber seine rückhaltlose und unkritische Bewunderung für Marx, den er etwas albern »den Aristoteles des 19. Jahrhunderts« zu nennen pflegte,[2] führten dazu, dass Marx ihn für einige Monate mit ausnehmender Freundlichkeit und Nachsicht behandelte. Der unausweichliche Bruch kam mit der Veröffentlichung von Hyndmans Buch »England for All«, einer überaus lesenswerten, wenn auch nicht gerade exakten englischsprachigen Darstellung des Marxismus. Allerdings ließ er Marx in seinem Buch unerwähnt, was Hyndman nicht gerade überzeugend damit zu erklären versuchte, dass »die Engländer sich nicht gern von Fremden belehren lassen« und dass Marx' Name »hier so sehr verhasst« sei.[3] Das genügte. Marx reagierte allergisch auf alles, was ihm nach Plagiat roch. Das hatte Lassalle schon anlässlich viel geringerer Vergehen leidvoll erfahren müssen. Außerdem wollte Marx nicht mit Hyndmans eigenen wirren Ideen in Verbindung gebracht werden. Er brach den Kontakt mit ihm auf der Stelle ab und kappte damit seine letzte Verbindung zum englischen Sozialismus.

Marx' Lebensweise hatte sich über all die Jahre kaum verändert. Er stand nach wie vor morgens um sieben Uhr auf, trank mehrere Tassen schwarzen Kaffee und zog sich dar-

1 Hyndman, Henry Mayers: The Record of an Adventurous Life, London 1911, S. 269–270.

2 Ebd., S. 271.

3 Marx an Friedrich Adolph Sorge, 15. Dezember 1881, MEW 35, S. 248; vgl. Marx an Henry Mayers Hyndman, 2. Juli 1881, ebd., S. 202.

aufhin in sein Arbeitszimmer zurück, wo er bis um zwei Uhr nachmittags las und schrieb. Nach einem hastigen Imbiss arbeitete er weiter bis zum Abendessen, das er zusammen mit seiner Familie zu sich nahm. Danach pflegte er einen Abendspaziergang nach Hampstead Heath zu unternehmen oder zu seinen Studien zurückzukehren. Meist arbeitete er bis zwei oder drei Uhr in der Frühe. Seinem Schwiegersohn Paul Lafargue ist eine Beschreibung von Marx' Arbeitszimmer zu verdanken:

Es war im ersten Stock gelegen und das breite Fenster, durch welches der Raum sein reichliches Licht erhielt, ging in den Park. Zu beiden Seiten des Kamins und dem Fenster gegenüber waren an den Wänden Bücherschränke, die mit Büchern gefüllt und bis zur Decke mit Zeitungspaketen und Manuskripten überladen waren. Gegenüber dem Kamin und an einer Seite des Fensters standen zwei Tische voll mit Papieren, Büchern und Zeitungen; in der Mitte des Raumes und im günstigsten Lichte befand sich der sehr einfache und kleine Arbeitstisch […] und der Lehnstuhl aus Holz; zwischen dem Lehnstuhl und dem Bücherschrank, dem Fenster gegenüber, stand ein Ledersofa, auf dem Marx sich von Zeit zu Zeit ausstreckte, um zu ruhen. Auf dem Kamin lagen noch Bücher, dazwischen Zigarren, Zündhölzchen, Tabaksbehälter, Briefbeschwerer, Fotografien seiner Töchter, seiner Frau, Wilhelm Wolffs und Friedrich Engels'. […]

Marx erlaubte niemandem, seine Bücher und Papiere in Ordnung oder eigentlich in Unordnung zu bringen […], alles war eigentlich auf seinem gewünschten Platze und ohne zu suchen, nahm er immer das Buch oder Heft, dessen er eben bedurfte; selbst während des Plauderns hielt er oft inne, um ein eben erwähntes Zitat oder eine Ziffer im Buche selbst nachzuweisen. […]

In der Aufstellung seiner Bücher war keine äußerliche Symmetrie maßgebend: Quart- und Oktavbände und Broschüren standen dicht nebeneinander; er ordnete die Bücher nicht nach ihrer Größe, sondern nach ihrem Inhalt. […] Er mißhandelte sie ohne Rücksicht auf ihr Format, ihren Einband, die Schönheit des Papiers oder Druckes;

bog die Ecken ein, bedeckte die Ränder mit Bleistiftstrichen und unterstrich ihre Zeilen. Er notierte nichts hinein, doch konnte er sich manchmal ein Ausrufungs- oder Fragezeichen nicht versagen, wenn ein Autor über die Schnur haute. [...] Er hatte die Gewohnheit, nach jahrelangen Pausen immer wieder seine Notizbücher und die in seinen Büchern bezeichneten Stellen zu lesen, um sie gut in seinem Gedächtnis zu behalten, das von einer außerordentlichen Schärfe und Genauigkeit war. Nach Hegels Rat hatte er es von Jugend an durch das Auswendiglernen von Versen in einer von ihm nicht gekannten Sprache geschärft.[1]

Die Sonntage verbrachte Marx mit seinen Kindern, und als diese erwachsen und verheiratet waren, auch mit seinen Enkelkindern. Alle in der Familie hatten Spitznamen: Seine Töchter wurden Qui-Qui, Quo-Quo und Tussy gerufen, seine Frau Möhme, Marx aufgrund seiner dunklen Haut und seiner düsteren Erscheinung Mohr oder Old Nick. Das Verhältnis zu seiner Familie – selbst zu seiner schwierigen Tochter Eleanor – war bis zum Schluss herzlich und liebevoll. Der russische Soziologe Maksim Kowalewsky, der ihn häufiger in seinen letzten Jahren besuchte, war angenehm von dessen Weltgewandtheit überrascht und schrieb viele Jahre später:

Karl Marx wird gewöhnlich als launisch und arrogant beschrieben, als jemand, der bürgerliche Wissenschaften und Kultur rundweg ablehnte. In Wahrheit war er ein äußerst gebildeter und hochkultivierter anglo-deutscher Gentleman, ein Mann, dessen Hang zu heiterem Spott von seiner engen Beziehung zu Heine herrührt, ein Mann voller Lebenslust, was er seinen extrem angenehmen persönlichen Lebensumständen verdankte.[2]

1 Lafargue, Paul: Karl Marx. Persönliche Erinnerungen, in: Die Neue Zeit, 9. Jahrg., 1. Bd., 1890/1891, S. 10–17 u. 37–42, hier 11–12.
2 Dve zhizni (Zwei Leben [Marx und Spencer]), Vestnik Evropy 1909, Nr. 6, S. 495–522, Nr. 7, S. 5–23, Nr. 7, S. 16.

Diese Charakterisierung von Marx als fröhlicher und perfekter Gastgeber, auch wenn sie nicht gänzlich zu überzeugen vermag, verweist darauf, dass sich seit den ersten Jahren der Familie Marx in Soho einiges geändert hatte. Marx' bevorzugte Tätigkeiten waren Lesen und Spaziergehen. Er hatte eine Vorliebe für Poesie und konnte lange Passagen aus den Stücken von Dante, Aischylos und Shakespeare auswendig rezitieren. Seine Bewunderung für Shakespeare war grenzenlos, sämtliche seiner Kinder wuchsen mit dessen Werk auf. Unablässig wurde im Haushalt laut daraus vorgelesen, wurden Szenen nachgespielt und darüber diskutiert. Alles was Marx anfasste und unternahm, tat er planvoll und systematisch. Als er bei seiner Ankunft in England feststellen musste, dass seine Englischkenntnisse nicht ausreichend waren, nahm er sich vor, diese mithilfe von Shakespeare zu verbessern: Er erstellte eine Liste von dessen gebräuchlichsten Redewendungen und lernte diese auswendig. Ähnlich ging er vor, als er die russische Sprache lernen wollte. Er las die Werke von Gogol und Puschkin und unterstrich dabei sorgfältig alle Worte, die er nicht verstand. Er hatte fundierte Kenntnisse der deutschen Literatur, die er bereits in früher Jugend erworben und durch ständige Lektüre und das erneute Lesen seiner Lieblingsromane ausgebaut hatte. Zur Zerstreuung las er Dumas den Älteren oder Scott oder anspruchslose zeitgenössische französische Romane. Er war ein großer Bewunderer von Balzac. Er hielt dessen Romane und Erzählungen für die scharfsinnigsten Analysen der bürgerlichen Gesellschaft seiner Zeit. Viele seiner Charaktere seien, so Marx, erst nach dem Tod ihres Schöpfers in den 1860er und 1870er Jahren zu voller Reife gelangt. Seinen Plan, eine Studie über Balzac als Gesellschaftskritiker zu schreiben, hat er jedoch nie umgesetzt. (Angesichts der Qualität der einzigen vorliegenden Kostprobe literarischer Kritik aus Marx' Feder – jener zu Eugène Sue – muss man darüber nicht unbedingt traurig sein.) Trotz seiner außerordentlichen Leselust war sein Literaturgeschmack im Großen und Ganzen eher mittelmäßig und gewöhnlich. Es gibt keine Hinweise darauf, dass er sich zu Malerei oder Musik hingezogen fühlte. Seine Leidenschaft für Bücher scheint alles andere in den Hintergrund gedrängt zu haben.

Marx hatte schon immer enorm viel gelesen, aber gegen Ende seines Lebens nahm sein Lesehunger so zu, dass die Lektüre mit seiner schöpferischen Arbeit kollidierte. In den letzten zehn Jahren seines Lebens begann er, ihm völlig fremde Sprachen zu erlernen, darunter Türkisch, weil er wohl die Lebensbedingungen der türkischen Landbevölkerung studieren wollte. Anscheinend setzte er – beeinflusst von seinem alten Freund Urquhart – besondere Hoffnungen auf die Kleinbauern in der Türkei, von denen er annahm, sie könnten sich zu einer widerständigen und demokratischen Kraft im Nahen Osten entwickeln. Marx' überbordende Bücherleidenschaft ließ Engels' schlimmste Befürchtungen wahr werden: Marx schrieb immer weniger und schien alle Bemühungen aufgegeben zu haben, das unüberschaubare Chaos seiner zahllosen handschriftlichen Notizen und Aufzeichnungen zu ordnen. Auf ihnen basieren der zweite und dritte Band des »Kapital«, die Engels später herausgab, sowie die ergänzenden Studien, aus denen der von Kautsky herausgegebene vierte Band besteht. Es findet sich vieles darin, was an die Stärken des ersten Bandes heranreicht, aber nur dem ersten war der Status eines Klassikers vergönnt.

Gesundheitlich ging es mit Marx immer mehr bergab. Im Jahr 1881 starb seine Frau Jenny nach einem langen und qualvollen Krebsleiden. *»Der Mohr ist auch gestorben«,* soll Engels damals zu Marx' Lieblingstochter Eleanor gesagt haben.[1] Marx überlebte seine Frau um zwei Jahre. In dieser Zeit unterhielt er noch einen umfangreichen Briefwechsel mit Italienern, Spaniern und Russen, aber seine Lebenskraft war da-

1 Liebknecht, Wilhelm: Karl Marx zum Gedächtniß: Ein Lebensabriß und Erinnerungen, Nürnberg 1896, S. 88.

hin. Im Jahr 1882 schickte sein Arzt ihn nach einem besonders strengen Winter zu einem Erholungsaufenthalt nach Algier. Er kam dort mit einer akuten Rippenfellentzündung an, die er sich während seiner Reise zugezogen hatte. Er verbrachte einen Monat in Nordafrika, der ungewöhnlich feucht und kalt war, und kehrte danach krank und erschöpft nach London zurück. Auch an der französischen Riviera, wo er von einer Stadt zur nächsten zog, suchte er vergebens nach Sonne und Genesung. Daraufhin ging er nach Paris, um dort einige Zeit bei seiner ältesten Tochter Jenny Longuet zu verbringen. Nur kurz nach seiner Rückkehr nach London erreichte Marx die Nachricht von deren plötzlichem Tod. Von diesem Schlag hat er sich nie wieder richtig erholt. Im folgenden Jahr erkrankte Marx erneut. Er litt unter einem Lungenabzess und verstarb am 14. März 1883 mitten im Schlaf in einem Lehnstuhl in seinem Arbeitszimmer. Marx wurde auf dem Friedhof in Highgate an der Seite seiner Frau bestattet. Die Trauergemeinde war klein: unmittelbare Familienangehörige, einige persönliche Freunde und Vertreter der Arbeiterbewegung aus verschiedenen Ländern. Die von Engels gehaltene Grabrede war würdevoll und bewegend. In ihr sprach Engels von Marx' Errungenschaften und dessen besonderem Charakter:

> Mitzuwirken, in dieser oder jener Weise, am Sturz der kapitalistischen Gesellschaft […], mitzuwirken an der Befreiung des modernen Proletariats, dem er zuerst das Bewußtsein seiner eigenen Lage und seiner Bedürfnisse, das Bewußtsein der Bedingungen seiner Emanzipation gegeben hatte – das war sein wirklicher Lebensberuf. Der Kampf war sein Element. Und er hat gekämpft mit einer Leidenschaft, einer Zähigkeit, einem Erfolg wie wenige. […]
>
> Und deswegen war Marx der bestgehaßte und bestverleumdete Mann seiner Zeit. […] Und er ist gestorben, verehrt, geliebt, betrauert von Millionen revolutionärer Mitarbeiter, die von den sibirischen Bergwerken an über ganz Europa und Amerika bis Kalifornien hin

wohnen. […] Sein Name wird durch die Jahrhunderte fortleben und so auch sein Werk![1]

Marx' Tod blieb in der allgemeinen Öffentlichkeit weitgehend unbeachtet. In der Tageszeitung *The Times* erschien ein kurzer fehlerhafter Nachruf, der, obzwar Marx in London verstorben war, dazu auch noch auf einem Bericht ihres Pariser Korrespondenten beruhte, der im Groben wiedergab, was er in den französischen sozialistischen Zeitungen gelesen hatte. Je deutlicher sich jedoch die revolutionären Auswirkungen seiner Lehre nach seinem Tod abzuzeichnen begannen, desto größer wurde Marx' Ruhm. Im Gegensatz zu manchem seiner einfühlsameren und romantischeren Zeitgenossen hat Marx zu seinen Lebzeiten als Person kaum die Fantasie der Öffentlichkeit oder die von professionellen Biographen zu beflügeln vermocht. Carlyle, Mill oder Herzen waren wesentlich tragischere Figuren als Marx, die sich mit intellektuellen und moralischen Konflikten herumquälten, die Marx nie durchlitten hat und ihm fremd bleiben mussten. Sie waren vom Unbehagen ihrer Generation viel schwerwiegender ergriffen als Marx und haben davon voller Verbitterung ein minutiöses Zeugnis abgelegt, das besser geschrieben und lebendiger ist als alles, was man dazu in den öffentlichen und privaten Schriften von Marx oder Engels findet.

Marx kämpfte gegen die Niedertracht und den Zynismus der Gesellschaft, in der er lebte und die in seinen Augen jede menschliche Beziehung zu verrohen und herabzusetzen drohte, mit genauso tiefgründigem Hass an. Aber sein Geist war von stärkerer und groberer Beschaffenheit: Er war unempfindlich, selbstbewusst und willensstark. Die Gründe für sein Ungücklichsein lagen außerhalb seiner Person – es waren Armut, Krankheiten und die Triumphe des Feindes. Sein Innen-

1 Engels, Friedrich: Das Begräbnis von Karl Marx (1883), MEW 19, S. 336–337.

leben schien unkompliziert und stabil. Er teilte die Welt in schwarz und weiß ein: Diejenigen, die nicht auf seiner Seite standen, waren gegen ihn. Er wusste immer, auf welcher Seite er stand, widmete sein Leben dem Kampf der richtigen Sache und war überzeugt davon, dass diese am Ende siegen würde.

Für die Gewissens- und Glaubenskrisen, wie sie die empfindsameren Geister unter seinen Freunden durchlebten – etwa für die qualvollen Selbstprüfungen von Männern wie Heß oder Heine – hatte er keinerlei Sympathie. Vermutlich betrachtete er sie als eines der vielen Anzeichen für die Degeneration der bürgerlichen Gesellschaft, die sich ihm zufolge in der krankhaften Aufmerksamkeit für persönliche Gefühlszustände zeigte oder noch viel schlimmer darin, dass gesellschaftliche Unruhen für persönliche oder künstlerische Zwecke missbraucht wurden. Er hielt dies für eine frivole, unverantwortliche und verwerfliche Selbstgefälligkeit von Männern, vor deren Augen gerade die bedeutendste Schlacht in der Geschichte der Menschheit stattfand. Diese Unnachgiebigkeit gegenüber persönlichen Empfindungen und dieses fast religiöse Beharren auf Selbstdisziplin wie die Bereitschaft, sich aufzuopfern, ist ein Erbe, das Marx seinen Anhängern vermacht hat und dem auch seine Feinde überall auf der Welt nacheiferten. Damit unterscheiden sich die wahren Nachfahren von Marx – unabhängig davon, ob sie nun auf seiner Seite stehen oder in Gegnerschaft zu ihm – in jeglicher Hinsicht von den Anhängern eines toleranten Liberalismus.

Bereits vor Marx haben andere den Klassenkampf beschworen, aber es war an ihm, einen Plan zu entwerfen und erfolgreich umzusetzen, der auf die politische Organisierung einer Klasse abzielte, die allein für ihre Interessen als Klasse kämpft. Auf diese Weise hat er den Charakter politischer Parteien und Konfrontationen grundlegend transformiert. Marx war seinem Selbstverständnis nach und in der Wahrnehmung seiner Zeitgenossen allerdings an erster Stelle ein Wirtschaftstheoretiker. Die klassischen Annahmen, auf denen die marxistische ökonomische Lehre beruht und die Marx selbst im Laufe seines Schaffens weiterentwickelt hat, haben sich in der späteren Diskussion jedoch nur als eine Position unter vielen anderen erwiesen. Einige lehnen sie ab, weil sie inzwischen als überholt galt, andere haben sie neu entdeckt und verteidigen sie. Man kann jedoch kaum behaupten, dass sie zu irgendeiner Zeit die dominante ökononomische Theorie gewesen wäre.

Die Lehre, die einen größeren und nachhaltigeren Einfluss auf die Meinung und das Handeln der Menschen hatte als jedes andere Ideensystem unserer modernen Zeit, ist Marx' Theorie zur Entstehung und Struktur der kapitalistischen Gesellschaft, die er nirgendwo ausführlicher dargelegt hat. Diese Theorie, der zufolge die wichtigste Frage in Bezug auf jedes Phänomen die nach seiner Beziehung zur ökonomischen Struktur ist, das heißt zu den wirtschaftlichen Machtverhältnissen, deren Ausdruck sie sind, hat neue Instrumente für die Kritik und Forschung bereitgestellt. Mit ihrer Weiterentwicklung und Anwendung haben sich Wesen und Ausrichtung der gegenwärtigen Sozialwissenschaften grundlegend verändert. Jegliche empirische Sozialforschung ist zwangsläufig davon berührt. Nicht nur widerstreitende Klassen, Gruppierungen, Bewegungen und ihre Anführer, sondern darüber hinaus alle Historiker, Soziologen, Psychologen und Politikwissenschaftler, Gesellschaftskritiker und kreativen Künstler überall auf der Welt, insofern sie bestrebt sind, die sich verändernde Qualität des gesellschaftlichen Lebens zu erfassen, verdanken die Form ihrer Ideen zu einem Großteil dem Werk von Karl Marx.

Über ein Jahrhundert ist seit seiner Fertigstellung vergangen und während all dieser Jahre hat es mehr als seinen gebotenen Anteil an Lob und Tadel auf sich gezogen. Übertreibungen und eine allzu einfache Übertragung seiner wesentlichen Prinzipien haben dazu geführt, dass seine Bedeutung von vielen verkannt wurde. Im Namen des Marxismus ist in Theorie und Praxis viel Schindluder getrieben worden (um es freundlich zu sagen). Dessen ungeachtet hält seine revolutionäre Kraft unvermindert an. Die ursprüngliche Absicht von Marx war, die These zu widerlegen, dass Ideen maßgeblich den Verlauf der Geschichte bestimmen. Doch gerade der enorme Einfluss, den seine Lehre auf menschliche Gesellschaften hatte, spricht eher für das Gegenteil. Marx ist es gelungen, die bislang vorherrschende Perspektive auf das Verhältnis des Individuums zu seiner Umwelt und zu seinen Mitmenschen zu verändern und damit offenkundig auch das Verhältnis selbst. Damit hat sich Marx' Theorie als die wirkmächtigste unter allen intellektuellen Waffen erwiesen, die heute fortwährend die Art und Weise verändern, wie Menschen denken und handeln.

Das Werk von Isaiah Berlin und sein »Karl Marx«

Nachwort des deutschsprachigen Herausgebers zur Neuausgabe

Hans-Peter Müller

Mittlerweile gibt es ganze Bibliotheken über Marx und den Marxismus. Wer gedacht haben mag, dass der Untergang des Realsozialismus auch Marx zu einem »toten Hund« gemacht hätte, wie er selbst in Bezug auf Hegel zu seiner Zeit befürchtete, der scheint auf dem Holzweg gewesen zu sein. Nur kurz nach 1989, als der Drei-Welten-Kosmos endgültig zusammenbrach und die Rede von Erster Welt (Kapitalismus), Zweiter Welt (Sozialismus) und Dritter Welt, heute euphemistisch »emerging economies« genannt, in sich zusammenfiel, wurde zunächst auch Marx wie ein »toter Hund« behandelt. Aber bereits kurze Zeit später, als im Gefolge von neoliberaler Globalisierung sich neben den wirtschaftlichen Erfolgen auch soziale Probleme krisenhaft verschärften, konnte Marx als schärfster Kritiker dieser Wirtschafts-, Gesellschafts- und Lebensform eine seiner vielen Renaissancen erleben. Es ist fast schon eine gesetzesmäßige Regel, auf jeden Fall aber von empirischer Regelmäßigkeit: Wann immer der Kapitalismus wieder in eine seiner periodischen Krisen stürzt, ist die Kritik von Karl Marx nicht fern und bald darauf in aller Munde.

Auf der anderen Seite wären Marx' Hoffnungen in den Sozialismus, der als Realexperiment über siebzig Jahre an-

I. Berlin, *Karl Marx: Sein Leben und sein Werk*, Edition Theorie und Kritik,
https://doi.org/10.1007/978-3-658-13586-7_12

dauern sollte, bitter enttäuscht worden und diese historisch deplorable Erfahrung hätte auch ihn wohl zu einem Gegner dieser Art autokratischer Regime gemacht. Streng gemäß seinem Diktum: »Je ne suis pas Marxiste!«[1] Aber dass der realexistierende Sozialismus eine so erbärmliche Figur machen sollte, hätte allenfalls Friedrich Engels mit seinem Talent des sozialistischen »Mainstreamings« wettmachen können. Wie die neue, auf fast hundert Bände ausufernde Marx-Engels-Gesamtausgabe am Ende zeigen wird, brachte Engels Redaktionstätigkeit Marx auf Linie. Engels war der Ideologe, Marx der romantische Vordenker dieser Ideologie und im tiefsten Herzen eben auch ein kritischer Freiheitsdenker.

Es ist verblüffend, dass ein junger Oxford-Don[2] namens Isaiah Berlin, dem die Chance angetragen wurde, eine kurze und knappe Marx-Biographie zu verfassen, genau diese Charakterisierung romantischen und kritischen Freiheitsdenkens kongenial getroffen hat. Mit neunundzwanzig Jahren veröffentlichte Berlin eine so flüssige, pointierte und klare Marx-Biographie, wie es das kontinentale Europa noch nicht vermocht hatte. Was hat es Isaiah Berlin erlaubt, eine solch flammende und jugendlich bewegte Biographie von Marx zu verfassen? Welche ideengeschichtlichen Einflüsse und Konstellationen wirkten auf sein Denken ein? Und wer war Isaiah Berlin? Diese drei Fragen sollen in umgekehrter Reihenfolge einer Beantwortung zugeführt werden.

1 Das soll laut Friedrich Engels in seinem Brief an Conrad Schmidt Karl Marx französischen Sozialisten geantwortet haben, die sich auf seine Ideen berufen hatten. Siehe MEW 37, Berlin 1967 [1890], S. 450.

2 Ein »Don« ist ein »lecturer« bzw. Dozent und »tutor« an einem der Colleges, die insgesamt eine englische Universität ausmachen.

Vom russischen Flüchtling zum englischen Oxford-Don

Geboren am 6. Juni 1909 im livonischen Riga, das seinerzeit zum Russischen Reich gehörte, sucht sein Vater Mendel Berlin, ein wohlhabender Holzhändler, sein Glück in Sankt Petersburg, wohin die Familie ausgerechnet im Jahr 1916 zieht. Der achtjährige Isaiah wird so Zeuge der gewalttätigen Oktoberrevolution 1917, der seine Familie durch die Rückkehr nach Riga und die endgültige Auswanderung nach Großbritannien 1921 zwar entkommen kann, die ihn aber zu einem leidenschaftlichen Gegner des Kommunismus machen wird. Diese traumatische Kindheitserfahrung wird sein lebenslanges Thema bestimmen – Freiheit und in welcher Art von Gesellschaft sie wirklich werden kann. Die kommunistische Revolution hatte die »wahre Freiheit« versprochen, vor allem die Befreiung von dem gewalttätigen Zarenregime. Das sollte auch gelingen und große Hoffnungen in Russland und dem Rest der Welt in die Oktoberrevolution setzen. Ähnlich wie gut zweihundert Jahre vorher die Französische Revolution, die bürgerlicher Natur war, sollte die Russische Revolution nun die Arbeiterschaft emanzipieren und eine echte sozialistische Gemeinschaft erzeugen. Die Kommunisten indes sollten die neu errungene Freiheit selbst nur als Vorwand nehmen, um ihrerseits ein gewalttätiges Regime auf der Basis einer totalitären Ideologie zu errichten.

In London besuchte Isaiah Berlin die Schule St. Paul's und ging anschließend an die Universität Oxford in das Corpus Christi College. Er studierte die »Greats« – also Philosophie, Alte Geschichte und antike Sprachen – sowie das klassische PPE – Philosophie, Politik und Ökonomie. Als erster Jude gelang ihm der Zugang zum All Souls College, woraufhin er eine akademische Karriere als Philosoph einschlug, der in den Bann von logischem Positivismus und der neuartigen Sprachphilosophie geriet. Doch sollte er schon bald

Zweifel an der Tragfähigkeit beider Schulen anmelden. Wie er Steven Lukes zudem anvertraute, waren in seinen Augen philosophische Grundfragen von ewiger Natur, die deshalb keine endgültigen Lösungen, aber umso mehr Interpretationen erfahren können. Isaiah Berlin wollte sich jedoch nicht immer im Kreise drehen, »sondern am Ende seines Lebens mehr wissen als am Anfang« (Berlin/Lukes 1998: 86, üb. von HPM). Nach einem Vortrag über »Solipsism« an der Universität Cambridge, in dem Berlin sich die Frage gestellt hatte, wie man Erkenntnisse über die inneren mentalen Zustände anderer Menschen gewinnen kann, geriet er in eine Diskussion mit Ludwig Wittgenstein. Diese Schlussfolgerung ergab sich aus einem Gespräch, das er 1944 in Harvard mit dem Logiker H.M. Sheffer führte, der argumentierte, dass die Philosophie nichts zum Bestand an dauerhaftem menschlichen Wissen beitrugen. Berlin war von den Worten Sheffers zutiefst betroffen und beschloss nach reiflicher Überlegung, die Disziplin zu verlassen und sich der Ideengeschichte zu widmen, »die mich schon seit vielen Jahren faszinierte« (Berlin 1978b, 2. Aufl.: xxvii).

Diese Weichenstellung – von der Philosophie zur Ideengeschichte – sollte seine Karriere beflügeln und seine Prominenz begründen. Dass Berlin rasch über die engeren Kreise von Oxford und Cambridge hinaus bekannt wurde, hatte mit seinen Tätigkeiten im Zweiten Weltkrieg zu tun. Erst von New York City aus, dann von Washington DC hatte er im Dienst der Britischen Botschaft Berichte über die amerikanische Politik nach London zu senden. Angesichts seiner intellektuellen Brillanz wurden seine Berichte in politischen Kreisen rasch bekannt und weckten Interesse an der Figur ihres Verfassers. Premierminister Churchill schreibt an seinen Außenminister: »Die Berichte sind sicherlich gut geschrieben. Ich habe das Gefühl, daß sie das meiste aus allem und jedem machen und ein irgendwie fiebriges Bild der amerikanischen Angelegenheiten zeichnen.« Eden antwortet: »Ich stimme zu. Da ist vielleicht ein zu großzügiger orientalischer Geschmack am Werke« (zit. nach Ignatieff 2023: 143, üb. von HPM).

Die Nachkriegsjahre verschafften Berlin einen stets wachsenden Bekanntheitsgrad. Seine Berichte aus Washington hatten seine Reputation in Whitehall begründet. Auch die englische Oberschicht wurde neugierig auf diesen jungen und begabten Philosophen aus Oxford. Die BBC lud ihn zu Sendungen ein, ja Churchill selbst versprach sich einiges von der Besprechung seiner Memoiren durch Isaiah Berlin. *Foreign Affairs* bat ihn um Beiträge, die ihm die Reputation eines Experten der Sowjetunion eintrugen. In der Folge erhielt er Einladungen an US-amerikanische Universitäten wie Harvard und Princeton, aber auch Bryn Mawr College. Im April 1946 kehrte er nach Oxford zurück und nahm seine Lehr- und Forschungstätigkeit wieder auf. 1956 heiratete er Aline Halban, die aus der wohlhabenden Familie der de Gunzbourgs stammte. Ein Jahr später erhielt Berlin die prestigereiche Chichele-Professur für Soziale und Politische Theorie in Oxford, die er 1967 zugunsten der Präsidentschaft des neu gegründeten Wolfson College aufgab. Von 1974 bis 1978 war er Präsident der British Academy, die sich der Förderung und Anerkennung der Geistes- und Sozialwissenschaften in Großbritannien verschrieben hat und das Gegenstück zur Royal Society bildet, die sich den Naturwissenschaften widmet. Als Ausdruck seines überwältigenden Prestiges dürfen die zahlreichen ihm verliehenen Preise gelten wie der Agnelli-, Erasmus- und Lippincott-Preis für Ideengeschichte und der Jerusalem-Preis für die Freiheit des Individuums. Hoch geehrt wie verehrt, starb Isaiah Berlin im Alter von 88 Jahren am 5. November 1997 in Oxford. Was William Waldegrave, ein Kollege von All Souls nach Berlins Tod im *Daily Telegraph* über den typischen Oxford-Don schrieb, hätte ihm wohl gefallen: »Wenn Sie mich gefragt hätten, was ich unter dem Ideal der *Englishness* verstehe, dann hätte ich Ihnen eine lettische, jüdische, deutsche, italienische Mischung aus all den Kulturen Europas vorgeführt.

Ich hätte Sie zu Isaiah Berlin gebracht« (zit. nach Ignatieff 2023: 364, üb. von HPM).

Die Denkwelten des Isaiah Berlin: Ideengeschichte in systematischer Absicht

Drei zentrale Einflüsse sind es, die in sein Denken einfließen – der russische, der britische und der jüdische Einfluss. Den russischen Denkern, wie seinem geliebten Alexander Herzen oder Turgenjew, verdankt Berlin seine Faszination für Ideen und die Vorstellung von der moralischen Rolle der Intellektuellen. Der neuen britischen Heimat folgt er in ihrem Empirismus zumindest ein Stück weit, vor allem aber ihrem nüchternen Sinn für Wirklichkeit, wie er auch ihren Liberalismus und ihr Toleranzdenken unterschreibt. Seinem gemäßigten Zionismus entlehnt er das Bedürfnis nach Zugehörigkeit, dessen Legitimität er gegen kosmopolitische Kritik beherzt verteidigt.

In was für eine Art von Ideengeschichte münden diese drei Einflüsse ein, und mit welchen Folgen? Liest man heute am Stück die Mengen von überlangen Essays wieder, mit ihrem kaskadenartigen Wortschwall und den ellenlangen Sätzen, dem atemlosen Tempo der Argumentation, der geschliffenen Formulierungskunst, der kalkulierten und der unkalkulierten Redundanz, dann könnte man dies für Ideengeschichte im Plauderton halten: elegant, unterhaltsam, intellektuell anregend, aber systematisch unbedeutsam. Denn was in aller Welt seine Überlegungen zu Vico, Machiavelli, Herder, Herzen, Belinski, Tolstoi, de Maistre und vielen anderen zusammenhalten soll, bleibt auf den ersten Blick schleierhaft. »Ich bin ein intellektuelles Taxi; Leute halten mich an, geben mir ihre Ziele an und weg bin ich«, berichtet Ignatieff einen typischen Ausspruch Berlins über seine intellektuelle Agenda. Und wenn man diese Leichtigkeit des Seins und intellektuellen Daseins zusammenliest mit seiner Bescheidenheit, wonach er zeit seines Lebens wissenschaftlich völlig überschätzt worden sei, könnte man fast glauben, hier sei verspielte und ein wenig eitle Kuriosität am Werk.

Doch das wäre weit gefehlt. Berlin verfolgt vielmehr Ideengeschichte in systematischer Absicht, um eine dreidimensionale Konstellation der Moderne verstehen zu lernen: *historisch,* um die Erfahrung von Revolution, Krieg und Barbarei im 20. Jahrhundert nebst ihrer Vorgeschichte im 18. und 19. Jahrhundert zu begreifen; *politisch,* um das Phänomen des Totalitarismus analysieren zu können; und *philosophisch,* um Chancen und Risiken eines kritischen Liberalismus mit seinen strukturellen Komponenten von Freiheit und Pluralismus auszuloten. Alle drei Dimensionen, also Ideengeschichte, politische Probleme und philosophische Fragen, muss man zusammensehen, will man das Programm von Berlin nachvollziehen.

Es macht daher aus meiner Sicht wenig Sinn, in der Diskussion um Berlins intellektuelles Erbe nach einer *idée directrice* zu suchen, die das vielgestaltige Werk zusammenhält: sei es der *Pluralismus,* wie John Gray (1996) vermutet, sei es die Idee der *Freiheit,* wie Steven Lukes (1998) meint, oder das Modell des westlichen *Rationalismus* mit seinen Vorstellungen von Fortschritt und Perfektibilität, wie Roger Hausheer (1997) behauptet. Auch wenn Freiheit der Fixstern im Berlinschen Kosmos ist, scheint die Frage fruchtbarer zu sein, wie die genannten Dimensionen zueinanderstehen. Was sich zeigt, um es vorwegzunehmen, ist eine Systematik, aber kein System. Und diese Systematik ist weder durchgängig konsistent noch vollends widerspruchsfrei.

Nach Berlins Auffassung werden die Diskurse in Wissenschaften und Ethik im Westen von drei verbindlichen Annahmen beherrscht, die seit Plato bis zu Kant, Hegel und Marx im 19. Jahrhundert – und wir können hinzufügen: bis zu Habermas, Rawls und Taylor im 20. Jahrhundert – gelten. Erstens: Zu allen genuinen Fragen gibt es eine und nur eine wahre Antwort; alle anderen Antworten sind Abweichungen von der einen Wahrheit und daher falsch. Und dieses Muster trifft auf Tatsachen- wie auf Werturteile zu, umfasst also Fragen der richtigen Lebensführung wie Fragen der Wissenschaften. Zweitens: Diese wahren und richtigen Antworten können wir im Prinzip wissen. Drittens: Die wahren Antworten können untereinander nicht in Konflikt geraten, da eine wahre Proposition nicht unvereinbar mit einer anderen sein kann. Zusammengenommen bilden alle wahren Antworten ein harmonisches Ganzes, eine Totalität, ein System, das logisch angeordnet ist und systematisch geordnet werden kann.

Diese abstrakten Annahmen oder Präsuppositionen haben als Hintergrundüberzeugungen, Denkmodelle oder Paradigmen gedient, die auf empirischer Ebene historisch eine Fülle von rivalisierenden wissenschaftlichen Theorien und Ethiken hervorgebracht haben. Aber die Einheit in dieser Vielfalt könnte leicht übersehen werden, weil Charakter und Struktur dieser Annahmen den Betroffenen nicht bewusst waren. Wenn man so will, haben diese drei Annahmen das Fundament und Modell des abendländischen Rationalismus dargestellt. Dieses Fundament erhält im Laufe der über zweitausendjährigen Geschichte drei Risse, welche das dominante Paradigma in Wissenschaften und Ethik nachhaltig erschüttern. Diese Risse markieren Wendepunkte in der Geschichte des politischen Denkens, die eine Umwertung der Werte, einen radikalen Wandel des Bezugsrahmens, eine neue Perspektive zur Folge haben. Danach ist nichts mehr so wie vorher. Der erste Riss, so Berlin, wird diesem Fundament durch den Tod von Aristoteles und die Entstehung des Stoizismus beigebracht. Statt das Individuum als öffentliches Wesen zu konzipieren, wird es rein innerlich verstanden. Statt das Soziale politisch zu begreifen, wird es ethisch gedeutet, statt der republikanischen Sozialordnung steht die Anarchie im Mittelpunkt.

Einen zweiten tiefen Riss bewirkt Machiavellis Denken. Er trennt nicht einfach unmoralische Politik von moralischer Kultur, wie im Gefolge von Benedetto Croce immer wieder behauptet wurde. Seither sprechen wir von Realpolitik, Gewalt als *Raison d'être* des Staates und Suspendierung der *Habeas-corpus*-Akte im Krisenfall. Das ist sicherlich eine Spätfolge von Machiavelli, fasst aber noch nicht recht die Folgen der Zerstörung der »Great Chain of Being«,[1] also der Lehre von der lückenlosen Kette aller Wesen vom Einzeller bis zu Gott. Das eigentliche Skandalon, so Berlin, ist der entschiedene Versuch, zwei unterschiedliche Moralen auszuzeichnen und dies mit der Behauptung zu verbinden, sie seien unvereinbar. In Machiavellis Fall ist das die unversöhnliche Gegenüberstellung von heidnischer und christlicher Moral. Diese revolutionäre Einsicht sollte in der Zukunft in vielerlei Gestalt wiederkehren, bei Max Weber in der Unterscheidung von Verantwortungs- und Gesinnungsethik, bei Berlin in der Distinktion von »Moral der Konsequenz« und »Moral des Motivs«. Im ersten Fall rechnet man mit den Folgen seines Handelns, im zweiten Fall, wie das ein überzeugter Christ tun würde, stellt man die Folgen seines Tuns Gott anheim. Dies rückte an die Stelle des Monismus, wie es das alte Rationalismusmodell vorsah, einen unauflöslichen Dualismus, der irreduzibel, inkompatibel und inkommensurabel ist. Es existiert nicht mehr länger eine verbindliche Moral, sondern zwei gegensätzliche Moraltypen. Diese beiden Typen können nicht auf eine dritte, höhere Moral gleichsam als Synthese zurückgeführt werden – in dem Sinne sind sie irreduzibel. Sie sind aber auch konstitutiv unvereinbar, deshalb inkompatibel. Letztlich lassen sie sich nicht unter einem Gradmesser oder

1 »Die große Kette der Wesen« ist Arthur O. Lovejoys Hauptwerk (1942), mit dem er der Ideengeschichte neuen Glanz verlieh. 1923 hatte er an der Johns Hopkins University, an der er von 1910 bis 1939 lehrte, den History of Ideas Club gegründet, 1940 dann die Zeitschrift *Journal of the History of Ideas* ins Leben gerufen. Sein Forschungsprogramm lässt sich in dem 2019 neu aufgelegten Band »Essays in the History of Ideas« (Lovejoy 1948) nachverfolgen.

mit einem Maßstab miteinander vergleichen – sie sind inkommensurabel.[1]

Den dritten und entscheidenden Riss brachte dem Fundament die Romantik bei. Dem Studium von Vico und vor allem Herder entnimmt Berlin drei Momente dieser bahnbrechenden Bewegung, die eine Umwertung der Werte zur Folge hat: Der Populismus verkündet den Glauben an den Wert der Zugehörigkeit zu einer Gruppe, Klasse oder Nation; der Expressivismus vertritt die Lehre, dass menschliches Handeln im Allgemeinen und Kunst im Besonderen die Persönlichkeit oder Physiognomie einer Gruppe ausdrückt; der Pluralismus verweist auf die Fülle und Unvereinbarkeit von gesellschaftlichen oder kulturellen Werten. Keine Kultur ist gleich, sondern jede ist verschieden; ihre Ungleich*artigkeit* kann jedoch weder in Ungleich*wertigkeit* überführt, noch die Diversität der Kulturen in eine klare Rangordnung gebracht werden.

Die Romantik führt, so Berlins tiefe Überzeugung, die alte Aufklärungsvorstellung ad absurdum, wie sie noch in Condorcets »Esquisse« in dem Satz zum Ausdruck kommt, dass die Natur durch ein unverbrüchliches Band zwischen Wahrheit, Glück und Tugend zusammengehalten wird. Wenn aber die Vielfalt und Unvereinbarkeit von Werten und Idealen, Ideen und Zielen erst einmal ins Bewusstsein getreten ist, dann sind wissenschaftlich begründete Konzepte eines perfekten Menschen oder einer perfekten Gesellschaft streng genommen nicht mehr möglich. Auch die Idee eines allgemeinen Fortschritts der Menschheit, einer kontinuierlichen Aufwärtsentwicklung und stets wachsenden Verbesserung der Gesellschaft als geschichtsnotwendiger Prozess wird unhaltbar. Sicher, stets werden die Menschen nach Werten und Idealen streben, aber sie können dies nicht mit der Wissenschaft

1 Zur Debatte um die Inkommensurabilität siehe den instruktiven Band von Ruth Chang (1997). Zum Hintergrund dieser Diskussion um Werte und Wertkonflikte vgl. Müller 2020, S. 184–188.

oder einer wissenschaftlich abgeleiteten, verbindlichen Moral im Rücken und daher nicht mit der Sicherheit einer Heilsgewissheit tun.

Was sie an metaphysischer Sicherheit einbüßen, das unterstreicht Berlin, gewinnen die Menschen aber unter Umständen im Bereich der Freiheit. Unter dem Eindruck von Nationalsozialismus und Kommunismus, der totalitären Bedrohung der freien Welt, entwickelte er seinen berühmten Freiheitsbegriff, der zwischen negativer und positiver Freiheit unterscheidet: zum einen der Abwesenheit von Zwang und der Existenz eines persönlichen Freiraums für das Individuum, in den niemand, auch kein Staat, eingreifen darf; zum anderen der Selbstverwirklichung und Selbstbestimmung von Mensch oder Gesellschaft.

Unzweideutig gehört Berlins Sympathie der negativen Freiheit. Er folgt konsequent dem klassischen Liberalismus von John Stuart Mill und Benjamin Constant, wonach Freiheit vor allem die Freiheit von Bevormundung sein muss. Er reagiert damit in erster Linie, wie er das nennt, auf die »marxistischen Betrügereien«, die nur die zweite Form als »wahre Freiheit« verherrlichen, die Bedeutung der ersten aber herabsetzen. Wie das 20. Jahrhundert in seinen Augen zweifelsfrei bewiesen hat, geht die Verfolgung positiver Freiheit für eine Klasse oder Gesellschaft leicht auf Kosten der individuellen Freiheit.

Gänzlich trennscharf ist diese Unterscheidung, die viele Diskussionen[1] ausgelöst hat, nicht. Denn die »Freiheit von Zwang« ohne jegliche Bestimmung, wozu die Unabhängigkeit nötig sein sollte, ist leer, die »Freiheit zur Selbstverwirklichung« in einem selbstgewählten Kollektiv ist ohne einen Rest an persönlicher Autonomie sinnlos. In seinem Gespräch mit Steven Lukes konzediert Berlin denn auch, dass er den

1 Siehe Baum/Nichols (2013), Crowder (2004), Honneth (1999), Lilla et al. (2001), Ryan (1979).

Horror der positiven Freiheit über-, die Schrecken der negativen Freiheit unterbetont habe. Und dennoch bleibt am Schluss ein Sympathiegefälle, ist doch die positive Freiheit viel stärker politisch pervertiert worden. »Negative Freiheit führte zum Laissez-faire gegenüber dem Leiden der Kinder in Kohlegruben oder der Armut, doch positive Freiheit wurde zum totalen Despotismus, zur Zerstörung aller Ideen, zur Zerstörung von Leben und Denken. Aber ich stimme zu, dass ich klarer hätte machen sollen, dass positive Freiheit ebenso nobel und grundlegend ist wie die negative« (Berlin/Lukes 1998: 93, üb. von HPM).

Neben dem politischen Despotismus, in den eine starke positive Konzeption von Freiheit führen kann, besteht die Gefahr, dass unter der Herrschaft eines Ideals alle möglichen Güter und Werte harmonisiert werden und somit der Pluralismus unterminiert wird. So firmiert etwa auch heute noch in der Philosophie soziale Gerechtigkeit als Dachkonzept (Müller/Wegener 1995), welches alle anderen Kulturwerte beherbergt und harmonisch relationiert. Das trifft auf John Rawls' (1979) »Theorie der Gerechtigkeit« ebenso zu wie auf Michael Walzers (1983) »Sphären der Gerechtigkeit«, die im Haus der *Iustitia* Freiheit und Gleichheit, Menschenwürde, Demokratie und viele weitere wünschenswerte Güter unterbringen.

Berlin betonte dagegen die Bedeutung des Pluralismus in zweifacher Hinsicht: Zum einen gibt es unterschiedliche Kulturen, die die Frage, was Gerechtigkeit ist, völlig unterschiedlich beantworten. Neben diesen interkulturellen Differenzen gibt es zum anderen intrakulturelle Wertkonflikte. Viele Werte in einer Gesellschaft, die wir gern gleichzeitig verwirklicht sähen, sind inkompatibel und sogar inkommensurabel. Freiheit und Gleichheit etwa stehen notorisch auf Kriegsfuß, es existieren Spannungen zwischen Gerechtigkeit und Gnade, zwischen Wissen und Glück, zwischen Spontaneität und Planung usf. Wo das Ideal einer perfekten Gesellschaft, in der alle Werte in einer Hierarchie angeordnet sind, praktisch unmöglich wird (wenn auch nicht denkunmöglich als Utopieentwurf), muss am Ende gewählt werden. Jede Wahl eines Wertes bedeutet automatisch den Verzicht auf einen anderen, vielleicht gleich wichtigen Wert.

Im Gegensatz zu einem optimistischen Liberalismus, der alles auf einmal verspricht, betont Berlin in seinem pessimistischen, agonistischen oder besser: kritischen Liberalismus die Freiheit der Wahl und die Bereitschaft zum Opfer. Weder müssen immer alle Werte konfligieren, noch brauchen Kompromisse zwischen Werten ausgeschlossen zu werden. Letzte Werte sind ohnehin nicht in unendlicher Zahl vorhanden, nach oben hin ist der Wertehimmel also begrenzt, so wie nach unten die menschliche Natur dafür sorgt, dass potentielle Kompromisse nicht völlig aussichtslos geraten.

Wenn Kultur- und Wertepluralismus die Vielfalt und Unvereinbarkeit von letzten Werten voraussetzen, wie können wir dann sicher sein, dass bei der Qual der Wahl die Mehrheit der Menschen sich für Liberalismus entscheidet? Mündet Berlins Pluralismus nicht automatisch in Relativismus? An dieser Stelle drohen die drei Dimensionen seiner Konstellation der Moderne einzuknicken: die historische (Revolution, Krieg und Barbarei im 20. Jahrhundert), die politische (das Phänomen des Totalitarismus) und die philosophische (kritischer Liberalismus auf der Basis von Freiheit und Pluralismus) Dimension. Um der Gefahr des Relativismus zu entgehen, entscheidet sich Berlin für zwei Optionen, die weder einzeln noch in Kombination befriedigend sind. Zum einen reagiert er existentialistisch: Ich muss wählen und wenn ich die Chance habe, unter Lebensformen zu wählen, entscheide ich mich für Liberalismus, weil dies Freiheit ermöglicht und Pluralismus eröffnet. Zum anderen scheint er kulturalistisch zu argumentieren: Immer wieder betont er, wie selten die Menschen tatsächlich für Liberalismus optiert haben. Zwar ist in den westlichen Kulturen Europas und Amerikas der Liberalismus mitsamt der Konzeption von Freiheit und Pluralismus konstitutiv in die Lebensform eingelassen, so dass das Problem der Koexistenz der drei Dimensionen bereits durch Institutionalisierung gelöst ist. Aber was ist mit dem Rest der Welt?

Auf Fragen dieses Typs wird man bei Berlin nach schlüssigen Antworten vergeblich suchen: Weder hat er ein ausgearbeitetes System oder eine Lehre vorgelegt – so etwas hat er stets misstrauisch abgelehnt. Noch hat er selbst genuin neue Ideen entwickelt, welche diese alten Fragen der Philosophie einer tragfähigen Antwort hätten zuführen können. Am Ende war er wie sein Vorbild Tolstoi: ein Fuchs und ein Igel. »Der Fuchs weiß viele Dinge«, heißt es bei dem griechischen Poeten Archilochos, »aber der Igel weiß eine große Sache.« Wie seine weitgesteckten Ausflüge in die Welt der Ideengeschichte und Philosophie zeigen, wusste Berlin viele Dinge. Aber interessiert hat ihn immer nur die eine große Sache: das Studium der Ideengeschichte und ihrer Weichenstellungen mit einer Kritik der gefährlich perfektibilistischen Illusionen der westlichen Moderne zu entwickeln, welche die Tragik und die Konflikte in dieser Lebensform herauszuarbeiten vermag.

Isaiah Berlin liest Karl Marx

Einer seiner Lehrmeister für alle diese Fragen sollte ausgerechnet Karl Marx werden. Berlin hatte die Gewalttätigkeit der Russischen Revolution tief beeindruckt, ja traumatisiert. Ein Weg, sich mit dieser einschneidenden Erfahrung gründlich auseinanderzusetzen, war das Studium der Schriften des Mannes, der die Ideen zu dieser gewaltsamen Umwälzung maßgeblich entwickelt hatte. Im zarten Alter von vierundzwanzig erhielt Berlin die Chance von der Home University Library of Modern Knowledge, 1940 dann unter die Fittiche von Oxford University Press genommen, eine intellektuelle Biographie von Karl Marx zu verfassen, die immer noch aufgelegt wird und hier in neuer deutscher Übersetzung erscheint. Das Thema war nicht gerade angesagt, denn kaum hatte er sein Buch 1939 veröffentlicht, brach kurz darauf der Zweite Weltkrieg aus. Das ursprüngliche Manuskript war doppelt so lang, wie mit dem Verlag verabredet. Auf dessen Druck hin musste Berlin seinen Text um die Hälfte kürzen. Er schrieb den gesamten Text um zu einer intellektuellen Biographie, statt eine ausführliche Exegese von Marx' Werk *en détail* vorzunehmen. Zwar werden die materialistische Geschichtsphilosophie, die ökonomische und soziologische Analyse in Grundzügen vorgestellt, aber in erster Linie geht es Berlin um Karl Marx im intellektuellen Kontext seiner Zeit.

Was könnte man als das »Markenzeichen« von Berlins Marx-Interpretation bezeichnen? Drei kritische Einsichten sind nach meinem Dafürhalten entscheidend: erstens Berlins Empathie für Marx als dem »Anderen«, zweitens das Problem der Annahme einer historischen Unausweichlichkeit, drittens die Rolle von Ideen. Auch nach über fünfundachtzig Jahren besticht Berlins Interpretation durch sein wohl ausgewogenes und nuanciertes Bild von Marxens Errungenschaften und Schwächen. Bereits in diesem ersten großen Werk demonstriert Berlin seine Fähigkeit, historische Personen und Konstellationen zum Leben zu erwecken. Er begleitet Marx auf seinem Weg, schildert anschaulich seine Auseinandersetzungen und Kämpfe zusammen mit Friedrich Engels, seine Siege, aber auch seine Niederlagen. Die Art und Weise etwa, wie Marx und Engels die Federführung in der Ersten Internationale erobern, aber auch, wie die Rivalen Bakunin und Proudhon aus dem Weg geräumt werden müssen, liest sich so spannend wie ein Krimi. Und genau das beweist Berlins »Empathie für den Anderen«.

Unzweideutig war Karl Marx der »Andere« für Berlin. Freilich, wer den Gegner auch wirklich verstehen will, muss in der Lage sein, sich in ihn hineinzuversetzen und sich an dessen Stelle zu platzieren, um von da aus zu erwägen, wie man selbst in dieser oder jener Situation gehandelt haben würde.

Dieses hermeneutische Kunststück gelingt Berlin in unnachahmlicher Weise, so dass er tief in die Denkwelt des soziologischen und sozialistischen Klassikers einzudringen vermag. Berlins Projekt wird in seinem Erstling schon deutlich: Es geht darum, den »Anderen« so stark wie möglich zu machen oder aussehen zu lassen, nur um dann umso überzeugender wie glaubhafter demonstrieren zu können, warum er so gefährlich falsch liegt. Marxens historischer Materialismus, so der zweite Punkt, sucht die Gesetze der gesellschaftlichen Entwicklung mit Hilfe des Modells von Basis und Überbau zu bestimmen. In Berlins Augen macht Marx ein viel zu starkes Argument, um auf diese Weise eine Art von »historischer Unausweichlichkeit« zu konstatieren: die notwendige Transformation des bürgerlichen Kapitalismus in einen proletarischen Sozialismus. In seinen Augen ist die Geschichte der Menschheit vielmehr kontingent, die Entwicklung der Gesellschaft ist offen und die Zukunft ist unvorhersehbar. Es mag ja sein, dass der Sozialismus die Zukunft der Gesellschaft sein könnte. Aber diese Entwicklung ist abhängig von den Ideen der Menschen, von dem Kurs des Handelns, den sie einschlagen, und dem Blutzoll, den sie für diese Ideen und ihren Handlungskurs zu entrichten bereit sind.

Der dritte Punkt zielt daher direkt auf die Rolle der Ideen in Marxens Theorie der Geschichte. Nach Marx sind Ideen erst einmal nichts weiter als ideologische Illusionen. Was die Richtung von Geschichte und Gesellschaft wirklich bestimmt, sind die ehernen Gesetze der kapitalistischen Produktionsweise und die ihr innewohnenden Widersprüche. Ironischerweise widerlegen Marxens eigene Ideen diese Interpretation, denn sie selbst schrieben ein großes Stück der modernen Weltgeschichte. Ohne das »Kommunistische Manifest« als politische Kampfschrift, ohne »Das Kapital« als politökonomischer Kodex zur Erklärung der modernen wirtschaftlichen Produktions- und Lebensweise, ohne »Die Internationale« und sozialistische Bewegung und letztlich auch ohne einen charismatischen Revolutionsführer wie Lenin hätte es die Russische Revolution nicht gegeben. Ideen machen Geschichte, wenn sie Trägergruppen finden, die sie zur Richtschnur ihres kollektiven Handelns machen und so erfolgreich mobilisieren, dass sie eine breite Basis der Leute hinter sich bringen. Dann dreht sich die von Marx postulierte Logik, wonach die herrschenden Interessen stets die Interessen der Herrschenden sind, erfolgreich um. Von nun an werden die Interessen der Beherrschten zu den herrschenden Interessen, wie es der Sozialismus als Ideensystem für sich ja auch propagiert.

In seiner Auseinandersetzung mit einem der wichtigsten Denker des 19. Jahrhunderts berührte Berlin bereits Fragen und Probleme, mit denen er seine gesamte akademische Laufbahn ringen sollte: die Geschichtsphilosophie, die Vorstellung von historischer Unausweichlichkeit, Fortschritt und Perfektibilität, die Rolle von Ideen. Insofern kommt seiner ersten und einzigen Monographie die Funktion einer Weichenstellung für Berlins eigenes Denken und sein Werk zu. Im Blick zurück auf seinen Erstling versucht er seinen eigenen Ansatz, der die Person in den Mittelpunkt stellt, und Marxens wesentliche Erkenntnisse nochmals zu resümieren: »Ich war interessiert an Marx als Person, und seine Ideen waren interessant. Ich entdeckte, dass zwei, vielleicht drei Ideen in Marx wirklich originell waren, während alles andere von irgendwo anders herkam. Seine Synthese war bemerkenswert und kam einem Genie gleich. Die Idee, die wirklich originell war, betraf den Einfluss der Technologie auf die Kultur, dass also technologischer Wandel in starkem Maße die Kultur prägt. Saint-Simon hatte das zuvor schon gesagt, aber vielleicht nicht klar genug. Die andere Idee war die über ›big business‹ und was es angerichtet hat. […] Die dritte Idee ist die vom Krieg der Klassen. Klassenkampf ist übertrieben worden, aber nichtsdestotrotz existiert er als Phänomen. Es gibt so etwas wie den Konflikt zwischen Klassen« (Berlin/Lukes 1998: 71).

Schlussbemerkung

Berlins Marx-Biographie blieb die einzige Monographie aus seiner Feder, denn von nun an sollte er nur noch langgezogene Texte verfassen – als Aufsätze zu umfangreich, fürs Buchformat zu kurz geraten. Würde man seine akademische Lebensleistung ausschließlich an der Zahl der Monographien messen, hätte Berlin wohl kaum ein großes Werk vorgelegt. Seine Form war der Essay, in der ein Problem oder Denker kongenial und mit der ihm eigenen Verve charakterisiert wurde. Die einzigen anderen Bücher, die er zu Lebzeiten ohne die Mitwirkung seines Herausgebers Henry Hardy (der ab 1978 alle Publikationen Berlins editorisch betreute) veröffentlichte, waren »The Age of Enlightenment« (1956), eine Auswahl von Texten über Philosophen der Aufklärung mit einleitenden Kommentaren von Berlin, und die Bände »Four Essays on Liberty« (1969), in denen er seinen Freiheitsbegriff entwickelt, sowie »Vico and Herder« (1976) über das Verhältnis von Aufklärung und Romantik.

Berlin selbst machte sich freilich herzlich wenig aus seinen verstreuten Publikationen – er war immer schon auf dem Weg zum nächsten Projekt. Seine früheren Aufsätze nochmals daraufhin anzuschauen, ob und gegebenenfalls wie sie sich zu einem kohärenten Sammelband formen ließen, kam ihm deshalb gar nicht in den Sinn. Umso wichtiger wurde für ihn deshalb die Zusammenarbeit mit Henry Hardy, der es zu seiner Lebensaufgabe machen sollte, Tiefe und Breite des Lebenswerks von Berlin einer größeren Öffentlichkeit bekannt zu machen. Mit Aileen Kelly edierte Hardy »Russian Thinkers« (1978). Seine Herausgebertätigkeit von Werken Berlins setzte er mit »Concepts and Categories« (1978) fort, gefolgt von »Against the Current« (1997) mit einer instruktiven Einleitung von Roger Hausheer, »Personal Impressions« (1980), »The Crooked Timber of Humanity« (1990), »The Magus of the North« (1993) und »The Sense of

Reality« (1996). Eine ebenso vorbildlich wie verbindlich ausgestattete Anthologie seiner zentralen Essays unter dem Titel »The Proper Study of Mankind«, herausgegeben von Henry Hardy und Roger Hausheer, erschien im Februar 1997, so dass Isaiah Berlin diese Krönung seines Lebenswerkes noch erleben konnte. 1999 folgten dann »The Roots of Romanticism«, Berlins A.W. Mellon Lectures in the Fine Arts aus dem Jahre 1965. 2000 gab Henry Hardy »The Power of Ideas« heraus, 2002 »Liberty« und »Freedom and Its Betrayal: Six Enemies of Human Liberty«, 2004 »The Soviet Mind. Russian Culture under Communism«, 2006 schließlich »Political Ideas in the Romantic Age«, die seine Überlegungen zur politischen Bedeutung der Romantik abschließen sollten. Abgerundet wird diese erstklassige Gesamtausgabe von Isaiah Berlins Werk durch die vier Briefbände: »Flourishing. Letters 1928–1946«, »Enlightening. Letters 1946–1960«, »Building. Letters 1960–1975« und »Affirming. Letters 1975–1997«.[1]

Isaiah Berlins großes und großartiges Werk macht ihn neben Arthur O. Lovejoy nicht nur zum Begründer der Ideengeschichte im anglo-amerikanischen Bereich. Über das Medium der Ideengeschichte in systematischer Absicht, die historische und soziologische Kontextualisierung von Ideen und deren Konstellationen, gelingen ihm vielmehr philosophische Ein-, Durch-, Über- und Ausblicke, die ohne diesen Ansatz und seine Methode nicht möglich geworden wären. Genau aus diesem Grund ist sein »Karl Marx« heute noch genauso aufschlussreich wie in seinem ersten Erscheinungsjahr 1939. In neuer Übersetzung dürfte er sicherlich eine begeisterte Leserschaft finden.

1 Die Briefbände werden fortlaufend erweitert durch Online-Ergänzungen; siehe https://berlin.wolf.ox.ac.uk/texts/letters/index.html.

Literatur

Baum, Bruce David; Nichols, Robert (Hrsg.) (2013): *Isaiah Berlin and the Politics of Freedom. ›Two Concepts of Liberty‹ 50 Years Later.* New York/London: Routledge.

Berlin, Isaiah (1956): *The Age of Enlightenment. The Eighteenth-Century Philosophers.* New York: New American Library. 2. Auflage: Isaiah Berlin, mit Unterstützung von Marcus Dick, *The Age of Enlightenment: The Eighteenth-Century Philosophers.* Hrsg. von Henry Hardy, nur online veröffentlicht (Oxford, 2017: The Isaiah Berlin Literary Trust), bit.ly/IB-AE2.

Berlin, Isaiah (1969): *Four Essays on Liberty.* Oxford: Oxford University Press. Aufgenommen in: *Liberty* (2002, q. v.).

Berlin, Isaiah (1976): *Vico and Herder. Two Studies in the History of Ideas.* London: Hogarth Press. Aufgenommen in: *Three Critics of the Enlightenment* (2000b, q. v.).

Berlin, Isaiah (1978a): *Russian Thinkers.* Hrsg. von Henry Hardy und Aileen Kelly. 2. Auflage, 2008, überarbeitet von Henry Hardy. London: Penguin.

Berlin, Isaiah (1978b): *Concepts and Categories. Philosophical Essays.* Hrsg. von Henry Hardy. London: Hogarth. 2. Auflage, 2013. Princeton: Princeton University Press.

Berlin, Isaiah (1979): *Against the Current. Essays in the History of Ideas.* Hrsg. von Henry Hardy. London: Hogarth Press. 2. Auflage, 2013. Princeton: Princeton University Press.

Berlin, Isaiah (1980): *Personal Impressions.* London: Hogarth Press.

Berlin, Isaiah (1990): *The Crooked Timber of Humanity. Chapters in the History of Ideas.* Hrsg. von Henry Hardy. London: John Murray. 2. Auflage, 2013. Princeton: Princeton University Press.

Berlin, Isaiah (1993): *The Magus of the North. J. G. Hamann and the Origins of Modern Irrationalism.* Hrsg. von Henry Hardy. London: John Murray. Aufgenommen in: *Three Critics of the Enlightenment* (2000b, q. v.).

Berlin, Isaiah (1939): *Karl Marx. His Life and Environment.* London: Thornton Butterworth. 5. Auflage, 2013, hrsg. von Henry Hardy. Princeton: Princeton University Press.

Berlin, Isaiah (1996): *The Sense of Reality. Studies in Ideas and their History.* Hrsg. von Henry Hardy. London: Chatto and Windus. 2. Auflage, 2013. Princeton: Princeton University Press.

Berlin, Isaiah (1997): *The Proper Study of Mankind. An Anthology of Essays.* Hrsg. von Henry Hardy und Roger Hausheer. London: Chatto and Windus. 2. Auflage, 2014. London: Vintage.

Berlin, Isaiah (1999a): *The First and the Last.* New York: New York Review Books.

Berlin, Isaiah (1999b): *The Roots of Romanticism.* Hrsg. von Henry Hardy. London: Chatto and Windus. 2. Auflage, 2013. Princeton: Princeton University Press.

Berlin, Isaiah (2000a): *The Power of Ideas.* Hrsg. von Henry Hardy. London: Chatto and Windus. 2. Auflage, 2013. Princeton: Princeton University Press.

Berlin, Isaiah (2000b): *Three Critics of the Enlightenment: Vico, Hamann, Herder* (1960–65). Hrsg. von Henry Hardy. Princeton: Princeton University Press. 2. Auflage, 2013. Princeton: Princeton University Press.

Berlin, Isaiah (2002a): *Freedom and its Betrayal. Six Enemies of Human Liberty.* Hrsg. von Henry Hardy. London: Chatto and Windus. 2. Auflage, 2014. Princeton: Princeton University Press.

Berlin, Isaiah (2002b): *Liberty.* Hrsg. von Henry Hardy. Oxford/New York: Oxford University Press.

Berlin, Isaiah (2004): *Flourishing. Letters 1928–1946.* Hrsg. von Henry Hardy. London: Chatto and Windus.

Berlin, Isaiah (2006): *Political Ideas in the Romantic Age. Their Rise and Influence on Modern Thought.* Hrsg. von Henry Hardy. London: Chatto and Windus. 2. Auflage, 2014. Princeton: Princeton University Press.

Berlin, Isaiah (2009): *Enlightening. Letters 1946–1960.* Hrsg. von Henry Hardy und Jennifer Holmes. London: Chatto and Windus.

Berlin, Isaiah (2013): *Building. Letters 1960–1975.* Hrsg. von Henry Hardy und Mark Pottle. London: Chatto and Windus.

Berlin, Isaiah (2015): *Affirming. Letters 1975–1997.* Hrsg. von Henry Hardy und Mark Pottle. London: Chatto and Windus.

Berlin, Isaiah; Lukes, Steven (1998): Isaiah Berlin in conversation with Steven Lukes. *Salmagundi* 120: 52–134.

Chang, Ruth (Hrsg.) (1997): *Incommensurability, Incompatibility, and Practical Reason.* Cambridge: Harvard University Press.

Cherniss, Joshua L. (2013): *A Mind and Its Time: The Development of Isaiah Berlin's Political Thought.* Oxford: Oxford University Press.

Cherniss, Joshua L.; Hardy, Henry (2013): Isaiah Berlin. *Stanford Encyclopedia online.*

Crowder, George (2004): *Isaiah Berlin. Liberty and Pluralism.* Cambridge: Polity.

Crowder, George; Hardy, Henry (Hrsg.) (2007): *The One and the Many. Reading Isaiah Berlin.* Amherst: Prometheus.

Dubnov, Arie M. (2012): *Isaiah Berlin. The Journey of a Jewish Liberal.* London: Palgrave Macmillan.

Galipeau Claude J. (1994): *Isaiah Berlin's Liberalism.* Oxford: Clarendon Press.

Gray, John (1995): *Isaiah Berlin.* Princeton: Princeton University Press.

Gray, John (2002): *Two Faces of Liberalism.* Cambridge: Polity.

Hardy, Henry (Hrsg.) (2009): *The Book of Isaiah. Personal Impressions of Isaiah Berlin.* Woodbridge: Boydell.

Hausheer, Roger (1997): *Introduction.* In: Berlin 1997: xxiii–xxxvi.

Honneth, Axel (1999): Negative Freedom and Cultural Belonging: An Unhealthy Tension in the Political Philosophy of Isaiah Berlin. *Social Research. An International Quarterly* 66: 1063–1077.

Ignatieff, Michael (1998): *Isaiah Berlin. A Life.* New York: Metropolitan. 2. Auflage, 2023. London: Pushkin Press.

Jahanbegloo, Ramin (1992): *Conversations with Isaiah Berlin.* London: Peter Halban.

Lilla, Mark; Dworkin, Ronald; Silvers, Robert B. (Hrsg.) (2001): *The Legacy of Isaiah Berlin.* New York: The New York Review Books.

Lovejoy, Arthur O. (1942): *The Great Chain of Being.* Cambridge, MA: Harvard University Press.

Lovejoy, Arthur O. (2019) [1948]: *Essays in the History of Ideas.* Baltimore: Hopkins Publishing Encore Edition.

Lukes, Steven (1994): The Singular and the Plural: On the Distinctive Liberalism of Isaiah Berlin. *Social Research. An International Quarterly* 61: 687–718.

Margalit, Edna; Margalit, Avishai (Hrsg.) (1991): *Isaiah Berlin. A Celebration,* London: Hogarth Press und Chicago: University of Chicago Press.

Müller, Hans-Peter (1999): Romantischer Realismus. Isaiah Berlins Botschaft. *Merkur* 599: 157–162.

Müller, Hans-Peter (2009): Isaiah Berlin (1909–1997). *International Encyclopedia of the Social and Behavioral Sciences,* 542–547.

Müller, Hans-Peter (2020): Wert(e), Wertdiskussion, Wertkonflikt. In: ders., Sigmund, Steffen (Hrsg.), *Max Weber Handbuch. Leben – Werk – Wirkung.* 2. Aufl. Stuttgart: Metzler, 184–188.

Müller, Hans-Peter; Wegener, Bernd (Hrsg.) (1995): *Soziale Ungleichheit und soziale Gerechtigkeit.* Wiesbaden: Springer.

Ryan, Alan (Hrsg.) (1979): *The Idea of Freedom. Essays in Honour of Isaiah Berlin.* Oxford: Oxford University Press.

Walicki, Andrej (2011): *Encounters with Isaiah Berlin. Story of an Intellectual Friendship.* Frankfurt/M.: Peter Lang.

Weber, Max (1958): Politik als Beruf. *Gesammelte Politische Schriften.* Tübingen: Mohr-Siebeck, 494–548.

Register

Werke von Karl Marx (KM) sind direkt unter ihrem Titel aufgeführt, Werke anderer Autoren unter dem Namen des jeweiligen Autors. IB steht für Isaiah Berlin.

I. Berlin, *Karl Marx: Sein Leben und sein Werk*, Edition Theorie und Kritik,
https://doi.org/10.1007/978-3-658-13586-7

D

E

G

P

MIX
Papier aus verantwortungsvollen Quellen
Paper from responsible sources
FSC® C105338

If you have any concerns about our products, you can contact us on
ProductSafety@springernature.com

In case Publisher is established outside the EU, the EU authorized representative is:
Springer Nature Customer Service Center GmbH
Europaplatz 3, 69115 Heidelberg, Germany

Printed by Libri Plureos GmbH
in Hamburg, Germany